Christopher Wimmer
Die Marginalisierten

Christopher Wimmer

Die Marginalisierten

(Über-)Leben zwischen Mangel und Notwendigkeit

Dissertation an der Humboldt-Universität, Kultur-, Sozial- und Bildungswissenschaftliche Fakultät

Für Boike Rehbein (1965–2022)

Dieses Buch ist erhältlich als:
ISBN 978-3-7799-7108-5 Print
ISBN 978-3-7799-7109-2 E-Book (PDF)

1. Auflage 2024

Herstellung: Myriam Frericks
Satz: xerif, le-tex
Druck und Bindung: Beltz Grafische Betriebe, Bad Langensalza
Beltz Grafische Betriebe ist ein klimaneutrales Unternehmen (ID 15985–2104-100)
Printed in Germany

Weitere Informationen zu unseren Autor:innen und Titeln finden Sie unter: www.beltz.de

Inhalt

Vorbemerkung

Dieses Buch ist die leicht überarbeitete und gekürzte Fassung meiner Dissertation »Mangel und Notwendigkeit. Theorie, Alltagsleben und Bewusstsein der marginalisierten Klasse in der Bundesrepublik«, die ich am 16.05.2023 an der Humboldt-Universität zu Berlin verteidigt habe. Erste Ergebnisse wurden bereits als Artikel publiziert. Teile des zehnten Kapitels erschienen in der SWS-Rundschau (Wimmer 2022) und in der Berliner Debatte Initial (Wimmer 2022a). Eine gekürzte Version des Kapitels 7.1.2 erschien in der femina politia (Wimmer 2022b), ein Teil von Kapitel 8.2 wurde in Sozialer Fortschritt (Wimmer 2023) publiziert.

Diese Arbeit wäre ohne die zahlreichen Gesprächspartner*innen, die ihre Erfahrungen geteilt haben und mir damit einen umfassenden Einblick in ihr Leben gewährt haben, nicht möglich gewesen. Durch ihre Courage ist es möglich, dass sich die Leser*innen nun ein Bild über soziale Marginalisierung machen können. Mit dem Inhalt dieses Buches hoffe ich inständig, keinen der Befragten vor den Kopf zu stoßen. Ihnen gilt ebenso wie den ehren- oder hauptamtlichen Helfer*innen in Notunterkünften, Essens- oder Klamottenausgaben, Tagestreffs oder Teeküchen, die mich bei meiner Recherche vielfältig unterstützt haben, mein herzlichster Dank.

Boike Rehbein (†) betreute mich an der Humboldt-Universität zu Berlin. Er begleitete mich seit meinen ersten Semestern des Studiums und hat mir bei allen Arbeiten große Freiräume gelassen und mich immer motiviert, eigene Ideen umzusetzen und eigene Wege zu gehen, die manchmal auch zu Umwegen wurden. Sein Vertrauen, seine freundliche, wohlwollende und interessierte Art, aber auch seine Kritik fehlen nun. Möge die Erde ihm leicht sein.

Daniel Bultmann (HU Berlin), Klaus Dörre (Jena) und Steffen Mau (HU Berlin) haben als Mitglieder der Prüfungskommission diese Arbeit gelesen und bewertet. Ihnen gilt dafür mein Dank. Brigitte Aulenbacher (Linz) hat Vorstufen und Vorarbeiten gelesen und kommentiert. Freundlich und doch bestimmt hat sie Leerstellen benannt, die ich hoffentlich beheben konnte. Im »Gesprächskreis Klassen und Sozialstruktur« und im »Doktorant*innenkolloquium« der Rosa-Luxemburg-Stiftung, im Kolloquium von Timo Weishaupt (Göttingen) sowie auf mehreren internationalen Konferenzen habe ich Zwischenergebnisse vorgestellt. Ich danke allen Beteiligten für ihre Kommentare.

Finanziell wurde diese Arbeit durch ein Promotionsstipendium der Rosa-Luxemburg-Stiftung gefördert.

I Einleitung

In seinem Stück »Das Verhör des Lukullus« schreibt Bertolt Brecht: »Immer doch schreibt der Sieger die Geschichte des Besiegten. Dem Erschlagenen entstellt der Schläger die Züge. Aus der Welt geht der Schwächere und zurück bleibt die Lüge« (1982, 1480). Kurz vor seinem Tod brachte auch Walter Benjamin diesen Gedanken ganz ähnlich zu Papier. In seiner Schrift: »Über den Begriff der Geschichte« heißt es:

> »Die Natur dieser Traurigkeit wird deutlicher, wenn man die Frage aufwirft, in wen sich denn der Geschichtsschreiber des Historismus eigentlich einfühlt. Die Antwort lautet unweigerlich: in den Sieger. Die jeweils Herrschenden sind aber die Erben aller, die je gesiegt haben. Die Einfühlung in den Sieger kommt demnach den jeweils Herrschenden allemal zugut« (1980, 696).

Nun zeichnen sich vor allem Gesellschaften, in denen die kapitalistische Produktionsweise herrscht, dadurch aus, dass sie »Sieger« und »Verlierer« produzieren. »Soziale Ungleichheit kann zwar mehr oder weniger stark ausgeprägt sein, sie bleibt aber Voraussetzung der kapitalistischen Produktionsweise und sie ist zugleich ihr Ergebnis« (Nuss 2019, 70). Während Brecht und Benjamin eine Geschichtsschreibung kritisieren, die sich unkritisch auf die Seite der »Sieger« stellt, war bereits in Friedrich Engels' Schrift »Die Lage der arbeitenden Klassen in England« (MEW 2, 225 ff.) von 1845 die konkrete Not der »Verlierer« der entscheidende Punkt seiner Anklage der kapitalistischen Ordnung. Anschaulich beschreibt Engels Phänomene wie Armut, Erwerbslosigkeit, schlechte Wohnverhältnisse und gesundheitliche Probleme, die zur Marginalisierung von Menschen führen und ihr Überleben bedrohen können.

Seit Engels' Schrift hat sich die Erscheinungsform sozialer Ungleichheit grundlegend verändert. Ebenso ist ihre wissenschaftliche Analyse Konjunkturen unterworfen. Wenn etwa in der Folge von Krisen die Erwerbslosigkeit steigt, wird sie eine Weile behandelt, ehe das Interesse wieder zurückgeht oder vollkommen erlischt, wenn wieder eine Stabilitätsphase eingetreten ist. So war etwa die Nachkriegszeit in der Bundesrepublik von einem Wirtschaftsaufschwung geprägt, so dass soziale Ungleichheit kaum eine Rolle spielte (Schelsky 1979). Dies änderte sich durch die Verfestigung einer dauerhaften Erwerbslosigkeit in den 1980er Jahren. Ebenso brachten die Sozialstaats- und Arbeitsmarktreformen zu Beginn des 21. Jahrhunderts eine erneute Debatte um soziale Ungleichheit mit sich. Auch aktuell ist sowohl in Wissenschaft, Medien und Öffentlichkeit wieder von einer »Rückkehr der sozialen Frage« die Rede (Eribon 2016; Ernaux 2020). In allen relevanten Bereichen (Einkommen, Vermögen, Bildung etc.) zählt die BRD zu einem der ungleichsten Länder der OECD (Kaelble 2017, 176).

Dies korrespondiert mit einer weitgehenden Abwesenheit des Klassenbegriffs. Vielmehr werden soziale Positionen sowie Auf- und Abstiege meist als Effekte persönlicher Leistung verstanden und individuelle Fähigkeiten in den Fokus gerückt.

In diesem Buch stelle ich die »Verlierer« dieses Prozesses ins Zentrum. Ich halte am Klassenbegriff fest und beschäftige mich mit den »Marginalisierten«. Darunter verstehe ich eine soziale Klasse von Menschen, die teilweise unsicheren oder informellen Tätigkeiten nachgehen, meist jedoch als (Langzeit-)Erwerbslose überhaupt keine Arbeit haben. Darunter fallen auch wohnungs- und obdachlose Menschen, Migrant*innen oder andere ›randständige‹ Akteure. Die sehr heterogene Klasse besteht in der BRD aus rund 15 Prozent der Bevölkerung (Nachtwey 2016, 136; Rehbein et al. 2015, 55 f.). Sie ist nicht nur eine »Armutsklasse«, sondern auch durch Ausgrenzungen und Abwertungen bestimmt. Die Marginalisierten bewegen sich unter der Schwelle sozialer Respektabilität (Rehbein/Souza 2014, 195 ff.; s.a. Altvater/Mahnkopf 2002, 140 ff.; Dörre 2014; Eckert 2018; Reckwitz 2017, 352 f.; Sennett 2002; Souza 2008). Als respektabel anerkannt wird, wer »eine beständige, gesicherte und anerkannte soziale Stellung einnehmen [kann], die entweder durch Leistung oder durch Loyalität verdient ist« (Vester 2001, 148).

Bisherige Forschung hat sich sozialer Marginalisierung häufig »von oben« genähert und die Marginalisierten als defizitär zur gesellschaftlichen Norm verstanden. Hier findet sich einerseits eine von Mitleid oder Nächstenliebe bestimmte Sicht, die implizit dazu führt, Marginalisierte lediglich als Opfer zu verstehen (Kessl/Klein/Landhäußer 2012). Andererseits werden sie als eine soziale Bedrohung angesehen, was den Ruf nach verstärkter Kontrolle mit sich bringt (Nolte 2004). Wahlweise geht es darum, die Marginalisierten aus ihrer Misere zu befreien oder ihre »Devianz« zu unterbinden. Ein Beispiel für diese Fremdklassifikation der Marginalisierten stellt die Arbeit von Heinz Bude dar, der »den Ausgeschlossenen« lediglich Passivität unterstellt (2008, 10). Bei ihm werden »diese Menschen« (ebd., 9) als »undiszipliniert«, »sündhaft« und mit einem Mangel an »sittliche[n] Maßstäbe[n]« (Bauman 2009, 165) dargestellt. Nahezu begierig scheint er auf der Suche nach Verwahrlosung, schlechten Verhaltensweisen und einer Lebensführung zu sein, die sich durch »schnelles, fettes und fettmachendes Essen, Alkohol und Nikotin, Entertainment der herbsten wie der sentimentalsten Art, ›animalischen‹ Sex, Kinder und Haustiere« (Metz/Seeßlen 2016, 99) auszeichnet. Bei dieser Betonung der Passivität oder Devianz handelt es sich nicht nur um eine verkürzte Beschreibung, sondern um eine Bewertung, die auf Stereotypen beruht (Hark 2007).

Hier soll dieser ressentimentgeladene Blick vermieden werden. Ziel ist es, die Stimmen der Marginalisierten selbst einzubeziehen. Dadurch können die Menschen zu Wort kommen, denen es mangels Ressourcen schwerfällt, selbst eine Öffentlichkeit zu finden. Gegen die Kontinuität einer Sprachlosigkeit der Marginalisierten (Ayaß 1992, 93) stehen hier ihre eigenen Geschichten im Zentrum. Biografische Interviews mit marginalisierten Menschen bilden die empirische Basis. Von Dezember 2019 bis April 2020 habe ich mit mehreren Dutzend Menschen gesprochen, um herauszufinden, wie sich die Klasse der Marginalisierten zusammensetzt. Ich habe mit ihnen über ihre Sichtweisen, objektive Strukturen, Bewusstseinsformen und politische Orientierungen gesprochen. Daraus sind knapp 30 Stunden Tonbandmaterial entstanden.

In den Gesprächen berichten die befragten Personen von ihren Konflikten, Ängsten und Hoffnungen. Der methodische Fokus auf den Lebensverlauf macht es möglich, (profane und alltägliche sowie dramatische und entscheidende) biografische Ereignisse oder Phasen zu erkennen, unterschiedliche Entwicklungen zu bestimmen sowie subjektive Vorstellungen der Lebensführung zu analysieren. Diese Innenansicht kann zeigen, was die Marginalisierten auszeichnet, wie sie leben und wie sie mit ihrer Klassenposition umgehen.

Ich verstehe die Befragten als Expert*innen ihres eigenen Lebens. Der Fokus auf ihre Alltagspraktiken besitzt »die provozierende Pointe, daß nicht allein die Personen auf den ›Kommandohöhen‹ als […] Akteure sichtbar werden« (Lüdtke 2015, 21), sondern die marginalisierten Menschen selbst. Somit wird »nach der Subjektivität derer gefragt, die wir als Objekte der Geschichte zu sehen gelernt haben, nach ihren Erfahrungen, ihren Wünschen, ihrer Widerstandskraft, ihrem schöpferischen Vermögen, ihrem Leiden« (Niethammer 1985, 10). Daher ist es notwendig, »von lebendigen Subjektiven auszugehen und somit ihr gesamtes soziale Dasein nachzuvollziehen. Eine solche Form von »Verstehen« kann zudem »neue Gegenstände sehen lehren, ein neues Dasein eröffnen und eine Basis für Verständigung sein« (Rehbein 2009, 58). Für Forscher*innen bedeutet dies eine engagierte Anteilnahme sowie, dass sie ihr Wissen den Befragten rückhaltlos zur Verfügung stellen sollen (Bourdieu et al. 1997, 783).

Fragestellung und Zielsetzung des Buches

Das Buch stellt einerseits (soziologische) Fragen nach Armut und Erwerbslosigkeit und beschäftigt sich andererseits mit (sozialpsychologischen) Themen wie Einstellungen und Bewusstseinsformen. Daraus folgt ein breiter Ansatz, der mit der Heterogenität sozialer Marginalisierung korrespondiert, die sich in unterschiedlichen Arbeits- und Lebensbereichen zeigt. Die Studie beschäftigt sich anhand konkreter Akteure mit der Frage, wie sich die marginalisierte Klassenposition alltäglich auswirkt und welches Bewusstsein die Befragten von dieser haben. Auf der Basis von 27 biografischen Interviews wird sowohl die Sozialisation der Befragten nachvollzogen als auch dargestellt, wie sie ihre Lohnarbeit, ihren Alltag und ihre sozialen Beziehungen gestalten und wie sie all dies in ihrem Bewusstsein ›bearbeiten‹. Gerade hier schließt das Buch eine Lücke in der Sozialstrukturanalyse, da »[s]ystematische Erklärungsansätze zur Theorie sozialer Selbsteinschätzung und zur Strukturierung subjektiver Gesellschaftsbilder [...] in der Soziologiegeschichte schon etwas länger zurück[liegen]« (Lindner / Musner 2008, 27).

Auf Grundlage einer ausführlichen Analyse der Interviews werde ich die Mechanismen sozialer Marginalisierung beschreiben und ihre Effekte auf subjektiver Ebene darstellen. Es ist gleichwohl wichtig zu betonen, dass die subjektiven Äußerungen nur als Ensemble der in ihnen enthaltenen Verhältnisse verstanden werden können; ebenso wie diese sozialen Bedingungen und Bestimmungen nur im Zusammenhang mit den subjektiven Dispositionen der sozialen Akteure erfasst werden können. Die Dialektik zwischen Position und Disposition zeigt sich darin, »Einzelfälle als kristallisierte Formen von allgemeineren Zügen einer sozialen Formation« (Johnson 1980, 40) zu begreifen.

Aufbau des Buches

Nach dieser Einleitung führen die Kapitel 2 und 3 in die theoretische Perspektive (»soziale Klasse« und »Klassenbewusstsein«) der Arbeit ein. Dafür nähere ich mich dem Klassenbegriff durch eine Auseinandersetzung mit den Theorien von Karl Marx, Pierre Bourdieu und Edward P. Thompson. Während sich der Begriff von Marx vor allem auf die Produktionsverhältnisse bezieht, betont Bourdieu stärker den Zusammenhang zwischen objektiver Lage und subjektiven Praktiken. Mit Thompson nähere ich mich dem Erfahrungsbegriff. Daran anschließend zeichnen sich Klassen sowohl durch unterschiedlichen Kapitalbesitz als auch durch ihre gelebte Kultur aus. Um diesen Aspekt zu betonen, beschäftige ich mich ebenso mit der Forschung zum Klassenbewusstsein, die in Beziehung zum gesellschaftlichen Wandel vorgestellt wird.

Kapitel 4 konkretisiert und historisiert diese theoretischen Annahmen. Die Klasse der Marginalisierten wird anhand ihrer geschichtlichen Entwicklungen dargestellt. Es zeigen sich deutliche Analogien der Marginalisierten zu ihren historischen Vorläuferinnen (Paupers, Lumpenproletariat etc.), die eine Kontinuität der Marginalisierungsgeschichte sichtbar machen. Sie alle dienen als stereotype Projektionen und Vorurteile, die disziplinierend auf die Mehrheitsgesellschaft einwirken und es dieser ermöglichen, sich als anständig und tugendhaft zu präsentieren. Umgekehrt handelt es sich bei den Marginalisierten auch um konkrete Menschen, die von Disziplinierungen und Bewertungen negativ betroffen sind.

Im Anschluss daran widmet sich das fünfte Kapitel den methodischen Aspekten. Ich stelle zentrale Aspekte wie Datengrundlage, Feldzugang und Datenerhebung dar und skizziere, warum ein qualitativer Forschungszugang passend ist, um sich dem Alltagsleben und Bewusstsein marginalisierter Menschen zu nähern. Konkret stütze ich mich auf Verfahren der rekonstruktiven Sozialforschung, um implizite Aspekte in den Aussagen der Befragten freizulegen, die auf den Klassenhintergrund verweisen.

Die daran anschließenden Kapitel präsentieren ausführlich die empirischen Ergebnisse. Kapitel 6 widmet sich der Frage nach der Sozialisation der Befragten: Herkunftsfamilien, frühe Erfahrungen sowie habituelle Dispositionen, die das weitere Leben der Gesprächspartner*innen maßgeblich strukturieren. Die soziale Selbstpositionierung der Befragten schließt das Kapitel ab. Im Mittelpunkt von Kapitel 7 steht die Arbeitssituation. Hierbei zeigt sich, dass die Befragten biografisch weit mehr durch Erwerbslosigkeit als durch Lohnarbeit geprägt sind. Erwerbslosigkeit bestimmt ihr Alltagswissen und -leben. Darauf aufbauend beschäftige ich mich im achten Kapitel mit dem Alltagsleben der Gesprächspartner*innen. Dieses ist vor allem durch Erfahrungen von Armut, Krankheiten, Alkohol- oder Betäubungsmittelkonsum sowie Gewalt geprägt. Hinzu kommt häufig ein Leben ohne festen Wohnraum. Kapitel 9 widmet sich der Relevanz sozialer Beziehungen und macht deutlich, dass die Gesprächspartner*innen meist von Isolation bzw. sehr eingeschränkten und homogenen Beziehungen geprägt sind.

Aus der Darstellung dieser vielfältigen Marginalisierungserfahrungen entwickle ich im zehnten Kapitel unterschiedliche Bewusstseinsformen. Neben dem Gesellschaftsbild findet sich bei den Interviewten ein Klassenbewusstsein sowie ein differenziertes individuelles Bewusstsein. Diese Formen stehen unvermittelt nebeneinander, beziehen sich jedoch alle auf die die Trennlinie der Respektabilität, die für die Marginalisierten entscheidenden Einfluss hat.

Abschließend werde ich im Kapitel 11 zentrale Ergebnisse reflektierend zusammenfassen. Das Buch schließt mit der Frage der politischen Handlungsmacht der Befragten und gibt Anregungen für eine Politisierung des Phänomens sozialer Marginalisierung.

II Klasse und Klassenbewusstsein als theoretischer Rahmen

Der Begriff der sozialen Klasse hat innerhalb der Soziologie eine lange Tradition. Führende Vertreter des Faches wie Karl Marx oder Max Weber haben den Klassenbegriff wegweisend ausgearbeitet. Ihre Vorstellungen wirken bis heute nach.

Unter sozialer Klasse verstehe ich zunächst eine Gruppe von Menschen unterschiedlichen Geschlechts, Herkunft und Alters, die eine gemeinsame Stellung zum Eigentum an Produktionsmitteln aufweisen. Die daraus entspringende soziale Position bestimmt maßgeblich, wie diese Menschen ihre Reproduktion sicherstellen können. Die soziale Stellung darf jedoch nicht nur auf den Produktionsprozess bezogen werden, sondern meint umfassend die Art und Weise, wie die soziale Reproduktion sichergestellt wird. Klassen bilden sich in konkreten Praktiken und Wahrnehmungen aus. Den Mitgliedern unterschiedlicher Klassen ist eine ähnliche Lebensweise und gelebte Kultur gemein, die sich in Phänomenen wie Wohnverhältnissen, Bildungsmöglichkeiten oder Freizeitgestaltung ausdrückt. Diese sind zwar ökonomisch geprägt, erschöpfen sich jedoch nicht darin, da sich die dort entstehenden Handlungsmuster und Interaktionen nicht aus der ökonomischen Stellung ableiten lassen. Es ist nötig, in das Verständnis von Klassen eine sinnhafte und symbolische Dimension einzubeziehen, die sich in Grenzziehungen und Deutungsmustern ausdrückt. Mitglieder einer Klasse können ihre Verhältnisse reflektieren und ein Bewusstsein über ihre Position und die Gesellschaft erlangen. Somit gibt es auch einen »subjektiven« Anteil, das »Klassenbewusstsein«. Soziale Klassen können als Gruppe verstanden werden, »in die sich Gesellschaften teilen und die sich nach ihren ökonomischen Stellungen und Lebenslagen, nach ihren inneren Handlungsdispositionen und ihren äußeren Handlungsmöglichkeiten differenzieren und ggf. einander entgegensetzen« (Vester 2008, 736).

Im Folgenden möchte ich mich mit der »objektiven« und »subjektiven« Seite des Klassenbegriffes beschäftigen. Dafür setze ich mich in einem ersten Schritt mit dem Klassenbegriff von Karl Marx auseinander. Bereits bei ihm findet sich die Spannung zwischen objektiven Bedingungen (Klassenposition) und subjektiven Ausdrücken (Klassenbewusstsein). Da der Marxsche Klassenbegriff häufig und unzulässig auf den ersten Aspekt verkürzt wird, folgt hier eine – vergleichsweise – ausführliche Auseinandersetzung. Dies ist auch insofern gerechtfertigt, da sich soziologische Forschung immer wieder auf Marx bezieht. In einem zweiten Schritt stelle ich diese Forschungen mit einem Schwerpunkt auf die Bundesrepublik vor. Der soziale Wandel innerhalb der BRD von der Nachkriegszeit bis in die Gegenwart wird kursorisch dargestellt mit dem Wandel der Debatten um

Klassen(-bewusstsein) in Beziehung gesetzt. Damit möchte ich mich einerseits den sozialen Bedingungen und andererseits ihrer Betrachtung durch die Sozialstrukturanalyse nähern, die den Klassenbegriff bis heute prägen.

2.1 Karl Marx: Klasse als Strukturbegriff?

Karl Marx prägt mit seiner Vorstellung von Klasse den Begriff bis in die Gegenwart – Klassendiskussionen führen bis heute auf ihn zurück. Es ist jedoch schwer, einen systematischen Überblick über seinen Begriff zu geben, da er keine Definition hinterlassen hat (Mauke 1970). Es finden sich im Werk nur »verstreute Textstellen« (Ritsert 1998, 58), in denen er von Klasse spricht.

Insbesondere in »Das Kapital« erscheinen Klassen in einer paradoxen Gleichzeitigkeit von An- und Abwesenheit. Zunächst werden sie als Gegenstand des Widerspruchs von Arbeit und Kapital und als Dimension von Herrschaft und Kontrolle ausführlich behandelt. Während Marx die Widersprüche der Klassen beschreibt, bleiben sie über weite Strecken seltsam abwesend. Marx sagt wenig über lebensweltliche Dynamiken der Klassenbildung und -strukturen aus. Die subjektive Seite des Klassenbegriffs (konkrete Menschen mit Bewusstsein) tauchen kaum auf. Zwar schreibt Marx den Klassen entsprechende Interessen zu, diese können jedoch weitgehend unabhängig von den konkreten Akteuren existieren (MEW 23, 100; 316). Das letzte, 52. Kapitel des dritten Bandes des »Kapitals« (»Die Klassen«), in dem Marx eine Begriffsdefinition versucht, endet nach knapp zwei Seiten mit der editorischen Notiz von Engels: »Hier bricht das Ms. ab« (MEW 25, 893). Die Antwort auf die Frage »Was bildet eine Klasse?« (ebd., 892) bleibt Marx schuldig.

Marx unterstreicht, dass er keineswegs der erste gewesen sei, der sich diese Fragte gestellt habe. In einem Brief von 1852 schreibt er, er habe »weder die Existenz der Klassen in der modernen Gesellschaft noch ihren Kampf unter sich entdeckt« (MEW 28, 507). Seinen eigenen Beitrag sieht er darin, deren Historizität und politische Artikulation bestimmt zu haben:

> »Was ich neu tat, war 1. nachzuweisen, daß die *Existenz der Klassen* bloß an *bestimmte historische Entwicklungsphasen der Produktion* gebunden ist; 2. daß der Klassenkampf notwendig zur *Diktatur des Proletariats* führt; 3. daß diese Diktatur selbst nur den Übergang zur Aufhebung aller Klassen und zu einer *klassenlosen Gesellschaft* bildet« (ebd.).

Deutlich wird, dass es sich beim Marxschen Klassenbegriff nicht nur um einen analytischen Strukturbegriff handelt, sondern auch um einen historischen Begriff, der politische Konflikte betont. Marx scheint zwei Ziele zu verfolgen: Er möchte den Klassenbegriff als sozialen Ordnungs- und als politischen Kampfbegriff nutzen. In dieser Doppelbedeutung liegt eine Spannung, die den Begriff durchzieht. Im Folgenden unterscheide ich dahingehend einen abstrakten, ökonomischen von einem historisch-konkreten und politischen Begriff.

2.1.1 Klasse und kapitalistische Akkumulation

Marx behandelt Klasse in seiner Kritik der politischen Ökonomie als Strukturkategorie der kapitalistischen Produktionsweise. Klassen werden in Beziehung zu den Formen und der Kontrolle über die Aneignung und Verwendung des Mehrprodukts definiert. Grundlage dafür ist die Stellung zum Eigentum an Produktionsmitteln, die der Stellung innerhalb der sozialen Hierarchie entspricht. Somit bestimmt sich sein Klassenbegriff durch die historisch-spezifischen Produktionsverhältnisse und ihre Ausbeutungsdynamiken (Mauke 1970, 18 ff.). Er vertritt die These, dass jeder Epoche eine vorherrschende Produktionsweise mit spezifischen Machtkonfigurationen zugrunde liegt, die die Klassenbildung prägt. Marx spricht somit von Ausbeutung *und* Unterdrückung.

In der kapitalistischen Produktionsweise entwickeln sich in der Logik zwei Klassen: die Kapitalistenklasse zeichnet sich durch Privatbesitz an Produktionsmitteln und die Möglichkeit, fremde Arbeitskraft als Ware einzukaufen und aus ihr Mehrwert zu pressen, aus. Daneben finden sich die doppelt freien Arbeiter*innen, die nichts zu verkaufen haben als ihre Arbeitskraft. Die Klassen erscheinen als »juristisch gleiche Personen in ein Verhältnis zueinander als ebenbürtige Warenbesitzer« (MEW 23, 182). Auf Kapitalseite aus freien Stücken, die Arbeiter*innen, weil sie keine Wahl haben.

Die kapitalistische Produktionsweise produziert nicht nur Waren und Kapital, sondern bringt auch »das Kapitalverhältnis selbst [hervor], auf der einen Seite den Kapitalisten, auf der andren den Lohnarbeiter« (MEW 23, 604). Daraus entsteht der grundlegende Widerspruch zwischen Arbeit und Kapital. Die sozialen Klassen sind durch das Ausbeutungsverhältnis antagonistisch aufeinander bezogen. Bereits in »Das Elend der Philosophie« (MEW 4, 181) von 1847 findet sich das Bild von unterdrückten und ausgebeuteten sowie unterdrückenden und ausbeutenden Klassen. Diese Vorstellung bleibt in seinem gesamten Werk erhalten.

Um sich der Klasse der Marginalisierten mit Marx zu nähen, hilft ein Blick in die Akkumulationstheorie im 23. Kapitel des ersten Bandes des »Kapitals« (MEW 23, 640 ff.). Das Kapitel, dass direkt auf Marx' Auseinandersetzung mit einfacher und erweiterter Reproduktion folgt, wird häufig auf den ersten Teil reduziert, in dem er sich mit der Lohnhöhe beschäftigt: Eine strukturelle Erwerbslosigkeit stärke die Marktmacht der Bourgeoisie und fördere den Ausbeutungsdruck zwischen den Arbeiter*innen. Dadurch wächst der Lohn nicht in eine die Akkumulation gefährdende Höhe. Im Falle höherer Nachfrage schrumpfe die »industrielle Reservearmee« (ebd., 657 ff.) und die Löhne können bis zu einem gewissen Grad steigen. Dies führt zur Verlangsamung der Akkumulation. Ein Sinken der Nachfrage und eine erneute Erhöhung der Reservearmee auf den *status quo ante* sei die Folge. So verstanden bilden Erwerbslose für das Kapital die wesentliche Möglichkeit, den Arbeitsmarkt in seinem Sinne zu regulieren. Bis hierhin bildet der Gedankengang eine Konkretisierung der einfachen und erweiterten Reproduktion, ein »allgemeines Gesetz«, wie das Kapitel verspricht, ist es jedoch noch nicht. Dieses Gesetz formuliert Marx auf den weiteren Seiten. Denn jenseits der periodisch auftretenden (Re-)Integration Erwerbsloser in den Arbeitsmarkt wächst ihre Zahl tendenziell weiter an und erfüllt als *absolut überflüssige* Masse auch eine Funktion:

> »Je größer der gesellschaftliche Reichtum, das funktionierende Kapital, Umfang und Energie seines Wachstums, also auch die absolute Größe des Proletariats und die Produktivkraft seiner Arbeit, desto größer die industrielle Reservearmee. Die disponible Arbeitskraft wird durch dieselben Ursachen entwickelt wie die Expansivkraft des Kapitals. Die verhältnismäßige Größe der industriellen Reservearmee wächst also mit den Potenzen des Reichtums. Je größer aber diese Reservearmee im Verhältnis zur aktiven Arbeiterarmee, desto massenhafter die konsolidierte Übervölkerung, deren Elend im umgekehrten Verhältnis zu ihrer Arbeitsqual steht. Je größer endlich die Lazarusschicht der Arbeiterklasse und die industrielle Reservearmee, desto größer der offizielle Pauperismus. *Dies ist das absolute, allgemeine Gesetz der kapitalistischen Akkumulation«* (ebd., 673 f.).

Marx' allgemeines Gesetz lautet folglich, dass die Akkumulation des Kapitals gleichzeitig Akkumulation der Masse der Überschussbevölkerung mit sich bringt. Zwar schwanke die Zahl der »relativen Übervölkerung« (ebd., 659), sie ist jedoch notwendiger Bestandteil der kapitalistischen Produktionsweise. Dieser »überflüssige« Teil der Arbeiter*innen ist jedoch nicht komplett aus der Produktion exkludiert. Auch sie sind gezwungen, (illegalisierter oder informeller) Arbeit nachzugehen. Denkt man den Gedankengang weiter, erhält man ein verändertes Bild des Proletariats. Wachstum des Kapitals bedeutet zwar Wachstum der Arbeiterklasse, doch besteht diese eben (perspektivisch) nicht ausschließlich aus der Industriearbeiterschaft, sondern auch aus der erwerbslosen und überflüssigen sog. Surplusbevölkerung. Dies schreibt Marx selbst an der einzigen Stelle im »Kapital«, in der er eine Definition des Proletariats (in einer Fußnote!) versucht: »Unter ›Proletarier‹ ist ökonomisch nichts zu verstehen als der Lohnarbeiter, der ›Kapital‹ produziert und verwertet und aufs Pflaster geworfen wird, sobald er für die Verwertungsbedürfnisse des ›Monsieur Kapital‹ [...] überflüssig ist« (ebd., 642).

2.1.2 Klasse, Geschichte und konkretes Handeln

Die kapitalistische Produktionsweise gründet auf Ausbeutung fremder Arbeitskraft. Sie steht im Zusammenhang mit historisch variablen Unterdrückungsverhältnissen. Damit gehen auch veränderte Erscheinungsformen der Klassen einher. Auch Marx ist sich bewusst, dass es eine Verkürzung wäre, Klasse ausschließlich als abstrakten Begriff zu verstehen: Klassen sind »an *bestimmte historische Entwicklungsphasen* der Produktion gebunden« (MEW 28, 508) und in Beziehung zu den Erscheinungsformen des gesellschaftlichen Verkehrs zu setzen. Es geht folglich darum, nach den historischen Formbestimmungen der Klassen(-verhältnisse) zu fragen (Mauke 1970, 18 ff.).

Wie sich Klassen verändern, hat Marx an vielen Stellen beschrieben. In »Das Elend der Philosophie« setzt er sich mit dem Prozess der Klassenbildung im Kapitalismus auseinander (MEW 4, 175 ff.):

> »Die ökonomischen Verhältnisse haben zuerst die Masse der Bevölkerung in Arbeiter verwandelt. Die Herrschaft des Kapitals hat für diese Masse eine gemeinsame Situation, gemeinsame Interessen geschaffen. So ist diese Masse bereits eine Klasse gegenüber dem Kapital, aber noch nicht für sich selbst« (ebd., 180 f.).

Zwar wird den ökonomischen Verhältnissen zentrale Bedeutung beigemessen, der Klassenbildungsprozess wird jedoch in einer Logik der Praxis verstanden. Marx deutet eine objektive und eine subjektive Dimension an. Allein die strukturelle Verortung (»gemeinsame Situation«) macht noch keine Klasse. Dafür ist die Bildung eines Klassenbewusstseins und -handelns notwendig. Dieser subjektive Prozess, den Edward P. Thompson (1987) später als *making* beschreiben wird, fließt in die Definition ein. In Marx' Werk lassen sich drei Phasen unterscheiden, in denen er Klasse als konkreten Begriff verschieden konzeptualisiert hat: das philosophisch inspirierte Frühwerk; teleologische Vorstellungen im »Elend der Philosophie« und im »Manifest der Kommunistischen Partei« sowie die soziologischen Schriften zu Frankreich der 1850er Jahre.

Das philosophisch inspirierte Frühwerk

Erstmalig im Sinne einer sozialen Gruppe verwendet Marx den Klassenbegriff in seiner »Kritik der Hegelschen Rechtsphilosophie«. Als Hauptkriterien zur Unterscheidung von Klassen dienen ihm 1843 »*Geld* und *Bildung*« (MEW 1, 284). Ohne Besitz daran erscheint eine Klasse, die Marx schlicht als das »Volk« (ebd., 229 ff.) bezeichnet und mit dem »vierten Stand« gleichsetzt (Jaeck 1979, 75 ff.). Zur selben Zeit spricht er 1842 von einer »armen Klasse« (MEW 1, 118) oder vom »*Stand der unmittelbaren Arbeit*« (ebd., 284), was seine damalige begriffliche Uneindeutigkeit zeigt. Die genaue Klassenzusammensetzung scheint ihm nicht klar zu sein.

Zu dieser Zeit betrachtet Marx Klasse unter dem philosophischen Einfluss Ludwig Feuerbachs und weniger in empirischen Kategorien. Wenn auch in seiner Begrifflichkeit unsicher, lässt Marx keinen Zweifel an der »Aufgabe«, die er dieser unterdrückten Klasse zuschreibt. Aufgrund ihrer subalternen Stellung müsse diese »Klasse mit *radikalen* Ketten [...], das *Unrecht schlechthin*« (ebd., 390) aufheben. Marx meint nicht nur die Beseitigung eines einzelnen Unrechts (wie der Armut), sondern des Unrechts *an sich*. Damit wird diese revolutionäre Klasse – gut dialektisch – zu »einer Klasse der bürgerlichen Gesellschaft, welche keine Klasse der bürgerlichen Gesellschaft ist, eines Standes, welcher die Auflösung aller Stände« (ebd.) bedeuten würde. Am Ende seiner Ausführungen benennt Marx diese revolutionäre Klasse erstmalig als *»Proletariat«* (ebd.).

Marx beschreibt sowohl den Begriff des Proletariats als auch den Klassenbegriff in den frühen 1840er Jahren in philosophischen Kategorien. Er besitzt noch nicht sein ökonomisches Werkzeug, um das Kapitalverhältnis verstehen zu können. Gleichzeitig wird deutlich, dass im Begriff des Proletariats von Beginn an eine Befreiungsperspektive jenseits des Kapitals angelegt ist.

Klasse als Teleologie

Im »Manifest der Kommunistischen Partei« wird dieser Gedanke zu einer geschichtsdeterministischen Theorie ausgearbeitet. Dort beschreiben Marx und Engels die Entwicklung zur modernen Gesellschaft und kommen zum Schluss, dass im Kapitalismus die bisherigen Klassen aufgehoben seien. Die bekannten Sätze aus dem »Manifest« lauten:

> »Die aus dem Untergang der feudalen Gesellschaft hervorgegangene moderne bürgerliche Gesellschaft hat die Klassengegensätze nicht aufgehoben. Sie hat nur neue Klassen, neue Bedingungen der Unterdrückung, neue Gestaltungen des Kampfes an die Stelle der alten gesetzt. Unsere Epoche zeichnet sich jedoch dadurch aus, daß sie die Klassengegensätze vereinfacht hat. Die ganze Gesellschaft spaltet sich mehr und mehr in zwei große feindliche Lager, in zwei große, einander direkt gegenüberstehende Klassen: Bourgeoisie und Proletariat« (MEW 4, 463).

Auf der einen Seite entwickelt sich die Bourgeoisie als herrschende Klasse, auf der anderen Seite fallen die »bisherigen kleinen Mittelstände, die kleinen Industriellen, Kaufleute und Rentiers, die Handwerker und Bauern, alle diese Klassen [...] ins Proletariat hinab« (ebd., 469). Entgegen der bisherigen Definition wird das Proletariat nun anhand der Stellung zum Eigentum an den Produktionsmitteln beschrieben. Die industrielle Lohnarbeit wird zum bedeutenden Moment und formt die Klasse. Der Klassenkampf wird wesentlich bestimmt durch den Widerspruch zwischen der Entwicklung der Produktivkräfte und den Produktionsverhältnissen und führt linear zum Zusammenstoß der beiden Hauptklassen.

Der Prozess der Klassenbildung schafft beim Proletariat eine gemeinsame Lage, die die Möglichkeit für Kommunikation zwischen den Arbeiter*innen bildet. Ihnen sei es somit möglich, ihre Lage zu erkennen und sich zu organisieren. In diesem Klassenkampf entwickele sich ihr Klassenbewusstsein: Zunächst durch die Bildung von »Koalitionen gegen die Bourgeois« (ebd., 470) und danach durch »die Organisation der Proletarier zur Klasse, und damit zur politischen Partei« (ebd., 471). Je weiter der Kapitalismus sich entwickelt, desto stärker »reift« auch der Klassenkampf. So ist die kapitalistische Produktionsweise letztlich ihr eigener »Totengräber« (ebd., 474). Neben diesem unverhüllten Evolutionismus findet im »Manifest« keine Unterscheidung zwischen ökonomischem und politischem Kampf statt.

Wieso betonen Marx und Engels die Dichotomie zwischen Proletariat und Bourgeoise so stark? Zunächst darf man nicht den Fehler begehen, den Text als wissenschaftliche Abhandlung zu lesen. Es ist vielmehr ein Pamphlet, dass Wirklichkeit produzieren soll und diese nicht abbildet. In ihrer Schrift lösen Marx und Engels die Dialektik des Entstehungsprozesses der Lohnarbeit zwischen Abstraktion (Bedeutungsgewinn der Lohnarbeit) und Konkretion (differenzierte und heterogene Arbeitsformen auch jenseits industrieller Arbeit) einseitig auf, was vor dem Hintergrund ihres politischen Programmes verständlich wird. Bereits in seinen Frühschriften sah Marx ausschließlich das Proletariat dazu in der Lage, die kapitalistische Gesellschaftsformation aufzuheben. Nun, im von revolutionärem Eifer geprägten »Manifest«, wird die Vorstellung eines (uniformen und organisierbaren) Proletariats zum Programm der Geschichte und die Geschichte zu ihrem Vollzug. Marx und Engels folgen einer unilinearen Vorstellung von Geschichte, die durch die zunehmende Polarisierung der Klassengegensätze geprägt sei. Dies ist jedoch ein »fatale[r] Irrtum« (Pollard 1996, 228). Denn zwischen den »Facharbeitern mit ihren im Aufbau begriffenen Gewerkschaften und den ungelernten Handlangern, vielfach von den Facharbeitern selbst angestellt, zwischen Frauen und Kindern in den Fabriken und den Lohnarbeitern auf dem Lande, zwischen Bediensteten in Gasthäusern und adeligen Wohnungen und Schwer- oder Schwerstarbeitern in den Eisenhütten war es nicht leicht, Gemeinsamkeiten zu entdecken« (ebd.). Marx überschätzt schlicht den gleichmachenden Charakter der industriellen Lohnarbeit bzw. macht diesen zur Grundlage seiner geschichtsphilosophischen Spekulationen (Wimmer 2020, 731 ff.).

Zwischenklassen und Fraktionierungen: Marx als Soziologe

Das Scheitern der Revolutionen von 1848 zwingt Marx dazu, seine Revolutionserwartungen aufzugeben und so beschäftigt er sich verstärkt mit der Kritik der politischen Ökonomie. Er kommt zur Einsicht, Gesellschaft anhand ihrer ökonomischen Verfasstheit zu beschreiben. In seinem Vorwort zur »Kritik der politischen Ökonomie« hat er dies auf folgende Formel gebracht:

»In der gesellschaftlichen Produktion ihres Lebens gehen die Menschen bestimmte, notwendige, von ihrem Willen unabhängige Verhältnisse ein, Produktionsverhältnisse, die einer bestimmten Entwicklungsstufe ihrer materiellen Produktivkräfte entsprechen. Die Gesamtheit dieser Produktionsverhältnisse bildet die ökonomische Struktur der Gesellschaft« (MEW 13, 8).

Marx erkennt, dass sich (allein) durch die Stellung im Produktionsprozess noch nichts über das Klassenbewusstsein sagen lässt. Ausdruck dessen sind insbesondere seine Schriften »Die Klassenkämpfe in Frankreich 1848 bis 1850« und »Der achtzehnte Brumaire des Louis Bonaparte«. Dort »entdeckt« Marx, was er und Engels im »Manifest« lediglich kurz angedeutet haben (MEW 4, 472): die Beständigkeit einer großen »zwischen dem Proletariat und Bourgeoisie stehende[n] Masse« (MEW 7, 21). Der Revolutionär Marx musste die Mittel- und Zwischenklassen noch nicht näher beschreiben, in seinen soziologischen Schriften werden sie zum »Dreh- und Angelpunkt« (Hall 2018, 38). Die Zwischenklassen bilden keinen institutionalisierten Stand, sondern zeichnen sich durch ihre Heterogenität aus. Gemein ist ihnen, dass sie nicht ausgebeutet werden, sie für sich produzieren und keinen Mehrwert herstellen. Durch die Mannigfaltigkeit ihrer Positionen und Lebensbedingungen zeigt sich die Heterogenität ihres Bewusstseins. Für Marx wird immer deutlicher, dass es neben dem Widerspruch zwischen Arbeit und Kapital weitere Widersprüche gibt, die ihre eigene Spezifika aufweisen und ihre eigene Geschichte besitzen – womit gleichzeitig die Frage ihrer »relativen Autonomie« aufgeworfen wird. Die ökonomische Produktion ist, so Friedrich Engels in einem vielzitierten Brief vom September 1890, »das *in letzter Instanz* bestimmende Moment in der Geschichte [...] und Reproduktion des wirklichen Lebens« (MEW 37, 463). Auch in weiteren Briefen kritisiert der späte Engels ökonomische Verkürzungen, die nur »als Vorwand dienen, Geschichte nicht zu studieren« (ebd., 436) und die »relative Selbständigkeit« und »Eigenbewegung« der Kräfte des politischen Feldes (ebd., 490) zu ignorieren. Kurz: Die ökonomische »Determination« darf nicht zu einem ökonomistischen Reduktionismus verkommen und muss Raum lassen für die relative Autonomie der »Nebenwidersprüche« sowie der Bewusstseinsformen.

Das Verhältnis zwischen Klassenlage und -bewusstsein sollte im gesamten Marxismus ein zentrales Problem darstellen (Kofler 1964). Marx beschäftigt sich damit anhand des berühmt gewordenen Beispiels der französischen Parzellenbauern (MEW 8, 198). Sie können, so Marx, aufgrund ihrer isolierten Produktion kein Klassenbewusstsein entwickeln, da sie allein schon räumlich zu stark voneinander getrennt seien. Sie seien »unfähig« (ebd.), ihr Interesse *als* Klasse zu artikulieren. Allein aus einer gemeinsamen sozialen Stellung folge kein gemeinsames Bewusstsein.

Im »achtzehnten Brumaire« arbeitet Marx somit nicht mehr rein philosophisch, sondern empirisch. Dies zeigt sich bis in seine Begrifflichkeit hinein, worauf Stuart Hall (2018) hingewiesen hat: Bündnis, (Klassen-)Block, konstitutionelle Formen, Regime, politische Repräsentanten, politische Ideologien oder »Ideen«, Klassenfraktionen, Gruppierungen etc. sind Begriffe, die Marx hier das erste Mal genauer ausarbeitet und mit denen er der gesellschaftlichen Komplexität gerecht werden will. Darüber hinaus fokussiert er sich auf soziale Akteure, die so eindeutig nicht klassentheoretisch eingeordnet werden können: die Armee, die Presse, Intellektuelle, die Priester, Bäuer*innen und das Lumpenproletariat.

Marx gibt im Verlauf seines Schaffens die abstrakte Aufteilung in zwei Klassen auf. Dies zeigt sich anhand der Modifikationen des Klassenbegriffes im »Kapital« (Bensaïd 2009, 111). Während der erste Band sich zentral mit dem Widerspruch zwischen Arbeit und Kapital beschäftigt, gewinnt im zweiten Band die Dimension des Kaufs und Verkaufs der Ware Arbeitskraft an Bedeutung (MEW 24, 37). Der Klassenbegriff erfährt eine Erweiterung in produktive (mehrwertproduzierende) und unproduktive Arbeit (die gegen Revenue getauscht wird). Während Marx im zweiten Band schreibt, dass es neben der »Kapitalistenklasse [...] überhaupt keine andre Klasse als die Arbeiterklasse« (ebd., 348) geben könne und sich »aller Warenwert« nur in »zwei verschiedne Bestandteile auflösen [kann] und sich [...] schließlich als Arbeitslohn die Revenue der Arbeiterklasse, als Mehrwert die der Kapitalistenklasse« (ebd., 383) ausdrückt, ergänzt er in den »Theorien über den Mehrwert« hingegen, dass sich »nicht nur Kapitalist und workman, sondern capitalist, workman, landlord, moneyed interest, fixed incomes vom Staat etc. [...] gegenüberstehen« (MEW 26.2, 469). Er betont ebenso, dass diese Klassen verschiedene Fraktionen mit eigenen Interessen ausbilden könnten (ebd.).

Die Lösung für diesen Widerspruch findet sich im dritten Band. Hier werden Klassen im Prozess gesamtgesellschaftlicher Reproduktion und der Dynamik der Kapitalkonkurrenz bestimmt. Marx beschreibt eine heterogene Klassenzusammensetzung mit »Mittel- und Übergangsstufen« (MEW 25, 892), die in sein bisheriges Schema nicht mehr einzuordnen sind. Für diese »unendliche Zersplitterung der Interessen und Stellungen, worin die Teilung der gesellschaftlichen Arbeit, die Arbeiter wie die Kapitalisten und Grundeigentümer – letztre z. B. in Weinbergsbesitzer, Äckerbesitzer, Waldbesitzer, Bergwerksbesitzer, Fischereibesitzer – spaltet« (ebd., 893), reicht sein dichotomes Schema nicht mehr. Somit spricht er nun von den »drei [sic!] großen Klassen der modernen, auf der kapitalistischen Produktionsweise beruhenden Gesellschaft« (MEW 25, 892). Marx erkennt, dass die kapitalistische Gesellschaft nicht nur aus der kapitalistischen Produktionsweise besteht (Haug 2008). In ihrem Schoß kann es weitere und auch dementsprechende Klassen(-fraktionen) geben. Somit bildet das dichotome Modell die theoretische Grundlage (logische Klassenkonstruktion), während die Betrachtung der konkreten Sozialstruktur die realistische Konstruktion darstellt. Klasse wird über die Stellung zu den Produktionsmitteln verstanden, drückt sich aber auch durch konkretes Handeln und politische Äußerungen aus.

2.2 Sozialstruktur und Klassenbewusstsein in der Bundesrepublik

Für die bundesrepublikanische Ungleichheitsforschung stellen die Überlegungen von Marx einen zentralen Bezugspunkt dar.

Vom vermeintlichen Verschwinden der Klassen ...

In der frühen Bundesrepublik wurde der Klassenbegriff in der Soziologie zunächst von verschiedener Seite angegriffen und als anachronistisch zurückgewiesen. Helmut Schelsky – als junger Wissenschaftler überzeugter Nationalsozialist – war einer der schärfsten Vertreter dieses Angriffes. Er ging davon aus, das wirtschaftliche Wachstum führe dazu, dass sich Klassenunterschiede auflösen und alle harmonisch einer finanzkräftigen Mittelschicht zuströmen würden. Dafür prägte er den Begriff der »nivellierten Mittelstandsgesellschaft« (Schelsky 1979). Klassen seien nicht mehr als ein Relikt der Vergangenheit. Seine Gesellschaftsanalyse bezeichnete Schelsky daher als »Anti-Klassentheorie« (ebd., 337 ff.).

Die sozialen Entwicklungen schienen ihm Recht zu geben. Der »sozialbürokratische Kapitalismus« (Dörre 2009, 34) der Nachkriegszeit als sozialstaatlich regulierter, nationaler Kompromiss zwischen Arbeit und Kapital schien die Klassen aufzulösen. Durch den Auf- und Ausbau eines »expansiven Wohlfahrtsstaats« (Nullmeier 2019) wurde eine marktkonforme Förderung des Wohlstandes ermöglicht, was für einen beachtlichen Anteil der Bevölkerung weitgehend stabile Berufslaufbahnen mit sich brachte. Der Ausbau des Sozialstaates wurde auch durch den Marshallplan von 1947/48 unterstützt, mit Hilfe dessen die westdeutsche Ökonomie unterstützt und im Kontext der Systemkonfrontation (»Kampf gegen den Kommunismus«) gebunden wurde. Die geregelten und abgesicherten Produktions- und Lebensbedingungen entkoppelten das Leben verstärkt von Marktrisiken. So wandelte sich der Lohn von einem bloßen Entgelt für den Verkauf der Arbeitskraft hin zu einem umfassenden sozialen Verhältnis. Das Lohnarbeitsverhältnis war eingebettet in rechtliche Kontexte und wurde somit zu »einer stabilen gesellschaftlichen Position entwickelt, mit der Sicherheitsgarantien und Rechtsansprüche verbunden wurde, die geeignet waren, einen gesellschaftlichen Bürgerstatus zu begründen« (Castel 2001).

Der Klassenbegriff schien die scheinbar »unaufhaltsame Aufstiegsbewegung« (ders. 2000, 285) der »Entproletarisierung« (Geißler 2014, 216 f.) nicht mehr fassen zu können und wurde als obsolet erachtet. Dementsprechend kamen auch soziologische Studien der Zeit zum Ergebnis, dass man von »Klasse« bzw. »Klassenbewusstsein« nicht mehr sprechen könne: Selbst eine Forschergruppe des Deutschen Gewerkschaftsbundes sprach davon, dass sich ein »Arbeiterbewusstsein«

lediglich bei Lohnkonflikten zeige und darüber hinaus keine Bedeutung mehr habe (Pirker et al. 1955).

Gleichzeitig wäre es verkürzt, die Nachkriegs-BRD als eine Gesellschaft ohne soziale Ungleichheit zu verstehen. Die (industrielle) Produktion zeichnete sich durch feste Arbeitsformen und -zeiten aus, bildete starre betriebliche Hierarchien und ermöglichte wenig individuelle Gestaltungsmöglichkeiten. Die Disziplin in der Fabrik war mit zahlreichen weiteren Disziplinierungen (von der Schule bis zum Gefängnis) sowie der Dominanz patriarchaler Unterdrückung in der Familie verbunden. Damit einher gingen stabile heterosexuelle Rollenbilder sowie die klare Aufteilung in männliche Lohn- und weibliche Haus- und Sorgearbeit (Honegger 1991). Auch die sozialen Sicherungssysteme waren an die geschlechtlich konnotierten Arbeitsverhältnisse gekoppelt. Kranken- und Pflegeversicherung beispielsweise galten kostenlos für nicht-erwerbstätige Familienmitglieder. Ebenso deutlich war die Verbindung zur (Arbeits-)Migration, die dazu beitrug, den Arbeitskräftemangel nach dem Zweiten Weltkrieg auszugleichen. Die sogenannten »Gastarbeiter«, jene (billigen) un- oder angelernten Arbeitskräfte, die ohne große Probleme in den fordistischen Produktionsprozess eingegliedert werden konnten, waren maßgeblich am »Wirtschaftswunder« beteiligt, wurden aber ausgegrenzt und ausgebeutet (Jamin 1998, 164). Sie bildeten eine Subklasse aus, die im Wesentlichen die Funktion einer Reservearmee einnahm.

Gerade aus feministischer oder migrantischer Perspektive wird deutlich, dass der bundesdeutsche Klassenkompromiss keineswegs ein Modell sozialer Egalität bedeutete. Das gleiche galt für Menschen mit keiner oder schlechter Ausbildung.

...zur Rückkehr des Klassenbewusstseins

Im Kontext der Revolten in den 1960er und 1970er Jahren erlebte die Forschung zu Klassen und Klassenbewusstsein eine Wiederbelebung. Vor allem in marxistisch inspirierten Debatten wurde versucht, den Klassenbegriff für die Gesellschaftsanalyse erneut fruchtbar zu machen (IMSF 1975; PKA 1973/1974). Daneben wurde die Debatte auch durch internationale Einflüsse geprägt. So entwickelte Anthony Giddens (1979) eine »Klassenstruktur der fortgeschrittenen Gesellschaften«. Ebenso hatten die Arbeiten von Erik Olin Wright (1985) und Nicolas Poulantzas (1975) zentralen Einfluss auf die damaligen Klassendebatten (Miliband 1975). Im Gegensatz zu vorherrschenden sozialwissenschaftlichen Auffassungen der Schichtungstheorie wurde Klasse in diesen Ansätzen als Schlüsselkategorie für die Analyse von Macht, Politik und Staat verstanden. Poulantzas legte den Fokus seiner Forschung auf politische Macht und auf den Staat, den er als Ausdruck von Klassenmacht verstand. Darüber hinaus beschäftigten sich weitere Theoretiker mit der unmittelbaren Produktion und dem Arbeitsprozess (Braverman 1982; Burawoy 1985). Methodisch basierten diese Forschungen auf teilnehmender Beobachtung und eigenen Erfahrungen im Arbeitsprozess. Damit gewannen Fragen an Bedeutung, wie sich die Klassenposition von Akteuren in ihrer Wahrnehmung niederschlägt – in ihrem Bewusstsein.

In diesem Kontext entwickelte sich mit der soziologischen Bewusstseinsforschung ein eigener Forschungsstrang und wurde zu einem zentralen Thema der Nachkriegssoziologie. Besondere Bedeutung kam der Arbeiterbewusstseinsforschung zu. Vor allem in der BRD (Überblick: Tjaden-Steinhauer 1975; Voß 1984) und in Großbritannien (Überblick: Savage 2016) wurden zahlreiche Studien veröffentlicht. Diese Forschungen beschäftigten sich nicht nur mit den »objektiv« messbaren Bedingungen (Einkommen, Vermögen, Bildung etc.) sozialer Klassen, sondern mit Ausdrücken von Klassenverhältnissen in Haltungen, Handlungen und sozialen Auseinandersetzungen.

Mittlerweile »als ›Klassiker‹ der Literatur zum Arbeiterbewußtsein« (Deppe 1971, 74) gilt »Das Gesellschaftsbild des Arbeiters« (Popitz et al. 1957). Dort unternahmen die Autoren auf Basis von rund 600 Interviews mit Arbeitern eines Hüttenwerkes im Ruhrgebiet eine detailgenaue Analyse unterschiedlicher Arbeitsvorgänge und deren Wahrnehmung durch die Arbeiter selbst. Die Untersuchung sollte Aufschlüsse über ihre soziale Verortung und ihr Gesellschaftsbild liefern. Die Autoren fanden ein Arbeiterbewusstsein vor, dass sich (als Kollektivbewusstsein) gegen die Vorstellung einer ›harmonischen‹ Gesamtgesellschaft‹ richtete (ebd., 241).

> »Alle Arbeiter [...] sehen die Gesellschaft als – unabwendbare oder abwendbare, unüberbrückbare oder ›partnerschaftlich‹ zu vermittelnde – *Dichotomie*, und sie beantworten die Frage nach ihrem eigenen gesellschaftlichen Ort durch ein *Arbeiterbewußtsein*, das es ihnen ermöglicht, sich innerhalb der Gesamtgesellschaft als Teil der Arbeiterschaft zu verstehen« (ebd., 237).

Die Arbeiter nahmen die Gesellschaft als gespalten in ein ›oben‹ und ›unten‹ wahr:

> »Alle Arbeiter sehen die Gesellschaft als – unabwendbare oder abwendbare, unüberbrückbare oder ›partnerschaftlich‹ zu vermittelnde – *Dichotomie*, und sie beantworten die Frage nach ihrem eigenen gesellschaftlichen Ort durch ein *Arbeiterbewußtsein*, das es ihnen ermöglicht, sich innerhalb der Gesamtgesellschaft als Teil der Arbeiterschaft zu verstehen« (ebd.).

Den Arbeitern war bewusst, dass sich ihre Interessen als Klasse *gegen* eine andere Klasse richten. Diese Untersuchung führte dazu, dass Helmut Schelsky (1979, 362) seine Thesen zum Teil revidierte und einsehen musste, dass ein Klassenbewusstsein »noch weitgehend vorhanden« sei. Rund ein Jahrzehnt nach Popitz et al. fragten Horst Kern und Michael Schumann in ihrer Studie »Industriearbeit und Arbeiterbewusstsein« (1970) danach, »ob und in welcher Form die Arbeiterschaft noch über ein klassenspezifisches Gesellschaftsbild verfügt« (ebd., 36). Vor dem Hintergrund technischer Veränderungen, der Differenzierung in der industriellen Produktion und der technisch-organisatorischen Ausgestaltung der Arbeitssituation kamen die Autoren zum Ergebnis, dass sich auch das Arbeiterbewusstsein differenziert habe. Zunächst waren die Beschäftigten »in ihrer überwältigenden Mehrheit darin einig, daß der technische Wandel ihre Arbeitsplätze verunsichert, die Gefahr der Arbeitslosigkeit zunimmt« (ebd., 236). Das Kollektivbewusstsein erschien als gemeinsame Angst vor der eigenen Austauschbarkeit und des Jobverlusts, war jedoch keineswegs verschwunden (ebd., 251). Von besonderer Bedeutung ist die Studie von Kern und Schumann auch deswegen, weil sich in ihr erstmals »mehrfach Hinweise auf bewußtseinsbildende Einflüsse aus *früheren* Erfahrungen und vor allen Dingen aus Bereichen *außerhalb* der Arbeit (Familie, Konsumbereich, Arbeiterbewegung) (Voß 1984, 60)« finden lassen.

Wenige Jahre später beschäftigte sich eine Gruppe um Werner Kudera in der Studie »Gesellschaftliches und politisches Bewußtsein von Arbeitern« (Kudera et al. 1979) mit der subjektiven Wahrnehmung der betrieblichen und sozialen Lage von Arbeiter*innen, ihrer Interessenvertretung und ihren Einstellungen zu Lohn und Leistung. Sie kamen zum Ergebnis, dass die meisten Arbeiter*innen das Leistungs- und Konkurrenzprinzip und die Rentabilitätsforderungen des Kapitals als Bedingung für die eigene Arbeitsplatzsicherheit und ›gerechte‹ Löhne anerkannten (ebd., 120). Die Beschäftigten teilten die Bereitschaft zum Interessenausgleich zwischen Arbeit und Kapital. Ihrer Arbeit standen sie in Form eines »gebrochenen Instrumentalismus« (ebd., 118 ff.) gegenüber. Dies meint, dass weder eine »ungetrübte Gleichgültigkeit noch ungebrochene Identifikation mit dem Arbeitsinhalt (ebd., 118) besteht. Dieser Instrumentalismus trete zunehmend an die Stelle des bisherigen Kollektivbewusstseins.

Diese Studien zum Arbeiterbewusstsein haben sich mit dem Denken der (Industrie-)Arbeiterschaft beschäftigt und unterstellten eine Tendenz zur Bewusstseinsbildung in der Lohnarbeit, die grundsätzlich für alle Arbeiter*innen gleich bzw. ähnlich sei. Einflussgrößen wie Herkunftsfamilie, Alter, Geschlecht oder Wohnort spielten keine oder nur eine nachgelagerte Rolle. Auch wenn diese Studien eine große theoretische und empirische Breite erreicht haben, blieben sie stark industriesoziologisch verankert. Das Klassenbewusstsein wurde als »›Widerspiegelung‹« (Voß 1984, 139) der Industriearbeit verstanden. Damit wurde es zu einem »passiven Reflex« (ebd., 143). Es gelang diesen Studien nicht, die differenzierenden Aspekte der beruflichen *und* der privaten Sozialisation – der betrieblichen und außerbetrieblichen Erfahrungen – für die Bewusstseinsentwicklung zu berücksichtigen (Giegel 1989).

Früh unterzog Gerd-Günter Voß (1984) diese Studien einer umfänglichen Aufarbeitung. Als zentraler Kritikpunkt erscheint bei ihm jene verkürzte Definition des Bewusstseins als Widerspiegelung. Für Voß räumen die Studien zum Arbeiterbewusstsein sowohl den unmittelbaren Erfahrungen (in der gesamten Lebenswelt) als auch den subjektiven Potenzialen der Menschen nicht genügend Platz ein. Er wirbt für einen Bewusstseinsbegriff, der »den aktiven, konstruktiven Leistungscharakter, eine strukturelle Tiefe und eine relative subjektive Autonomie ins Zentrum stellt« (ebd., 1).

Darüber hinaus lässt sich in den »klassischen« Studien zum Arbeiterbewusstsein ein deutlicher Androzentrismus erkennen. Daran entwickelte sich bereits früh eine feministische Kritik, die sich explizit mit dem Bewusstsein von Arbeiterinnen beschäftigte (Becker-Schmidt 1983; Schöll-Schwinghammer/Lappe 1978). Während sich das männliche Bewusstsein ausschließlich in der Sphäre der Lohnarbeit bilde, fallen bei den Arbeiterinnen reproduktive Tätigkeiten und Lohnarbeit zusammen, die beide das Bewusstsein prägen. Hinzu kommen geschlechtlich bedingte Unterschiede im Lebenslauf, die eine gemeinsame Bewusstseinsentwicklung von Männern und Frauen in der Arbeitswelt erschweren (Pfeil 1961). Dahingehend konnte Ulrike Prokop in »Weiblicher Lebenszusammenhang« (1976) nachweisen, dass der weibliche Alltag vielseitiger ist als die männliche Berufsrolle, womit sie wichtige Anregungen für die arbeitssoziologische Frauen- und Geschlechterforschung lieferte. Diese feministischen Erweiterungen konnten deutlich machen, dass das Klassenbewusstsein nicht nur von der Lohnarbeitssituation, sondern von vielfältigen alltäglichen Phänomenen beeinflusst ist. Es ist notwendig, das Klassenbewusstsein auch vor dem Hintergrund individueller Lebensgeschichten und konkreter Erfahrungen auch außerhalb der Lohnarbeit zu betrachten (Deppe 1971).

Strukturwandel der Arbeit und Bedeutung des Subjekts

In seiner Studie »Die große Hoffnung des 20. Jahrhunderts« beschrieb Jean Fourastié (1969, 120 f.) die grundlegenden Veränderungen der einzelnen Wirtschaftssektoren hin zum Dienstleistungssektor und prognostizierte ein neues goldenes Zeitalter, dass sich durch steigenden Wohlstand, mehr soziale Sicherheit und Bildung sowie humanere Arbeit bei Vollbeschäftigung auszeichnen würde. Auch Daniel Bell (1975) hat die entscheidende Bedeutung der Wissenschaft und der Informations- und Kommunikationstechnologien in der »nachindustriellen Gesellschaft« hervorgehoben. Diese Sichtweisen reflektierten einen in den 1980er Jahren einsetzenden Wandel der Arbeitsverhältnisse, der kontrovers diskutiert wurde. Neben das Normalarbeitsverhältnis traten vermehrt unterschiedliche Arbeitsformen. Ebenso ging die Beschäftigtenzahl in Industrie und Produktion rasant zurück (Geißler 2014, 190). Sie wurden zu einer – quantitativ allerdings noch immer bedeutenden – Minderheit unter den Lohnabhängigen. Ebenso wandelten sich die Arbeitsformen. Arbeitszeiten wurden durch Gleit- oder Vertrauensarbeitszeiten individualisiert. Klare Hierarchien wichen häufig projektbasierter Arbeit, die zum Ort der Selbstverwirklichung werden sollte. Auf Kapitalseite setzte sich die Erkenntnis durch, dass der tayloristische Zugriff auf die Arbeitskraft Potenziale verschenke. Die Beschäftigten sollten nun nicht mehr nur gehorchen, sondern wurden vom Management als aktive Teilnehmer*innen des Produktionsprozesses angesprochen.

> »Die Erfahrungen mit Lohnarbeit, die angesichts unterschiedlicher Tätigkeiten und Erwerbsverläufe nie homogen waren, werden immer uneinheitlicher, und übergreifende Normen, an denen sich Unternehmen bei der Gestaltung von Arbeitsverhältnis oder Arbeitszeit zu orientieren hätten, wurden schrittweise abgebaut« (Mayer-Ahuja 2018, 20).

Die sich daraus ergebende Fragmentierung innerhalb der Arbeiterklasse wurde bereits reflektiert (Laclau/Mouffe 1985, 78 ff.). Verstärkt beteiligten sich auch Frauen am Erwerbsleben und so wich das Familienernährermodell zunehmend dem Zuverdienermodell mit einer teilzeitarbeitenden Frau (Pfau-Effinger 2000). Die Integration von Millionen Frauen in den Arbeitsmarkt stellte wohl eine der größten sozialen Veränderung dar. War in den 1950er Jahren nur etwa ein Drittel der Frauen berufstätig (Schildt 2007, 18), lag die Erwerbstätigenquote von Frauen 2019 bei über 72 Prozent (WSI 2020). Die Teilzeitarbeit brachte meist keine Entlastung der Frauen von der Haus- und Sorgearbeit mit sich, sondern führte zu ihrer Doppelbelastung (Jurczyk 2008, 78). Der Arbeitsmarkt blieb weiterhin geschlechtlich segregiert.

Diese sozialen Veränderungen wurden innerhalb der bundesdeutschen Soziologie unterschiedlich reflektiert. In diesem Zusammenhang entwickelte sich eine eigenständige Milieuforschung (Hradil 1987). Dieser Forschungsstrang beschäftigte sich vor allem mit dem Wertewandel sowie der Entwicklung von Lebensstilen. Deren (relative) Autonomie – so die zentrale These – könne von bisherigen Konzepten nicht mehr erklärt werden. Unter Milieus werden, ganz allgemein, soziale Gruppen verstanden, die sich durch ähnliche Kapitalausstattung sowie Lebensstile und -weise auszeichnen (Vester et al. 2001, 23 ff.). Während die bisherige Forschung zu sozialer Ungleichheit meist Einkommen, Bildung und Beruf als Hauptindikationen verwendet hatte, erweiterte die Milieuforschung diese um Indikatoren wie Sicherheit, Wohnung, Versorgung und Infrastruktur. Die Zugehörigkeit zu einem Milieu beeinflusst somit die gesamte Lebensweise (Alltagskultur, Konsummuster, Geschmack, berufliche Ziele oder Abgrenzung zu anderen Milieus etc.) der Milieumitglieder. Jedoch stellen die Milieus keine geschlossenen Systeme dar. Zum einen können Mitglieder eines Milieus eine nahezu unübersichtliche Zahl und Art von Elementen zu einem einzigartig scheinenden Lebenslauf vereinen und zum anderen verlaufen die Milieugrenzen fließend. Soziale Milieus bilden eine – relativ unabhängige – Ebene der Handlungsmöglichkeit. Gleichzeitig wurde auch darüber diskutiert, ob Schichten oder Klassen nicht komplett verschwunden seien (Clark/Lipset 1991). An ihre Stelle trat in der Forschung das Differenzierungs- und Individualisierungsparadigma, das von einer Vervielfältigung und Fragmentierung sozialer Ungleichheit und Lebenslagen ausging (Beck 1986). Spätestens mit der Implosion des Ostblockes schienen Klassentheorien vollends abgemeldet (Pakulski / Waters 1996).

Auch die *Klassen*bewusstseinsforschung fand in den 1980er Jahren ein abruptes Ende (Brock 1989). In der Soziologie herrschte die Meinung vor, dass sich das Bewusstsein unabhängig von der soziale Position entwickle. Diese Entkoppelung führte zu einem Wandel in der Bewusstseinsforschung (Schmiede 1988) und brachte eine Fokussierung auf das Subjekt und seine Einstellungen, Haltungen und Werte mit sich (Thomssen 1982). Dabei wurden auch sozialpsychologische und geschlechtersensible Erklärungsansätze aufgenommen und alltägliche Deutungen behandelt.

Eine Vorläuferin dieses Forschungsstranges stellt die Studie »Berufliche Erfahrung und gesellschaftliches Bewusstsein« (1974) von Wolfgang Lempert und Wilke Thomssen dar. Durch eine Befragung von 300 ehemaligen Berliner Maschinenschlosserlehrlingen konnten sie zeigen, dass deren Bewusstsein nicht nur als Produkt des konkreten Arbeitsalltages zu verstehen, sondern ebenso durch die biografische Sozialisation geprägt ist. Lempert und Thomssen unterschieden zwischen der primären Sozialisation in der Familie, der sekundären Sozialisation (in Schule, Beziehungen, Organisationen etc.) und der tertiären Sozialisation im (Berufs-)Alltag. Daneben sind vor allem die Studien »Leistung und Herrschaft« von Lothar Hack (1979), »Alltägliche Arbeiterexistenz« von Ditmar Brock und Hans-Rolf Vetter (1982) und »Arbeitsleben« von Peter Alheit und Bettina Dausien (1985) als Beispiele für die Anwendung subjektorientierter und biografischer Ansätze in der Bewusstseinsforschung zu nennen. Diese Studien beschäftigten sich vor dem Hintergrund der Biografien der befragten Arbeiter*innen sowohl mit deren Auseinandersetzungen in der Erwerbssphäre als auch mit ihren alltäglichen Praktiken und Bewusstseinsformen. »Die Autoren waren unter den ersten, die in der deutschen Industriesoziologie den ›Mut‹ hatten, dem Bewußtseinsprozeß der Personen einen eigene Wirklichkeit, mehr noch: eine eigene Wirkung gegenüber den objektiven Strukturen zuzugestehen« (Voß 1984, 245). Sie nahmen (deutlich stärker als die häufig orthodox-marxistischen Klassentheorien der 1970er Jahre) die »von Marx geforderte dialektische Vermittlung von Person und Gesellschaft, von subjektiven Bewußtseinsaspekten und objektiven gesellschaftlichen Momenten« (ebd., 228) – kurz: objektiver und subjektiver Anteil des Klassenbegriffes – auf.

Die Gegenwart der Klassen

Die Wirtschafts- und Finanzkrise von 2007/08 führte zu einer Verschärfung der sozialen Ungleichheit in nahezu allen Industrieländern. Die Erwerbslosigkeit in vielen europäischen Ländern erreichte einen historischen Höchststand. Aktuell zeigt sich eine weitere Polarisierung. Während der COVID-19-Pandemie ab 2020 konnten die zehn reichsten Milliardäre der Welt ihr Vermögen auf insgesamt 1,5

Billionen Dollar verdoppeln. Gleichzeitig leben 163 Millionen Menschen wegen der Pandemie in Armut (Oxfam 2022). Auch in der Bundesrepublik fanden ähnliche Entwicklungen statt (Butterwegge 2020; Mayer-Ahuja / Nachtwey 2021).

Trotz des Fokus auf Fragmentierung oder Individualisierung war Klasse als zentraler Begriff kritischer Gesellschaftsforschung nie ganz verschwunden (Leisewitz 1977; Thien 2018). Im Nachgang der »Agenda 2010«-Reformen, als die Kritik an Ausbeutung und Ungerechtigkeit (wieder) lauter wurde und Fragen nach sozialer Ungleichheit an Brisanz gewannen, wurde die »Ideologie der Klassenlosigkeit« (Adorno 1979, 377) in der deutschen Sozialstrukturanalyse hinterfragt. Analog zu sozialen Krisen- und Ungleichheitsdynamiken ist auch der Klassenbegriff wieder in die öffentliche Diskussion zurückgekehrt (Altreiter 2019; Friedrich 2021).

Neben dieser »Rückkehr« des Klassenbegriffes ist ebenfalls eine Renaissance von Bewusstseinsstudien im Rahmen der Prekarisierungsforschung zu erkennen (Heiden / Jürgens 2013). Neben Gerechtigkeitsvorstellungen (Aulenbacher et al. 2017) beschäftigten sich weitere Studien mit Erfahrungen von Ausbeutung (Haubner 2017) oder einem »Krisenbewusstsein« von Arbeiter*innen (Detje et al. 2011). Immer wieder wird die Tendenz zur Resignation, politischer Entkoppelung und Entkollektivierung betont (Dörre et al. 2013; Hirseland 2016). Gleichzeitig beschränken sich diese Studien häufig auf die Lebensführung der Menschen, ihren sozialen Nahbereich und weniger auf Gesellschaftsbilder (Brinkmann et al. 2006; Grimm / Hirseland / Vogel 2013; Ausnahme: Dörre / Happ / Matuschek 2013).

Dieser erste Überblick über die reichhaltigen Debatten zu Klasse und Klassenbewusstsein hat deutlich gemacht, dass, wenn vom Klassenbegriff die Rede ist, nicht nur die objektive Stellung betrachtet werden muss, sondern auch subjektive Orientierungen eine Rolle spielen. Marxistisch gesprochen könnte man sagen, dass in kapitalistischen Gesellschaften die Arbeiterklasse objektiv gegeben sein muss. Doch reicht eine solch abstrakte Sichtweise allein für eine umfassende Klassenanalyse nicht aus. Zwar durchzieht der Antagonismus zwischen Arbeit und Kapital andere Verhältnisse und verleiht ihnen ihre Form, bestimmt sie aber nicht vollständig. Vielmehr stehen sie in einem komplexen, wechselseitigen Prozess, was bereits Marx verdeutlicht hat (MEW 42, 34). Ausbeutung stellt zwar eine andere soziale Beziehung als rassistische oder sexistische Diskriminierung dar, da sie Arbeiter*innen unabhängig von Herkunft, Geschlecht oder Ethnizität verbindet. Ihr Status ist jedoch keineswegs einheitlich, sondern wird durch Geschlechter-, rassistische und weitere Unterdrückungsverhältnisse mitgeprägt. Frigga Haug (2013) nennt diese Verwobenheit einen Herrschaftsknoten. Dies bedeutet, Klassenverhältnisse nicht vorauszusetzen, und sie in einem zweiten Schritt durch Geschlechterverhältnisse oder Rassismus zu ergänzen, sondern sie in ihrer Verwobenheit als konstitutiv zu betrachten. Diese Komplexität gehört *a priori* zur Klassenanalyse. Sie bedeutet auch die Orientierung an lebendigen Subjekten sowie ihren alltäglichen Umgang mit den sozialen Verhältnissen.

Klasse wird zwar ökonomisch vergesellschaftet, sie muss jedoch auch (politisch) zu Bewusstsein kommen.

III Klassenanalyse mit Pierre Bourdieu und Edward P. Thompson

Nachdem ich die marxistisch geprägte Diskussion um Klasse und Klassenbewusstsein dargestellt habe, möchte ich nun deren »praxeologische« Erweiterung (Vester 2013) durch Pierre Bourdieu und Edward P. Thompson vorstellen. Beide versuchen, die Analyse von objektiven Klassenstrukturen mit einem subjektiven Ansatz zu verbinden. Mit einer solchen Konzeption von Klasse wird es möglich, Gesellschaft als Kräftefeld zu verstehen, das von Konflikten und Bewegungen durchzogen ist. Akteure und Akteursgruppen (Klassen) kämpfen um Einfluss, Macht und Anerkennung. Bourdieu fragt, wie sich soziale Klassen voneinander im sozialen Raum abgrenzen. Die Unterschiede beruhen auf der unterschiedlichen Kapitalausstattung und korrelieren mit unterschiedlichen Wahrnehmungen und Handlungsoptionen. Im Gegensatz zum Marxschen Kapitalbegriff fokussiert sich Bourdieu nicht nur auf die Stellung zu den Produktionsmitteln, sondern erweitert den Begriff. Ein wesentliches Ergebnis dieser Klassenkonzeption ist das (relative) Passungsverhältnis von objektiven Strukturen sowie subjektiven Umgangsweisen und Alltagspraktiken, die durch den Habitus geprägt sind. Thompson betont stärker den Aspekt der Subjektivität und trägt den Erfahrungen wirklicher Klassenmitglieder Rechnung. Zentral ist für ihn der lebensweltliche Aspekt der Klassen. Sein Fokus liegt auf den konkreten Subjekten, die Klasse »machen.« Durch die Synthese dieser Klassenbegriffe gelingt es, eine theoretische Basis für die Darstellung der Klasse der Marginalisierten zu erlangen.

3.1 Pierre Bourdieu: Klasse und habituelle Dispositionen

Pierre Bourdieu versteht kapitalistische Gesellschaften als Klassengesellschaften. Im Gegensatz zu Marx (Bourdieu 1985, 9 ff.; 1998, 48), der sich gerade in seinen philosophischen und politischen Schriften mit der Frage nach sozialer Veränderung beschäftigt hat, will Bourdieu verstehen, wie und warum sich soziale Ordnung so stabil reproduziert. Ein zentrales Thema seiner Arbeit ist, Mechanismen der (Re-)Produktion sozialer Strukturen im praktischen Handeln und in den Lebensstilen der Akteure zu finden.

Zunächst reicht es laut Bourdieu nicht aus, die Klassenposition anhand der Stellung zum Eigentum an Produktionsmitteln zu bestimmen. Es ist ebenso notwendig, die Lebensstile der Akteure zu betrachten. Die Analyse der Ökonomie wird bei Bourdieu derart ergänzt durch die der »kulturellen Produktionsverhältnisse« (1985, 31) und der symbolischen Herrschaft. Zweitens betont er, dass sich soziale Unterschiede, die sich aus der Kapitalausstattung ergeben, zunächst nur *»auf dem Papier«* (ebd., 12) darstellen. Er distanziert sich von der Vorstellung der Einheit wissenschaftlich konstruierter sowie tatsächlicher (mobilisierbarer) Klassen. Drittens konzipiert er das Klassenbewusstsein als Habitus. Mit Bourdieu geht es nicht darum, dass sich Menschen einer Klasse zugehörig fühlen müssen, um Teil zu sein. Vielmehr wirkt Klasse als unbewusste Struktur und zeigt sich in ähnlichen Lebensstilen, Meinungen und Praktiken (Essen, Wohnen, Kultur, Geschmack etc.). Daraus entwickelt sich ein gemeinsamer »Klassenhabitus«, der eher einem kollektiven Klassen*un*bewusstsein als einem Klassenbewusstsein entspricht (Eder 1989, 17).

Sozialer Raum und Mehrdimensionalität der Klasse

Bourdieu löst sich bereits in seinem »Entwurf einer Theorie der Praxis« (1979) von der Unterscheidung zwischen Subjektivismus und Objektivismus. Seine epistemologische Kritik richtet sich gegen ein wissenschaftliches Denken in Substanzen. Anstelle eines Denkens, das Identitäten mit fixen Eigenschaften zum Ausgangspunkt hat, tritt ein Denken in Beziehungen: »Was in der sozialen Welt existiert, sind Relationen [...], die ›unabhängig vom Bewusstsein und Willen der Individuen‹ bestehen« (Bourdieu/Wacquant 1996, 127). Mit diesem Ansatz will Bourdieu die Dialektik zwischen objektiven Strukturen und strukturierten Dispositionen (die Logik sozialen Handelns) erklären. Soziale Strukturen bilden kein fertiges System aus; erst in Beziehungen zueinander entwickeln sich die Dinge. Dies richtet sich auch gegen eine Klassenanalyse, die diese als objektiv gegeben betrachtet. Bourdieu geht den umgekehrten Weg. Klassen *a priori* sind für ihn nicht existent. Es gibt einen sozialen Raum, in dem Klassen konstruiert werden können, indem man die Unterschiede und Gemeinsamkeiten zwischen und in ihnen erklärt und die herrschenden Differenzierungsprinzipien erkennt (1998, 49). Positionen im sozialen Raum werden bestimmt durch Kapitalausstattung. Mit Kapital meint er alle Merkmale, die »ihrem Träger Stärke bzw. Macht verleihen« (1985, 9): neben das ökonomische Kapital treten kulturelles, soziales und symbolisches Kapital. Mit dieser Erweiterung

> »löst sich Bourdieu von der Verengung der Sozialstrukturanalyse auf ökonomische Faktoren und öffnet den Blick für die soziale Konstitution von Ungleichheit. Sie lässt sich nicht auf einen einzelnen Faktor reduzieren und beruht nicht allein auf der Verteilung ökonomischen Kapitals, sondern wird erst durch die Kombination aller Kapitalformen wirksam« (Rehbein/Souza 2014, 85).

Anhand der Kapitalausstattung lässt sich der mehrdimensionale soziale Raum aufspannen. Zunächst findet sich die primäre, vertikale Unterscheidung anhand des gesamten Kapitalvolumens (hoch, mittel, niedrig). Sie stellt das »zweifellos wichtigere« (Bourdieu 1998, 20) Kriterium dar. Daneben verläuft die horizontale Unterscheidung anhand der Kapitalzusammensetzung (v. a. ökonomisches vs. kulturelles Kapital). Es geht um die spezifische Kombination der einzelnen Arten. Eine dritte Achse beschreibt ihre zeitliche Entwicklung. Diese drei Achsen strukturieren den sozialen Raum.

Insbesondere über schulische Ausbildung, Einkommen und Berufsstellung verortet Bourdieu die Akteure und konstruiert daraus soziale Klassen. Neben der sozialen Position beschäftigt er sich auch mit dem Lebensstil, der sich in praktischen und alltäglichen Vorlieben, Tätigkeiten und Verhalten äußert und die Klassenposition ebenso ausdrückt. Daraus entwickelt sich ein dreidimensionaler Klassenbegriff.

1) Objektivierte Klassen. »Ausgehend von den Stellungen im Raum, lassen sich Klassen im Sinne der Logik heraus präparieren, das heißt Ensembles von Akteuren mit ähnlichen Stellungen« (1985, 147). Klassenmitglieder liegen durch ihre ähnliche Kapitalausstattung nahe im sozialen Raum zusammen. »Die Akteure, die [...] benachbarte Positionen einnehmen, stehen unter ähnlichen Bedingungen und unterstehen deshalb ähnlichen Bedingungsfaktoren« (2011, 109). Je näher sich Akteure im sozialen Raum sind, desto ähnlicher ist ihr sozialer Erfahrungsraum und desto wahrscheinlicher gehören sie zu einer Klasse. Klasse ist zunächst nicht mehr als die Ergebnis von *Konstruktions*handlungen und auf dieser Ebene ein rein analytischer Begriff. Bourdieu spricht daher von »theoretischen« (1998, 23) Klassen.

2) Unterschiedliche Lebensstile im sozialen Raum. Damit meint Bourdieu ein Set an Praktiken, Objekten und symbolischen Merkmalen der Lebensführung, die durch Raum und Zeit strukturiert sind. Innerhalb der Praxis der Lebensstile wird Klasse konkret erfahrbar. Akteure, die eine sozialräumliche Nähe aufweisen, werden »mit ziemlicher Wahrscheinlichkeit ähnliche Dispositionen und Interessen haben und dementsprechend Vorstellungen und Praktiken ähnlicher Art produzieren« (2011, 109). Denn »wie einer spricht, tanzt, lacht, liest, was er liest, was er mag, [...] ist eng miteinander verknüpft« (1989, 25). Somit können Akteure zu einer Klasse zusammengefasst werden, nicht nur weil sie die gleiche Position, sondern auch weil sie gemeinsame Lebensbedingungen und -weisen teilen (1993, 254).

3) Klassenakteure klassifizieren sich selbst und handeln gemeinsam als Klasse. Durch politische Handlungsfähigkeit wird die theoretische Klasse zur mobilisierten Klasse (1998, 9) – ein »Ensemble von Akteuren, die auf der Grundlage homogener vergegenständlichter oder inkorporierter Eigenschaften und Merkmale sich zusammengefunden haben zum Kampf um Bewahrung oder Änderung der Verteilungsstruktur der vergegenständlichten Eigenschaften« (1987, 175). Politisches Handeln in einer mobilisierten Klasse ist keineswegs zwangsläufig und die objektivierte Klasse darf nicht mit einer mobilisierten Klasse verwechselt werden (ebd.). Innerhalb der Logik der Sozialwissenschaften

besteht »die Gefahr, daß man theoretische Klassen, fiktive Gruppierungen, die nur auf dem Papier bestehen, kraft einer im Kopfe gefälligen Wissenschaftlerentscheidung als reale Klassen wahrnimmt, als reale, in der Realität als solche bestehenden Gruppen« (1998, 23). Doch geht die Logik der Praxis, also das, was Klassen konkret sind, nicht in der Logik der Sozialwissenschaften auf. Tabelle 1 fasst die drei Dimensionen des Klassenbegriffes zusammen:

Tabelle 1: Drei Dimensionen sozialer Klasse nach Pierre Bourdieu

Objektivierte Klasse	Menschen, die eine ähnliche Position im sozialen Raum haben	Konstruierte Klasse *(Wissenschaft)*
Klassifizierte Klasse	Menschen, die ähnliche Dispositionen zu Handeln und zur Distinktion haben	Klasse als gelebte (vorbewusste) Praxis *(Lebensstil)*
Mobilisierte Klasse	Menschen, die eine Identität als Kollektiv entwickeln und sich organisieren	Bewusste Sicht und Praxis *(Politik)*

s.a. Rehbein 2006, 173 ff.

Die Mehrdimensionalität und die Verknüpfung von Klassenposition und Lebensstil ist Bourdieus innovativer Beitrag zur Klassentheorie. So wird es möglich, von der konkreten Lebensführung der Akteure auszugehen. Zwar besteht für Bourdieu kein Zweifel, »dass zwischen dem Raum der sozialen Positionen und dem der Lebensstile, Lebensweisen und Geschmacksrichtungen eine Korrespondenz besteht, (und sich) zwangsläufig jede Veränderung im Bereich der sozialen Positionen auf die eine oder andere Weise innerhalb des Bereichs von Geschmack und Lebensstil« (1997a, 208) auswirkt, jedoch ist der Raum der Lebensstile nicht einfach aus der Sozialstruktur ableitbar. Der Raum der sozialen Stellungen (das »Sein«) und der Äußerungen der Lebensstile (das »wahrgenommene Sein«; 1987, 754) sind »zwar homologe, aber unabhängige Räume« (1989a, 403). Damit einher geht eine relative Autonomie der Lebensstile. Bourdieu konzipiert den Zusammenhang zwischen beiden Räumen empirisch und kaum theoretisch. Trotz der Komplexität und überzeugenden Darstellung des sozialen Raums gelingt es ihm nicht umfänglich, diese in eine Klassentheorie zu integrieren (Rehbein/Schneickert/Weiß 2009, 145). Insbesondere in seinem Spätwerk »nimmt der Klassenbegriff keine prominente Stellung mehr ein, auch wenn er nicht durch einen anderen Begriff mit ähnlicher Funktion ersetzt wird. Schon in der großen Studie ›Die feinen Unterschiede‹ überzeugt der Begriff nicht mehr, weil der soziale Raum eher in Bereiche als in Klassen zerfällt« (ebd.).

Der Geschmack der Klasse

Die Vermittlung zwischen dem Raum der Positionen und der Lebensstile vollzieht sich bei Bourdieu über den Habitus. Damit ist ein Dispositionensystem gemeint, dass sich in vorreflexiven Wahrnehmungs-, Denk- und Handlungsschemata äußert: Denkweisen, Prinzipien, Urteile und Bewertungen sind Ausdruck des Habitus (Bourdieu 1987; 1993). Im Habitus vereinen sie sich zu einem gemeinsamen Prinzip. Sichtbar wird er über vielfältige Praktiken und zeigt sich in unterschiedlichen Bereichen (Kleidung, kulturelle Vorlieben, Alltagshandlungen) und in der *hexis* (Körpersprache, Bewegungen, Gestik, Mimik) der Akteure.

> »Der Habitus ist nicht nur strukturierende, die Praxis wie deren Wahrnehmung organisierende Struktur, sondern auch strukturierte Struktur: das Prinzip der Teilung in logische Klassen, das der Wahrnehmung der sozialen Welt zugrunde liegt, ist seinerseits Produkt der Verinnerlichung der Teilung in soziale Klassen. Jede spezifische soziale Lage ist gleichermaßen definiert durch ihre inneren Eigenschaften oder Merkmale wie ihr relationalen, die sich aus ihrer spezifischen Stellung im System der Existenzbedingungen herleiten, das zugleich ein System der Differenzen, von unterschiedlichen Positionen darstellt« (Bourdieu 1987, 279).

Als *opus operatum* (»strukturierte Struktur«) sorgt der Habitus für die Anerkennung der Regeln und die Anpassung an soziale Gegebenheiten. Durch ihn manifestieren sich die strikten »Einschränkungen und Grenzen« (1993, 102) der Weltwahrnehmung und Handlungsfähigkeit (des Möglichkeitsraumes), innerhalb derer Bewegungsfreiheit für die Akteure möglich ist.

Als *modus operandi* (»strukturierende Struktur«) kann mit dem Habitus auch die Entstehung *neuer* sozialer Strukturen gedacht werden, denn die handlungsfähigen Akteure lassen sich nicht umfassend über die habituellen Begrenzungen bestimmen. Der Habitus ist eine latente, aber nicht deterministische Disposition, die soziale Praxis innerhalb eines erworbenen Rahmens möglich macht. Somit legt der Habitus den Akteur nicht zu Handlungen oder Denkweisen in einer bestimmten Situation fest, sondern ermöglicht in seiner Eigenschaft als System von strukturierten Dispositionen einen Horizont an Denk-, Wahrnehm- und Handelbarem. Er ist somit auch handlungsermöglichend (Bourdieu 1987, 729).

Einen zentralen Aspekt des Habitus bildet der Geschmack. In »Die feinen Unterschiede« hat Bourdieu deutlich gemacht, dass mit jeder Klassenposition ein spezifischer Geschmack verbunden ist, der sich sogar »als bevorzugtes Merkmal von ›Klasse‹ an[bietet]« (ebd., 18). Der Geschmack ist strukturell bedingt und nicht Ausdruck individuellen Beliebens (ebd., 25). Unbewusst bindet der Geschmack ähnliche Vorstellungen an (Ähnlichkeit) und weist unpassende (Fremdheit) von sich. So erklärt Bourdieu etwa die Partnerwahl dadurch, dass sich Partner*innen ineinander (durch ihre ähnliche Stellung im sozialen Raum) wiedererkennen (ebd., 373 ff.).

In der sozialen Hierarchie von oben nach unten wirkt er als Distinktion populärer Formen des Geschmackes. Es geht darum, »legitime« Vorstellungen durchzusetzen. Von unten nach oben wirkt die Unterscheidung durch die Betonung der eigenen Stärke, Effizienz und Funktionalität (1987, 591 ff.) und der Zurückweisung jeglichen »Firlefanz« (ebd., 598).

Die drei Hauptklassen Bourdieus (Bourgeoise, Mittelklasse und Volksklasse) korrespondieren mit dem legitimen, konventionellen und Notwendigkeitsgeschmack, jedoch wird diese Dreiteilung an keiner Stelle näher theoretisch begründet (Blasius/Winkler 1989, 75).

Die Bourgeoisie als herrschende Klasse zeichnet sich durch ein großes Gesamtkapitalvolumen aus. Zu ihr gehören Manager*innen oder Anwälte. Die Bourgeoise gliedert sich in zwei Fraktionen: das Besitzbürgertum (Wirtschaftselite) und das Bildungsbürgertum wie Hochschullehrer*innen (Bildungselite). Der Geschmack der Herrschenden wird allgemein anerkannt und fungiert als Vorbild (Bourdieu 1987, 405 ff.). Nicht umsonst nennt Bourdieu diesen Geschmack den »legitimen« oder Freiheitsgeschmack. Die Freiheit zeigt sich darin, dass sich der Geschmack unabhängig von ökonomischen Zwängen funktions- und zweckfrei entwickeln kann (ebd., 101 ff.).

In der Mittelklasse finden sich Angestellte, freie Berufe oder Kleinbürger*innen mit konventionellen Geschmack (ebd., 500 ff.). Durch den sozialen Wandel ist die Klasse besonders von einer Veränderung ihres Binnenraums betroffen, so dass sie Bourdieu in die Fraktionen des absteigenden und des neuen Kleinbürgertums einteilt. Gerade das absteigende Kleinbürgertum versucht sich in seinen ästhetischen Entscheidungen stark von unten abzugrenzen (ebd., 511), während sich die aufsteigenden Schichten stark am legitimen Geschmack der Bourgeoise orientieren. Sie erkennen diesen spontan an, ohne jedoch genügend Kapital zu besitzen, um ihn sich aneignen zu können. Daraus folgt der (meist erfolglose) Versuch der Imitation (ebd., 503).

Die unterste Stufe des sozialen Raums bilden die *classes populaires*, die sich bei Bourdieu aus der Arbeiter- und Bauernschaft rekurrieren. Mit wenig Gesamtkapital stellt die Volksklasse die beherrschte Klasse dar. In »Die feinen Unterschiede« findet sich nur ein kurzer Abschnitt über sie (ebd., 585 ff.). Der Bevölkerungsmehrheit der Arbeiter*innen und der kleinen Angestellten und Landwirte widmet Bourdieu nur rund 30 seines rund 900 Seiten starken Werkes. Ihr Geschmack ist bestrebt, aus der Not eine Tugend zu machen (ebd., 289). Es herrscht die »Anpassung an den Mangel« (ebd., 585) und an die »objektiven Möglichkeiten« (ebd., 594) vor. In diesem Notwendigkeitsgeschmack sind Bedürfnis und Möglichkeit so sehr verwoben, dass nur gewünscht werden kann, was auch erfüllbar ist. Dies ist die ausgeprägte Form von der »Liebe zum Schicksal« (*amor fati*). Man »hat, was man mag, weil man mag, was man hat« (ebd., 286). Die Anpassung der Wünsche an die Verhältnisse findet ihren Ausdruck im inkorporierten Prinzip: »Das wird ohnehin nichts!« Diese »durch die Erfahrung von Mangel, Leiden und Erniedrigung erworbene Weisheit« (ebd., 616) äußert sich in einem Realismus, der auf alltäglichen Begrenzungen gründet. Der Fokus auf das Notwendige lässt elaborierte Stilisierungen als »Überfluss« fremd erscheinen. Aus Mangel und Notwendigkeit entwickelt sich eine Orientierung an preiswerten, praktischen und funktionalen Dingen (ebd., 591 ff.).

Kritiker haben angemerkt, dass der Geschmack der Volksklassen bei Bourdieu zu einer Art »Restgrößenkategorie« (Souza 2008, 59) wird, die »in einem gewissen Sinne ›namenlos‹« (Eder 2013, 68) bleibt. Geschmack, Habitus, Kultur und Lebensstil der Volksklassen werden lediglich defizitär bestimmt. Bourdieu gerät somit in »gefährliche Nähe zur Vorstellung einer »Unkultur der biederen Klassen, denen das ›Wesentliche‹ fehle« (Thien 2018, 87).

Klasse im Verlauf

Bis hierhin ist es mit Bourdieu möglich, anhand bestimmter Merkmale einen topologischen Raum der vertikalen und horizontalen Gliederung in Klassen und Klassenfraktionen zu zeichnen (Vester 2009, 6). Doch sind Merkmale lediglich Indikatoren, zeigen aber nicht die Sache selbst an. Differenzen zwischen den Klassen bilden lediglich eine Potenzialität und werden erst in der sozialen Praxis bedeutend (ders. 2007, 25). Die Logik der Praxis zeigt sich in ihrem zeitlichen Verlauf. So tritt bei Bourdieu neben das Kapitalvolumen und die -ausstattung mit dem Faktor Zeit ein dritter Aspekt hinzu. In Bourdieus Klassenanalyse geht es nicht um Punkte, die Akteure oder Klassen im Raum einnehmen – damit wäre letztendlich wenig gesagt –, sondern darum, wie sie dort *hingekommen* sind. Dadurch wird der soziale Raum um den Prozess der Positionierung ergänzt. Er wird zu einem »hodologischen Raum« (Bourdieu 1987, 277) der Wege.

Die soziale Positionierung von Akteuren (sowie ihre Geschmacksurteile) lassen sich erst wirklich verstehen, wenn auch vergangene und zukünftig wahrscheinliche Positionen berücksichtigt werden, die Bourdieu als *trajectoire* bezeichnet hat. Zwischen dem Ausgangspunkt und dem weiteren Verlauf gibt es einen engen Zusammenhang.

> »Es ist daher unmöglich, die Stellung eines Individuums oder einer Gruppe in der Sozialstruktur jemals unter einem […] statischen Geschichtspunkt vollständig […] zu analysieren. Der Punkt der sozialen Flugbahn, den ein synchroner Längsschnitt fixiert, impliziert bereits Momente des sozialen Übergangs. Man muss daher […] jeden Punkt als das Differential der von der Kurve beschriebenen Funktion, d. h. durch die Kurve in ihrem Gesamtverlauf begreifen« (1974, 48).

Das Erbe an Kapital bestimmt den wahrscheinlichen Lebenslauf und »entspricht ein[em] *Bündel* ungefähr gleich wahrscheinlicher, zu ungefähr gleichwertigen Positionen führender *Lebensläufe* – das einem bestimmten Individuum objektiv gegebene *Möglichkeitsfeld*« (1987, 188). Akteure durchlaufen in ihrer sozialen Flugbahn verschiedene Institutionen und Märkte, die sie für Aufgaben befähigen und von anderen ausschließen. Dabei erwerben sie unterschiedliche Kapitalarten, die verschiedenen Stellenwert besitzen. Für Mitglieder verschiedener Klassen ist nicht alles gleich möglich. Objektiv äußert sich der Möglichkeitsraum durch gegebene Strukturen wie Bildungsabschlüsse oder Titel. Subjektiv drückt sich der Möglichkeitsraum bei den Akteuren in ihrem »*Sinn für Grenzen*« (ebd., 734) aus. Es geht mit Bourdieu darum, die Klassen nicht nur darzustellen, sondern auch ihre Entstehungsgeschichte und Entwicklungstendenzen zu verstehen. In der Gegenwart ist stets das Vergangene als auch das zu erwartende Zukünftige enthalten.

3.2 Edward P. Thompson: Klasse als gelebte Erfahrung

Auch Edward P. Thompson hat sich ausführlich mit objektiven und subjektiven Prägungen von Klassen auseinandergesetzt. Durch die Betonung des Aspekts der Erfahrung sowie den Fokus auf die Realgeschichte entwickelte Thompson die Klassentheorie fundamental weiter. Paradigmatisch hierfür steht sein voluminösen Hauptwerk »Die Entstehung der englischen Arbeiterklasse« (1987), in dem er Geschichte und Soziologie zu einer theoriegeleiteten Sozialgeschichte »von unten« verbindet und die alltäglichen Kämpfe der Arbeiter*innen und ihre Konstitutionsgeschichte zur Klasse beschreibt. Somit lehnt er es ab, Klasse nur als Resultat der Stellung zum Eigentum an den Produktionsmitteln zu verstehen, vielmehr findet sie im Handeln konkreter Akteure statt. Diese Betonung der subjektiven Praxis stellt die wesentliche Erweiterung seiner Konzeption gegenüber Marx und Bourdieu dar.

Historizität des making

Thompson legt dar, wie Klasse entsteht, er entwickelt jedoch keine explizite Klassentheorie. Nur das »Vorwort« der »Entstehung« enthält dezidiert theoretische Aussagen und gehört neben dem Marxschen »Vorwort« zur Kritik der politischen Ökonomie sicherlich zu den einflussreichsten Vorworten überhaupt. Für Thompson ist soziale Klasse weder eine Abstraktion noch ein Ding mit festen Eigenschaften, sondern äußert sich in sozialen Prozessen. Klasse ist zuallererst ein Geschehen.

> »Wenn wir von Klasse sprechen, denken wir an einen sehr locker abgegrenzten Zusammenhang von Leuten, die dieselbe Mischung von Interessen, sozialen Erfahrungen, Traditionen und Wertsystemen teilen, die eine Disposition haben, sich als eine Klasse zu verhalten, sich in ihren Handlungen und in ihrem Bewusstsein im Verhältnis zu anderen Gruppen von Leuten klassenmäßig zu definieren« (1987, 257).

Thompson vertritt die These, das Proletariat sei nicht nur als Effekt der aufkommenden kapitalistischen Produktionsweise, als Produkt der Enteignung, zu verstehen. »Die Arbeiterklasse wurde nicht nur geschaffen, sie war zugleich ihr eigener Schöpfer« (ebd., 209). Im englischen Originaltitel »The Making of« wird diese Pointe des Buches deutlich. Es geht beim *making* um die Performativität der Praxen der Subalternen und ihrer Selbstkonstitution als Klasse durch Alltagskultur und Selbsterfahrung. Thompson entwickelt Klasse weder aus der Struktur noch aus der Logik, sondern begreift sie als etwas, das sie selbst *macht*. Somit behauptet er den Vorrang des menschlichen Handelns, der *agency*, in spezifischen politischen, ökonomischen und kulturellen Kontexten. Entgegen vermeintlich objektiver Statistiken, die sich bereits auf fertige historische Resultate berufen, betont er das im Entstehen begriffene Denken und Handeln historischer Subjekte. Er beschreibt, wie sich die Klasse durch Lernprozesse in konkreten Kämpfen bildet und auf mutualistische, religiöse und demokratische Traditionen zurückgreift. Somit fokussiert er sich auf Kampf- und Kulturgeschichte sowie auf die Herausbildung einer proletarischen Subjektivität. Anstatt sich ausschließlich auf die Aktivitäten von Parteien, Gewerkschaften oder sozialistische Theorien zu konzentrieren, befasst er sich mit Erfahrungen und Denkformen, Ritualen in Werkstätten, spontanen Aufständen, Volksliedern und -festen, Predigten, Aktionsformen wie militante Streiks, informellen Zusammenschlüssen wie Netzwerken, Nachbarschaftsclubs oder auch Kirchen. Überall dort kommt es zu Prozessen, in denen sich die Arbeiterklasse bewusst und handlungsfähig wird. Somit begreift Thompson Klasse als geschichtliche Gestalt.

> »Unter Klasse verstehe ich ein historisches Phänomen, das eine Reihe von Ereignissen vereint, die in der Erfahrung und im Bewußtsein ungleichartig und scheinbar zusammenhanglos existieren. Ich möchte betonen, daß es sich um ein *historisches* Phänomen handelt. Ich betrachte *Klasse* nicht als eine ›Struktur‹ oder gar eine ›Kategorie‹, sondern als etwas, das sich unter Menschen, in ihren Beziehungen, abspielt« (1987, 7).

Klassen existieren nur in einer bestimmten Epoche und haben keine universelle Gültigkeit, was Thompson am Beispiel der industriellen Hauptklassen Bourgeoise und Proletariat verdeutlicht. Sie sind lediglich »ein Produkt der kapitalistischen Industriegesellschaft des 19. Jahrhunderts, das dann das heuristische Verständnis von Klasse geprägt hat« (1980, 268). Somit gewinnt historische Forschung an

Bedeutung für die Klassenanalyse, denn wenn »wir die Geschichte an irgendeinem Punkt anhalten, finden wir keine Klassen, sondern schlicht und einfach eine Vielzahl von Individuen mit einer Vielzahl von Erfahrungen. Betrachten wir jedoch diese Menschen während einer ausreichend langen Zeitspanne gesellschaftlicher Veränderung, so erkennen wir Muster in ihren Beziehungen, ihren Ideen und ihren Institutionen« (1987, 10). Ahistorische Klassenanalysen verzerren ihren Gegenstand. Im »Vorwort« definiert Thompson Klasse daher kurz und knapp: »Indem Menschen ihre eigene Geschichte leben, definieren sie *Klasse*, und dies ist letzten Endes die einzige Definition« (ebd.). Damit läuft Thompson allerdings Gefahr, den synchronen Charakter des Klassenbegriffs zu vergessen. Wird Klasse nur als »Werden« begriffen, wird es verunmöglicht, an einem historischen Punkt innezuhalten, um Klasse *auch* als Struktur zu beschreiben.

Vermittlung durch Erfahrung

Thompson beschäftigt sich mit großem Detail- und Kenntnisreichtum mit dem Gewebe der Geschichte und der Tätigkeiten realer Männer und Frauen sowie ihrer unmittelbaren Bedürfnisse (»*needs and wants*«). Sie bilden (neben den Produktionsverhältnissen) die materielle Kultur der Klassen. Diese Erweiterung ermöglicht es ihm, eine Klassenanalyse durchzuführen, die sich auf Klassenkultur, -alltag und -bildung fokussiert. Im Zentrum seiner Forschung stehen somit »richtige Männer und Frauen« (Jünke 2014, 155). Klasse entsteht nur, wenn diese handeln – in all ihren historisch bedingten Beschränkungen, eigenartigen Begriffen, Widersprüchen, Hoffnungen und Erfolgen. Daher ist es nötig, sich »in die Handlungen der geschichtlichen Akteure hineinzufühlen, ihre Innenseite sich zu eigen zu machen, daß er [der Soziologe; CW] in die Lage versetzt wird, zuerst ihre spezifische soziale Logik, die handlungsleitenden Normen, Muster und Ideen zu rekonstruieren, um sodann mit ihrer Hilfe Handlungsabläufe zu decodieren« (Groh 1980, 7).

In seinem Bemühen, die Dialektik zwischen sozialer Praxis und Verhältnissen, menschlichem Handeln, Kampf und sozialen Bedingungen, kurz Subjekt und Struktur, zu fassen, führt Thompson den Erfahrungsbegriff als vermittelnde Kategorie ein. Erfahrung bedeutet für ihn »soziales Sein«, also die alltäglich gelebten Realitäten des sozialen Lebens. Sie ist *die* zentrale Konzeption, durch die »Struktur in Prozeß verwandelt wird und das Subjekt wieder Eingang in die Geschichte findet« (Thompson 1980a, 232). Thompson schreibt, »Erfahrung entsteht spontan im gesellschaftlichen Sein, aber sie entsteht nicht ohne Denken; sie entsteht, weil Männer und Frauen (und nicht bloß Philosophen) vernunftbegabte Wesen sind und darüber nachdenken, was mit ihnen und der Welt geschieht« (ebd., 47). Von Klasse kann folglich erst dann gesprochen werden, »wenn Menschen aufgrund gemeinsamer Erfahrungen – seien sie von den Vorfahren weitergegeben oder zusammen erworben – die Identität ihrer Interessen empfinden und artikulieren, und zwar sowohl untereinander als auch gegenüber anderen, deren Interessen von ihren eigenen verschieden (und diesen gewöhnlich entgegengesetzt) sind« (1987, 8).

Thompson betont, dass sich Erfahrungen nicht unabhängig entwickeln; »das sind sie offensichtlich nicht, und wie könnte es überhaupt so sein, wenn die Erfahrung selbst klassenmäßig strukturiert ist« (1980a, 238). Er ist sich bewusst, dass die »Klassenerfahrung [...] weitgehend durch die Produktionsverhältnisse bestimmt« (1987, 8) ist. Sie bestimmten die Klassenerfahrung nur »weitgehend« und sind »nie derartig eindeutig oder ›reine Tatsachen‹« (ebd., 962). Deutlich erinnert diese Formulierung an Friedrich Engels, wonach die Ökonomie die Gesellschaft nur »in letzter Instanz« bestimme sowie an Bourdieus Diktum, Klassen seien mit hoher statistischer Wahrscheinlichkeit durch die Produktionsverhältnisse (1987, 585) bestimmt.

Klassenspezifische Erfahrungen werden nicht nur in der Ökonomie gesammelt, sondern »umspannen die gesamte Alltagswirklichkeit in ihren Leiden und Genüssen, Erinnerungen und Hoffnungen« (Lüdtke 2015, 315). Aspekte wie Familie, Nachbarschaft, Sport oder Herkunft etc. fließen in die Klassenanalyse ein. Somit drücken sich Erfahrungen innerhalb der gelebten Kultur einer Klasse aus: »als Normen, als familiäre und verwandtschaftliche Verpflichtungen und Gegenseitigkeiten, als Werte oder [...] in der Kunst oder in religiösem Glauben« (Thompson 1980a, 233). Damit gelingt es, auch die Erfahrungen jener Akteure fruchtbar zu machen, die nicht in den Produktionsprozess eingebunden sind. Anders ausgedrückt: Auch Kinder, Rentner*innen oder informell Beschäftigte gehören einer Klasse an und teilen in der gemeinsamen Lebenswelt ähnliche Erfahrungen und Werte wie ihre Klassengenoss*innen in der Produktion. Die Erfahrungen sind »ebenso wie materielle Bedürfnisse, immer ein Ort des Widerspruchs, des Kampfes zwischen alternativen Werten und Lebensanschauungen« (Thompson 1980a, 238) und »werden weder ›gedacht‹ noch ›angerufen‹; sie werden gelebt und entstehen in demselben Zusammenhang materiellen Lebens und materieller Beziehungen wie unsere Ideen. Sie sind die notwendigen Normen, Regeln, Erwartungen usw., die im Habitus des Lebens erlernt werden [...]; gelernt in erster Linie in der Familie, bei der Arbeit und in der unmittelbaren Gemeinschaft« (ebd., 237 f.).

Klasse als Klassenbildung und Formgebung

Wie die Erfahrungen praktisch bearbeitet werden, kann nicht »unvermittelt aus den mit ihrer gesellschaftlichen Stellung verbundenen Interessen bzw. materiellen oder kulturellen Ressourcen [...] abgeleitet werden« (Vester 2008, 771). Die Menschen können sie auf vielfältige Weise reflektieren und ihre Praxis anpassen. Sie bewegt sich zwischen Tradition und Transformation und äußert sich in unmittelbaren Konflikten. Thompson stellt sich mit einem solch dynamischen Klassenbegriff gegen die Gefahr, dass seine Klassenanalyse einen verdinglichten Charakter annimmt.

Er insistiert auf einer doppelten Relationalität. Einerseits geht es ihm um die Beziehungen zwischen Klassen. Klasse kann nicht »abstrakt oder isoliert definiert werden« (Thompson 1987, 257), sondern »nur im Verhältnis (*relationship*) zu anderen Klassen« (ebd.). Eine Klasse *entsteht* erst in Auseinandersetzung mit anderen Klassen. »Im Klartext: Klassen existieren nicht als gesonderte Wesenheiten, die sich umblicken, eine Feindklasse finden und dann zu kämpfen beginnen« (1980, 267). Vielmehr ist Klasse »eine Beziehung und nichts Konkretes« (1987, 9). Andererseits geht es ihm um die Beziehungen der Menschen innerhalb einer Klasse sowie um die Art und Weise, »in der sie sich ihrer Beziehungen bewußt werden, sich trennen, sich vereinigen, Kämpfe beginnen, Institutionen bilden und Werte in klassenmäßiger Weise weitergeben« (1980a, 315). Klasse entsteht erst durch das Beziehungsgeflecht der Klassenmitglieder, das sich dann in Institutionen verfestigen kann. Beschäftigt sich Thompson mit Klasse, beschäftigt er sich daher auch mit ihrer Formgebung. Klassen bilden sich in einem Prozess (Klassenbildung) als Kollektiveinheit. Deutlicher als Bourdieu bezieht Thompson den Aspekt der »mobilisierten Klasse« in seine Betrachtungen ein. Klassenbildung meint die Bildung einer kollektiven Macht, um die Interessen der eigenen Klasse durchzusetzen. Dies kann durch klassenkämpferische Praktiken entstehen. Dadurch wird Klasse für ihre Mitglieder zu einem Moment der Selbst- und Fremdidentifikation und im Alltag bedeutsam und fassbar. Die Klassenbildung versteht Thompson als Prozess, der auf dem Bewusstsein der Akteure gründet. So gelingt ihm eine doppelte Bestimmung. Zum einen betont Thompson den dauerhaft stattfindenden Prozess der Formierung der Klasse und zum anderen auch das Ergebnis dieses Prozesses: die Formung einer Klasse in Abgrenzung zu anderen Klassen. Klasse entsteht, weil »Männer und Frauen in bestimmten Produktionsverhältnissen ihre antagonistischen Interessen erkennen und dazu kommen, klassenmäßig zu kämpfen, zu denken und zu werten« (Thompson 1980a, 158). Im Prozess der Klassenbildung wird Klasse eine kollektive Identität und eine gemeinsam geteilte Vorstellung der Zugehörigkeit. Klasse ist immer auch mehr als eine pure Klassifikation.

> »Dies unterstreicht indes, daß der Begriff ›Klasse‹, heuristisch gebraucht, untrennbar mit der Vorstellung des Klassenkampfs verbunden ist. Meiner Ansicht nach hat man dem Begriff ›Klasse‹ viel zu viel [...] theoretische Beachtung geschenkt, dem Begriff ›Klassenkampf‹ dagegen zu wenig. In der Tat ist Klassenkampf sowohl der vorgängige als auch der universellere Begriff« (1980, 267).

Der Prozess der Klassenbildung ist als Geschehen generativ, da er erst die Kollektiveinheit Klasse hervorbringt. »Klassen existieren nicht vor dem Klassenkampf, sondern entstehen aus ihm« (1980a, 158). Klasse ist nicht einfach als Substanz vorhanden, sondern erzeugt sich selbst erst in Auseinandersetzung mit anderen

Klassen. Der Klassenkampf ist nicht nur der Kampf zwischen den Klassen, sondern derjenige Konflikt, der Klassen überhaupt erst hervorbringt. Die Klassen selbst müssen also erst erkämpft werden. Klassen(-identität) entsteht durch die Praxis der Abgrenzung zu anderen Klassen.

Klassenbewusstsein als Sinngebung

Da für Thompson die Vielzahl der Erfahrungen gleichbedeutend mit der Vielzahl der Personen ist, die ihr Leben auf ähnliche Weise gestalten, gewinnt die Frage nach dem Klassenbewusstsein entscheidende Bedeutung.

> »Die Menschen finden sich in einer Gesellschaft, die in bestimmter Weise (wesentlich, aber nicht ausschließlich nach Produktionsverhältnissen) strukturiert ist, machen die Erfahrung, daß sie ausgebeutet werden (oder ihre Macht über diejenigen aufrechterhalten müssen, die sie ausbeuten), erkennen antagonistische Interessen, beginnen um diese Streitpunkte zu kämpfen, entdecken sich im Verlauf des Kampfes als Klassen und lernen diese Entdeckung allmählich als Klassenbewußtsein kennen. Klasse und Klassenbewußtsein sind immer die letzte, nicht die erste Stufe im realen historischen Prozeß« (1980, 267).

Das Klassenbewusstsein zeichnet sich durch zwei Bestimmungen aus. Erstens ist es das Bewusstsein *einer* Klasse anzugehören (1987, 912). Zweitens ist es ein Bewusstsein der »Identität der Interessen der Arbeiterklasse oder der ›produktiven‹ Klassen im Gegensatz zu den anderen Klassen« (ebd.). Das Klassenbewusstsein steht *anderen* Klassen gegenüber. Erst wenn die Akteure verstehen, dass ihre (Klassen-)Interessen anderen Klassen entgegenstehen, kommt das Klassenbewusstsein zum Ausdruck. Thompson betont den kritischen Kern des Klassenbegriffs, der ohne Antagonismus und Klassenkampf nicht zu denken ist.

Klassen existieren nur dann, wenn sie sich im Bewusstsein wirklicher Menschen ausdrücken. Klassenbewusstsein und Klassenkampf gehen den Klassen (historisch) voraus und konstituieren diese. Daher beginnt auch »Die Entstehung« mit dem Klassenbewusstsein (ebd., 8) und endet dort auch wieder (ebd., 807 ff.). Im »Vorwort« definiert Thompson das Klassenbewusstsein als »die Art und Weise, wie man [...] Erfahrungen kulturell interpretiert und vermittelt: verkörpert in Traditionen, Wertsystemen, Ideen und institutionellen Formen« (ebd., 8). Ein Kollektivbewusstsein entsteht dann, wenn die zunächst zusammenhanglos erscheinenden Erfahrungen der einzelnen Klassenmitglieder in Beziehung treten, kollektiviert werden und sich in Traditionen, Normen und Regeln festsetzen. Das Klassenbewusstsein bei Thompson kann als die Verkörperung der Klassenerfahrungen verstanden werden. Damit wird es zur *Raison d'être* der Klasse selbst und Klasse mit Klassenbewusstsein gleichgesetzt. Auch wenn es ein ähnliches politisches Muster des Klassenbewusstseins gibt, variiert seine kulturelle Form je nach sozialem Umfeld, das es hervorgebracht hat. Thompson macht deutlich, dass Klassenbewusstsein »zu verschiedenen Zeiten und an verschiedenen Orten auf dieselbe Weise, allerdings niemals auf *genau* dieselbe Weise« (ebd.) entsteht. Das Klassenbewusstsein reflektiert alltägliche Praktiken. Damit wird es möglich, auch die subjektiven Handlungen und Gedanken der Klassensubjekte als Ausdruck des Klassenbewusstseins in den Fokus zu nehmen. Dieses stellt eine Form der Sinngebung für die Klassenmitglieder dar und wird zu einem Prozessbegriff. Es *entsteht* ständig »an verschiedenen Orten und zu verschiedenen Zeiten« (Vester 1980, 25) neu. Durch diese Historisierung entledigt sich Thompson (ähnliche wie Bourdieu) Fragen nach einem »richtigen« oder »falschen« Bewusstsein. Es tritt entweder auf als aktive Handlungsmacht oder als Form, in der die Akteure keinen bewussten Zugang zu ihrer Klassenlage haben. Es ist daher nie wahr oder falsch, sondern letztlich selbst Teil des Prozesses der Klassenformierungen und der Klassenkämpfe (Wood 1982, 64 ff.). Die Dialektik zwischen Sein und Bewusstsein entspricht keinem festen System, sondern ist eine »durch Praktizieren erlernte Praxis, so dass in diesem Sinne Dialektik nie fixiert oder auswendig gelernt werden kann. Sie kann nur durch eine kritische Lehrzeit in solcher Praxis selbst erlernt werden« (Jünke 2014, 164). Klasse wird letztlich durch Klassenhandeln in sozialen Kämpfen gemacht.

3.3 Soziale Klasse als Forschungsansatz

So vielfältig die Debatten um den Klassenbegriff sind, gibt es doch einen gemeinsamen Kern. Erstens ist Klasse als Strukturbegriff gebunden an die Gesellschaftsformation. Mit ihm wird es möglich, an der Einsicht festzuhalten, dass die Gesellschaft antagonistisch organisiert ist und ganze Klassen vom gesellschaftlichen Reichtum ausgeschlossen werden. Zentral hierfür sind die Einsichten von Marx. Zweitens ist der Klassenbegriff relational. Soziale Klassen beziehen sich aufeinander und bedingen sich wechselseitig. Sowohl Marx als auch Bourdieu und Thompson haben sich damit beschäftigt. Ebenso trägt der Klassenbegriff, drittens, der Historizität der Gesellschaft Rechnung. Im Gegensatz zu Schichtkonzeptionen, die sich »auf den Standpunkt der fertigen Phänomene der gesellschaftlichen Wirklichkeit« (Thien 2018, 25) stellen, gelingt es Klassenanalysen, soziale Mechanismen aufzuzeigen, die zu Ungleichheiten führen. Somit wird die Dynamik sozialer Ungleichheit sichtbar, die durch Klassenkämpfe geprägt ist.

Als Synthese der vorgestellten Theorien verstehe ich Klasse als gemachte Gruppe, die Traditionslinien aufnehmend, unter konkreten Verhältnissen entstanden ist, durch diese aber nicht vollständig determiniert ist. Ein solches Verständnis bezieht »neben die großen gesellschaftlichen Klassenkämpfe die Mikrologien des Alltags ein, bedenkt Abgedrängtes, Traditionsreste, Libertäres; aber auch Macht, Herrschaft von unten – die Doppelschlechtigkeit subgeschichtlicher Prozesse, die sich im Alltagsleben erhalten und neu gestalten« (Vester 1980, 8). Der Klassenbegriff ist folglich nicht nur über ungleiche materielle Güterausstattung (ökonomisches Kapital) zu bestimmen, sondern muss auch die Verteilung kultureller Güter (Bildung, Lebenschancen und -stile) sowie symbolische Abgrenzungen (Kampf um Respektabilität etc.) betrachten. Eine Klassentheorie mit dem Anspruch, das gesamte Leben in den Blick zu nehmen, muss auch die unauffälligen und immateriellen Dimensionen des Alltages integrieren. Auch dort findet (bald offen, bald verdeckt und unbewusst) der Klassenkampf statt. In Klassen bilden sich Kulturen mit eigenen Bewusstseinsformen aus. Darin eingewoben ist auch die Frage, wie Menschen Antagonismen wahrnehmen und wie oder ob sie sich als Klasse organisieren. Dies ist insofern von Bedeutung, da sich aus einer sozialen Position noch kein subjektives Handeln oder Bewusstsein ableiten lässt. Anschließend an die »praxeologische« Erweiterung verstehe ich Klasse als Kapitalbesitz und gelebte, praktizierte Kultur in einem. Durch diese Sichtweise gelingt die Verbindung zwischen konkreten (Klassen-)Akteuren mitsamt ihrem Habitus und der Dynamik von Ausbeutungs- und Unterdrückungsverhältnissen.

Diese vorgeschlagene Gleichzeitigkeit von Kapitalbesitz und gelebter Kultur hilft, den Klassenbegriff nach drei Richtungen zu erweitern. Erstens ist es entscheidend, im Klassenbegriff neben Ausbeutung und der (männlich konnotierten) Vorstellung der Lohnarbeit auch weitere Herrschafts- und Unterdrückungsverhältnisse zu integrieren (Aulenbacher/Meuser/Riegraf 2012). Um den Klassenbegriff nicht fälschlicherweise auf den (weißen, männlichen) Arbeiter zu homogenisieren, muss er in Beziehung gesetzt werden zur Vielzahl weiterer Herrschaftsverhältnisse, die mit Klassengegensätzen korrelieren, sich aber nicht aus ihnen ableiten lassen. Mit dieser Erweiterung gelingt es, Erfahrungen zu thematisieren, die aus der Überlappung – und nicht Mehrfachbelastung – von Geschlechterverhältnissen, kapitalistischer Produktionsweise und ›race‹ resultieren (Knapp/Wetterer 2003; Klinger/Knapp/Sauer 2007). Zweitens ist der Klassenbegriff eng mit der ökonomischen Sphäre verbunden. Damit fallen große Teile der Bevölkerung, die nicht einer Lohnarbeit nachgehen, aus der Klassenanalyse heraus: Kinder, Studierende, Rentner*innen oder informell Beschäftigte spielen keine Rolle. Doch auch sie alle sind tagtäglich beschäftigt, ihr Überleben sicherzustellen. Ein produktivistisch überlagerter Klassenbegriff ignoriert dies. Der hier vorgelegte Klassenbegriff versucht, auch unproduktive (im Sinne der Mehrwertgenerierung) oder Nicht-Arbeiter*innen zu integrieren. Dies ist insbesondere für eine Sozialstrukturanalyse unumgänglich, die sich mit sozialer Marginalisierung beschäftigt. Unter Klasse wird drittens meist eine Kollektiveinheit verstanden, in der einzelne Akteure selten eine entscheidende Rolle spielen. Um das konkrete Verhalten der Akteure als Klassenakteure bestimmen zu können, braucht es aber einen Klassenbegriff, der theoretisch und methodisch die Spannung zwischen objektiver Struktur und subjektiven Verhalten aufnimmt. Um Klasse zu verstehen, müssen die subjektiven Prozesse in den Fokus genommen werden, durch die Menschen zu einer Klasse werden. Es wird notwendig, konkrete Erfahrungen, Äußerungen und Handlungen in den Blick zu nehmen und diese als Ausdruck der Klassenposition zu verstehen.

IV Klassengesellschaft im Wandel und die Klasse der Marginalisierten

Ausgeschlossen von Lohnarbeit und entwürdigt entwickelte sich eine Klasse von Menschen, die auf verschiedenen Wegen versuchen musste, ihr Überleben zu sichern: Während sie in der Frühmoderne als Vagabund*innen ihren Ausdruck fand, wurde sie im Übergang zum Kapitalismus als Pöbel oder Lumpenproletariat bezeichnet. Daran anschließend gab es weitere Begriffe dieser »Subklasse« wie »Randgruppen«, »Exkludierte« oder »Überflüssige«. Herbert Gans (1995) hat darauf hingewiesen, sie alle als Teil einer einheitlichen Dynamik der Abwertung zu verstehen. Sie gründet auf »negativen Klassifikationen« (Hark 2007), »aufgrund derer bestimmte Akteure als unterlegen betrachtet, abgewertet und symbolisch aus dem Kreis anerkannter Gesellschaftsmitglieder ausgeschlossen werden« (Neckel/Sutterlüty 2005, 413). Mitunter auch soziologische Begriffe tragen dazu bei, die Marginalisierten zu delegitimieren (Bourdieu 1992, 148), indem sie (auch implizit) auf »das in hohem Maße *common-sense*-gesättigte Serotyp des lethargischen, seine Misere selbst verschuldet habenden *declassé*« (Hark 2007, 153) zurückgreifen. Das Kapitel beschäftigt sich mit der Frage, wie sich solche »Elemente symbolischer Delegitimierung« (ebd., 151) als Ausdruck symbolischer Kämpfe um die legitime Deutung sozialer Wirklichkeit auch in der Forschung finden.

4.1 Die Entstehung einer »unwürdigen« Armut

In der frühen Neuzeit wurden arme Menschen vor allem von den Kirchen versorgt (Tjaden-Steinhauser 1985, 40). Das Geben von Almosen besaß einen hohen sozialen Stellenwert (Butterwegge 2016, 28). Doch unter anderem durch die Arbeitsethik des Protestantismus erhielt Arbeit eine (gottgewollte) Sinngebung für das menschliche Leben, was zu ihrer moralischen Legitimation im Sinne einer Disziplinierung zur Arbeit führte. Dem Müßiggang wurde durch staatliches Handeln begegnet. 1656 wurde beispielsweise in Paris das *Hôpital générale* als Verwaltungsstelle für alle städtischen Armen gegründet, denen ihre Nicht-Arbeit zum Vorwurf gemacht wurde. Auch die Kirchen begannen, ihre Unterstützung für Arme und Erwerbslose an zwei Bedingungen zu knüpfen: fester Wohnsitz und Arbeitsunfähigkeit (Castel 2000, 64 ff.). Wer unverschuldet und rechtschaffen in Not geraten war und diese duldsam ertrug, verdiente Almosen in Form christlicher Nächstenliebe, die sich auf »die Nächsten« (der Heimatgemeinde) bezog. Von diesem »echten Teil« der von Armut bedrohten Bevölkerung wurde eine zweite Gruppe durch (moralische) Grenzziehungen abgetrennt. Es kam zur Trennung zwischen *deserving* und *undeserving poor*, also zwischen »bedürftigen« und »unwürdigen« Armen (Katz 2013; Zatz 2012). Mit den *undeserving poor* bildete sich eine Sozialfigur heraus, die mit Arbeitsunwilligkeit, Devianz und Kriminalität in Verbindung gebracht wurde und die eine soziale Gefahr darstellte (Rinn 2009, 81). Ihnen wurden Verhaltensweisen unterstellt wie der Hang zur Widersetzlichkeit und zur Verwahrlosung, zur Verschwendung, sinnlosem Konsum, zügelloser Sexualität oder fehlendem Anstand. Bedürftigkeit allein stellte nicht länger eine Rechtfertigung für das Erhalten von Hilfen dar. Die *undeserving poor* blieben »gewissermaßen im Dunkeln, unsichtbar und doch immer anwesend als Beispiel der Möglichkeit, wo es mit Leuten hinkommen kann, die sich nicht an die bestehenden Regeln halten« (ebd., 79). Sie wurden der Verachtung preisgegeben und waren der repressiven Sozialdisziplinierung ausgesetzt. Während den »würdigen« Armen (wenn auch nur geringe) Fürsorgeleistungen zuerkannt wurden, blieben sie der zweiten Gruppe lange verwehrt.

Die Trennlinie ist Ideologie und materielle Gewalt in einem. Der Scheidungsprozess zwischen *deserving* und *undeserving poor* muss als Disziplinierungsmaßnahme und Machtmechanismus beschrieben werden, womit sich Michel Foucault (1975) und Georges Bataille (2007) ausführlich beschäftigt haben. Ihnen folgend markiert die Trennlinie zwischen *deserving* und *undeserving poor* Vorstellungen sozialer Ordnung. Es kommt zur Unterscheidung zwischen Gut und Böse, anhand derer soziale Hilfen gewährt oder verweigert, Freiheitsrechte verwehrt oder ermöglicht sowie Dualismen des Akzeptablen und Inakzeptablen, des Normalen und Abweichenden und des Zugehörigen und Nicht-Zugehörigen festgeschrieben werden.

Pöbel und Lumpen: Frühformen der »unwürdigen« Armut

Mit dem Merkantilismus gewann ab dem 17. Jahrhundert neben der zünftisch organisierten Arbeit zunehmend die abstrakte Arbeit voneinander unabhängiger Privatproduzent*innen an Bedeutung. Arbeit blieb unter kapitalistischer Subsumtion zwar Ursprung des gesellschaftlichen Reichtums, bildete aber ebenso den Ausgangspunkt für eine neuartige Erscheinungsform von Armut, die in der Pauperismuskrise der 1830er Jahre einen ersten Kulminationspunkt erfuhr. Der Begriff »Pauperismus« (Himmelfarb 1984) kennzeichnet eine soziale Erscheinung, die sich in den elenden Lebensverhältnissen jener ländlichen Bevölkerungsgruppen ausdrückte, die mit Hilfe eines Nebengewerbes oder einer Landwirtschaft gerade so überlebten, sowie der städtischen Schichten, deren meist handwerkliche Tätigkeit nicht für ihren Lebensunterhalt ausreichte (Kocka 2015, 109).

Die Neuartigkeit ihrer Armut betraf ihre Stellung zur Arbeit. Die meisten Paupers waren nicht arm, weil sie nicht arbeiteten, sondern obwohl (oder *weil*) sie arbeiteten. Ihre Armut betraf somit jene, die zwar frei (nicht mehr leibeigen) waren, dennoch nicht genug zum Überleben hatten. Marx erklärte diese grundlegende Differenz der kapitalistischen zur vorkapitalistischen Armut damit, dass im Kapitalismus die Arbeit als einzige Quelle des abstrakten Reichtums zugleich stets einer existenziellen Not ausgesetzt ist. Kapitalistische Krisen resultieren nicht aus zu wenig, sondern aus zu viel Reichtum in all seinen Gestalten: überakkumulierte Arbeitskräfte, Waren, Geld oder Produktionsmittel. In Bezug auf die Ware Arbeitskraft schreibt Marx: »In dem Begriff des *freien Arbeiters* liegt schon, daß er *Pauper* ist: virtueller Pauper. [...] Kann der Kapitalist seine Surplusarbeit nicht brauchen, so kann er seine notwendige nicht verrichten; seine Lebensmittel nicht produzieren« (MEW 42, 505). Die Armut unter Bedingungen der kapitalistischen Produktionsweise resultiert gerade aus der *Freiheit* der Arbeiter*innen und aus der *Steigerung* der Produktivität.

So entstand eine arbeitende Armut, die in Verbindung mit moralischen Defiziten gebracht wurde. Ohne festen Beruf und angewiesen auf flexible Kombinationen von Verdiensten und Subsistenzwirtschaft zogen die Paupers Stigmatisierungen auf sich und wurden erneut mit Devianz, mangelnder Arbeitsmoral, häuslicher Disziplinlosigkeit, Promiskuität, Würdelosigkeit und Kriminalität in Verbindung gebracht (Stein 1985, 40 ff.). Für den »unwürdigen« Teil der Armen setzte sich zunehmend der Begriff »Pöbel« durch (Widder 2020). Der Pöbel bezeichnete die aufsässigen Subklassen, die sich in ihren Handlungen und Einstellungen gegen herrschende (Moral-)Vorstellungen richteten. In diesem Zusammenhang veröffentlichte der Sektionschef der Pariser Polizei, Honoré-Antoine Frégier 1840 sein Buch *»Des classes dangereuses da la poulation dans les grandes villes«*, das noch im selben Jahr in deutscher Übersetzung erschien, und prägte den Begriff der *classes dangereuses*, der »gefährlichen Klassen«.

Der Pauperismus war im 19. Jahrhundert zu einem Massenphänomen und zu einem ernsthaften Problem für die Staaten geworden. Sie versuchten durch Reformen die Senkung der explodierenden Kosten öffentlicher Armenfürsorge herbeizuführen. 1833 wurde in England das Lohnarbeitsverhältnis festgeschrieben (Kocka 2015, 25). Bis heute gilt es in kapitalistischen Gesellschaften als die rechtlich konkretisierte Form von Arbeitsbeziehungen (Castel 2000, 16). Ein Jahr später folgte der *Poor Law Amendment Act,* der die verpflichtende Einweisung von Erwerbslosen in Arbeitshäuser vorsah, dabei die Unterscheidung von *deserving* und *undeserving poor* institutionalisierte und zum Vorbild für die Sozialsysteme in ganz Europa wurde (Tennstedt 1981, 87 ff.).

In diesem Kontext entwickelten Karl Marx und Friedrich Engels den Begriffs des Lumpenproletariats. Da ich mich damit an anderer Stelle bereits ausführlich beschäftigt habe (Wimmer 2020a; 2021), sollen hier einige einführende Bemerkungen genügen.

Mit dem Lumpenproletariat bezeichnen Marx und Engels Menschen, die keiner produktiven Lohnarbeit nachgehen, daher nicht ausgebeutet werden und somit kein (proletarisches) Klassenbewusstsein besitzen. Seine Tätigkeiten bewegen sich am Rande der Legalität. Zusätzlich wird das Lumpenproletariat durch sein Verhalten vom Proletariat abgrenzt. Es sei passiv, reaktionär oder kriminell und stelle eine Gefahr für das Proletariat dar. Der Begriff wurde für jene reserviert, die nicht in der Lage seien, über die revolutionäre Bewegung des Proletariats nachzudenken. Die Argumente, die Marx benutzte, um das Lumpenproletariat darzustellen, waren in aller Regel moralischer Natur. Dafür spricht, dass sein Bild in großen Teilen mit dem bürgerlichen Blick über die kriminellen Armen konvergierte (Bussard 1987).

4.2 Die Nachkriegszeit und das vermeintliche Verschwinden der Erwerbslosen

Bereits zu Beginn des 20. Jahrhunderts erfolgte die zunehmende Einbindung der Lohnabhängigen in die Gesellschaft. Es wurden (persönliche und soziale) Rechte der Arbeiter*innen eingeführt bzw. ausgeweitet. Darunter fielen insbesondere Sozialversicherungen und der Schutz vor Krankheit oder Erwerbslosigkeit. Dies wurde nicht staatlicherseits gewährt, sondern musste den herrschenden Klassen abgerungen werden. Insbesondere die Bismarcksche Politik muss als Versuch verstanden werden, die wachsende sozialdemokratische Bewegung zu befrieden. Der Arbeitslosenversicherung kam in dieser Auseinandersetzung eine besondere Bedeutung zu (Zimmermann 2006). Den Kämpfen um die Versicherung lag die Annahme zugrunde, Erwerbslosigkeit als soziales Phänomen zu begreifen, dass grundsätzlich alle Arbeiter*innen treffen könne. Durch die Arbeitslosenversicherung war die Unterscheidung zwischen *deserving* und *undeserving poor* zwar nicht verschwunden, aber doch in den Bereich der Fürsorge verlagert.

Durch den ökonomischen Wachstum der Nachkriegs-BRD konnte die soziale Fürsorge ausgebaut werden, was dazu führte, dass Marginalisierung als Aspekt der Vergangenheit erschien (Dörre 2008, 3). Die Erwerbslosenquote sank von elf Prozent im Jahr 1950 auf nur noch 1,3 Prozent im Jahr 1960: Ebenso ging die Zahl der Fürsorgebezieher*innen in der gleichen Zeit von 1,6 Millionen auf 1,1 Millionen Menschen zurück.

Anfang der 1960er Jahre glaubte man sich auf dem Weg zur »immerwährenden Prosperität«. Für Armut hatte man schlichtweg »keine Zeit. Und außerdem erschien das Thema selbst angesichts des allenthalben spürbaren Wirtschaftsaufschwungs auch nicht allzu wichtig« (Krämer 2000, 12). Betroffen von Armut seien nur noch vulnerable Gruppen wie Alleinerziehende, kinderreiche Familien, Langzeiterwerbslose, Menschen mit Suchtproblemen oder mit Behinderungen. Armut erschien nicht mehr als Ausdruck der Klassenposition, sondern wurde zum individuellen Problem erklärt (Wiese 1953, 42 ff.).

Daher erscheint es nicht verwunderlich, dass es in den ersten Jahren der Bundesrepublik kaum Armutsstudien gab (Achinger/Archinal/Bangert 1952; Wiese 1953). »Spezialuntersuchungen waren von äußerstem Seltenheitswert, auch empirische Analysen zu sozialen Notlagen ließen sich offensichtlich von der positiv-zuversichtlichen Atmosphäre anstecken« (Lorke 2015, 66f.). Es gab schlicht »keinen ernsthaften Anlass, sich über die ›faulen Arbeitslosen‹ zu beklagen« (Kull/Oschmiansky/Schmid 2003, 4).

Mit dem vermeintlichen Verschwinden der Klassengrenzen war die moralische Klassifizierung der Armen jedoch nicht passé. Christoph Lorke (2015) konnte die Persistenz der Unterscheidung zwischen *deserving* und *undeserving poor* nachweisen. Insbesondere Rentner*innen, Witwen oder Kriegsversehrte verdienten als »unverschuldete« Arme Anerkennung und staatliche Unterstützung (ebd., 74ff.). Von ihnen abgegrenzt wurden arbeitsfähige Arme. Bereits 1953 forderte die CDU die Durchsetzung eines Lohnabstandsgebotes als Grenzziehung zwischen (armen) Arbeiter*innen und Nicht-Arbeiter*innen (ebd., 80). »Unwürdige« Armut galt als Mittel zur Disziplinierung und zeigte sich unter anderem in der Verwendung des Begriffs der Asozialität (Göbbels 1947). Die »Asozialen« würden sich durch ihre »Unfähigkeit zum geordneten Denken und zum (finanziellen) Planen, sexuell zügellose Triebhaftigkeit, moralisch-sittliche ›Verwahrlosung‹, Kulturlosigkeit, mangelnde Bildung und psychische Labilität« (Lorke 2015, 108) auszeichnen. Dieser Devianz begegnete der Staat mit Kriminalisierung, sodass bei Prostitution oder Bettelei sogar die Einweisung in Arbeitshäuser diskutiert wurde, die in der BRD bis in die 1950er Jahre weiter existierten (Willing 2005, 588). Somit standen diese Debatten in einer direkten Kontinuität zum Nationalsozialismus (Allex/Kalkan 2009).

Ausschlüsse in der »arbeiterlichen« Gesellschaft« der DDR

Nachdem sich die westdeutschen Staaten eine Regierung gegeben hatten, gründeten am 7. Oktober 1949 die Länder der sowjetischen Besatzungszone die Deutsche Demokratische Republik. Auch dort fanden sich ähnliche Ausschlussmechanismen.

Die DDR propagierte »Werte wie Tugend und Verzicht, Zuverlässigkeit und Fleiß« (Lorke 2015a, 15). Ihr Idealbild waren die »ehrbaren, sozial respektablen ›Werktätigen‹« (ebd., 16), das Ziel der Aufbau des Sozialismus. Ökonomisch war die industrielle Massenproduktion bestimmend, die Arbeiterklasse war von Facharbeiter*innen dominiert (Geißler 2014, 223ff.). Der Dienstleistungs- und Angestelltensektor war im Gegensatz zur BRD deutlich geringer ausgeprägt. Sozialstrukturell zeichnete sich die DDR durch eine wesentlich größere Homogenität aus. Vielmehr als in der BRD war die »Nivellierung« der Gesellschaft in der DDR Realität geworden. Gerade in der Anfangsphase gelang es dem sozialistischen Staat, Klassengrenzen durchlässiger zu machen. Enteignungen von

Unternehmen, Kollektivierungen der Landwirtschaft und die systematische Bevorzugung von Arbeiter*innen und Bäuer*innen bei Stellenbesetzungen und im Bildungssystem führten insbesondere in den 1950er Jahren zu einer relativ hohen sozialen Mobilität (Solga 1995). Sozialpolitisch wurde dies durch umfassende Absicherungen von Arbeits- und Lebensrisiken und einer sozialen Infrastruktur flankiert, die besonderen Wert auf die Gleichstellung von Frauen legte. Die Erwerbszentrierung wurde von allen Geschlechtern geteilt (Nickel 1993). »Jeder Mann und jede Frau sollte als LohnarbeiterIn in das planwirtschaftlich organisierte Erwerbsleben integriert werden. Dies berechtigte zur Teilhabe am gesellschaftlich verfügbaren Sozialfonds. Eine Sozialversicherung, die Berechtigte von Nichtberechtigten unterschied, war nicht erforderlich« (Komlosy 2015, 174). Rund um die Arbeit wurde ein Netz von Betreuungsangeboten gespannt, dass dazu beitrug, das »Leitbild der werktätigen Frau und Mutter« (Achatz 2008, 107) zu verwirklichen. »Die Doppelverdienerehe mit zwei vollerwerbstätigen Partnern wurde durch ein flächendeckendes Angebot von Kinderbetreuungseinrichtungen ermöglicht« (ebd.). Bis heute ist die Erwerbsquote ostdeutscher Frauen deutlich höher. Die DDR verstand sich als »arbeiterliche Gesellschaft« (Engler 2002).

Die Zahl der Fürsorgebezieher*innen sank in der DDR rasant (Lorke 2015, 88). Die Arbeitslosenversicherung verlor bereits in den 1950er Jahren weitgehend an Bedeutung und wurde am 1. Januar 1978 abgeschafft (Pierenkemper 2006). Von offizieller Seite stellte Erwerbslosigkeit kein Problem dar. Da es keine offizielle Statistik, keine Verwaltung der Erwerbslosen sowie keine öffentlichen Debatten über das Thema gab, bildete die Armut gleichsam »das Fremde im Innern der DDR« (Lindenberger 2005, 233). Phineas Baxandall (2000) sprach vom »Tabu« der Erwerbslosigkeit.

Doch auch in der DDR blieben sowohl Armut als auch die Trennlinie zwischen *deserving* und *undeserving poor* erhalten. So formulierte die DDR-Verfassung von 1968 neben dem Recht auf Arbeit auch eine Pflicht zur Arbeit. Somit sollten nicht nur alle an der »arbeiterlichen« Gesellschaft partizipieren, alle *mussten* dies tun. Wer sich weigerte, wurde sanktioniert. Menschen außerhalb der Arbeit wurden als soziale Außenseiter stigmatisiert oder sogar kriminalisiert. Der im gleichen Jahr eingeführte § 249 des Strafgesetzbuches stellte dahingehend eine »arbeitsscheue« und »asoziale« Lebensweise unter Strafe. Somit gab es in der DDR eigene Grenzziehungen gegenüber »Asozialität«: Ausgeschlossen wurden jene, die sich nicht am Ziel des »Aufbaus des Sozialismus« beteiligen wollten (Lorke 2015, 200 f.). Die Figur des »Asozialen« diente als Verkörperung der *undeserving poor*, die den respektablen DDR-Arbeiter*innen gegenübergestellt wurde.

4.3 Ökonomische Krisen und neue Armutsformen

In der Bundesrepublik geriet die bisherige Gesellschaftsformation im Anschluss an die Revolten um 1968 und durch ökonomische Krisen in Bedrängnis. »1971/72 zerfiel das internationale Währungssystem von Bretton Woods, das seit 1944 bestanden hatte. 1973/74 folgte der erste Ölpreisschock, und beides zusammen mündete in einer Wirtschaftsentwicklung, die von niedrigen Wachstumsraten und deutlichen Konjunkturschwankungen geprägt war. Zugleich setzte ein grundlegender Wandel in der industriellen Produktion ein, der sich alsbald auf die ökonomischen und sozialen Leitvorstellungen, die nationalen Wohlfahrtssysteme, den beruflichen Alltag und die Lebenswelt der westeuropäischen Arbeitsgesellschaft auswirkte« (Doering-Manteuffel/Raphael 2008, 26). Als 1966/67 die Zahl der Erwerbslosen auf rund 500.000 Menschen angestiegen war und 1973/74 erstmalig die Millionengrenze überschritt, wurde wieder über Armut und Erwerbslosigkeit diskutiert. Erwerbslosigkeit war zu einem sichtbaren Massenphänomen geworden. Somit musste die Bundesrepublik »ihr Selbstbild korrigieren« und akzeptieren, dass es »Armut und Randgruppen in einem auch sozialstaatlich ›relevanten‹ Umfang« (Schäfers 2012, 73) gab. 1974 galten rund sechs Millionen Menschen als arm, was knapp 10 Prozent der Bevölkerung entsprach. In diesem Zusammenhang formulierte Friedrich Fürstenberg bereits 1965 das »Randgruppenkonzept«. Randgruppen wurden definiert als »lose oder fester organisierte Zusammenschlüsse von Personen«, die durch ihre »relative Ferne zur ›Kerngesellschaft‹ und die damit verbundene Haltung [...] durch ein niedriges Niveau der Anerkennung allgemeinverbindlicher sozio-kultureller Werte und Normen und der Teilhabe an ihren Verwirklichungen sowie am Sozialleben überhaupt gekennzeichnet sind« (ebd., 237). Die Randgruppen würden sich durch ihr Verhalten gegen herrschende Normen entscheiden. Zwar kann mit dem Konzept eine Vielzahl von Problemlagen dargestellt werden, über deren Entstehungsbedingungen war jedoch wenig gesagt. So konnte Fürstenberg keine Aussagen darüber treffen, wie die sozialen Verhältnisse den »Rand« erst selbst produzieren und definieren. Somit besteht die Gefahr, Armut oder Erwerbslosigkeit isoliert zu betrachten.

Armut und Erwerbslosigkeit erschienen in einem neuen Gewand. Den Ausgangspunkt für die Beschäftigung mit der »neuen sozialen Frage« und »neuen Armut« bildete die Annahme einer »epochale[n] Transformation der sozialen Frage weg von Klassengegensätzen« (Groh-Samberg 2009, 279). Entgegen vertikalen Unterschieden würden nun »horizontale Disparitäten« (Bergmann et al. 1969, 82) an Bedeutung gewinnen.

Heiner Geißler (1976) wurde zum Stichwortgeber der »neuen sozialen Frage«. Er ging davon aus, dass sie sich von traditionellen Ungleichheiten entkoppelt habe. Anstelle des Konflikts zwischen Arbeit und Kapital (die »alte soziale Frage«) seien neue getreten wie zwischen Arbeiter*innen und Erwerbslosen, der Generationenkonflikt oder der Kampf um die Gleichberechtigung von Frauen. Phänomene wie Alter oder Krankheit wurden weiterhin als ›akzeptierte‹ Armutsgründe angesehen und von ›selbstverschuldeter‹ Armut (Wohnungslosigkeit, Sucht etc.) abgegrenzt (Lorke 2015, 297).

Mit der erneuten Krise ab 1980 verdoppelte sich die Zahl der Erwerbslosen in der BRD auf zwei Millionen Menschen. Insbesondere Langzeiterwerbslosigkeit trat nun als Phänomen auf. In den politischen und medialen Debatten wurde ihr eine eigene Qualität und soziale Sprengkraft zugeschrieben. Durch die »langanhaltende Massenarbeitslosigkeit [...] ist eine in der Geschichte der Bundesrepublik neue Form der Armut dazugekommen: die Armut der Arbeitslosen« (Balsen et al. 1984, 9), die in der soziologischen Forschung der 1980er unter dem Begriff der »neuen Armut« verhandelt wurden.

Als entscheidendes Kriterium für Armut wurde der Bezug von Sozialhilfe verstanden (Lompe 1987). Auch in dieser Sichtweise wurden Armut und Sozialstruktur entkoppelt. Stattdessen herrschte die Vorstellung vor, vertikale Klassenunterschiede hätten an Bedeutung verloren. Daher musste man eine neu-alte Begründung für soziale Ungleichheit suchen und machte erneut das Verhalten der *undeserving poor* für ihre Armut verantwortlich. Den Langzeiterwerbslosen »wurde Arbeitsunwilligkeit unterstellt, sie wurden gar pauschal als ›Arbeitsscheue‹ bezeichnet« (Lorke 2015, 278). Der damaligen Armutsforschung (Hauser et al. 1986) und der staatlichen Sozialberichterstattung (Noll 1997) ging es vor allem darum, das Problem der »Ausgrenzung vom (ersten) Arbeitsmarkt [...] der Langzeitarbeitslosigkeit« (Groh-Samberg 2009, 214) zu verstehen. Es gelang dieser Forschung zwar, Faktoren wie Migration oder instabile Familienverhältnisse als Hauptkategorien zu bestimmen (ebd., 236), doch scheiterten sie am »Zusammenhang von Armut und Klassenstruktur« (ebd., 199 f.). Mit der Fokussierung auf »neue« und dynamische Formen sozialer Ungleichheit wurde »der kritische Blick für weiterhin bestehende vertikale Ungleichheitsstrukturen getrübt« (Geißler 1996, 323).

Internationale Debatten: Die Kulturalisierung sozialer Ungleichheit

Zeitgleich wurde die bundesdeutsche Ungleichheitsforschung insbesondere von angelsächsischen Debatten beeinflusst. In den USA brachten die politischen Umbrüche der 1960er Jahre eine erneute Aufmerksamkeit für Armutslagen (insbesondere für die Schwarze Bevölkerung) mit sich. Von besonderer Bedeutung war Oscar Lewis' These einer »Kultur der Armut« (1966). Zwar erkannte er, dass soziale Verhältnisse die Bildung einer solchen »Subkultur« beeinflussen können, er fokussierte sich jedoch auf die Frage, ob arme Menschen durch ihre Verhaltensweisen selbst zur Verfestigung dieser »Kultur« beitragen. Bei Lewis wird die »Kultur der Armut« zu einem Stigma aufgrund von Eigenschaften, die arme Leute *haben*.

Zunächst gedacht, um die Umgangsweisen armer Menschen zu verstehen, entwickelte sich der Begriff zunehmend zu einer selbstständigen Konzeption, durch die Vorstellungen von Machtlosigkeit und Selbstverschuldung Einzug erhielten. Der Fokus wandelte sich von der Betrachtung der Entstehung der Armutskultur hin zu einem statischen (Sozial-)Charakter der Armut. Auch in der Bundesrepublik wurden diese Thesen diskutiert (Rommelspacher 1989).

Eine weitere Erneuerung stellte der Begriff der *underclass* dar, der 1963 durch Gunnar Myrdal eingeführt wurde. Als Klassenbegriff verweist die *underclass* zwar auf eine strukturelle Konzeption sozialer Ungleichheit (Gans 1996), doch bereits bei Myrdal (1963) wurde das ›negative‹ Verhalten der Klassenmitglieder thematisiert, wodurch einer Moralisierung Vorschub geleistet wurde.

Zentral für das Konzept der *underclass* war, »dass sich von der Gesellschaft dauerhaft eine soziale Klasse sozialräumlich wie kulturell abspalte, die nicht nur materiell arm ist, sondern Werte- wie Handlungsorientierungen teilt, die von Mittelschichtsidealen abweichen und dazu führen, dass die soziale Randlage verstärkt und perpetuiert wird« (Weißmann 2016, 34). Die Ähnlichkeit des Konzeptes *underclass* mit den Inhalten der »Kultur der Armut« ist offensichtlich: in beiden Fällen geht es um Verhaltensweisen wie Resignation und Passivität.

Durch diese Kulturalisierung sozialer Ungleichheit erscheint der Begriff der Unter*klasse* somit fragwürdig (Koch 1999, 35). Obwohl er eine Relationalität zu anderen Klassen impliziert, wird diese nicht weiter ausgeführt (MacDonald 1997). Vielmehr erscheint die *underclass* als aktualisierte Form des Pöbels (Tjaden-Steinhauser 1985, 136) und reproduziert Vorstellungen der *undeserving poor* (Auletta 1982; Murray 1984).

Von sozialer Ausgrenzung zu den »Überflüssigen«

Peter Bremer und Norbert Gestring (1997) haben versucht, den *underclass*-Begriff in die deutsche Diskussion einzuführen, doch entwickelte sich hier (meist synonym) der Begriff der Exklusion. Historisch entstand er in einer Zeit, als »eine deutliche Abkehr vom ›inkludierten‹, sozialstaatlich untermauerten Wohlfahrtkapitalismus der Nachkriegsgesellschaft« (Ludwig-Mayerhofer 2009, 9) sowie eine wachsende Zahl von Menschen sichtbar wurde, die durch Exklusion vom Arbeitsmarkt geprägt waren.

Insbesondere Martin Kronauer (1997; 2002) hat sich damit beschäftigt. Er gebraucht Exklusion als Kategorie kritischer Gesellschaftsanalyse (2006). Ähnlich wie in den frühen *underclass*-Debatten geht Kronauer von Umbrüchen in der Lohnarbeit aus, doch bedeutet Exklusion bei ihm nicht nur die »*Marginalisierung am Arbeitsmarkt* bis hin zum *gänzlichem Ausschluß* von Erwerbsarbeit« (1999, 7), sondern beinhaltet auch Aspekte, die sich auf den Körper (psychisches Wohlbefinden) oder den Raum (Segregation und soziale Partizipation) beziehen.

Exklusion zeigt sich in drei Bereichen: materielle Armut, Verweigerung oder Erosion politischer und sozialer Rechte sowie kulturelle Armut. Diese Bereiche können sich gegenseitig verstärken, was typisch für Exklusion sei (2002, 146).

Damit beschreibt Kronauer gleichzeitig sowohl den *Prozess* der Exklusion, bei dem die Dimensionen zusammenwirken, als auch den *Zustand* der Exklusion, der sich zu einer sozialen Lage verfestigen kann (Weißmann 2016, 40). Die Exkludierten sind von sozialen Teilhabemöglichkeiten ausgeschlossen (Kronauer 2002, 11). Hinzu kommt die *»gesellschaftliche Isolation«* (ebd.). Sie zeigt sich in der Einschränkung von Beziehungen bis hin zur Vereinzelung (ebd., 168), aber auch in der »Konzentration der sozialen Beziehungen auf Menschen in gleicher, benachteiligter Lage« (ebd.).

Bei Kronauer verbinden sich der »Ausschluss aus verschiedenen Lebensbereichen und subjektive Deutungen sowie Handlungsorientierungen« (Weißmann 2016, 40). Er findet zwei Typen des subjektiven Umgangs mit Exklusion: Resignation und sozialer Rückzug oder das »Sich-Einstellen« im Rahmen eines Milieus der Ausgegrenzten (Kronauer/Vogel 1998). Kronauer verzichtet auf Be- und Abwertungen der sozial Ausgegrenzten.

Eine weitere Reaktion auf die Debatten um *underclass* und Exklusion bildete die Konzeption der »Überflüssigen«, die eng mit dem Namen Heinz Bude (1998) verbunden ist. Für ihn drückt sich das »Überflüssigwerden« in den vier Bereichen Arbeit, Familie, Institutionen und Körper aus (1998, 374 ff.). Neben Erfahrungen des Misserfolgs auf dem Arbeitsmarkt oder der Erwerbslosigkeit gerät häufig auch die Familie als »letzter Stabilitätsrest« (ebd., 375) unter Druck. Dies verstärkt die weitere Desintegration ebenso wie der Ausschluss aus Institutionen. Schließlich ist auch das Verhältnis zum eigenen Körper als das »vielleicht wichtigste Strukturmerkmal von Prozessen sozialer Ausgrenzung« (ebd., 376) betroffen: Subjektiv äußere sich das Überflüssigwerden in Resignation oder Anpassung. Es ist »ein Prozess des Erleidens, der in einer Orientierung der Gelähmtheit und Machtlosigkeit kulminiert« (Weißmann 2016, 46). Das Gefühl, überflüssig zu sein, bestimmt das ganze Leben. Bei ihnen finde sich kein Gefühl von Würde (Bude 1998, 372). Bude selbst beschreibt die »Figur« des Überflüssigen wahlweise als einen Menschen, der ausschließlich in seinen »privaten vier Wänden [lebt], wohin sich die Exkludierten zurückziehen« (2014, 15) und »der vom vielen Weißbrot, der fettigen Wurst und den gezuckerten Getränken außer Fasson gerät, weil er die meiste Zeit des Tages vor dem Fernseher verbringt« (ebd.) oder als Personen, die »mit Mitte zwanzig schon so aussehen, als hätten sie vom Leben nichts mehr zu erwarten« (Bude/Willisch 2006, 7).

Durch die Überflüssigen sei »eine andere Welt in unserer Welt entstanden, die einen Riß im Gemeinschaftsempfinden mit sich bringt, der weder zu leugnen noch aufzuheben ist« (Bude 2004, 5). Dieser Riss »stellt eine Verwerfung dar, die sich *quer* durch alle Schichten und Klassen zieht« (1998, 373). Somit seien die Überflüssigen eine »*fluide Masse* […], die sich der Festlegung auf eine Gruppendefinition erst einmal entzieht« (ebd.).

Die Überflüssigen bleiben passive Opfer. Darüber hinaus bringt die Vorstellung eines Innen und Außen »die Gefahr mit sich, das Innen – das Lohnarbeitsverhältnis, der Bürgerstatus, die Familienverhältnisse, der Schul- und Ausbildungsplatz – von Kritik und Problematisierung auszunehmen, weil die Gefahr der Ausgrenzung übermächtig erscheint« (Bescherer 2013, 177). Damit einher geht die Gefahr, das Zentrum so sehr als legitim darzustellen, dass die Exkludierten nur als »Mängelwesen« (Dörre 2015, 221) wahrgenommen werden können. In seiner Konzeptualisierung der Überflüssigen führt Bude die Trennlinie zwischen *deserving* und *undeserving poor* weiter. In der Tendenz findet sich bei ihm die Rückkehr der »gefährlichen Klassen« des 19. Jahrhunderts. Somit kann »die soziologische Rede von ›Überflüssigen‹ – *nolens volens* – verstanden werden [...] als Form symbolischer Delegitimierung, die eine Dimension sozialer Ungleichheit darstellt« (Hark 2007, 154).

4.4 Soziale Ungleichheit im vereinigten Deutschland

Seit den 1980er Jahren hat in der BRD die Einkommens- und Vermögensungleichheit deutlich zugenommen. Dies wurde begleitet von einem Anstieg der Armutsquote sowie der fehlenden Angleichung der Lebensverhältnisse in Ost und West nach 1990 (Butterwegge 2020). Der Zusammenbruch der sozialistischen Staaten sollte nachhaltige Folgen für Armutsdebatten haben. Die Vereinigung Deutschlands wurde in den beiden deutschen Staaten ganz anders verarbeitet.

Die gelenkte DDR-Ökonomie musste sich nach 1990 den Kräften der freien Marktwirtschaften aussetzen. Dies führte zum Niedergang ganzer Branchen. Der staatliche Zusammenbruch und die industrielle Restrukturierung, die vor allem eine Deindustrialisierung darstellte, führten zu einer tiefen Verunsicherung der Bevölkerung. Insbesondere Industriearbeitsplätze wurden gestrichen und nicht wieder ersetzt, was einen Verlust der »arbeiterlichen« Gesellschaft bedeutete. Die Entwertung beruflicher und fachlicher Qualifikationen führte zur Erfahrung der Deklassierung und zu einem erzwungenen Übergang in meist einfachere und schlechter bezahlte Tätigkeiten, Prekarität oder Erwerbslosigkeit.

Die Zahl erwerbsloser Menschen stieg in den ersten Monaten nach der Vereinigung auf dem Gebiet der DDR rasant an und erreichte bald die Grenze von einer Million Menschen. »Mehr als die Hälfte der erwerbsfähigen Bevölkerung Ostdeutschlands machte in den ersten Jahren nach der Wende Erfahrung mit Arbeitslosigkeit« (Schultheis / Schulz 2005, 165). Die Erfahrung der Massenerwerbslosigkeit wurde zum festen Alltagsbestandteil der Bevölkerung. Langzeiterwerbslose sowie prekär Beschäftigte, die 40 Jahre lang nicht existierten, bestimmten nun die Nach-DDR (ebd., 171). Ostdeutschland wurde zu einer »nach-arbeiterliche[n] Gesellschaft« (Hofmann / Rink 2014, 284). Daraus bildete sich »eine für ostdeutsche Sozialerfahrung neue Gruppe der nicht Positionierbaren, der Überflüssigen, der Langzeitarbeitslosen« (Schultheis / Schulz 2005, 166), die auf staatliche Unterstützung angewiesen war.

Dieser Bruch in der Arbeitswelt war verbunden mit einem Bruch der Lebenswelt (Kretzschmar 1992, 148). Das in der DDR erworbene Kapital sowie habituelle Dispositionen besaßen keinen Wert mehr. Strukturen und Institutionen hatten sich rasant verändert oder aufgelöst. Die neuen Anforderungen der kapitalistischen Gesellschaft traten in Opposition zu den habitualisierten Haltungen. Der Zusammenbruch führte bei den Menschen zum »subjektive[n] Eindruck [...], nicht mehr gebraucht« (ebd.) zu werden. In Ostdeutschland gab es »wohl kaum eine Biografie, in der der soziale Umbruch keine Spuren hinterlassen hätte« (Schultheis/Schulz 2005, 165).

Für den Westen bedeuteten die neuen Märkte des Ostens nach 1989 zunächst eine neue Innovationsphase. Globale Akkumulationsprozesse lösten nationale Wirtschaftskreisläufe zunehmend ab, ebenso entwickelte sich das Finanzkapital zu einem weltweiten Phänomen mit wachsender Bedeutung (Windolf 2005). Gleichzeitig war die BRD bemüht, im internationalen Wettbewerb zu bestehen und den Standort gegenüber anderen Nationalstaaten zu verteidigen. Die »internationale Wettbewerbsfähigkeit« wurde auch durch staatlichen Sozialabbau forciert, der ein eigenständiger Faktor im Umgang mit Armut und Erwerbslosigkeit wurde. Dies hatte eine Neupositionierung der herrschenden Klasse und eine Deklassierung der Arbeiter*innen zur Folge (Dörre 2011). Nach einer kurzen Phase des Aufschwungs wurden die ökonomischen Schwierigkeiten der Vereinigung auch im Westen sichtbar. Neben der Erwerbslosigkeit in den ostdeutschen Ländern kam es auch im Westen zur Krise und zu Massenentlassungen. 1993 sank die Industrieproduktion Westdeutschlands um 6,4 Prozent. Dies war der bis dahin »größte Produktionsrückgang in der westdeutschen Nachkriegsentwicklung« (Kowalski 1994, 229), der mit einem Anstieg der Erwerbslosenzahl um 700.000 Menschen einherging.

Von der »dynamischen Armutsforschung« zum »Elend der Welt«

Die »dynamische Armutsforschung« gehörte ab Mitte der 1990er Jahre zu den bedeutendsten Strömungen der deutschen Armutsforschung. Sie ging von der Annahme des dynamischen Absinkens in (und Aufsteigens aus) Armut aus. Zentral war die Bestimmung der Dauer unter- oder oberhalb der Armutsgrenze (Leisering/Buhr 2012, 147 ff.). Armut habe eine dauerhafte und strukturelle Eigenschaft verloren. Sie wurde nicht »mehr als eine dauerhafte Marginalisierung unterer sozialer Schichten« (Groh-Samberg 2009, 92) begriffen, sondern »als ein Risiko von meist nur kurzfristigen, vorübergehenden Episoden der Armut in individualisierten Lebensläufen« (ebd.). Dahingehend untersuchten Forscher*innen um Stephan Leibfried (1995) den Verbleib in der Sozialhilfe sowie das subjektive Zeitempfinden der Leistungsbezieher*innen. Sie fanden heraus, dass nur elf Prozent länger als fünf Jahre dauerhaft Hilfen erhielt. Daraus schlossen sie, dass Armut überwiegend zeitlich begrenzt sei (ebd., 83). Sie wurde als »Lage«

verstanden und an den Bezug von Sozialhilfe gekoppelt. Wer (wenn auch nur kurzfristig) einem prekären, schlecht bezahlten Job nachging und nicht mehr auf Sozialhilfe angewiesen war, galt nicht mehr als arm. Ebenso fielen Wohnungslose aus der Definition heraus sowie Menschen, die keinen Antrag auf Sozialhilfe gestellt hatten.

Die Existenz einer dauerhaften Armut wurde in der »dynamischen Armutsforschung« bestritten. Durch mehr Flexibilität oder Anstrengung sei ein Entkommen aus der Armut möglich. Somit reproduzierte auch die »dynamische Armutsforschung« Vorstellungen von der Eigenverantwortlichkeit der Armen (Butterwegge 2016, 151).

Entgegen dieser Fokussierung auf die Individuen legte Karl Heinz Roth zeitgleich eine Klassenanalyse vor, in der er die These der »Rückkehr der Proletarität« (1994) vertrat. Verschärfte Ausbeutungsbedingungen durch Deregulierung und Standortkonkurrenz der nationalen Kapitale führten zur Erosion oder Eliminierung erkämpfter Sozialstandards und veränderten die Arbeiterklasse:

> »Ein neues Proletariat ist im Entstehen, dem die kollektiv geregelten Normalarbeitsverhältnisse und die sozialstaatlichen Vermögenssurrogate für die Wechselfälle des Daseins zunehmend fremd werden. Es wird über den aktuellen Krisenzyklus hinaus langfristig durch die Erfahrung von Erwerbslosigkeit, von prekären Beschäftigungsverhältnissen, von ›zweiten‹ und ›dritten‹ Arbeitsmärkten und von abrupt eintretenden Armutsphasen geprägt sein« (ebd., 41).

Proletarität meint hier die Vielzahl an (prekären) Arbeitsformen in Gestalt von Teilzeitarbeit, geringfügiger Beschäftigung, Saison- und Wanderarbeit sowie selbständiger Arbeit oder auch langfristige Erwerbslosigkeit. Im Anschluss an Marx erscheint die Klasse in ihrer heterogenen Zusammensetzung aus Arbeiter*innen und Nicht-Arbeiter*innen in verschiedenen Lebenslagen und Arbeitsformen als »buntscheckiger Haufen« (MEW 23, 286).

Großen Einfluss auf soziologische Armutsdebatten hatte die 1993 in Frankreich veröffentlichte und 1997 auf Deutsch übersetzte Studie »Das Elend der Welt« (Bourdieu et al. 1997). In Pierre Bourdieus Forschung hatte bislang »eine umfassende Untersuchung der Volksklassen« (Vester 2013, 155) gefehlt.

In »Das Elend der Welt« ließen Bourdieu und seine rund zwei Dutzend Mitarbeiter*innen mit Hilfe von qualitativen Interviews deklassierte Menschen zu Wort kommen. Sie verzichteten auf Repräsentativität, sondern wandten sich konkreten Menschen zu. Somit unterschied sich die Studie grundlegend von der Armutsforschung der Zeit. Die Forscher*innen ließen die Befragten selbst von ihren Biografien, Lebensverhältnissen, Perspektiven und Erfahrungen, Hoffnungen und Enttäuschungen erzählen und vermieden weitgehend soziologische Sprache. Es kamen Erwerbslose, Migrant*innen, Landwirte und Arbeiter*innen zu Wort; jene Menschen, die man in Frankreich *le peuple* nennt und für die der

Begriff der »intern Ausgegrenzten« (Bourdieu et al. 1997, 526 ff.) eingeführt wurde. In den Interviews berichteten sie von ihrem Alltag, teilten ihre Sichtweisen und legten ihre Perspektive auf die Gesellschaft dar.

Dem Team um Bourdieu ging es nicht nur um eine Darstellung der Bedingungen für Armut, sondern um die Selbstwahrnehmung der Betroffenen. Die Forscher*innen wollten zeigen, was der (zugeschriebene und internalisierte) Verlust der Stellung als handelndes Subjekt für die Menschen bedeutet. Somit konnten sie nachweisen, dass man dem »Elend« (den materiell unsicheren und schwierigen Lebensbedingungen) der Menschen nicht allein über Einkommen oder staatliche Unterstützung beikommen kann. Es drückt sich nicht und womöglich nicht einmal primär in der Möglichkeit des Konsums aus, sondern in der symbolischen Ausgrenzung und der Einschränkung der Lebenswelt, die den Befragten enger wird und ihnen selbstbestimmtes Handeln immer mehr verunmöglicht. Der französische Titel *La misère du monde* bezieht sich ohne Zweifel auf die Romane *Les misérables* von Victor Hugo und *Splendeurs et misères des courtisanes* von Honoré de Balzac. Beide Bücher handeln nicht nur vom Leben in Armut, sondern auch von der Fremdbestimmung und dem zunehmenden Kontrollverlust über die eigene Biografie. Die Armen sind sowohl bei Hugo und Balzac als auch bei Bourdieu nicht nur arm, sondern werden auch objektiviert.

»Das Elend der Welt« zeigt, dass Armut nicht nur eine Lage ist, sondern ein dauerhaftes Phänomen, mit dem *konkrete* Menschen einen Umgang entwickeln müssen. Gerahmt sind die Erzählungen durch deutende Texte, die die Einzigartigkeit der Fälle mit der Sozialstruktur verbinden. Wo die individuelle Schuld im Fokus stand, wollte Bourdieu die sozialen Bedingungen verdeutlichen: Elend und Armut seien nicht zufällig, sondern Ausdruck sozialer Verhältnisse. Bourdieu wollte zeigen, dass Elend in modernen Gesellschaften »nicht nur fortbesteht, sondern geradezu konstitutiv, d. h. in den grundlegenden Struktur- und Funktionszusammenhängen unserer Gegenwartsgesellschaften selbst verankert ist« (ebd., 828). In der Kombination aus Einzelfällen und Einordnung deckte das Buch Machtstrukturen ökonomischer und symbolischer Herrschaft auf. Somit entstand »in der Verschiedenartigkeit der Aussagen ein komplexes Bild nicht nur der sozialen Verhältnisse, in denen die Menschen leben, sondern auch der sozialen Beziehungen, die sie zueinander unterhalten« (ebd., 8).

Agenda-Politik und Remoralisierung sozialer Ungleichheit

Bereits seit den 1980er Jahren zeichnete sich eine aktivierungsbezogene Ausrichtung des Sozialstaates ab, die in den Reformen der rot-grünen Bundesregierung umgesetzt wurde (»Agenda 2010«). Während durch diese Reformen der Kündigungsschutz gelockert, die Leiharbeit liberalisiert und die Lohnarbeit prekarisiert wurde, stellte insbesondere die als »Hartz IV« bekannt gewordene Reform der Grundsicherung einen weitreichenden sozialstaatlichen Eingriff dar.

Im Zentrum der aktivierungspolitischen Neuausrichtung ging es unter dem Motto »Fördern und Fordern« (§§2 und 14 SGB II) um die Befähigung zur Eigenverantwortung der Menschen (§1 SGB II). Dafür wurden Gelder für Existenzgründungen gewährt oder Bildungsgutscheine ausgestellt, aber auch Lohnersatzzahlungen reduziert, Arbeitsschutzregelungen abgebaut und das Tarifsystem geschwächt. Aktivierung war zum Leitmotiv geworden.

»Hilfeempfänger« erhielten Leistungen nur unter der Voraussetzung einer Gegenleistung. Staatliche Unterstützung wurde an Pflichten gekoppelt. Diese Logik ist seit den Agenda-Reformen tief in der deutschen Sozial- und Arbeitsmarktpolitik verankert. So besteht für Erwerbslose beispielsweise die Pflicht zur Teilnahme an Maßnahmen: »Wenn eine Erwerbstätigkeit auf dem allgemeinen Arbeitsmarkt in absehbarer Zeit nicht möglich ist, hat die erwerbsfähige leistungsberechtigte Person eine ihr angebotene zumutbare Arbeitsgelegenheit zu übernehmen« (§2 SGB II). Auch werden »Arbeitslose« im §138 des SGB III als Menschen definiert, die sich bemühen, ihre »eigene Beschäftigungslosigkeit zu beenden«. Somit bedarf selbst der Status des »Arbeitslosen« einer Anstrengung.

Ebenso wurden die Zumutbarkeitskriterien für eine Beschäftigung verschärft sowie die »Aktivität«, eine Erwerbsarbeit zu finden, gefordert: »Eine erwerbsfähige leistungsberechtigte Person muss aktiv an allen Maßnahmen zu ihrer Eingliederung in Arbeit mitwirken, insbesondere eine Eingliederungsvereinbarung abschließen« (§2 SGB II). Verstoßen Erwerbslose gegen diese Vorgaben, drohen Sanktionen wie die Kürzung von Leistungen.

> »In der neoliberalen Weltsicht erscheint Armut nicht als gesellschaftliches Problem, vielmehr als selbst verschuldetes Schicksal, das im Grunde eine gerechte Strafe für Leistungsverweigerung oder die Unfähigkeit darstellt, sich bzw. seine Arbeitskraft auf dem Markt mit ausreichendem Erlös zu verkaufen« (Butterwegge 2016, 77).

Ähnlich wie in der »dynamischen Armutsforschung« wurde Erwerbslosigkeit mit Faulheit oder eigener Schuld begründet (Gurr/Unger/Jungbauer-Gans 2018). Der Aktivierungsgedanke setzt die unterstellte – und durch geeignete Maßnahmen zu überwindende – Passivität der Betroffenen voraus (Hirseland/Ramos Lobato 2014, 186). Anspruchsberechtigte Erwerbslose werden über Mängel definiert und als Erziehungsobjekte mit »falschem« Anspruchsdenken behandelt: zu unflexibel, zu teuer oder zu wenig qualifiziert. Bereits der Leistungsbezug wird als tendenziell unmoralisches Verhalten gegenüber der Gemeinschaft angesehen (Lessenich 2013, 93 ff.).

Durch »Hartz IV« wurde die Trennlinie zwischen unverschuldeter oder selbstverantwortlicher Armut staatlich fixiert und ideologisch festgeschrieben (Dörre 2014). Ob »eine Person weiterhin respektiertes Mitglied der Gesellschaft« (ebd., 41) sei, hänge davon ab, ob sie unter dem Label »Hartz IV« Fürsorge erhält oder nicht. Allen, die auf Unterstützungsleistungen angewiesen sind, wird ein Platz unterhalb der Schwelle sozialer Respektabilität zugewiesen (s.a. Eckert 2018).

Bezieher*innen des Arbeitslosengeldes II (ALG II) werden zu passiven Empfängern, deren Scheitern moralisch bewertet wird. Die »aktivierende« Arbeitsmarktpolitik bringt jedoch ihr genaues Gegenteil hervor und »schwächt die Fähigkeit zur Selbstsorge und erzeugt gerade dadurch Lähmung und Passivität« (Dörre 2014, 41). Diese Zuschreibungen sind auf einer zweiten Ebene »produktiv«. Auch Erwerbslose und Bezieher*innen des ALG II erhalten einen »Wert«. An ihnen kann der Staat ein Exempel statuierten. Die Förderung der »Aktivität« der Erwerbslosen ist ein Zeichen dafür, dass die staatlichen Institutionen alles tun, um Bezieher*innen des ALG II in die Pflicht zu nehmen, wieder »produktive« Teile der Gesellschaft zu werden.

Die Unterschichtendebatte

Im Zuge der ab 2006 geführten »Unterschichtendebatte« kam es zu einer weiteren Zuspitzung in der Deklassierung von erwerbslosen Menschen und ALG II-Bezieher*innen. Sie seien von Arbeitsunwilligkeit, Gewaltneigung, Verwahrlosung, Kinderreichtum und Promiskuität geprägt (Chassé 2010; Lindner / Musner 2008). Diese Debatte stützte sich auf ähnliche Argumente wie in bisherigen Klassifikationen (*underclass*, Kultur der Armut).

Neben den rassistischen Thesen des damaligen SPD-Politikers Thilo Sarrazin war vor allem Paul Nolte mit seinem Buch »Generation Reform« (2004) ein Stichwortgeber. Nolte, damals SPD-Berater, führte Armut und Erwerbslosigkeit »auf die Lebensweise und die Mentalitäten der betroffenen Gruppen« (Chassé 2010, 40) zurück. Diese zeichne mangelnde Leistungsbereitschaft sowie fehlender Aufstiegswillen ebenso aus wie die Abkehr von bürgerlichen Wertvorstellungen. Ihre »kulturelle Vernachlässigung« (ebd., 99) zeige sich in unterschiedlichen Phänomenen wie ungesunde Ernährung, fehlender Teilhabe oder Apathie. Staatliche Leistungen sollten nur noch jene erhalten, die sie sich durch aktive Beteiligung an der Arbeitsgesellschaft »verdient« hätten. Weithin bekannt ist die Äußerung des damaligen Bundeskanzlers Gerhard Schröder, der bereits 2001 konstatierte: »Es gibt kein Recht auf Faulheit in unserer Gesellschaft.« Wer arbeiten könne, aber nicht wolle, könne nicht mit Solidarität rechnen. Solche Aussagen rechtfertigen durch ihren Fingerzeig auf das Fehlverhalten den Abbau von Schutz- und Sicherungsrechten. Insofern adressiert die Redewendung des »faulen Arbeitslosen« zunächst die Öffentlichkeit und rechtfertigt disziplinierende Politiken. Dies dient dazu, die Leistungsideologie zu verallgemeinern: Die Privilegien derer, die sich daran orientieren, werden als gerechtfertigt anerkannt und verteidigt, während gleichzeitig die »Bestrafung der Armen« (Wacquant 2009) legitimiert wird.

Die Moralisierung und Individualisierung sozialer Ungleichheit im Rahmen der Unterschichtendebatte kann als die »modern version of the idea of the lumpenproletariat« (Cowling 2002, 233) verstanden werden. Ebenso wiederholte sie auch Inhalte der Diskussionen um die *underclass* sowie der Debatten um die »gefährlichen« Armen (Linder 2008, 7). Wie einst das Proletariat vom Pöbel unterschieden wurde, stand nun die anständige Bevölkerung den Erwerbslosen und ALG II-Bezieher*innen gegenüber. »Die ›neuen Unterschichten‹ wurden gewissermaßen als inneres Ausland der deutschen Marktgesellschaft präsentiert, mit zugleich befremdlichen wie nur allzu bekannten Eigenschaften, an deren Vulgarität sich das gerade erst wieder neu aufkeimende bürgerliche Selbstbewusstsein aufrichten konnte« (Neckel 2008, 23). Mit Robert Jütte (2000, 209) lässt sich festhalten: »Die Überzeugung, unwürdige Arme hätten keine Moral, sie seien hartnäckige Schwindler, sittenlose Müßiggänger und Diebe, diese Überzeugung also stammt aus dem Mittelalter und lebt in der einen oder anderen Form bis heute fort«. Somit hat sich auch in der Gegenwart der »traditionelle Dualismus von ›würdigen‹ und ›unwürdigen Armen‹ [...] mitnichten aufgelöst« (Lorke 2015, 381), sondern stellt weiterhin eine »wichtige Klassifizierungs- und Bewertungsgrundlage« (ebd.) dar.

Ausschlüsse der Prekarisierungsforschung

Zur selben Zeit entwickelte sich, maßgeblich von Robert Castel und Pierre Bourdieu beeinflusst, die Prekarisierungsforschung. Sie beschäftigte sich vor allem mit atypischen Beschäftigungsverhältnissen, die ein hohes Prekarisierungsrisiko bergen. Prekär ist ein Erwerbsverhältnis, »wenn die Beschäftigten aufgrund ihrer Tätigkeit deutlich unter ein Einkommens-, Schutz- und soziales Integrationsniveau sinken, das in der Gegenwartsgesellschaft als Standard definiert und mehrheitlich anerkannt wird« (Brinkmann et al. 2006, 17). Auch wenn sich die Prekarisierungsforschung in der Tradition kritischer Wissenschaft verortet (Marchart 2014), finden sich auch dort Anklänge an die Abwertungen eines »devianten« (Dörre 2017, 20) Teils. Robert Castel entwickelte seine Arbeit zum Wandel der Lohnarbeit in Kritik am dichotomen Exklusionsmodell. Dieses könne die »Wiederkehr der massenhaften Verwundbarkeit« (2000, 375) in der Arbeitsgesellschaft nicht erklären. Seine Hypothese lautet: »Weil die schützende Hülle aus sozialen und Partizipationsrechten, die selbst entfremdete Lohnarbeit mit einer besonderen gesellschaftlichen Integrationskraft ausstattete, ihre Schutzfunktion mehr und mehr verliere, spalteten sich die nachfordistischen Arbeitsgesellschaften in drei Zonen« (Dörre 2017a, 81).

Zunächst finden sich in der Zone der Integration jene Gruppen, die mit der sozialen Entwicklung mithalten können. Sie sind in den Arbeitsmarkt integriert (ein Großteil der Kernbelegschaften) und haben feste Familien- und Freundschaftsbeziehungen und stellen einen sozialen Stabilisierungsfaktor dar. Darunter findet sich die wachsende Zone der Verwundbarkeit und Prekarität mit unsicheren Beschäftigungsverhältnissen. Ohne ausreichende Kapitalausstattung verfügen die

Menschen kaum über Reserven. Es besteht die dauernde Sorge, weiter abzurutschen.

Für Marginalisierungsforschung ist die Zone der Entkoppelung von besonderem Interesse. Die Entkoppelten sind dauerhaft von Lohnarbeit ausgeschlossen, müssen um ihre Respektabilität kämpfen bzw. haben den Anschluss bereits verloren. Castel beschreibt Entkoppelung als einen Prozess der Deklassierung, der eine Nutzlosigkeit auf dem Arbeitsmarkt sowie Überflüssigkeit und Machtlosigkeit mit sich bringt (Castel 2000, 359). Doch nicht nur in der Lohnarbeit sind die Entkoppelten überflüssig, ihnen fehlt auch die »Verankerung des Subjekts im Sinne vermittelnder Strukturen« (ebd., 363) wie Beziehungen, Netzwerke oder Organisationen. Die Entkoppelten »haben nichts von alledem. Sie sind atomisiert, können keine andere Hoffnung hegen, als ein bisschen weniger schlecht in der Gegenwartsgesellschaft gestellt zu sein, und sie sind gesellschaftlich nutzlos« (ebd., 384). Im Gegensatz zu stabilen sozialen Beziehungen, finden sich bei ihnen lediglich »flüchtige Gemeinschaften« (ebd., 363). Für Castel haben die Entkoppelten »keinen Einfluss auf den Lauf der Dinge« (ebd., 359). Die daraus resultierende Chancenlosigkeit führt dazu, das eigene Leben nicht als gestaltbar wahrzunehmen.

So verstanden stellten die Entkoppelten die neue Spielart des Lumpenproletariats dar (Bescherer 2013, 167). Castel versteht die Entkoppelten nicht als eigene Klasse, da sie sich aus allen sozialen Klassen rekurrieren. Vielmehr werden sie über ihre Haltung zur Welt bestimmt. Er spricht ihnen gar den Akteursstatus ab (2000, 384). Für Bourdieu sind sie »zu desorientiert und hilflos, um noch ein systematisches Bewußtsein ihrer Lage entwickeln und in einer einzigen aktiven Intention die erlittene Gegenwart und die gewollte Zukunft umklammern zu können« (2000, 112). Dies drückt sich in der »Hinnahme ihrer Ausbeutung« (1998a, 100) aus. Es sei ihnen unmöglich, sich zusammenzuschließen. Die Entkoppelten könnten selbst keinen aktiven Standpunkt ausbilden (Bescherer 2013, 190). Ihr Nihilismus kenne höchstens Revolte (Bourdieu 2000, 103), ihre Anomie löse Gewalt aus (Castel 2000, 189). Daher konnte Bourdieu die Erwerbslosenbewegung der Jahrtausendwende auch nur als »gesellschaftliches Wunder« (2004, 114) begreifen. Sowohl Castel als auch Bourdieu koppeln Subjektivität so sehr mit Lohnarbeit, dass diese zur Voraussetzung von Aktivität wird. Daraus folgt eine »Gegenüberstellung von arbeitsaffinen, sozial integrierten und politisch mobilisierbaren sozialen Gruppen auf der einen und nicht-arbeiterlichen und zur politischen Artikulation unfähigen sozialen Gruppen auf der anderen Seite« (Bescherer 2013, 199). Diese Trennung entspricht der Grenzziehung zwischen *deserving* und *undeserving poor.* Castel und Bourdieu sind sich bewusst, dass die soziale Position der Entkoppelten kein Effekt individuellen Fehlverhaltens ist, sondern durch soziale Verhältnisse bedingt ist. Gleichzeitig beschreiben sie lediglich Resignation und Rückzug als subjektive Verarbeitungsweisen. Zwar hält Castel andere Weisen nicht explizit für unmöglich, doch bleiben sie unerwähnt.

4.5 Gegenwärtige Debatten um Armut und Marginalisierung

Anschließend an die Veröffentlichungen von Didier Eribon (2016) oder Thomas Piketty (2018) findet aktuell eine »Rückkehr der sozialen Frage« statt, die sich sowohl in einer erneuerten Klassendiskussion (Nachtwey 2016; Reckwitz 2017) als auch in an einer großen Zahl von Armutsstudien (Butterwegge 2021; Erhard 2021; Keck 2021; Knabe 2022) ausdrückt.

Wiederkehr der Klassen?

Innerhalb der deutschen Soziologie gibt es verschiedene Suchbewegungen, soziale Entwicklungen mit dem Klassenbegriff zu fassen. Anhand der Arbeiten von Andreas Reckwitz und Klaus Dörre lassen sich ein kulturalistisch und marxistisch inspirierter Begriff unterscheiden.

Reckwitz versteht in »Die Gesellschaft der Singularitäten« (2017) Klassen als Gruppen, die sich anhand ihrer Lebensführung unterscheiden. Differenzen entstehen über Bildungsabschlüsse oder kulturelles Kapital. Reckwitz' Fokus in der von ihm so benannten »Drei-Drittel-Gesellschaft« liegt auf der Mittelklasse, die sich durch den Bedeutungsgewinn einer neuen akademischen Mittelklasse und dem Abstieg der »alten« Mittelklasse auszeichne. Sozial unter ihnen verortet er eine »neue Unterklasse« (ebd., 279), die ohne positive Bezugnahme auf Lohnarbeit vom Rest der Gesellschaft abgetrennt sei. Diese »durchaus heterogene Gruppe von einfachen Dienstleistern, semiqualifizierten Industrieberufen, prekär Beschäftigten, Arbeitslosen und Sozialhilfeempfängern« (ebd.) zeichnet sich durch die »Alltagslogik des *muddling through*« (ebd., 351) aus: »irgendwie durchkommen, es irgendwie schaffen, sich ›durchwurschteln‹, ja durchbeißen, von Tag zu Tag, von Jahr zu Jahr« (ebd.). Für die neuen Unterklassen erscheint »jedes langfristige Projekt der Selbstverwirklichung [...] als undenkbar« (ebd., 352). Sie nehmen sich in der sozialen Hierarchie lediglich als »unterlegene Gruppe (schmerzhaft) als Klasse wahr« (ebd., 360). Die Unterklasse repräsentiere eine Kultur von »›Verlierern‹ und ›Abgehängten‹« (ebd., 281).

Reckwitz unterscheidet anhand einer Trennlinie der Würde (ebd., 352 f.) zwei Gruppen. Während der ›respektable‹ Teil der Unterklasse versucht, den eigenen »Alltag in den Griff zu bekommen und dabei Vorstellungen von Ordnung und Disziplin« (ebd., 354 f.) aufrechterhält, werden »jene, die komplett ins soziale Abseits geraten« (ebd., 355) sind, zu »›Störenfrieden‹ oder Kriminellen« (ebd.) erklärt, da sie nicht in der Lage seien, ein würdevolles Leben zu führen.

Reckwitz löst Klasse in Lebensstil auf. Er versteht Klasse als »eine soziale Gruppe, die ein kulturelles Muster der gemeinsamen Lebensführung (ebd., 274) teilt. Klassen sind für ihn »kulturelle Klassen«, die sich hinsichtlich »ihres kulturellen Kapitals grundsätzlich voneinander« (ebd., 275) unterscheiden. Sozioökonomische Unterschiede treten in den Hintergrund. Es bleibt unklar, in welchem Verhältnis Lebensstile und ökonomische Stellung stehen. So stellt sich die Frage nach dem Klassenbegriff, der kaum über den Milieu- und Schichtbegriff hinauszugehen scheint.

Dem gegenüber betont Dörre (2018) die Notwendigkeit einer materialistischen Begrifflichkeit. Auch er findet eine Trennlinie der Respektabilität, welche hochqualifizierte Beschäftigte sowie Arbeiter*innen und Angestellten von einer »indirekt von Lohnarbeit abhängige[n] Großgruppe« (ebd., 45) unterscheidet, die er ebenfalls als »Unterklasse« bezeichnet. Für Dörre bildet diese Unterklasse keine eigenständige Klasse, sondern einen Teil des Proletariats:

> »Charakteristisch für diese teils prekär, teils informell Beschäftigten und Erwerbslosen ist, dass sie sich in sozialer Nähe zu jenem Fürsorgestatus bewegen, der in Deutschland durch die Hartz-Gesetze politisch neu justiert wurde. Der Überlebenshabitus dieser in sich sozial heterogenen Unterklasse unterscheidet sich deutlich vom Kollektivhabitus der Beschäftigten in anderen Lohnarbeitsklassenlagen. Zugespitzt formuliert: Unterklassen, die in allen entwickelten Kapitalismen bis zu 15 Prozent der Bevölkerung ausmachen, sind kein neues Proletariat und sie sind auch nicht mit einem auf unsichere Beschäftigung angewiesenen Prekariat identisch, das sich aus unterschiedlichen Klassen(-fraktionen) rekrutiert. Vielmehr handelt es sich um eine Klasse, die durch Enteignung von Sozialeigentum, sozialen Ausschluss, vorurteilsgeleitete Stigmatisierung und systematische Abwertung nicht nur der sozioökonomischen Klassenposition, sondern auch ihres sozialräumlichen Umfelds entsteht. Bei dieser Klasse ist offen, ob sie ein positives, auf kollektive Veränderung des Status quo gerichtetes Klassenbewusstsein überhaupt zu entwickeln vermag. Die bloße Existenz von aus der Kapitalperspektive vermeintlich ›Überflüssigen‹ wirkt indes disziplinierend auf andere beherrschte Klassen zurück. Nichts fürchten Lohnabhängige mehr als einen Absturz unter die Schwelle sozialer Respektabilität. Deshalb tendieren viele von ihnen dazu, eine unwürdige, niedrig entlohnte, wenig anerkannte Erwerbstätigkeit der Arbeitslosigkeit vorzuziehen. Was am Beispiel der Unterklassen deutlich wird, lässt sich deshalb als Modus negativer Klassenbildung verallgemeinern« (ebd.).

Vielfältigkeit der Armutsforschung

Das Interesse an sozialer Ungleichheit zeigt sich neben Diskussionen um den Klassenbegriff auch in Armutsstudien, die von einer Armutsquote von rund 15 Prozent der Bevölkerung ausgehen (BMAS 2021; Deutscher Paritätischer Wohlfahrtsverband 2020).

Armut heißt, vereinfacht, nicht genügend zu besitzen, um sich selbst am Leben zu erhalten. »Eine Person gilt in dem Maße von Armut betroffen, wie sie sich […] dauerhaft unterhalb des gesellschaftlichen Wohlstandsniveaus bewegt« (Groh-Samberg 2009, 118). Armut wird als Kapitaldefizit verstanden, das fehlende Teilhabe mit sich bringt. Arm ist, »wer einen niedrigen Lebensstandard hat, weil ihm bestimmte Ressourcen wie ein ausreichendes Einkommen fehlen« (Andreß/Krüger/Sedlacek 2004, 26).

In der Armutsforschung wird meist zwischen dem Ressourcen- und dem Lebenslagenansatz unterschieden (Engels 2013). Im Ressourcenansatz wird die Verfügung über monetäre Ressourcen verhandelt und zwischen einer absoluten und relativen Form von Armut differenziert. Wer aus materiellen Gründen nicht in der Lage ist, seine Grundbedürfnisse zu befriedigen, gilt als absolut arm. Damit ist die globale Einkommensuntergrenze gemeint, unterhalb der das Überleben laufend bedroht ist: 1,90 US-Dollar pro Tag. Absolute Armut bedeutet Hunger, fehlenden Zugang zu Trinkwasser oder das Fehlen einer Wohnung. Relative Armut meint die Deprivation an Ressourcen, die ein Mindestmaß an Lebensstandards gewährleisten. Relativ Arme können zwar ihre Grundbedürfnisse befriedigen, jedoch nicht am sozialen, kulturellen und politischen Leben teilhaben. Die relative Armutsgrenze wird über ein – letztlich willkürliches – Verhältnis zum Median der Gesamteinkommen bestimmt. 1984 legte eine EU-Konvention fest, dass Menschen in den EU-Mitgliedstaaten armutsbedroht sind, wenn sie weniger als 60 Prozent des Nettoäquivalenzeinkommens (Armutsrisikoschwelle) zur Verfügung haben – für Alleinstehende in der BRD lag diese Schwelle 2019 bei monatlich 1.074 Euro. Ohne weitere Einordnung dieser Grenze ist es unmöglich, die Qualität von Armut zu bestimmen. Arm zu sein bedeutet mehr als ökonomisch benachteiligt zu sein. Dahingehend basiert der Lebenslagenansatz auf einer mehrdimensionalen Betrachtung von Armut und bezieht auch die Unterversorgung in verschiedenen Bereichen (sowie deren Wechselwirkungen) wie Bildung, Wohnung oder Geschlecht ein. In der Forschungspraxis werden in der Regel Benachteiligungen in den verschiedenen Lebensbereichen mit Einkommensarmut kombiniert. Damit wird es möglich, diese Bereiche zur Beschreibung, Messung und Analyse von Armut zu verwenden und zu zeigen, wie Armut von Akteuren konkret erfahren wird. Diese Perspektive ist notwendig, um nicht aus einem vermeintlich objektiven Blick »von oben« vorzuschreiben, welche Art von Mangel als Armut zu gelten habe und welche nicht.

Jenseits dieser Unterscheidung enthält der Armutsbegriff auch politische, moralische und emotionale Vorstellungen (Orshansky 1969, 37). Abhängig von sozialer Position oder politischer Anschauung können Menschen unter Armut zur gleichen Zeit etwas völlig anderes verstehen. Armut beschreibt keine Tatsache, sondern stellt ein soziales Verhältnis dar.

Einen weiteren Aspekt betont Georg Simmel, der mit seinem Aufsatz »Der Arme« einen wichtigen Beitrag zur Soziologie der Armut geleistet hat. Für ihn ist Armut durch die Tatsache bestimmt, dass der Arme »Unterstützung erhält oder sie nach sozialen Normen erhalten sollte« (1992[1906], 551). Entscheidend ist das Abhängigkeitsverhältnis. Simmel entfernt sich von einer rein ökonomischen Armutsbestimmung und rückt die Deklassierung in den Fokus. Zwar impliziert er einen Mangelzustand, arm ist für ihn jedoch, wer auf Transferleistungen oder sonstige Unterstützung angewiesen ist. Damit verändert sich auch die Beziehung der Armen zur Gesellschaft. »So ist der Arme zwar gewissermaßen außerhalb der Gruppe gestellt, aber dieses Außerhalb ist nur eine besondere Art der Wechselwirkung mit ihr, die ihn in eine Einheit mit dem Ganzen in dessen weitestem Sinne verwebt« (ebd., 523). Diese Abhängigkeit reduziert die Armen auf ihre Armut, die »ihrer sozialen Stellung nach nur arm [...] und weiter nichts« (ebd.) sind.

Die Frage, wie Armut aktuell ungleichheitssoziologisch zu interpretieren ist, wird unterschiedlich beantwortet (Barlösius/Ludwig-Mayerhofer 2001). Während Vertreter*innen der »dynamischen Armutsforschung« von einer Individualisierung von Armut ausgehen oder gar die Existenz von Armut in Frage stellen (Krämer 2000), behaupten Theorien sozialer Exklusion eine Verfestigung von Armut (Kronauer 2002). Max Keck weist auf die Beschränkungen beider Seiten hin und kommt zum Ergebnis, »dass sowohl entstrukturierte als auch verfestigte Armut in sehr unterschiedlichen Konstellationen – aber immer gleichzeitig – nachweisbar ist, dass der Stellenwert dieser Konstellationen im Zeitverlauf sehr stark schwankt und dass sich diese Phänomene nicht eindeutig auf eine Klassenstrukturierung oder eine Individualisierung von Armut zurückführen lassen« (2021, 187 f.).

Soziale Marginalisierung als umfassender Prozess

Als Erweiterung des Armutsbegriffs schlage ich den Marginalisierungsbegriff vor. Iris Marion Young (1996) bestimmt Marginalisierung als eine Form der Unterdrückung – neben Ausbeutung, Machtlosigkeit, Kulturimperialismus und Gewalt (ebd., 104 ff.). Unterdrückung meint bei ihr nicht nur offensichtliche Zwangsverhältnisse wie Sklaverei oder Kolonialismus, sondern ebenso Verhältnisse, die sich auch in »wohlmeinenden liberalen Gesellschaften« (ebd., 102) finden. Marginalisierung meint den relativen Ausschluss aus sozialen Zusammenhängen. »Marginal sind solche Personen, die das Arbeitssystem nicht brauchen kann oder will« (ebd., 119). Hierunter fallen ältere Menschen, Menschen ohne Job, Alleinerziehende, geistig oder körperlich behinderte sowie rassistisch oder sexistisch diskriminierte Menschen. Neben den Ausschluss aus der Arbeitswelt tritt der Ausschluss aus weiteren Bereichen. Durch diese Breite sei Marginalisierung »die gefährlichste Form der Unterdrückung« (ebd.), die verhindere, »die eigenen Fähigkeiten auf gesellschaftlich definierte und anerkannte Weise auszuüben« (ebd.).

In der Soziologie wurde der Begriff bei Robert E. Park (1928) und Everett V. Stonequist (1937) eingeführt und behandelte dort die (psychologische) Auseinandersetzung der Akteure mit ihrer marginalisierten Position im Rahmen von Migration und Rassismus. Daraufhin wurde Marginalität zunächst auch als Alternative zu Klassentheorien und -analysen begriffen. Das gilt etwa für die Arbeiten von André Gorz (1989) und Claus Offe (1996), die eine Spaltung zwischen »produktivem Kern« der Gesellschaft (vor allem die Stammbelegschaften) und »Marginalisierten« behaupten, die sich, so die These, gerade eben nicht klassenanalytisch erfassen lassen.

Eine gewisse Prominenz als Klassenbegriff gewann Marginalisierung in den 1960er Jahren in einer marxistisch geprägten, lateinamerikanischen Forschung, die davon ausging, gesamte Gesellschaften des Globalen Südens seien marginalisiert (Frank 1969). Daran anschließend arbeitete eine Gruppe um Fernando Cardoso in den 1970er Jahren den Begriff der Marginalisierung noch weiter aus (Cardoso 1970). Für die Forscher*innen bildeten die subproletarischen Massen der städtischen Elendsviertel in den Metropolen des Globalen Südens die Marginalisierten (Goetze 1976). Ihre Marginalisierung zeige sich darin, dass in den Slums ein wesentlicher Bereich ihrer Reproduktion außerhalb der Warenproduktion ablaufe, oder sie, als Lohnarbeiter*innen, Löhne weit unterhalb des Reproduktionsniveaus erhalten (Kay 1989, 116).

Daran anschließend betreibt Jessé Souza seine vergleichende Forschung zu Marginalisierung in Brasilien und westlichen Gesellschaften: »Es sind in beiden Fällen um knappe Ressourcen konkurrierende soziale Klassen, die sich im gesellschaftlichen Raum je nach Umfang und Verteilungsverhältnis von ökonomischem und kulturellem Kapital hierarchisieren« (2011, 27). Die Marginalisierten sind in diesem Konkurrenzkampf jeweils »[s]trenggenommen entbehrliche Menschen, insofern sie keine grundlegende Rolle für die wirtschaftlichen Produktivfunktionen ausüben und die in dem Zwischenräumen und Randzonen der Ordnung des Produktionssystems überleben müssen« (2008, 115). Diese Entbehrlichkeit findet ihren Ausdruck in einem Alltag, der von dauernder existenzieller Bedrohung geprägt ist. Souza gliedert die Marginalisierten in zwei Subgruppen. Zunächst finden sich Marginalisierte, »die bereit sind, jede Arbeit zu jeglichen Bedingungen zu akzeptieren« (2011, 31). Diese Gruppe, die bedingungslos gewillt ist, ihre Arbeitskraft zu verkaufen, bildet »das Heer der ›anständigen‹ Armen, die bereit sind, jede Tätigkeit im Niedriglohnsektor auszuführen, und vor allem körperliche Arbeit verrichtet. Sie stellen die Putzfrauen und Straßenkehrer, die Zimmermädchen und Hausmeister, die Angestellten in Reinigungen, Frisörsalons und Einkaufsläden« (Rehbein / Souza 2014, 143). Daneben findet Souza in Brasilien eine zweite Untergruppe der Marginalisierten, deren Reaktion auf ihre soziale Lage in Gewalttätigkeit bestehe (Souza 2008, 117). Diese stellt für die Marginalisierten ohne jeglichen Kapitalbesitz die einzige Möglichkeit dar, sich Gehör zu verschaffen.

Von einer Forschungsgruppe um Boike Rehbein wurden die Marginalisierten auch in die deutsche Klassenanalyse eingeführt (Rehbein et al. 2015). Die Klasse der Marginalisierten, die aus rund 15 Prozent der Gesamtbevölkerung besteht, besitzt wenig Gesamtkapital. Sie ist sozialer Rechte beraubt und besitzt nichts außer ihrer (meist überflüssigen) Arbeitskraft. Vom Rest der Gesellschaft werden die Marginalisierten als faul und ungeeignet für Arbeit klassifiziert. Doch ist gerade ein Arbeitsplatz ein zentraler Wunsch der Marginalisierten. Mit ihrem Selbstbild,

Müll der Gesellschaft zu sein, korrespondiert die »Trennlinie der Würde der Arbeit« (ebd., 44 ff.), unterhalb der sie sich befinden. Sie sind entweder von Lohnarbeit ausgeschlossen oder gehen Arbeit nach, die als würdelos angesehen wird. Ebenso sind sie gezwungen, (individuelle) Auseinandersetzungen zu führen, die sich um Aufenthaltstitel, Maßnahmen der Jobcenter, angemessenen Wohnraum oder soziale Sicherungen drehen.

Trotz dieser und weiterer Ansätze (Häußermann 2001; Nölke 1994) ist Marginalisierung in der Soziologie bisher »als Begriff unausgearbeitet geblieben« (Ehrke / Roberts 2015, 1726). Eine Systematisierung als »eigenständiges Konzept [...] in der Armutsforschung« (Böhnke 2006, 54) gibt es nicht. Das Fehlen einer Definition wird einerseits damit begründet, dass Marginalisierung lediglich normativ zu bestimmen sei (Groh-Samberg / Voges 2013, 61). Andererseits wird die starke Bedeutung der subjektiven Perspektive betont: Für Petra Böhnke (2006, 102) ist sozial marginalisiert, wer sich marginalisiert fühlt. Ein objektiver »Schwellenwert« der Marginalisierung ist somit nur schwer zu bestimmen (Groh-Samberg 2009, 41).

Um das komplexe Phänomen sozialer Marginalisierung zu bestimmen, schlage ich folgende drei Aspekte vor: Marginalisierung meint zunächst den Vorgang der Positionierung bestimmter Akteure oder Klassen am Rande sozialer »Normalität« (Schmincke 2009, 23). Die Marginalisierten können nicht oder nur kaum am ökonomischen, sozialen oder politischen Leben teilhaben (Böhnke 2006a, 55). Der Marginalisierungsbegriff unterscheidet sich vom (systemtheoretisch verwendeten) Begriff der Exklusion, der meist die komplette Ausgrenzung und einen Bereich im Jenseits sozialer Systeme meint (Farzin 2008, 195). Durch die Verwendung des Marginalisierungsbegriffs gelingt es, den Dualismus der Exklusionsdebatte zwischen Ausschluss und Zugehörigkeit zu überwinden und durch eine graduelle und empirisch überprüfbare Form ihrer Wechselwirkung zu ersetzen. In dieser Perspektive stehen die Marginalisierten nicht einfach *außerhalb* der Gesellschaft, sondern sind negativ integriert. Zweitens wirkt Marginalisierung mehrdimensional. Marginalisierung in verschiedenen Bereichen kann sich gegenseitig verstärken (Kersting / Sperberg 2000). Marginalisierung bedeutet die kumulative Anhäufung verschiedener Risiken. Im Extremfall kann dies zur Aufgabe der sozialen Identität sowie zu Krankheit und Tod führen. So verstanden begreife ich Marginalisierung nicht nur als den Ausschluss aus bestimmten Bereichen, sondern als die Möglichkeit der existenziellen Bedrohung. Damit gewinnt der Marginalisierungsbegriff eine Nähe zum Begriff der »absoluten Armut«, betont aber stärker ihre Prozesshaftigkeit (Schmincke 2009, 25). Mit dem Marginalisierungsbegriff gelingt es zu beschreiben, wie sie zustande gekommen ist. Drittens ist Marginalisierung eng verbunden mit Deklassierungsprozessen und dem Vorwurf der Nicht-Zugehörigkeit zu einer konventionellen Lebensführung (Declerck 2006). Wer marginalisiert ist, dem wird soziale Respektabilität abgesprochen, er wird »als *wertlos* markiert« (Reckwitz 2017, 355). Für ihre soziale

Position werden nicht strukturelle Gründe angeführt, sondern das Verhalten der Marginalisierten (Faulheit, fehlender Anstand etc.) selbst. Durch diese Vorstellung wird Marginalisierung am Ende zu einer moralischen Frage, die für die Betroffenen ein hohes Stigmatisierungsrisiko birgt. Die »Entwertung [...] von außen« (Reckwitz 2017, 350) geht häufig mit »Selbstentwertung« (ebd.) einher.

Um diese dreifache Bestimmung des Begriffs (Randständigkeit, existenzielle Bedrohung und Entwürdigung) zu operationalisieren und damit den Begriff fassbar zu machen, braucht es ein gewisses Maß an Standardisierung. Ohne die prinzipielle Offenheit sozialer Marginalisierung zu beschneiden, müssen gewisse Basiskategorien geschaffen werden. Jan Kaßner und Norbert Kersting (2021, 11 ff.) haben hierfür verschiedene Variablen herausgearbeitet, die ein hohes Marginalisierungsrisiko mit sich bringen. Sie wirken kumulativ, verstärken also das Marginalisierungsrisiko, wenn sie aufeinandertreffen, sodass es zur Verdichtung der Marginalisierung und zu unterschiedlichen Merkmalskombinationen kommen kann. Daraus entstehen unterschiedliche Formen von Marginalisierung, die eine multidimensionale Bestimmung von Marginalisierung möglich machen.

Abbildung 1: Zentrale Marginalisierungsrisiken

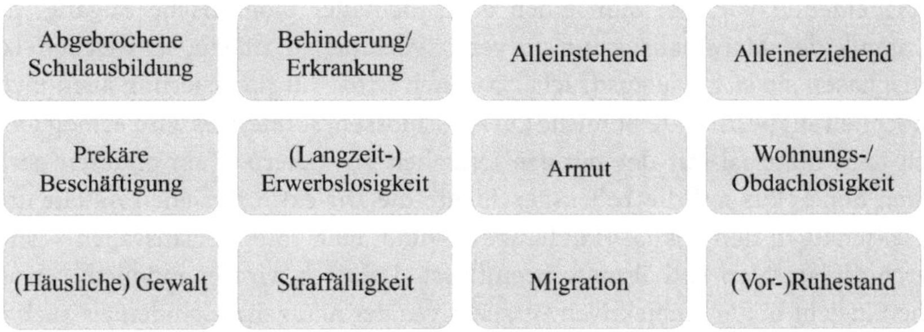

Abgebrochene Schulausbildung	Behinderung/ Erkrankung	Alleinstehend	Alleinerziehend
Prekäre Beschäftigung	(Langzeit-) Erwerbslosigkeit	Armut	Wohnungs-/ Obdachlosigkeit
(Häusliche) Gewalt	Straffälligkeit	Migration	(Vor-)Ruhestand

basierend auf: Kaßner/Kersting 2021, 11

V Über die Forschungspraxis

Mit der theoretischen Perspektive, Klasse nicht nur als Kapitalbesitz, sondern auch als gelebte Kultur konkreter Akteure zu verstehen, korrespondiert eine qualitativ-rekonstruktive Methode. Der Fokus auf erzählte Lebensgeschichten und Erfahrungen ermöglicht es, Bedeutungen zu rekonstruieren, d. h. zu untersuchen, wie sich soziale Marginalisierung im Lebenslauf (re-)produziert. Dieser Ansatz wurde bislang wenig fruchtbar gemacht.

Folgende Fragen ergeben sich an das Material: Wie beschreiben die Befragten ihre Lebensgeschichte und welche Dispositionen wurden ihnen familiär und biografisch vermittelt? Wie gestalten sie vor dem Hintergrund einer marginalisierten Position ihren Alltag? Wie verorten sich die Befragten sozial und in welchem Verhältnis stehen sie zu Bewertungen von außen? Welche Umgangsweisen, und schließlich, welche Bewusstseinsformen, lassen sich bei ihnen finden?

Die Grundlage dieser Forschung bilden leitfadengestützte biografische Interviews (Gläser/Laudel 2010). Die Interview- und Biografieform birgt zwei entscheidende Vorteile: Zum einen ermöglicht der biografische Zugang, die Dynamik der Marginalisierung zu verstehen und zu fragen, in welchen Lebensphasen sie sich wie ausdrückt. Dadurch wird Marginalisierung auch nicht vorschnell auf bestimmte Bereiche kurzgeschlossen, sondern es wird ermöglicht, sich dem Material mit der nötigen Offenheit zu nähern. Zum anderen gerät durch den Fokus auf die Lebensgeschichte die Dialektik zwischen Akteur und Gesellschaft in den Fokus. Handlungen – und auch Interviewaussagen – sind durch die sozialen Verhältnisse beeinflusst. Dadurch wird es möglich, sowohl eine Einsicht in die »subjektiven Perspektiven der Alltagshandelnden als auch in ihre mit der sozialen Welt verwobenen Handlungsgeschichten« (Rosenthal 2010, 198) zu erlangen.

5.1 Datenerhebung

Die Grundlage für die Analyse bilden Interviews mit marginalisierten Menschen, die ich zwischen Dezember 2019 und April 2020 in der gesamten Bundesrepublik durchgeführt habe. Alle 27 ausgewählten Befragten positionieren sich selbst sozial als »ganz unten« oder »ganz draußen«. Die Gesprächspartner*innen sind zwischen 24 und 73 Jahre alt; unter ihnen finden sich 12 Frauen und 15 Männer. Die Basis der Auswertung umfasst ca. 33 Stunden Interviewmaterial, was rund 350 eng beschriebenen Seiten Interviewtranskription entspricht.

5.1.1 Feldzugang und Ablauf der Interviews

Das Feld »soziale Marginalisierung« birgt für die Forschung einige Herausforderungen, die zunächst den Zugang betreffen. Aufgrund unterschiedlicher sozialer Positionen von Forschendem und Befragten im sozialen Raum sind bestimme Strategien notwendig. Auf forschungspraktische Herausforderungen bei der Erforschung sozialer Marginalisierung haben bereits Philipp Fuchs, Jan F. C. Gellermann und Stefan Kutzner (2018; 2018a) hingewiesen. Auch ich bediente mich für den Feldzugang verschiedener, in empirischer Sozialforschung gebräuchlicher Herangehensweisen. Zum einen lief der Zugang über sogenannte *Gatekeeper*, die aufgrund ihres Status Zugang zu potenziellen Gesprächspartner*innen vermitteln konnten. Dies waren vor allem Mitarbeiter*innen von Notunterkünften oder Teeküchen etc. sowie freiwillige Helfer*innen bei selbstverwalteten Essens- und Klamottenausgaben. Mit der Anerkennung, die sie im Feld genießen, wurden Erstkontakte aufgebaut und Gespräche vermittelt. Gleichzeitig genügte es nicht, sich auf Vertrauenspersonen zu verlassen – Vertrauen musste selbst aufgebaut werden. Häufige Aufenthalte an Orten wie Notübernachtungen oder Tafeln und die Mitarbeit über Wochen brachten darüber hinaus den Vorteil mit sich, einen Zugang zur Lebenswelt der Gesprächspartner*innen zu bekommen. So erhielt ich Einweisungen in den Ablauf von Tafeln und Notunterkünften, arbeitete bei Essensausgaben mit und wurde bei den Notunterkünften der Berliner Stadtmission mit einem Mitarbeiterausweis versehen. Kurz: Ich erhielt eine (wenngleich marginale) Rolle im Feld. Somit wurde es leichter, Gesprächspartner*innen nach mehrmaligen Begegnungen anzusprechen. Im Zuge dieser Aufenthalte und Tätigkeiten, die meist (im Schichtdienst bzw. selbstverwaltet) zwischen drei und acht Stunden dauerten, machte ich mir ausführliche Feldnotizen. Ich beobachtete Beziehungskonstellationen, Verhaltensweisen, notierte Erinnerungen und versuchte, Stimmungen festhalten. Die Notizen stellten als Hintergrundfolie eine wichtige Ergänzung zu den Interviews dar und dienten der Kontextualisierung der Gespräche.

Neben dieser direkten Ansprache habe ich zum anderen in mehreren Wellen bundesweit Notunterkünfte, Bahnhofsmissionen und Teeküchen schriftlich und telefonisch kontaktiert. Auf der Internetseite www.berber-info.de findet sich eine umfassende, nach Bundesländern gegliederte Übersicht über Tagesaufenthalte, Wohnheime oder Notübernachtungen. Ich habe sämtliche Kontakte dieser Stellen gesammelt, auf Aktualität überprüft und anschließend angeschrieben oder mit Einrichtungen telefoniert. Daraufhin haben diese vielfach einen Aushang mit einer Interviewanfrage veröffentlicht, woraus sich zahlreiche Gespräche ergeben haben. Einrichtungen in Berlin habe ich persönlich besucht, um direkt ins Gespräch zu kommen. Ebenso habe ich den Interviewaufruf in sozialen Medien geteilt bzw. in einschlägigen Gruppen und Foren gepostet. Interviews kamen auch hier nach proaktiver Meldung von Seiten der Gesprächspartner*innen selbst zustande, was mich im Forschungsprozess positiv überrascht hat.

Neben dem Feldzugang stellte auch die Adressierung möglicher Gesprächspartner*innen eine Herausforderung dar. Eine Ansprache als »Marginalisierte« wäre allein schon wegen des soziologischen Duktus unmöglich gewesen, doch auch die Adressierung als Arme oder Ausgeschlossene kann Auswirkungen auf die Eigenwahrnehmung der Gesprächspartner*innen haben und diese vorab mit einer (impliziten) Abwertung konfrontieren, die zu Abwehrreaktionen führen kann. Daher stand zu Beginn auch lediglich die allgemeine Formulierung des Forschungsinteresses in Bezug auf soziale Ungleichheit, biografische Erfahrungen sowie persönliche Sichtweisen auf die Gesellschaft.

Aus dieser relativen Offenheit heraus kamen insgesamt knapp 50 Interviews zustande. Nicht alle, dies stellte sich meist nach wenigen Sätzen heraus, definierten sich als marginalisiert oder waren multiplen Marginalisierungsrisiken ausgesetzt. Sie gehörten anderen sozialen Klassen an, was sich deutlich daran zeigte, dass sie vor allem über Arbeit anders sprachen und diese als Leistung oder gar Selbstverwirklichung betrachteten. Unter ihnen fanden sich Menschen, die zwar auch von niedrigem Einkommen, Krankheiten oder Lebenskrisen betroffen waren, eine Auseinandersetzung mit der Trennlinie der Respektabilität, über der sie, allen Krisen zum Trotz, lagen, spielte jedoch an keiner Stelle eine Rolle. Meist handelte es sich um (prekäre) Arbeiter*innen oder Rentner*innen, die, wie mir schien, die Gelegenheit eines Interviews nutzen wollten, um ihre Sicht auf die Dinge darzulegen. Für eine Analyse der marginalisierten Klasse konnten sie jedoch nicht herangezogen werden. Aus dieser Gesamtheit wurden 25 Interviews mit marginalisierten Menschen ausgewählt, die sich alle selbst gesellschaftlich als »ganz unten« oder »ganz draußen« positionieren sowie multiplen Marginalisierungsrisiken ausgesetzt sind. Bei der Auswahl der Interviews wurde ein Überhang älterer Befragten sowie von Männern sichtbar. Daher wurden zwei Interviews mit Marginalisierten aus dem Forschungsprojekt von Boike Rehbein aus dem Jahr 2013 hinzugefügt, um die (unterrepräsentierte) Gruppe junger Frauen stärker abbilden zu können. Dies war problemlos möglich, da die verwendeten Fragebögen eine deutliche Ähnlichkeit aufweisen.

Mit meinen Gesprächspartner*innen habe ich gemeinsam geeignete Orte für die Interviews ausgewählt. Manche luden mich zu sich nach Hause ein, mit anderen traf ich mich in Cafés oder auch auf der Straße. Deutlich wurde, dass öffentliche Orte wie Cafés oder Lobbys von Bibliotheken bereits eine Hürde darstellten, die erst durch die Zusicherung der Einladung auf ein Getränk und ein Essen überbrückt werden konnte. Rund zwei Drittel aller Interviews wurden persönlich durchgeführt. Aufgrund der teilweise zu großen räumlichen Distanz und der beginnenden Kontaktbeschränkungen aufgrund der COVID-19-Pandemie im März 2020 wurden auch einige Interviews per Telefon oder Skype geführt. Solche Interviews sind in der qualitativen Sozialforschung nicht weit verbreitet und stellen allenthalben eine Notlösung dar, was sich auch in der spärlichen, jedoch wachsenden, Methodenliteratur dazu zeigt (Leinhos 2019; Reichertz 2021). Zwar gelten bei der Durchführung von qualitativen Interviews am Telefon oder via Skype grundsätzlich dieselben Verhaltensregeln wie in einer *face-to-face*-Situation, doch muss mit einem Informationsverlust gerechnet werden, da es schwieriger ist, unmittelbar auf das Gegenüber zu reagieren sowie nonverbale Elemente der Kommunikation wahrzunehmen. Gleichwohl waren die Erfahrungen mit diesen Interviews mehrheitlich positiv.

Der Intervieweinstieg erfolgte mit einem autobiografischen Anfangsteil. Alle Gespräche begannen mit der gleichen offenen und erzählgenerierenden Einstiegsfrage: »Erzählen Sie mir bitte von Ihrer Herkunftsfamilie.« Im darauffolgenden ersten Teil konnten die Gesprächspartner*innen durch weitere offenen Leitfragen zu den Themenbereichen Herkunftsfamilie und Kindheit, Schule und Ausbildung, (Berufs-)Alltag sowie eigene Familiensituation Auskunft geben. Die Leitfragen steckten die entscheidenden Aspekte ab, die für die Fragestellung relevant waren. Wurden Aspekte nicht angesprochen, kam es zu Nachfragen oder Ermunterungen (»Erzählen Sie ruhig weiter«; »Alles ist wichtig«), die sich von Gespräch zu Gespräch ändern konnten. Der Vorteil dieser Form besteht darin, dass den Forscher*innen zwar konkrete Fragen vorliegen, die Gesprächspartner*innen aber frei und ohne Unterbrechung sprechen, eigene Schwerpunkte setzen und damit das Gespräch auch selbst lenken können. Die Gesprächspartner*innen konnten erzählen, kommentieren, bewerten und erklären. Die grobe Standardisierung ermöglichte die Vergleichbarkeit der Interviews sowie dass relevante Bereiche auf jeden Fall besprochen wurden.

Der zweite Gesprächsteil beinhaltete offene Fragen zu Klassifikationen und Lebensstil, in dem die Befragten verschiedene Aspekte (Erfahrungen mit gesellschaftlicher Stellung, aktuelle Lebenssituation, Fragen nach Arbeit, Anerkennung, Gerechtigkeit und dem guten Leben etc.) erläutern konnten. Die Länge und Intensität, mit der diese Themen behandelt wurden, folgte der Schwerpunktsetzung der Gesprächspartner*innen selbst. Damit wurde es ermöglicht, dass sie ihr eigenes Sinn- und Bedeutungssystem – auch jenseits der Frage nach sozialer Marginalisierung – entfalten und kommunizieren konnten (Bohnsack 2007, 21 f.). Dafür war es entscheidend, bei den Ausführungen auf Bewertungen der Aussagen zu verzichten.

Es folgte ein dritter Teil zu soziodemografischen Merkmalen wie Alter, Einkommensart und Wohnverhältnissen.

Die Interviews, die durchschnittlich zwischen 60 und 90 Minuten dauerten, wurden nach Absprache mit den Gesprächspartner*innen als Audiodatei gespeichert und komplett transkribiert. Folgende Transkriptionsregeln kamen zur Anwendung: Auffällige Betonungen sind unterstrichen, bei Pausen ist die Sekundendauer angegeben und unverständliche Passagen sind entsprechend vermerkt. Die verwendeten Zitate wurden nach der Interpretation für die Publikation leicht geglättet. So wurden nicht sinntragende Wortwiederholungen und Füllwörter wie »Äh« oder »Hm« korrigiert. Grammatikalisch falsche Sätze oder Dialekte blieben erhalten. Satzergänzungen oder kleine Erläuterungen sind in eckigen Klammern eingefügt. Interviewzitate werden kursiv dargestellt. Personenbezogene Daten (wie Familien- oder Ortsnamen) sind gestrichen, um die Anonymität zu wahren. Ebenso handelt es sich bei den Namen um Pseudonyme.

5.1.2 Beschreibung der Fälle

Ziel war es, möglichst heterogene Fälle in das Sample zu integrieren, um dadurch Varianzen sozialer Marginalisierung zu erkennen. Es ging sowohl um die Breite des Phänomens als auch um die feinen Unterschiede innerhalb der Gruppe. Im Forschungsprozess wurde die Datenerhebung und die -auswertung zyklisch ergänzt und wechselseitig mit der theoretischen Arbeit rückgekoppelt. Heterogenität sollte vor allem in folgenden Merkmalskomplexen erzielt werden: hinsichtlich der (1) soziodemografischen Merkmale, der (2) schulischen und beruflichen Abschlüsse sowie Erfahrungen, der (3) Umgangsweisen mit der Klassenposition sowie der (4) politischen Orientierungen und Haltungen. Homogenität herrschte hinsichtlich der Tätigkeiten und der Selbstpositionierung als »ganz unten« und »ganz draußen«.

Geschlecht und Alter

Mit 12 Frauen und 15 Männern ist das Geschlechterverhältnis der Gesprächspartner*innen nahezu ausgeglichen. Gleichzeitig gestaltete es sich nicht unproblematisch. Zum einen haben sich vor allem Männer proaktiv bei mir gemeldet und zum anderen kam es bei direkten Ansprachen zu mehr Absagen von Frauen. Dies mag sicherlich an der Geschlechtsdifferenz liegen sowie an inkorporierten Verhaltensweisen meinerseits. Ebenso waren Frauenräume wie Notübernachtungen für mich nicht betretbar. Diese Schwierigkeit durchzog das Forschungsprojekt: »Unser Klientel zu befragen ist als Mann nicht so einfach. Wir haben für Dich mal herum gefragt, aber keine unserer Besucherinnen hat angebissen«, so lautete etwa die Mail einer Leiterin einer Notunterkunft für Frauen. Eine ähnliche Herausforderung war die Ansprache jüngerer Gesprächspartner*innen. Gerade potenzielle jüngere Befragte haben mir häufiger abgesagt oder erschienen nicht zu Treffen. Auch habe ich die Erfahrung gemacht, dass Jugendliche eine größere Distanz zu institutionellen Angeboten wahren und daher schwerer zu kontaktieren sind. Schlussendlich gehören nun insgesamt acht Gesprächspartner*innen zu den jüngeren Altersgruppen (drei Personen zwischen 20 und 29 Jahren, fünf Personen zwischen 30 und 39 Jahren). Fünf Gesprächspartner*innen sind zum Zeitpunkt des Interviews zwischen 40 und 49 Jahre. Die größte Gruppe bildet mit acht

Personen die Gruppe zwischen 50 und 59 Jahren. Dazu kommen weitere sechs Gesprächspartner*innen, die älter als 60 Jahre (zwei von ihnen über 70 Jahre) sind.

Abbildung 2: Gliederung der Befragten nach Altersgruppen

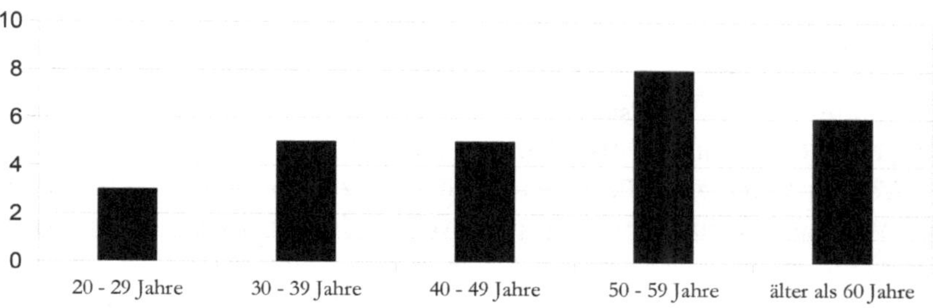

Herkunft

Der Großteil der Befragten (15 Personen) hat seinen Lebensmittelpunkt in Berlin. Dies liegt daran, dass die Studie größtenteils dort bearbeitet wurde und sich dort auch die meisten direkten Kontakte ergeben haben. Gleichzeitig erschien es mir unerlässlich, Marginalisierung auch jenseits der Metropole zu untersuchen. So leben jeweils drei Personen in Nordrhein-Westfalen und in Niedersachsen, zwei Gesprächspartner*innen in Baden-Württemberg, Hamburg und Bayern. Jeweils eine Person hat ihren Wohnsitz in Schleswig-Holstein und in Sachsen. Neben den Berliner*innen leben noch weitere zehn Befragte in Großstädten, was diese überrepräsentiert. Die restlichen Befragten leben in kleinen Mittelstädten bis maximal 50.000 Einwohner*innen. Leider haben sich keine Gespräche in Landgemeinden oder Kleinstädten ergeben, jedoch haben neun Gesprächspartner*innen biografisch längere Zeit in dörflichen Strukturen gelebt.

Vier Befragte wurden in der DDR, ebenso viele Gesprächspartner*innen nicht in Deutschland geboren. Die Geburtsorte der Gesprächspartner*innen sind heterogener als ihre Wohnorte: 14 Gesprächspartner*innen wurden in Großstädten geboren, acht in mittleren, eine Person in einer Kleinstadt sowie drei Gesprächspartner*innen in einer Dorfgemeinde – eine Person wollte darüber keine Angaben machen. Für die Geburtsorte wurden die Stadt- und Gemeindetypen im Geburtsjahr der Gesprächspartner*innen herangezogen. Nicht im Sample vertreten sind hingegen Personen ohne oder mit so geringen Deutschkenntnissen, dass kein sinnvolles Gespräch hätte stattfinden können.

Abschlüsse und Einkommen

Bis auf eine Person verfügen alle Befragten über einen Schulabschluss. Es überwiegt der Hauptschulabschluss (zehn Befragte), gleichzeitig finden sich acht Gesprächspartner*innen mit einem Realschulabschluss und ebenso viele mit einer Hochschulberechtigung (von denen wiederum fünf Befragte einen Hochschulabschluss haben). Ebenso ist der überwiegende Teil der Befragten im Besitz einer Berufsausbildung, wobei diese von einfachen Lehrberufen wie Tankwärtin zu universitären Berufen wie Psychologin reicht. In der Lohnarbeitssphäre lässt sich hingegen eine Ähnlichkeit feststellen, die eine Nähe im sozialen Raum vermuten lässt. Von den 27 befragten Personen befindet sich zum Zeitpunkt des Interviews nur ein Befragter in einem Beschäftigungsverhältnis. Der Rest teilt sich in sieben (Früh-)Rentner*innen sowie zehn ALG II-Bezieher*innen auf. Dazu kommt noch eine Bezieherin von Arbeitslosengeld I sowie acht Personen, die zur Zeit des Interviews komplett ohne Einkommen leben.

Abbildung 3: Einkommensarten

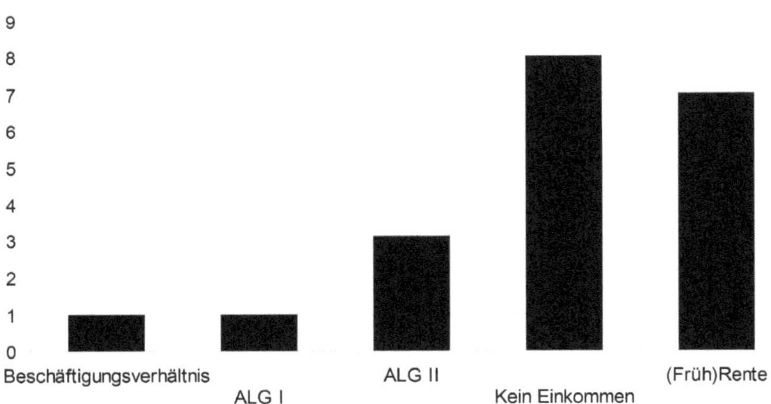

Fasst man diese sozialstrukturellen Merkmale zusammen, wird deutlich, dass das Ziel der Heterogenität des Samples in wesentlichen Teilen erfüllt wurde. Die folgende Tabelle 2 enthält abschließend einen Überblick über erste wesentliche Merkmale:

Tabelle 2: Soziostrukturelle Merkmale

Name	Alter	Höchster Bildungsabschluss	Berufsausbildung	Erwerbsstatus
Achim Ganz	49	Hauptschulabschluss	Fernfahrer	-
Anett Schäfer	53	Hauptschulabschluss	Bäckereifachverkäuferin, Einzelhandelskauffrau	ALG II
Clara Lichtenstein	54	Realschulabschluss	-	-
Detlef Oerde	36	Realschulabschluss	Elektroniker, Panzerschlosser und Sicherungssoldat, Unterhaltsreiniger	Frührentner
Enrico Braun	46	-	-	Frührentner
Filip Altmann	66	Hauptschulabschluss (Polen)	Maschinenschlosser	-
Finn Johansen	51	Diplom	Konditor, Informatiker	-
Friedrich Linke	43	Hauptschulabschluss	-	ALG II
Greta Sanft	69	Diplom	Psychologin	Rentnerin
Gustav Quassel	<60	Diplom	Kaufmann (genauer unbekannt)	ALG II
Helma Keitel	56	Realschulabschluss	Rechtsanwaltsfachangestellte	-
Herbert Kieserling	73	Diplom	Mechatroniker, Informatiker	Rentner
Hilde Unseld	31	Hauptschulabschluss	-	ALG II
Jakob Simonon	60	Abitur	-	ALG II
Jenny Kurz	49	Realschulabschluss	Erzieherin	ALG II
Judith Kreuz	56	Realschulabschluss	Tankwärtin	Frührentnerin
Judy Frei	24	Realschulabschluss	-	ALG II
Karim Halabi	26	Abitur (Marokko)	-	-
Karol Schestag	37	Diplom (Polen)	Lebensmitteltechniker	-
Magda Geschonke	73	Hauptschulabschluss	Schneiderin, Reisekauffrau und Schwesternhelferin	Rentnerin
Markus Blum	36	Realschulabschluss	Fotograf	-
Markus Nordkreuz	47	10. Klasse POS	-	ALG II
Sabrina Jung	29	Hauptschulabschluss	-	ALG II
Sigrun Lange	56	Realschulabschluss	Rechtsanwaltsfachangestellte	ALG II
Stefan Blaumann	50	9. Klasse POS	Gärtner	Geringfügige Beschäftigung
Timothy Maier	38	Abitur	Fachinformatiker	Frührentner
Veronica Mittermeier	50	Hauptschulabschluss	Floristin	ALG I

Tabelle 3 (S. 83–84) verdeutlicht die Marginalisierungsrisiken, die auf der Arbeit von Jan Kaßner und Norbert Kersting (2021) basieren. Aus der Übersicht wird deutlich, wie vielfältig die Befragten betroffen sind. Die Gesprächspartner*innen bilden keine homogene Gruppe. Zwar häufen sich Risiken (insbesondere Armut und Erwerbslosigkeit), doch finden sich darüber hinaus erhebliche Unterschiede. Die Effekte der einzelnen Risiken können sich wechselseitig verstärken und zur multiplen Marginalisierung der Befragten führen.

5.2 Datenauswertung

Die Grundlage für die Auswertung bilden die Transkripte. Daneben habe ich zu allen Gesprächen eine Übersicht über die wesentlichen Daten erstellt und die Interviews zunächst einzeln sequenziell analysiert und auffällige Themen gesammelt (Oevermann et al. 1979). Daraus entwickelte ich für jedes Gespräch eine Zusammenfassung, die Informationen zur Lebensgeschichte und zu zentralen Kategorien enthält, sowie ein Leitmotiv des Gesprächs.

Rekonstruktive Methode

Die Auswertung der Interviews folgte dem Verfahren der dokumentarischen Methode. Das auf Karl Mannheim (1964) zurückgehende Verfahren der rekonstruktiven Sozialforschung wurde von Ralf Bohnsack zu einer eigenständigen Methode ausgebaut (Bohnsack 2007; Bohnsack/Nentwig-Gesemann/Nohl 2007), der sie zwar anhand von Gruppeninterviews entwickelte, die sich jedoch auch für »die komparative und themenbezogene Auswertung von Interviews« (Bohnsack 2007, 66) eignet.

Es geht mit der Methode darum, implizites Wissen vor dem Hintergrund der Klassenposition zu analysieren und ebenso, kollektive Muster herauszuarbeiten (Nohl 2017; Nohl/Radvan 2020). Der wörtliche Sinngehalt des Gesagten dient als Ausgangspunkt. Ziel ist es aber, das zugrunde liegende Wissen (den dokumentarischen Sinngehalt) aufzudecken. »Die Rekonstruktion der Handlungspraxis zielt auf das dieser Praxis zugrunde liegende habitualisierte und z. T. inkorporierte Orientierungswissen, welches dieses Handeln relativ unabhängig vom subjektiv gemeinten Sinn strukturiert« (ebd., 9). Dieses latente Ordnungswissen gründet auf impliziten Wissensbeständen, die das Handeln und Denken intentional beeinflussen und bestimmen können (Oevermann et al. 1979, 366 ff.).

Es geht der dokumentarischen Methode nicht nur darum *was* gesagt wird, sondern *wie* es gesagt wird. Innerhalb der Methode werden diese beiden Ebenen als kommunikatives und konjunktives Wissen bezeichnet. Für Arnd-Michael Nohl (2017, 49) bezieht sich das kommunikative Wissen »zumeist auf die Motive des Handelns […] und ›basiert auf wechselseitigen […] Motivunterstellungen, die

Tabelle 3: Marginalisierungsrisiken

	abgebro-chene (Schul-) Ausbildung	Behinde-rung/ Erkrankung	Alleinste-hende	Alleiner-ziehende	Prekäre Beschäfti-gung	(Lang-zeit-) Erwerbslos	Armut gkeit	Woh-nungs- und Ob-dachlosig-keit	(Häus-liche) Gewalt	Straffällig-keit	Migration	(Vor-)Ru-hestand
Achim Ganz	O	O	X			X	X	X	O	O		
Anett Schäfer		X	X			X	X		O			
Clara Lichtenstein	O	X	X	O	X	X	X	O	O	O		
Detlef Oerde		X	X		O	X	X	X				X
Enrico Braun	O	X	X		X	X	X	O	O	O		X
Filip Altmann			X			X	X	X			X	
Finn Johansen			X			X	X	X		O		
Friedrich Linke	O	O	X		O	X	X	O	O	O		
Greta Sanft			X	O		O	X		O			X
Gustav Quassel						X	X	X		O		
Helma Keitel	O		X			X	X	X	O	O		
Herbert Kieserling		O	X			X	X	X				X
Hilde Unseld				X	O	X	X	O	O			
Jakob Simonon	O	X	X		O	X	X	O				

Jenny Kurz			X	X		X	X		O			
Judith Kreuz	O	O	X	X	O	X	X		O			X
Judy Frei	X				X	X	X	O				
Karim Halabi	O		X		X	X	X	X		X	X	
Karol Schestag			X		O	X	X	X	O		X	
Magda Geschonke		X	X	O	O	O	X		O	O		X
Markus Blum	O	O			O	X	X	O	O	O		
Markus Nordkreuz	O	X	X		X	X	X	O	O	O		
Sabrina Jung	O	X	X	X		X	X	O	O	O		
Sigrun Lange		X	X	X		X	X		O			
Stefan Blaumann	O		X		X	X	O		O			
Timothy Maier			X			X	X	X	O			X
Veronica Mittermeier			X	O			X		O			

basierend auf Kaßner/Kersting 2021, 11 ff.; X = Gegenwärtig O = Vergangen gesellschaftlich institutionalisiert, also ›objektiviert‹ sind und die explizit oder ›wörtlich‹ zum Ausdruck gebracht werden‹«. Das kommunikative Wissen ist der offen artikulierte Sinn. Dem gegenüber muss das konjunktive, routinierte und als selbstverständlich geltende Wissen nicht bewusst zugänglich sein. Es wird vor dem Hintergrund der sozialen Position analysiert. Kollektive Wissensbestände (Erfahrungen und Orientierungen) konstituieren sich in einer geteilten Handlungspraxis. Mit dem Fokus auf sie gelingt es, »Gemeinsamkeiten des Schicksals, des biographischen Erlebens, Gemeinsamkeiten der Sozialisationsgeschichte« (Bohnsack 2007, 111) aufzudecken.

Ein mehrstufiges Analyse- und Darstellungsverfahren

Zur Auswertung des Materials habe ich vier Forschungsschritte unternommen: die formulierende Interpretation, bei der der immanente Sinn herausgearbeitet wurde; die reflektierende Interpretation, bei der die übergeordneten Orientierungsrahmen erforscht und expliziert wurden, die Fallbeschreibung als zusammenfassende Darstellung eines Falles sowie die Typenbildung, bei der soziale Bedingungen zu Typen zusammengefasst und in Beziehung zueinander gesetzt wurden.

Die formulierende Interpretation zielt auf das kommunikative Wissen des gesprochenen Worts. Thematische Passagen wurden straffend reformuliert. Wissenschaftliche Sprache wurde vermieden, um den Sinnhorizont der Befragten zu erhalten. In diesem Interpretationsschritt habe ich die Interviews auf ihre thematische Struktur hin befragt sowie Leitthemen identifiziert, die ich dann vertieft interpretiert habe. Ziel war es, den immanenten Sinn der Äußerungen zu formulieren.

Der Übergang von der formulierenden (immanenten) zur reflektierenden (dokumentarischen) Interpretation markiert den Wechsel vom *was* zum *wie*. Dieser Schritt stellt den Kern der Interpretation dar. Bei der reflektierenden Interpretation habe ich zunächst gemeinsame Themen in den Interviews identifiziert. Durch Rekonstruktionen einzelner Themenbereiche wurde nach dem generativen Muster der jeweiligen Handlungspraxis gesucht, um das bisher implizite und geronnene, gleichwohl aber regelhafte Wissen zu rekonstruieren. Die reflektierende Interpretation rekonstruiert jene Orientierungsmuster (Bohnsack 1997), die über mehrere Gesprächssequenzen hinweg auftauchten (2007, 34). Sie bilden die Art und Weise, wie die Themen fallspezifisch bearbeitet wurden. Dadurch kam es zur Identifizierung einer »Klasse« von homologen Äußerungen und Reaktionen.

Daraufhin habe ich die einzelnen Fälle als Einheit dargestellt. Die Fallbeschreibung ist kein einfaches Zusammenschreiben, sondern greift die Erkenntnisse der reflektierenden Interpretation auf. Der gesamte Fall wird in seiner Geschichte als kohärenter Text erzählt. Dies ermöglicht, die Fälle zu vergleichen.

Fallübergreifende Muster habe ich abschließend zu Typen verdichtet, worunter Arnd-Michael Nohl homologe Orientierungsrahmen versteht, »die sich von [einem] Fall abheben, auch in anderen Fällen zu finden sind« (2005, 10) und auf Gemeinsamkeiten im konjunktiven Erfahrungsraum verweisen (Bohnsack/Nentwig-Gesemann/Hoffmann 2019). Solche Typen finden sich in der Analyse der Habitus- sowie Bewusstseinsformen der Befragten. Dabei ist zu vermuten, dass kontrastierenden Orientierungsrahmen unterschiedliche Erfahrungsdimensionen zuzuordnen sind.

Diese verschiedenen Rahmen ermöglichten Vergleiche innerhalb aber vor allem zwischen den Fällen. Vergleiche sind von entscheidender Bedeutung, da sie die unreflektierte Standortgebundenheit der Forschenden produktiv herausfordern. Eine solche »Standortgebundenheit« bzw. »Seinsverbundenheit« (Mannheim 1952, 227 ff.) der Forschenden kann zwar nie überwunden oder aufgelöst werden, jedoch durch methodische Achtsamkeit kontrolliert werden. Im Vergleich werden die Orientierungsrahmen vom konkreten Fall abstrahiert, um so zu einer mehrdimensionalen Typologie zu gelangen. Diese setzt zwar an den konkreten Akteuren an, ist mit diesen jedoch nicht identisch (Przyborski/Wohlraab-Sahr 2014, 380). Vielmehr geht es um eine inhaltliche Verdichtung und theoretische Fokussierung der Fälle. Die Typenbildung bedeutet Abstraktion und Kohärenzkonstruktion (ebd., 384). So stehen die einzelnen Typen zwar für sich, verweisen aber auf eine allgemeinere Dimension sozialer Wirklichkeit.

Kritische Anmerkungen zur Methode

Gleichzeitig gibt es Beschränkungen, die nicht unerwähnt werden lassen sollen.

Zunächst zur Bedeutung, die der Eigenwahrnehmung der Befragten beigemessen wird: Sie kann dazu führen, alles für wahr zu halten, was die Gesprächspartner*innen erzählen. Des Fehlen kritischer Einwände auf offensichtliche Widersprüche im Gespräch verstärkt dies. Es besteht die Gefahr, das Transkript als Abbild der Realität zu verstehen. Es ist für die Interpretation allerdings gar nicht so relevant, ob die Äußerungen der Befragten wahr sind oder nicht, vielmehr geht es darum, zu interpretieren, *wie* sie Sachverhalte ansprechen, *wo* sie schweigen oder auch *wann* sie offensichtlich die Unwahrheit erzählen oder fantasieren.

Eine weitere Schwierigkeit liegt im biografischen Fokus. Die Vorstellung einer ganzheitlichen Biografie, die als individuelles »Potenzial« verstanden wird, ist eng an die moderne, westliche Vorstellung des Individuums gekoppelt. Die Biografie wird als Einheit konstruiert, die man selbst entwickeln könne. Aus jeweils aktueller Perspektive werden frühere Handlungen in eine Logik gebracht. Dadurch angeregt besteht die Gefahr, dass auch die Gesprächspartner*innen es als ihre Aufgabe verstehen, die eigene Biografie als »angemessene« Einheit darzustellen (Bourdieu 1990).

Eine dritte forschungspraktische Schwierigkeit bringt die Heterogenität des Samples mit sich. Durch den Fokus, möglichst viele Erfahrungen einzubeziehen, wurde dieser Ausgangspunkt der Forschung gewissermaßen bereits *a priori* zum Resultat. Bei den Gesprächspartner*innen findet sich abgesehen von ihrer subjektiven Marginalisierung keine gemeinsame »abhängige Variable«. Die unterschiedlichen Aspekte glichen zunächst einem Puzzle und bereiteten mir Kopfzerbrechen. Begegnet wurde dem dadurch, die Binnenperspektive der Gesprächspartner*innen einzunehmen, ohne der Versuchung zu erliegen, einen gemeinsamen äußeren Maßstab (in Form objektiv belastbarer Merkmale) vorab festzulegen. Eine Gemeinsamkeit aller Gesprächspartner*innen wurde während der Analyse sichtbar: der Kampf um Respektabilität. Dessen Bedeutung war vorab zwar theoretisch angenommen worden, jedoch keineswegs der gesamte Stellenwert erkannt. Dieser wurde erst durch die Methode herausgearbeitet. Nun ergab es auch viel Sinn, die Interviews darauf zu überprüfen.

Abschließend möchte ich noch auf die konkrete Beziehungssituation in den Gesprächen eingehen. Gelingende menschliche Beziehungen sind nicht nur abhängig von persönlicher Sympathie, sondern auch von der Verortung im sozialen Raum. Eine geteilte soziale Position erhöht die Chance, habituelle Annahmen und Sichtweisen zu teilen. Die Interviews hingegen waren geprägt von sozialer Distanz zwischen Forschendem und Gesprächspartner*innen. Eine solche Distanz zeigt sich einerseits darin, dass die Beteiligten unterschiedliche Begriffe und Sprachweisen und -gewohnheiten sowie Soziolekte verwenden, andererseits auch in Aspekten wie Körperhaltung oder Kleidungsstil. Zudem stellt die Interviewsituation an sich ein außergewöhnliches Ereignis dar, durch das Asymmetrien verstärkt werden können. So weiß der Interviewer stets, was er vom Gespräch will, kennt die Fragen und hat durch die Wissenschaft alle symbolische Macht auf seiner Seite. Diesen Graben kann auch der Versuch einer mimetischen Annäherung an die Befragten nicht verkleinern.

Dies führt dazu, Machtverhältnisse, in denen Interviews entstehen, zu reproduzieren. Besonders manifest wird diese Distanz bei kontroversen Themen (wie Erwerbslosigkeit, Bewertung von Asyl, Xenophobie etc.). Hier gilt es besonders achtsam auf Intervieweffekte zu sein und genau zu überprüfen, ob die geforderte Offenheit der Gesprächssituation wirklich gegeben ist. Insbesondere an solchen Bereichen entscheidet sich, wie frei die Gesprächspartner*innen sprechen oder was sie lieber verschweigen. Erzählen Gesprächspartner*innen von ihrer Ablehnung von Geflüchteten, wenn sie glauben, der Wissenschaftler, der sie befragt, ist »links«? Können sie offen ihre Kritik an den Zuständen äußern, wenn der Wissenschaftler implizit Vertreter dieser Ordnung ist? Dem Problem der sozialen Distanz wurde auf zwei Arten begegnet. Zum einen wurde versucht, die soziale Distanz bereits *vor* den Gesprächen bestmöglich abzubauen. Dafür dienlich waren meist mehrfache Begegnungen mit potenziellen Gesprächspartner*innen vor den Interviews sowie Vorgespräche über Struktur und Ablauf der Gespräche. Durch

Vorab-Kontaktaufnahme und gemeinsame Erfahrungen vor dem Interview (und sei es nur ein kurzes Gespräch bei einem gemeinsamen Kaffee oder Zigarette) wurde es ermöglicht, dass die Gesprächspartner*innen nicht unvorbereitet in die Gespräche gehen mussten. Auch bei den Gesprächen, die via Telefon oder Skype stattgefunden haben, wurde versucht, wesentliche Informationen (durch Telefonate oder Textnachrichten) bereits vorab zu kommunizieren. Zum anderen war es mir in den Gesprächen leichter möglich als Forscher*innen mit noch größerer sozialer Distanz zu den Gesprächspartner*innen, eigene habituelle Dispositionen (durch Gestik, Mimik oder Verständnis) in die Gespräche einzubringen und die soziale Distanz zu verkleinern. Selbst aus einem proletarisch-bäuerlichen Milieu stammend, konnte soziale Nähe dort hergestellt werden, wo es beispielsweise um die weibliche Doppelbelastung zwischen Lohn- und Sorgearbeit, der männlichen Belastung durch (Schicht-)Arbeit, um Erfahrungen von Erwerbslosigkeit sowie um die Bedeutung von Arbeit ging. Gleichzeitig blieb eine soziale Distanz bestehen – für alle Gesprächspartner*innen verkörperte ich als Akademiker symbolische Gewalt. Es bleibt mit Pierre Bourdieu lediglich der Anspruch, sich gedanklich an den sozialen Ort der Gesprächspartner*innen zu versetzen und zu versuchen, sich ihre Lage vorzustellen (Bourdieu et al. 1997, 787). Für den Forscher gilt es »durch seinen Tonfall und vor allem durch den Inhalt seiner Fragen [zu] vermitteln, daß er sich *gedanklich in ihn* [den Befragten; C.W.] *hineinversetzen* kann, ohne jedoch dabei so zu tun, als bestehe die gesellschaftliche Distanz nicht« (ebd., 786).

VI Wege in die Marginalisierung

In der Biografie werden Erfahrungen gesammelt, die Einfluss auf weitere Wahrnehmungen und Praktiken haben. Akteure internalisieren die Bedeutungen von Gütern und Tätigkeiten; sie lernen zu sprechen, lernen Werte und Einstellungen und lernen (andere Menschen) zu interpretieren und sich zu verhalten. So erwerben sie ein symbolisches Universum, dass sich im Habitus als soziale Natur verfestigt. Unterschiedliche Klassenpositionen erzeugen unterschiedliche Habitusformen (Bourdieu 1987, 278). Je früher und konsistenter Akteure ihr symbolisches Universum erlernen, desto stärker prägen sich diese Erfahrungen als gefestigter Habitus aus (Rehbein / Souza 2014, 84).

Daher beschäftige ich mich zunächst mit den Herkunftsfamilien sowie der Kindheit und Jugend der Gesprächspartner*innen. Um in der Darstellung den Prozess der Habitusformierung besser beschreiben zu können, ist eine analytische Trennung notwendig. Frühe biografische Einflüsse, die den Habitus ganz unmittelbar beeinflussen, sind von späteren mittelbaren Formen zu trennen. Daher unterscheide ich einen »primären« von einem »sekundären« Habitus (Souza 2008, 158 ff.). Der Primärhabitus umfasst die Tiefenstruktur, die das Denken, Handeln und Wahrnehmen prägt (Bourdieu 2016, 286). Darunter verstehe ich meist unbewusste und vermeintlich unbedeutende Handlungs- und Bewertungsschemata, die die Sicht auf die Welt bestimmen. Der primäre Habitus drückt Selbstverständlichkeiten aus und bezieht sich auf alltägliche Routinen, Wünsche sowie Überzeugungen, die sich körperlich in Verhaltensweisen, Ausdrücken und Körperformen festsetzen und als natürlich angenommen werden. So ist es Akteuren auch nahezu unmöglich, über ihren primären Habitus reflexiv zu berichten oder ihn und seine Folgen verbal zu erklären. Daher wäre es falsch, Praktiken, die Folgen des Primärhabitus sind, als Intentionalität zu verstehen (Bourdieu 1979, 167). Vielmehr steht der implizite Charakter des Primärhabitus einer Reflexion sogar im Wege.

Das Bildungssystem ist maßgeblich mitverantwortlich für die soziale Position von Akteuren. Welche Schulen sie besuchen und welche Abschlüsse sie machen, hat entscheidende Bedeutung für ihren weiteren Lebensweg. Insbesondere hier entwickelt sich der Bildungshabitus als zentraler Teil des sekundären Habitus. Neben den Erfahrungen in der Schule spielen auch Freizeitaktivitäten, Freundschaften und die berufliche Ausbildung sowie das »Berufsmilieu« (Bourdieu 1987, 179) eine entscheidende Rolle. Die dort gesammelten Erfahrungen leiten das Handeln an, beziehen sich auf die jeweils herrschenden Vorstellungen von Sinn und Bedeutung und werden habituell integriert.

Tabelle 4: Unterschiedliche Habitusformen

	Inhalte	Ort der Habitusformierung	Bewusstsein
Primärer Habitus	Grundlegende Wahrnehmung der Ordnung der Welt	Frühe Kindheit und Herkunftsfamilie	Implizit und unbewusst
Sekundärer Habitus	Geschmacksunterschiede und (gesellschaftliche Urteile)	Gesellschaftliche Bereiche (wie Schule, Ausbildung)	Möglichkeit der Reflexion

6.1 Grundlagen: Klassenposition der Herkunftsfamilie

Um die Klassenposition der Befragten zu verstehen, ist es unerlässlich, sich mit der Klassenposition ihrer Herkunftsfamilien zu beschäftigen. Diese bestimmt die Akkumulation von Kapital in seinen verschiedenen Formen, seiner Weitergabe zwischen den Generationen und somit die soziale Position.

6.1.1 Vermittlung von ökonomischem Kapital

Rund 80 Prozent der Eltern der Befragten waren als Arbeiter*innen beschäftigt, die restlichen als Angestellte bzw. selbstständig tätig. Lediglich drei Eltern waren erwerbslos, daneben zwei Frührentner*innen sowie fünf Mütter, die nach der Geburt des Kindes ihre Lohnarbeit beendet haben. Von insgesamt neun Elternteilen sind die Berufe unbekannt. Bei genauerer Betrachtung finden sich sowohl bei den Arbeiter*innen als auch bei den Angestellten einfache Tätigkeiten. Geringe Qualifikation erhöht das Risiko der Austauschbarkeit. So beschreibt die 31-jährige Hilde Unseld einen solchen Wechsel der Arbeitsstellen ihrer Eltern, die mal dies und mal jenes gemacht haben: »*Vater war mal Friedhofsgärtner. Meine Mutter hat mal in 'ner Reinigung gearbeitet [...], aber das hat sie halt auch so gemacht, dann mal bei alten Damen putzen gegangen.*« Unseld spricht ihren Eltern ein Bewusstsein als (gelernte) Arbeiter*innen ab. Die Arbeit vermittelt ihnen keine Identität. Die Art der Tätigkeiten korrespondiert mit der Darstellung durch die Befragten selbst. Diese beschreiben die Berufe ihrer Eltern kaum ausführlich. Fähigkeiten der Eltern, der Berufsalltag oder auch eine besondere Bedeutung der elterlichen Lohnarbeit werden nicht genannt.

Darüber hinaus findet sich eine geschlechtliche Differenzierung. Die Väter der Befragten sind meist als Arbeiter beschäftigt: Es finden sich körperbetonte Berufe in der Produktion wie Drucker, Mechaniker oder Bergmann. Diese Berufe sind sowohl Ausdruck der (sub-)proletarischen Klassenposition als auch eines hegemonialen Männlichkeitsideals (Connell 2015). Auch bei den Müttern zeigt sich eine hohe Erwerbsquote. Bei der Betrachtung ihrer Tätigkeiten fallen drei Aspekte auf: 1. Nur fünf Mütter sind als Hausfrauen tätig (und dies auch in der Mehrheit erst nach der Geburt des Kindes. Davor waren sie ebenfalls als Lohnarbeiterinnen tätig). 2. Häufiger befinden sich die Mütter in reproduktiven Berufen wie als *»Kindergärtnerin«* (Markus Blum), *»Reinigungskraft«* (Friedrich Linke) oder in der *»Hauswirtschaft«* (Judy Frei). 3. Ebenso zahlreich sind die Mütter als Angestellte im Büro- und Assistenzbereich tätig. Diese Dreiteilung verweist zum einen darauf, dass die Mütter meist in weiblich konnotieren Bereichen des Arbeitsmarktes tätig waren. Auf der anderen Seite fordert die hohe weibliche Erwerbsquote dieses Geschlechterklischee heraus. Der ökonomische Mangel macht es notwendig, dass auch die Mütter der Befragten arbeiten. Vorstellungen weiblicher Emanzipation durch die Lohnarbeit finden sich in den Gesprächen nicht, viel eher werden Mehrfachbelastungen angesprochen. Davon spricht die 69-jährige Rentnerin Greta Sanft, deren Eltern in einer Druckerei arbeiteten. Sanft beschreibt, wie sich ihre Mutter (neben Lohnarbeit) um die Sorgearbeit kümmerte. Ihre Mutter kochte für die Familie, zu der auch die *»Großmutter damals noch und ein, zwei, drei Tanten«* gehörten. Ausschließlich die Mutter kümmerte sich um alle notwendigen Haushaltsarbeiten:

> *»Mutter war aus heutiger Sicht sicherlich hoch intelligent, also sehr, sehr, sehr klug. Sie hat es aber überhaupt nicht gezeigt, aber war extrem lebenspraktisch und wirklich sehr tüchtig. Die stand morgens um sechs auf und war abends um 24 Uhr noch nicht im Bett und war sehr schnell sehr ... Sie konnte kochen, sticken, stricken, häkeln, nähen, waschen, konnte alles.«*

Der Vielfalt der Tätigkeiten stellt Sanft die *»Intelligenz«* ihrer Mutter gegenüber, die sie aufgrund der ökonomischen Notwendigkeiten aber nicht ausleben kann. Somit behindert der ökonomische Zwang zur Arbeit in den Augen Sanfts die Emanzipation ihrer Mutter.

Arbeit als materieller Mangel und Notwendigkeit

Soweit dies aus den Gesprächen hervorgeht, zeigt sich eine große soziale Homogenität hinsichtlich der elterlichen Stellung. Zwar wurde das Familieneinkommen nicht erhoben, aber die Gespräche haben deutlich gemacht, dass häufig Mangel bis hin zur Armut vorherrschte. Ebenso erscheint Lohnarbeit häufig in Gestalt einer »arbeitenden Armut«. Dies lässt sich weiter am Beispiel von Greta Sanft verdeutlichen, die im Hochschwarzwald aufwächst. Das Einkommen ihrer Eltern reichte für die Familie kaum aus: *»Also es war sehr, sehr viel Arbeit und ich erinnere, dass es schon sehr, sehr ärmlich war. Wir hatten nicht so besonders viel zu Essen und auch nicht besonders viel zum Anziehen. Mein Vater hatte ja keine Reichtümer mitgebracht, der hatte ja nur das, was er am Leib trug und meine Mutter war ja auch nicht reich.«* Das elterliche Haus in einem kleinen, weit abgelegenen Dorf drückt durch die Darstellung von Außentoilette und Einzelöfen die materiellen Einschränkungen aus. Es darf nicht vergessen werden, dass es sich hier um die Nachkriegszeit in einer ländlichen Region handelt. Gleichwohl kann man sich gut vorstellen, wie sich diese Erfahrungen habituell verfestigen. In der Darstellung fällt nicht nur die Armut auf. Die Parallelisierung von *»sehr, sehr viel Arbeit«* und *»sehr, sehr ärmlich«* verweist auf die Wahrnehmung der Familie als *working poor*. Die Familie Sanft war arm, obwohl Vater und Mutter arbeiteten. Die Beschreibung ihrer Eltern als *»anständig, ordentlich und tüchtig«* bestärkt zudem, dass Sanft ihre Familie als respektabel versteht. Ihre Eltern waren nicht völlig marginalisiert, aber trotzdem massiv von einer »arbeitenden Armut« geprägt. Auch weitere Befragte schildern finanzielle Schwierigkeiten, von denen ihre Herkunftsfamilien aufgrund von Erwerbslosigkeit, einfachen Beschäftigungen oder geringen Rente der Eltern geprägt sind. Entbehrungen zählen zum frühen Alltag zahlreicher Befragter.

Ökonomischer Mangel muss nicht zwingend (absolute) Armut bedeuten. Dies macht die 56-jährige Judith Kreuz deutlich. Sie wächst bei Adoptiveltern in einem niedersächsischen Dorf auf, die beide in der Landwirtschaft tätig waren. Kreuz stellt dies unprätentiös dar: *»Mein Vater war einfacher Arbeiter, meine Mutter einfache Arbeiterin.«* Die Arbeit erscheint auch hier als Norm und ökonomische Notwendigkeit. Große finanzielle Sprünge waren nicht möglich, was Kreuz anhand ihrer Kindheit verdeutlicht: *»Es war ja auch eigentlich alles da. Essen, Kleidung, das war ja da.«* Im Gegensatz zu Greta Sanft musste Kreuz als Kind keinen Hunger leiden und war in Bereichen wie Wohnen und Kleidung versorgt. Durch die besondere Betonung kann vermutet werden, dass es sich dabei jedoch um keine Selbstverständlichkeit handelt und selbst diese Versorgung als prekär verstanden werden muss.

Ganz ähnlich schildert die 53-jährige Anett Schäfer, die derzeit in einer niedersächsischen Kleinstadt lebt, ihre Herkunftsfamilie. Auch ihre Eltern arbeiteten als einfache Arbeiter*innen in der Landwirtschaft. In einer prägnanten Schilderung der elterlichen Berufe direkt zu Beginn des Gespräches ist bereits dessen weiterer Verlauf vorgezeichnet. Schäfer beschreibt ihre Eltern: *»Die waren in der Landwirtschaft von der Pike auf. Mein Vater mit Pferden, meine Mutter aufm Acker.«* Man kann sich unschwer vorstellen, wie wenig ökonomisches Kapital diese Tätigkeiten mit sich brachten. Hinzu kommen explizite Gewalterfahrungen: Ihr alkoholkranker Vater schlug Schäfer und ihre Mutter regelmäßig. Für ihn hat Schäfer nur Verachtung übrig und will daher das Elternhaus auch schnellstmöglich verlassen. Ihre Ausbildung als Bäckereifachverkäuferin begründet sie auch allein mit dem Wunsch, *»von zu Hause wegzukommen.«* Ihre dadurch ermöglichte soziale Integration im untersten Bereich des Arbeitsmarktes reproduziert jedoch lediglich die ökonomischen Einschränkungen ihrer Herkunftsfamilie. Nach dem Verlust ihrer Anstellung lebt Schäfer von ALG II und kommt finanziell nur *»ganz ganz schlecht«* zurecht.

Wohnverhältnisse der Herkunftsfamilie

Einen weiteren Aspekt des ökonomischen Kapitals stellt die Wohnsituation dar, was bereits durch Greta Sanft angedeutet wurde. Bei weiteren Befragten finden sich in der Darstellung der Wohnsituation in den Herkunftsfamilien starke Unterschiede. Die Mehrheit beschreibt sie unprätentiös, aber stabil. So etwa die 54-jährige Clara Lichtenstein, die mit ihrer Schwester bei ihren Eltern in einer norddeutschen Stadt aufwächst: »*Wir waren in [Stadt], zuerst in einem Hochhaus und sind dann aber in eine Reihenhaussiedlung gezogen. Da hatte ich dann mein eigenes Zimmer, meine Schwester auch.*« Jenseits solcher Darstellungen, die die Wohnsituation als bescheiden aber »*normal*« (Jenny Kurz und Sabrina Jung) darstellen, bilden Finn Johansen und Friedrich Linke die beiden stärksten Kontraste in der Beschreibung und Beurteilung der Wohnsituation.

Der 51-jährige Finn Johansen wächst mit seinem älteren Bruder bei seinen Eltern in einer westdeutschen Großstadt auf, wo sein Vater zunächst als Stahlarbeiter und Auslieferungsfahrer tätig ist. Seine Eltern machen sich mit einem Damenbekleidungshandel selbstständig. Diese Tätigkeit füllt sie vollkommen aus und ermöglicht der Familie ein gefestigtes Einkommen und materielle Sicherheit. Dies bestimmt auch Johansens Erzählepisode über seine Kindheit, die er als »*recht unbeschwert*« und »*frei*« in Erinnerung hat. Die Eltern kümmern sich um die Kinder, lassen ihnen jedoch auch Freiheiten: »*[I]ch konnte eigentlich machen, was ich wollte.*« Als Ausnahme unter den Gesprächspartner*innen schildert er Freizeitaktivitäten sowie einen strukturierten Alltag und fürsorgliche Eltern. Diese vermitteln ihm die Wichtigkeit schulischer Bildung und unterstützen ihn. Ebenso positiv stellt er die Wohnsituation seiner Kindheit dar: »*Wir hatten eine große Wohnung. Das war Eigentum. […] Das war ein großes Wohnzimmer, dann noch das Büro und wir beiden Jungs hatten in der Wohnung unseren eigenen Trakt. Das Zimmer mit Balkon und sogar schon damals schon mit eigenem Badezimmer.*« Johansen erwähnt die Größe der Wohnung und auch, dass es sich um Eigentum handelt. Durch die Betonung des eigenen »*Trakts*« rückt er die Wohnung gar in die Nähe eines herrschaftlichen Anwesens. Für Johansen bedeutet die Wohnung ein (sinnbildliches und manifestes) angenehmes Zuhause. Dies spiegelt sich auch in den primären Beziehungen in seiner Familie, die ebenfalls von Sicherheit und Stabilität geprägt sind.

Den Kontrast hierzu stellt Friedrich Linke dar. Der 43-Jährige wird auch in einer westdeutschen Großstadt geboren und wächst dort zusammen mit seiner Schwester bei den Eltern unter marginalisierten Verhältnissen auf. Seine Kindheit ist bestimmt von den »*Gewaltexzessen*« seines erwerbslosen und alkoholkranken Vaters. Dieser zwingt seine Kinder, Alkohol für ihn zu besorgen und treibt sie bereits früh in die Delinquenz:

> »*Er hat es halt eher vorgezogen, sich sein Suchtstoff Alkohol zu besorgen [anstelle zu arbeiten] und hat in der Kindheit, […] mich und meine Schwester natürlich auch dafür benutzt. Also wir*

mussten zum Beispiel auch Klauen gehen, damit er seinen Alkohol kriegt und wenn wir es nicht getan haben, gab es dann dementsprechend Schläge halt so, wenn wir uns verweigert haben, ihm sein Stoff zu besorgen oder solche Sachen.«

Linkes Mutter versucht, die Familie als Reinigungskraft zu versorgen, was ihr kaum gelingt. Auch sie ist massiv von der Gewalt betroffen. Somit bestimmen Armut und Gewalt die Kindheit von Linke und prägen seinen Primärhabitus. Sein Alltag ist kaum strukturiert, Freizeitaktivitäten oder Erziehung nennt er nicht. Im Gegenteil herrschen Vernachlässigung und Verwahrlosung. Dies wird deutlich, als er seinen Alltag als Kind schildert: *»Ähm, ja irgendwann, irgendwann aufstehen, wenn, wenn, wenn, wenn keine Schule war, selbst wenn Schule war, es gab keine, keine Tagesstruktur. Ähm, es gab keine, also selten mal [4sec] Ausflüge oder irgendwo teilnehmen oder Freibad oder Kino oder sonstige Sachen oder, das gabs einfach nicht.«* Diese frühen Marginalisierungserfahrungen spiegeln sich in der Wohnsituation der Familie. Diese beschreibt Friedrich Linke ebenso detailliert wie Finn Johansen, doch könnte die Schilderung unterschiedlicher nicht sein.

»Also es war meistens so, dass es [2sec], dass wir irgendwie in so sozialen Wohnsituationen, also sozialer Wohnungsbau, so große Hochhäuser, da hatten wir dann mal 'ne Wohnung [3sec] und [2sec] meistens aber nie lange. Also ich kann mich erinnern, allein in der Zeit zwischen – ich sag mal – meinem sechsten und zehnten Lebensjahr sind wir mindestens fünfmal umgezogen, weil es aufgrund der Stresssituation mit ihm und diesen Gewaltausbrüchen und dieser Kündigung der Wohnungen, aufgrund von Mieten nicht gezahlt wurden oder dass er halt alles andere gemacht hat, damit die Familie dann mal wieder umziehen musste, sodass, ja ... Das war im Prinzip, wie wir gewohnt haben.«

Diese prekären Wohnverhältnisse stellen kein Zuhause als Rückzugsort dar. Vielmehr verunmöglicht die Instabilität durch die Wohnungswechsel Sicherheit. Im Gegensatz zu Johansen ist die Kindheit von Linke durch Fatalismus und Gewalt geprägt. Zweifellos zeichnet sich seine Schilderung durch ihre Eindrücklichkeit aus, doch finden sich solche Darstellungen schlechter Wohnverhältnisse auch in weiteren Ausführungen. Auch wenn es die Gespräche nicht ermöglichen, von einer eigenen räumlichen Dimension sozialer Ungleichheit zu sprechen (Kronauer 2002a), zeigt sich doch bei der Mehrheit der Herkunftsfamilien, wie sehr das fehlende ökonomische Kapital ein stabiles Zuhause unmöglich macht.

Frühkindliche Wünsche

Ebenfalls zeigt sich der Einfluss des ökonomischen Kapitals bei den frühkindlichen Wünschen der Befragten, die meist Ausdruck eines unmittelbaren materiellen Mangels sind. Dies zeigt sich bei Stefan Blaumann und Enrico Braun, die beide in der DDR aufgewachsen sind und den Wunsch nach *»Spielzeug ausm Westen«*

teilten. Daneben finden sich Wünsche wie nach der Mitgliedschaft im Fußballverein (Judith Kreuz) oder als Kind *»mal irgendwo hingehen, mal eingeladen werden von Freunden«* (Friedrich Linke). Die Wünsche der Befragten drücken Bescheidenheit aus. Illusorische Wünsche oder Träume finden sich nicht. Niemand wünscht sich, Millionär zu werden, ein Boot zu haben oder um die Welt zu reisen. Dies ist für die Befragten schlicht nicht vorstellbar und auch nicht wünschbar. Die »hochtrabendsten« Wünsche sind Wünsche nach einem Pferd (Finn Johansen) oder der Berufswunsch Polizist (Karim Halabi). Die fehlende Fähigkeit, überhaupt weitreichende Wünsche zu formulieren, steht dafür, dass die Gesprächspartner*innen ihre Wünsche vor dem Hintergrund ihres eingeschränkten Kapitalvolumens formulieren. Greta Sanft, die bereits als Kleinkind einen Umgang mit ihren (nicht erfüllten) Wünschen umzugehen, entwickelt hat, verdeutlicht dies:

> *»Meine Strategie war dann, keine Wünsche zu haben und auch keine Wünsche zu zeigen, weil ich so erzogen worden war [...]. Deswegen hab ich schon, als ich ganz winzig war und von meinen Geschwistern weiß ich das gleiche, dass wir keine Wünsche nach außen dringen ließen, weil man da eher noch stärker nicht beschenkt wurde, als wenn das Gegenüber nicht wusste, was man eigentlich wollte. Da konnte es dann mal passieren, dass man tatsächlich das kriegte, was man wollte, aber es war sinnvoller, nicht zu kommunizieren.«*

Bereits als Kinder entwickeln die Befragten einen Realismus des Mangels. Realistisch zu sein, bedeutet auf unerfüllbare Wünsche und auf Ambitionen zu verzichten. Oder anders: Selbst Wünsche werden zum Luxus, an ihre Stelle tritt das Abfinden mit der hoffnungslosen Gegenwart. Bedürfnisse werden nicht artikuliert, sondern unterdrückt.

6.1.2 Vermittlung von sozialem Kapital

Sozialkapital meint die Möglichkeit des Kapitalerwerbs (oder Umsetzung in andere Kapitalarten) mittels Beziehungen (Bourdieu 1983). Sowohl die Struktur der Beziehungen als auch die Stellung der Akteure im Beziehungsnetzwerk (Quantität und Qualität von Interaktionen, Mobilisierung, Formen der Unterstützung etc.) bestimmen sein Stärke.

Zehn Befragte wachsen durchgängig bei ihren leiblichen Eltern auf und bilden die Gruppe der »klassischen Kernfamilie«, während neun Gesprächspartner*innen überwiegend bei nur einem Elternteil (fast ausschließlich die Mütter) aufwachsen. Drei Befragte verbringen ihre Kindheit in einem Heim, vier ziehen bereits als Jugendliche aus dem Elternhaus aus. Darüber hinaus haben Enrico Braun, Judith Kreuz, Magda Geschonke, Markus Nordkreuz und Stefan Blaumann ihre Eltern oder einen Elternteil nie kennengelernt.

Als übergreifendes Merkmal zeigt sich die breit geteilte Unkenntnis der Befragten über die eigene Familiengeschichte. So berichtet etwa Sigrun Lange: *»Die Oma war Hausfrau [...] und väterlicherseits, das weiß ich gar nicht so genau.«* Wie bei vielen Befragten kann sie kaum etwas über die Großelterngeneration berichten. Für Markus Blum ist bereits die elterliche Geschichte nicht durchgängig bekannt: *»Von der Familie, stammbaum-mäßig, weiß ich gar nix.«* Er berichtet, dass seine Eltern vor seiner Geburt *»irgendwie nach Sachsen«* und dann *»nach [ostdeutsche Stadt], glaub ich«* gekommen seien, wo er auch geboren wurde. Befragt nach den Berufen seiner Eltern berichtet er ebenso unsicher, zögert und fügt schließlich hinzu: *»Soweit ich weiß«*. Die Unkenntnis der Familiengeschichte korrespondiert bei ihm mit fehlendem Kontakt zur Familie: *»Ich hab keinen Kontakt zu den Großeltern, die sind recht früh verstorben und mit der Verwandtschaft von meinem Vater hab ich gar nix zu tun.«* Der 50-jährige Stefan Blaumann, der bei seinen Großeltern aufwächst, bringt die Unkenntnis der eigenen Familiengeschichte auf den Punkt. Befragt nach seiner Familie antwortet er: *»Ick weiß auch [...] nichts mehr von meiner Verwandtschaft. Ick weiß auch nicht, wo die wohnen, ick weiß nur, wie sie heißen.«* Zwar betont Blaumann die Verwandtschaft, die jedoch in der Praxis keine Bedeutung hat.

Tabelle 5: Familienkonstellationen in den Herkunftsfamilien

Klassische Kernfamilie	**Ein Elternteil**		**Weitere Konstellationen**	**Heim**	**Früher Auszug**
	(nach Trennung)	**(nach Todesfall)**			
Frei Halabi Johansen Kurz Lange Maier Mittermeier Quassel Sanft Schäfer	Blum* Braun Jung* Linke* Schestag* Simonon* Unseld* *= bei Mutter	Altmann** Geschonke** Kieserling* *= bei Mutter **= bei Mutter u. Großmutter	Blaumann (Großeltern) Lange (Großeltern) Lichtenstein (Großeltern) Kreuz (Adoption)	Ganz Nordkreuz	Jung Keitel Lichtenstein Linke Oerde Schäfer Unseld

Mehrfachnennung möglich

Betrachtet man diese Aussagen genauer, zeigt sich, dass die Befragten die Unkenntnis ihrer Familiengeschichte nicht als Moment der *Emanzipation von* der Familie begreifen, sondern als *Mangel an* familiärem Zusammenhalt. »›Familienüberlieferungen‹, die nur dann von Dauer sind, wenn ihnen bewußt die Treue gehalten wird und jemand da ist, der sich pflegt« (Bourdieu 1993, 101), finden sich in den Gesprächen nicht.

Befragte, die bei ihren leiblichen und verheirateten Eltern aufgewachsen sind, stellen trotz der Heterogenität der Familienformen das verbreitetste Modell dar. Zentral ist hierbei die Orientierung an einer klaren geschlechtlichen Rollenverteilung, die dem Mann die finanzielle Versorgung zuschreibt, während die Frau die Sorgearbeit übernimmt. Entsprechend beschreiben es die Befragten, die in diesem Familienkontext aufgewachsen sind.

Die 49-jährige Jenny Kurz wird in einer fränkischen Stadt geboren. Ihre Eltern sind verheiratet, ihr Vater ist einfacher Arbeiter, die Mutter bis zur Geburt Krankenschwester. Kurz bringt ihre Herkunftsfamilie paradigmatisch auf den Punkt: *»Ein Bruder, kleine Wohnung, Papa arbeiten, Mama zu Hause, ganz normal.«* Pointierter ist der Gedanke der Kernfamilie nicht zu formulieren. In dieser Schilderung treffen sich das hierarchische, heterosexuelle Geschlechterverhältnis mit der Zentralität der männlichen Lohnarbeit und verschmelzen zur unhinterfragten Norm. Dies wird dadurch bestärkt, dass Kurz im weiteren Gespräch ihre Erziehung zwar als *»mehr als streng«* beschreibt, dies jedoch an keiner Stelle problematisiert. Familie bedeutet für sie die Verkörperung von Werten wie (Unter-)Ordnung oder Pflichterfüllung (Vester et al. 2001, 518). An diesem Familienmodell orientiert sich Kurz auch bei ihrer eigenen Familienplanung.

Entgegen dieser Konstruktion der Kernfamilie als Norm, stellt sie für die meisten Befragten keinen positiv konnotierten Ort dar. Vielmehr bedeutet die Kernfamilie Disziplinierung, die bis zur Gewalt reichen kann. Sigrun Lange beschreibt eine Kindheit voller Verbote. Die 56-Jährige wächst mit ihrem Bruder am Rande einer Großstadt in Nordrhein-Westfalen auf. Ihr Vater ist als Elektriker tätig, ihre Mutter arbeitet als Hausfrau. Lange beschreibt ihre Kindheit als *»[t]ypisch 60er Jahre würde ich sagen. Ziemlich gefühlskalt, man tat was sich gehörte.«* Sie ordnet damit ihre Familiensituation in den historischen Kontext ein. Vor allem ihre Mutter verkörpert für Lange die Vorstellungen und Normen der Nachkriegszeit:

> *»Ich hatte nie ein gutes Verhältnis zu ihr, weil <u>sie wollte mich nicht</u> als Kind. Ich war zu früh, das war ja mit der Pille nicht so ganz einfach. Sie wurde dann schwanger und hat gesagt: ›Ne, will ich nicht.‹ Aber damals war das nicht so … Und das hat sie mich mein Leben lang spüren lassen […]. Meine Mutter sagte, wo es lang geht und dabei blieb es dann.«*

Das Gefühl, nicht gewollt zu sein, vereint sich bei Lange mit den Vorgaben, das zu tun, *»was sich gehört.«* Die Beziehung zur Mutter nimmt sie lediglich als Bevormundung wahr. Weiter beschreibt sie die Enge, Kontrolle sowie die Versuche ihrer Eltern, sie an die Norm anzupassen. Ihre Familienbeziehungen erscheinen als Zwang. Den Umschlag in offene Gewalt schildert die 53-jährige Helma Keitel. Sie wächst als Tochter eines Polizisten und einer Hausfrau mit ihren beiden Geschwistern auf. Auch sie beschreibt, wie sehr sich ihre Eltern bemühen, Normen zu erfüllen. Keitel erwähnt in diesem Zusammenhang das Engagement ihrer Eltern in der Kommunalpolitik. Gleichzeitig beschreibt sie, wie der Schein nach außen autoritäre Verhältnisse nach innen bedeutet: *»Meine Eltern waren rechte Fassadenschweine und darunter war es aber kalt.«* Ihre Kindheit und Erziehung beschreibt sie dahingehend sowohl als *»brutal«* (die Gewalt ihres Vaters) als auch geprägt von Verboten von Freizeitbeschäftigungen; Raum für individuelle Entfaltung wird ihr nicht ermöglicht und bereits kleinste Abweichungen sofort bestraft. Keitels kindlicher Alltag besteht darin, diesen *»zu überstehen«* und den Kontakt zu ihren Eltern zu vermeiden, indem sie stets versucht, den *»anderen aus dem Weg [zu] gehen.«* Ihre Eltern stellen keine Bezugspersonen dar, vielmehr spricht aus ihrer Erzählung eine Gegnerschaft zu ihren Eltern.

Begleitet werden solche Erfahrungen durch häufige Streitigkeiten innerhalb der Familien, die bei den Gesprächspartner*innen zur alltäglichen Routine werden, was Sabrina Jung deutlich macht: *»Dann kamen meine Eltern, die ham sich gestritten danach erst mal und dann bin ich ins Bett gegangen. Also das ist so, was ich sagen kann, was jeden Tag war. Also Streit gabs immer bei meinen Eltern jeden Tach.«* Der Streit der Eltern wird bei Jung zu einem konstitutiven Teil ihres kindlichen Alltages. Ähnlich schildert Timothy Maier seine frühen Erfahrungen. *»Wenn ich von der Schule heimkam, war das kein Erholungsort, sondern es war [2sec] Kriegsgebiet, ein Kriegsschauplatz. Da war Anspannung angesagt. Keine Oase der Erholung.«* In beiden Fällen werden die Streits der Eltern mit der Alkoholkrankheit der Väter begründet.

Die Schilderungen der Befragten, die im Kontext der klassischen Kernfamilie aufgewachsen sind, machen deutlich, dass sie diese Familienform mit Disziplinierungen in Verbindung bringen. Die Beziehungen innerhalb der Kernfamilie erscheinen nicht als Ressource, sondern eher als ein Korsett, das bereits früh einengt.

Weitere Familienkonstellationen

Neben der klassischen Kernfamilie finden sich in den Herkunftsfamilien zahlreiche weitere Formen des familiären Zusammenlebens und Konstellationen, die eine Differenz zur Kernfamilie markieren.

a) Scheidung. Zehn Befragte berichten von der Scheidung ihrer Eltern.

Für die Befragten stellt die elterliche Trennung einen zentralen biografischen Einschnitt mit weitreichenden Folgen für das weitere Leben dar. Dies macht etwa der 38-jährige Timothy Maier deutlich, der mit seiner Schwester bei seinen Eltern aufwächst. Seine Familie erscheint anfangs als harmonisch, Maier berichtet von Freizeitaktivitäten und einer glücklichen Kindheit. *»Eigentlich komm ich aus einer guten Familie.«* Jedoch kommt es vermehrt zu *»Spannungen«* zwischen seinen Eltern, die Maier auf deren unterschiedliche soziale Herkunft zurückführt: *»Bei meiner Mutter gab es sogar Banker und bei meinem Vater kamen die so aus der Pütt, also mein Großvater war in der Zeche beschäftigt. Das hat auch in der Familie zu Ungleichge-*

Tabelle 6: Alter bei der Trennung der Eltern

Gesprächspartner*in	**Alter während der Trennung**
Markus Blum	Direkt nach der Geburt
Enrico Braun	Direkt nach der Geburt
Jakob Simonon	»früh«
Hilde Unseld	Zwei Jahre
Sabrina Jung	Während der Grundschule
Friedrich Linke	10 Jahre
Detlef Oerde	11/12 Jahre
Helma Keitel	16 Jahre
Timothy Maier	17/18 Jahre
Karol Schestag	18 Jahre

wicht und Spannung geführt.« Die familiären Probleme verstärken sich durch eine schwere Alkoholkrankheit seines erwerbslosen Vaters, die seine gesamte Kindheit und Jugend bestimmt. Das Gespräch zeigt, wie sehr Maier den Umgang mit dem Alkoholismus in seinen kindlichen Alltag einbaut. Nach Aufstehen, Schule, Mittagessen, Hausaufgaben und Spielen mit Freund*innen folgt am Abend *»wieder Essen und meinen Vater manchmal aus der Kneipe rausholen, wenn er nicht nach Hause kam und dann ins Bett.«* In diesen Ausführungen kommt es zu einer Umkehr der Vater-Sohn-Beziehung. Maier übernimmt Verantwortung für seinen Vater und versucht, ihn zu versorgen, was für ihn eine Kraftanstrengung bedeutet. Die anschließende Scheidung stellt er in direkten Zusammenhang mit seiner Gegenwart:

> *»Unter dem Aspekt, dass ich jetzt in der Obdachlosenunterkunft gelandet bin, gehört das wohl auch dazu: irgendwann verfiel mein Vater dem Alkohol und unsere Familie wurde so zerrüttet und das war so eines der ersten Dinge, die mein Leben so ziemlich durcheinandergebracht haben. Als ich 17 oder 18 war, ließen sich meine Eltern scheiden.«*

Hierbei handelt es sich um die ersten Sätze des Gespräches mit Timothy Maier, der die Trennung zum Dreh- und Angelpunkt seiner Erzählung macht und seine aktuelle Position der Wohnungslosigkeit und eigenen Alkoholkrankheit damit begründet.

Ähnlich beschreibt es auch der 36-jährige Frührentner Detlef Oerde, dessen Vater Arbeiter ist, während seine Mutter selbständig tätig ist. Seine Kindheit beurteilt Oerde als *»klassisch«*, jedoch manchmal als *»ein bisschen einsam, so. Ich hab nicht viel Liebe erfahren, wenn man das so sagen will, aber schon so gut.«* Die fehlende Emotionalität erklärt Oerde mit der Berufstätigkeit seiner Eltern, die kaum Zeit für ihn haben. Er arrangiert sich mit der Abwesenheit seiner Eltern in seiner Kindheit und deutet diese im weiteren Gesprächsverlauf zu einem positiven Aspekt um: *»Eigentlich war ich immer mit mir selbst beschäftigt. Es war ja nie jemand da, das muss ich halt einfach so sagen. Entweder ich hab halt so Sachen gehabt, Schule muss gemacht sein, aber ansonst konnt ich machen, was ich möchte.«* Das fehlende soziale Kapital wird bei ihm zu einem Aspekt der Freiheit umgedeutet. Dieses prekäre Freiheitsversprechen zerbricht durch die Scheidung seiner Eltern. Oerde sagt nichts zu den Gründen der Scheidung, schildert aber deren prägende Wirkung:

> *»Die Familie ist auseinandergebrochen, da war ich so elf, zwölf Jahre alt und ich hab seit meinem 14. Lebensjahr alleine gewohnt, von daher schlechten Kontakt zu meinen Eltern gehabt. Zu meiner Mutter fast gar keinen Kontakt. Ist mir bis heute eine fremde Person und mein Vater ist vor ein paar Jahren verstorben.«*

Die Scheidung führt dazu, dass Oerde bereits als Jugendlicher auf sich allein gestellt ist. Nach der Trennung ist es ihm nicht mehr möglich, das fehlende Sozialkapital als Freiheit zu betrachten – nun nimmt er es als Mangel wahr. Seine Eltern erwähnt er nicht mehr.

b) Aufwachsen bei Großeltern. Die Befragten wissen allgemein wenig von der Genealogie ihrer Familien. Gleichzeitig bilden bei einigen Befragten (meist aufgrund des Fehlens eines Elternteils) die Großeltern die Hauptbezugspersonen ihrer Kindheit, bei denen sie hauptsächlich oder teilweise aufwachsen. Die Zeit bei den Großeltern (meist ist es die Großmutter) wird von allen positiv bewertet und häufig in Opposition zum Leben bei den Eltern gestellt.

Dies wird am Beispiel von Clara Lichtenstein deutlich. Der Vater der heute 54-Jährigen arbeitet als Soldat, ist schwer gewalttätig und schlägt sie als Kind regelmäßig. Ebenso beschreibt Lichtenstein ihn als rechtsradikal. Ihre Mutter leidet an Depressionen und vernachlässigt sie, so dass sie als Kleinkind *»sehr oft im Bett«* bleibt, erst mit *»knapp drei Jahren«* laufen lernt und danach auch nur unregelmäßig zur Schule geht. Ihre Erziehung kann als eine Mischung aus Brutalität und Autoritarismus sowie Verwahrlosung verstanden werden, was dazu führt, dass sie sich von ihren Eltern abgrenzt. Lichtenstein beginnt das Gespräch dahingehend mit der Aussage: *»Alles was mir dazu einfällt, ist, dass ich keinen Kontakt zu denen [ihre Eltern] hab und dass das Nazis sind.«* Bis heute leidet sie an einer posttraumatischen Belastungsstörung als Folge der Erziehung. Dem gegenüber schildert sie ihre Zeit bei ihrer Großmutter als Antithese zu ihren Eltern: *»Dann war ich viel bei meiner Oma, ich bin sehr viel bei meiner Oma gewesen. Die war sehr nett und so war ich dort relativ frei und hab gespielt.«* Während sie bei ihren Eltern Vernachlässigung und Gewalt erfährt, zeichnet sich ihre Großmutter durch Freundlichkeit und Zugewandtheit aus. Dort kann sich Lichtenstein entfalten.

Weitere Befragte beschreiben ihre Großeltern ähnlich positiv als wichtige *»Bezugspersonen«* (Stefan Blaumann), bei denen sie *»glücklich«* (Sigrun Lange) waren und von denen sie *»sehr viel mitgenommen«* (Veronica Mittermeier) haben. Sie alle stellen die Großeltern in Opposition zu ihren Eltern, die sie für die jeweiligen familiären Probleme (Vernachlässigung, Streit etc.) verantwortlich machen. Zwar bilden die Großeltern für die Befragten einen abstrakten Sehnsuchts- und häufig auch einen (temporären) konkreten Zufluchtsort, können weitere familiäre Probleme jedoch nicht ausgleichen.

c) Wechselnde Partnerschaften. Einen weiteren Aspekt heterogener Familienkonstellationen bilden wechselnde Partnerschaften der Eltern. Diese werden von den Gesprächspartner*innen nicht als potenzielle Bereicherung, sondern ausschließlich als Bedrohung beschrieben.

So spricht etwa Stefan Blaumann nur abfällig von den »*Männerbekanntschaften*« und »*Männergeschichten*« seiner Mutter. Ähnlich beschreibt dies Markus Blum, der 1984 in einer Großstadt in der DDR geboren wird. Seine Eltern reisen bereits 1986 mit ihm und seinen älteren drei Geschwistern in die BRD aus und siedeln sich in einer baden-württembergischen Kreisstadt an. Nach der Trennung der Eltern wächst Blum bei seiner Mutter auf, die noch drei weitere Kinder bekommt und die Familie mit prekären Aushilfsjobs über Wasser hält. Die Familie Blum dürfte in der kleinstädtischen Hierarchie wohl ziemlich weit unten angesiedelt gewesen sein. Eine alleinerziehende Geflüchtete mit unsicheren Beschäftigungen kann als marginalisiert angesehen werden, wozu auch die hohe Kinderzahl sowie die wechselnden Lebenspartner der Mutter beitragen. Die Mutter hatte »*dann den nächsten Mann gehabt und den nächsten.*« Diese Partner beschreibt Blum ausschließlich als destabilisierenden Einfluss. Zu ihnen kann er kein Vertrauensverhältnis aufbauen. Ebenso geht es dem 46-jährigen Enrico Braun, der ebenfalls in einer DDR-Kleinstadt bei seinem alleinerziehenden Vater und wechselnden Partnerinnen aufwächst. »*Gerade die vielen Mütter oder Frauen, die er [der Vater] hatte, wie auch immer man das nennen kann, [...] das war immer eine Umstellung.*« Die Instabilität durch wechselnde Partnerschaften bringt Markus Nordkreuz drastisch auf den Punkt. Der 47-Jährige wird in einer Kleinstadt in der DDR geboren und verbringt seine ersten Lebensjahre bei seiner Mutter (den Vater kennt er nicht), die sich kaum um ihn kümmert. Er erzählt, seine Mutter habe »*die Männer gewechselt wie die Unterhemden. Die war von meinem ersten bis zum sechsten Lebensjahr achtmal verheiratet, achtmal. Also Junge. Meine Väter, also ick kenn sie alle nicht. [...] Aber ansonsten war ich immer nur bei meiner Mutter und die hat, wie gesacht, ihre Männer gewechselt wie die Unterhosen.*« Die Sequenz schildert ein zerrüttetes Familienverhältnis, das bei Nordkreuz ebenso von Missbrauch und Vernachlässigung geprägt war. Seine Jugend war » *ziemlich mies [...]. Also soweit ich erinnere, es gab eigentlich nicht viel Schönes zu Hause.*« In der Wohnung waren »*immer fremde Leute, besoffene Leute [3sec]. Also fremde Leute vor allen Dingen und ziemlich viel alleine, weil meine Mutter war immer feiern gewesen irgendwo oder in Clubs herumgeturnt und gesoffen.*«

d) Heime. Weitere Befragte berichten von ihrer Zeit in Kinderheimen, was durch Achim Ganz und Markus Nordkreuz verdeutlicht werden soll, die aufgrund von häuslicher Gewalt in Heime kommen. Ihre dortigen Erfahrungen sind – in unterschiedlicher Weise – prägend für sie.

Ausschließlich negativ schildert Achim Ganz seine Heimerfahrungen. Der 49-Jährige wächst zunächst bei seinem Onkel und seiner Tante auf, die er fälschlicherweise für seine leiblichen Eltern hält. Nachdem er als Kind von seinem Onkel sexuell missbraucht wird, kommt er in eine Kinderpsychiatrie. Nach dem Aufenthalt folgt ein Kinderheim, in dem er jahrelang Medikamente nehmen muss, was sich im Nachhinein als Fehlmedikation herausstellt:

> *»[Es] wurde einem einfach Tabletten gegeben, ob du wolltest oder nicht [3sec]. Dann war Kinderheim [2sec]. Naja, wie wars da? Gruppenduschen und alles echt halt ekelhaft. [...] [M]orgens früh aufstehen um sechs [3sec]. Dann hat man, hat man sich gewachsen. Dann standen Erzieher auf der Adresse, äh auf der Treppe und dann musste man anhauchen, ob man sich die Zähne geputzt hat, ob man den Brustkorb sich gewaschen hat. Sie haben dann kurz angefasst und geguckt, ob man sich gewaschen hat [5sec]. Naja, also das war schon scheiße, ne. [...] Aber ich war halt eben, also ich war als Kind schon eben eh immer anders wie die andern. Ich hab mich nie frei gefühlt.«*

Ganz kommuniziert in dieser Episode zunächst seine komplette Ablehnung des Heimalltages. Implizit verweist er auf die Routinen, durch die den Heimkindern ein Verständnis sozialer Ordnung in die Körper eingeschrieben wird. Es handelt es sich um körperliche Disziplinierungen, die die Kinder prägen. Einerseits spricht er davon, dass die Heimkinder als Kollektiv angesehen werden (*»Gruppenduschen«; »man«*), andererseits werden sie durch die persönliche Inspektion der Körper auch individualisiert. Bei dieser Kontrolle bestimmt allein der *»Erzieher«*, wie lange die Situation dauert, wie gründlich sie durchgeführt wird und was genau gemacht wird. Durch diese wiederkehrenden Prozesse kommt es auf Seiten der Heimkinder zur Inkorporierung sozialer Macht (sowohl im Kollektiv- als auch im Individualkörper). Ganz nimmt das Heim als ein feindliches Durchsetzungsregime wahr, in dem er sich *»nie frei«* gefühlt hat. Diese Unfreiheit verfestigt sich, da er nicht die öffentliche, sondern eine direkt an das Heim angegliederte Schule besucht, was ihm Autonomie jenseits dieser Institution verunmöglicht. Vielmehr schildert er die ihm zugefügte Gewalt in Form von *»Tabletten und Schläge[n] im Heim.«* Für Achim Ganz bleibt der Heimaufenthalt als frühes zutiefst stigmatisierendes Erlebnis in Erinnerung.

Eine gegenteilige Geschichte erzählt Markus Nordkreuz, der ebenfalls als Kind Opfer von sexuellem Missbrauch wurde. Für ihn stellt das Kinderheim, in dem er zehn Jahre lebt, die *»Erlösung«* von seiner gewalttätigen Umwelt dar. Er beschreibt, wie das Jugendamt seinen Aufenthalt im Kinderheim anordnet, als er sechs Jahre alt ist. Er betont, dort Fähigkeiten erlernt zu haben, die für einen eigenständigen und strukturierten Alltag notwendig sind:

»Da gabs 'nen Alltag. Da bin ich regelmäßig zur Schule gegangen, Hausaufgaben, im Heim hab ick viel gelernt. Es heißt ja nicht immer alle Heime waren schlecht in DDR, aber das war ein richtig gutes. Wir hatten Tiere, wir hatten ... Das musst du dir so vorstellen dieses Heim, das war ein ehemaliges Jagdschloss. Ja, mit zwei Türmen, 32 Kinder, 16 Mädchen, 16 Jungs, verschiedene Familien und Altersklassen und du hast da deine Strukturen gehabt. Du hast deine Hausaufgabenzeit gehabt, du hast deine individuelle Beschäftigung gehabt oder Nähkurs oder wie nennt man das? Im fachmännischen Bereich? Handwerkerkurse. Du hast alles gelernt da drin für die Zukunft, ne. Waschen, Nähen, Kochen, Backen, sauber machen, mit Kindern umgehen wie auch immer. Weil wir alle Altersklassen hatten und da haben wir auf unsere Kleinen auch aufgepasst. Je älter ich wurde, musste ich dann auch auf die Kleineren, ne ... Früher wars umgedreht, da haben die auf mich aufgepasst und das war wie eine riesengroße Familie, aber sehr schön, sehr schön.«

Für Nordkreuz bedeutet das Heim Sicherheit, dort lernt er Verantwortung zu übernehmen. Somit ist es auch wenig erstaunlich, dass er seine Zeit im Heim als »*Familie*« darstellt. Auch wenn sich die Heimerfahrungen von Achim Ganz und Markus Nordkreuz fundamental unterscheiden, deuten sie doch auf einen Mangel an sicherem Sozialkapital hin. Deutlich spricht Ganz sowohl vom fehlenden Kontakt zu seiner Familie als auch von der Gewalt und den Disziplinierungen des Heims, die ihn langfristig prägen. Auch bei Nordkreuz zeigt sich in seiner weiteren Biografie, dass stabile Beziehungen und Sicherheit eng an die Institution des Heims gekoppelt sind und nur eine biografische Phase darstellen.

e) Frühes Ausziehen. Eine Folge dieser häufig prekären Familienbeziehungen stellt das frühe Ausziehen dar. So verlassen Detlef Oerde, Hilde Unseld und Sabrina Jung ihre Familien bereits im Alter von 14 bzw. 15 Jahren. Bei Anett Schäfer, Clara Lichtenstein, Friedrich Linke und Helma Keitel wird das Alter während des Auszugs nicht eindeutig kommuniziert, jedoch ergibt sich aus den Gesprächen, dass sie ihre Familien als Minderjährige verlassen haben. Zunächst beschreiben die Befragten das frühe Ausziehen positiv. Sie sprechen von »*Möglichkeiten*« (Anett Schäfer) und der Fähigkeit, »*schon früh alleine*« (Sabrina Jung) zurechtzukommen. Gleichzeitig geraten diese positiven Schilderungen schnell mit der Realität in Konflikt, die von fehlender Kapitalausstattung geprägt ist. Während das Ausziehen bei Anett Schäfer vielmehr als Flucht vor ihrem gewalttätigen Vater gesehen werden muss, betont auch Sabrina Jung im weiteren Gespräch, dass sie ihre Eltern »*ja mit 15 rausgeschmissen*« haben. Auch aus den Schilderungen der restlichen Befragten geht schlussendlich hervor, dass das frühe Ausziehen keineswegs eine freigewählte Art und Weise darstellt, sondern vielmehr als eine (aufgezwungene) Reaktion auf problematische Verhältnisse in den Herkunftsfamilien verstanden werden muss.

Idealtypisch stellt die intergenerationale Liebe das zentrale Bindeglied familiärer Beziehungen dar und bildet das maßgebliche Konstitutionsmoment familiären

Sozialkapitals. Dadurch entstehen Vertrauen, Sicherheit und das Wissen um gegenseitige Sorge innerhalb der Familie. Die Darstellung der heterogenen Familienbeziehungen der Befragten hat gezeigt, dass ihnen solche Erfahrungen kaum vermittelt wurden. Daher beschreiben die Befragten ihre Herkunftsfamilien mehrheitlich auch nicht als Orte, in denen sie Vorstellungen von Liebe und Vertrauen sowie Sozialkapital ausbilden können – vielmehr wird die Herkunftsfamilie zu einem Ort, den sie schnell verlassen wollen.

6.1.3 Vermittlung von kulturellem Kapital

Lenkt man den Blick auf das kulturelle Kapital, erscheint zunächst die Analyse der elterlichen Bildungsabschlüsse lohnend. Über sie berichten die Befragten jedoch kaum oder wissen nichts darüber. Darüber wurde somit kein kulturelles Kapital vermittelt. Anstelle dessen berichten viele Befragte von einer Erziehung, die zwischen Autoritarismus und Vernachlässigung pendelt. Ebenso finden sich Phänomene wie Alkoholismus, Gewalt und Missbrauch, die viele Befragte bereits in früher Kindheit prägten und mit dem kulturellen Kapital korrespondieren.

Viele Befragte betonen die »Strenge« in ihren Familien – dies ist der Begriff, mit dem sie am häufigsten ihre Erziehung bezeichnen. Bei Greta Sanft und Helma Keitel wird sie sogar noch ›militärisch‹ erweitert; beide bezeichnen ihre Erziehung als *»preußisch«*, was Kontrolle, Gewalt und Disziplinierung meint. *»Klare Regeln und mit Rohrstock«* (Helma Keitel). Die Befragten stellen in diesem Zusammenhang vor allem Verbote als Ausdruck ihrer Erziehung dar. Sigrun Lange deutet auf einen geschlechtsspezifischen Aspekt ihrer (strengen und gewalttätigen) Erziehung hin:

> *»Meine Mutter hat das einfach mit Schlägen klein gehalten. Die […] hat durch Ablehnung und Gewalt versucht, […] mich in den Griff zu kriegen. Von Verständnis, Zuwendung oder einer intakten Familie kann also nicht die Rede sein. Ich bin nicht misshandelt worden, aber seelisch, wenn man es so nennen will. Meine Person, mein Charakter, Wünsche, Sehnsüchte, Ziele spielten überhaupt keine Rolle. Ich bin nicht mal gefragt worden, geschweige denn, dass sich da jemand einen Kopf drüber gemacht hätte […], was ich für Talente habe. Ich war eine Frau, ich hatte zu heiraten, es ging mir doch gut, was wollte ich denn.«*

Im weiteren Verlauf berichtet sie davon, wie stark sie dies bis heute prägt:

> *»Viele Dinge tut man, einfach [2sec], weil es die Eltern so gemacht haben. Man wiederholt … Ich bin halt so erzogen worden, wie man damals … Na ja, ich war halt ein Mädchen und da wurden bestimmte Erwartungen dran geknüpft an dieses Geschlecht. Da gab es auch nix zu diskutieren. Man hatte ruhig zu sein, sollte nicht auffallen, bescheiden, zurückhaltend, auf keinen Fall auffallen, auf keinen Fall irgendwas tun, dass man bei den Nachbarn oder bei anderen in Misskredit fällt. ›Was sollen die Leute denken.‹ Dat stand so als Überschrift eigentlich über meinem*

Leben. Das hab ich so mit der Muttermilch eingesogen und das hält man fast sein Leben lang bei, beziehungsweise ist es richtig Arbeit, sich daraus zu befreien. So empfinde ich das. Dieses Fall-nicht-Auf, Red-nicht-dazwischen, Sag-deine-Meinung-nicht oder sag nur die, die die Leute hören wollen und nix, was Widerspruch regt. Das läuft mir bis heute nach. Es fällt mir bis heute nicht leicht, freundlich, aber bestimmt zu sagen, was ich möchte, weil ich das nie gelernt hab. Ich hab eigentlich nur Ja-Sagen gelernt. Ich empfinde das als irre anstrengend, adäquat nein zu sagen. Mir ist immer so vermittelt worden, ohne dass mir das bewusst war: ›Du hast zu allem zu nicken und zu tun, was man dir sagt und wenn nicht, dann stimmt was mit dir nicht.‹ Das abzulegen, fällt mir bis heute sehr schwer.«

Lange betont ausdrücklich, *»als Mädchen«* erzogen worden zu sein – mit all den Implikationen eines traditionellen Frauenbilds (Gehorsam, Rückzug, Bescheidenheit etc.), die sie ausführlich beschreibt. Die Mischung aus autoritärem Zwang, Gewalt, Kontrolle und geschlechtlicher Zuschreibung setzt sich bei ihr habituell fest. Ihr ist bewusst, wie sehr sie diese Aspekte inkorporiert hat (*»Muttermilch«*) und wie schwer es ist, sich – selbst als Erwachsene – von ihnen zu lösen (*»richtig Arbeit«*). Die geschlechtsspezifischen Erwartungen, mit denen sie als Kind konfrontiert war, beeinflussen Lange bis in die Gegenwart.

Im Gegensatz zur Strenge der Eltern bezeichnen weitere Befragte ihre Erziehung als schlicht nicht existent. Die Gesprächspartner*innen berichten, dass die Eltern keine Zeit für sie hatten und keine tieferen familiären Beziehungen sowie ein strukturierter Alltag entstehen konnten. Eine Erziehung hat *»eigentlich gar nicht stattgefunden«* (Friedrich Linke) bzw. *»gabs nicht«* (Markus Blum). Dies stellt für die Befragten keinen Autonomiegewinn, sondern eine frühe Form der Überforderung dar. So schildert Detlef Oerde seine frühe Kindheit geprägt von der Abwesenheit seiner (arbeitenden) Eltern: *»Eigentlich war ich immer mit mir selbst beschäftigt. Es war ja nie jemand da, das muss ich halt einfach so sagen.«* Oerde hat keine andere Wahl als sich früh um sich selbst zu kümmern.

Nur eine kleine Minderheit der Gesprächspartner*innen erwähnt in der Beschreibung der eigenen Erziehung überhaupt positive Begriffe. Einige Befragte betonen, durch ihre Erziehung grundlegende Verhaltensweisen erworben zu haben: *»Aber ich hab gelernt, mit Messer und Gabel zu essen, meine Hausaufgaben zu machen [...], Tisch zu decken, vor dem Essen zu beten. Solche Dinge sind mir alle bekannt«* (Timothy Meier). Auch Hilde Unseld berichtet, von ihren Eltern *»Anstandsregeln [...], also danke, bitte und so«* vermittelt bekommen zu haben. In beiden Fällen zeigt sich eine Dissonanz zwischen dem Erlernen dieser Regeln und dem subjektiven Bedürfnis einer liebevollen Erziehung. Zwar beherrscht Unseld nun diese Verhaltensregeln, hätte aber *»gerne mehr Zeit haben wollen mit meinen Eltern, um mit denen mal was zu unternehmen.«* Sie kritisiert: *»Meine Mutter hat mir fast nie zugehört wenn ich was wollte. Ne. Hätte sie mal mehr machen müssen.«* Unseld erwähnt zwar positive Aspekte der Erziehung, doch wiegen diese die Vernachlässigung nicht auf. Zudem beschreiben lediglich Finn Johansen und Jakob Simonon ihre Erziehung als durchweg positiv und betonen Freiheiten, die sie im Rahmen einer eher *»antiautoritären«* (Jakob Simonon) Erziehung genossen haben. *»[I]ch konnte eigentlich machen, was ich wollte und nur bei bestimmten Sachen, da musste ich dann mal fragen, aber ich war eigentlich so frei und ich hab auch nie Schläge bekommen«* (Finn Johansen). Daraus folgt, dass er seine Kindheit als *»recht unbeschwert«* wahrnimmt. *»Wie gesagt, ich war frei. Es gab nichts, was mich irgendwie gehindert hätte, was zu tun.«* Ganz ähnlich schildert auch der 60-jährige Jakob Simonon seine Erziehung, der bei seiner Mutter und Großmutter in Rheinland-Pfalz aufwächst. Er berichtet vor allem von Möglichkeiten: *»[I]ch war Einzelkind und daher von zwei Frauen – Mutter und Oma – ein bisschen verhätschelt. Ich hab eigentlich eine sehr schöne Jugend gehabt.«* Beide Befragten berichten davon, dass ihnen Freiheit *und* Sicherheit vermittelt wurden. Beide Herkunftsfamilien zeichnen sich durch vergleichsweise hohen Kapitalbesitz aus.

Die Mehrheit der Befragten war entweder von einer autoritären oder von gar keiner Erziehung geprägt. Die gemeinsame Erfahrung dieser beiden Gruppen ist, dass sich die Eltern kaum um die Belange der Befragten kümmern. Die Gespräche haben vielmehr verdeutlicht, wie wenig sich die Eltern bei der Planung und Gestaltung des Alltages an den Bedürfnissen und Wünschen der Kinder orientierten. Einen Aspekt davon bilden Fähigkeiten, die den Befragten (nicht) vermittelt wurden. Mit einigem Erstaunen über die Frage, ob sie in ihrer Familie besondere Fähigkeiten erworben haben, verneinen diese die meisten Gesprächspartner*innen: *»Nicht über dem Durchschnitt«* (Timothy Maier) heißt es da oder *»Von meiner Mutter? Ne«* (Markus Nordkreuz). Das Wissen um die eigenen Mängel drückt sich in früher Resignation aus. Besonders die befragten Frauen berichten davon, wie wenig ihre Eltern darauf Wert gelegt hätten, die Fähigkeiten der Kinder auszubilden: *»aber bei mir, da hat man kein Augenmerk gelegt auf Talente der Kinder, dass man die vielleicht gefördert hat«* (Sigrun Lange). Sabrina Jung beschreibt die Erziehung ihrer Eltern als *»nicht so liebevoll«*, Sigrun Lange als *»gefühlskalt«* und Timothy Maier meint: *»Ob ich in dem Zusammenhang [der Familie] jemals Liebe erlebt habe, kann ich aber gar nicht so sagen«*. Eindeutiger ist Detlef Oerde: *»[E]insam, so. Ich hab nicht viel Liebe erfahren, wenn man das so sagen will.«*

Dies geht mit einer fehlenden Institutionalisierung der Kindheit einher. Damit ist das Fehlen fester Termine (Sport, Freizeitgestaltung, Vereine etc.) oder familiäre Aufgaben (Hilfe im Haushalt etc.) gemeint. *»Ich hatte mehr oder weniger überhaupt keine Kindheit«*, so fasst dies Anett Schäfer zusammen und macht deutlich, dass sie ihre Kindheit nicht als eigenständige Lebensphase wahrnimmt.

Eine weitere Gemeinsamkeit zahlreicher Befragter stellt Alkoholismus sowie Missbrauch in den Herkunftsfamilien dar. Sie gehören bei den betroffenen Gesprächspartner*innen häufig zu den ersten Erfahrungen und werden als nahezu alltägliche Begleiterscheinungen dargestellt und normalisiert.

Dies zeigt sich an der 29-jährigen Sabrina Jung, die mit ihrer Schwester bei ihren Eltern in einer ostdeutschen Großstadt aufwächst. Ihre Eltern sind zum Zeitpunkt ihrer Geburt krankheitsbedingt frühverrentet. Jung schildert ihre Kindheit kurz und knapp: *»Ja und die [ihre Eltern] waren beide zwar immer zu Hause, aber halt mein Vater war Alkoholiker und meine Mutter hat mich immer ein bisschen vernachlässigt. Deswegen halt irgendwie nicht so dolle.«* Sie ist sich der negativen Folgen aus der Kombination von Alkoholismus und Vernachlässigung bewusst: *»Meine Mutter hat viel geschrien. Also die is immer sehr laut geworden sehr schnell. Es war so ihre Art einfach, also dass sie immer sehr laut reden und ich hab sehr oft geweint muss ich sagen. Ich glaube halt auch, das war, was mich auch so ein bisschen kaputtgemacht hat in der Jugend, ja.«* Gleichzeitig normalisiert sie rückblickend den Alkoholkonsum ihres Vaters. Dieser war

> *»halt zu Hause und hat halt getrunken, ja [lacht]. Mehr hat er nicht gemacht, aber für mich war das halt nicht so präsent. Für mich war das normal. Also das kam mir normal vor, als wenn das doch jeder Vater macht. Also deswegen so schlimm hab ichs nicht in Erinnerung, so schlimm. [...] Es war gut. Aber halt immer betrunken [lacht].«*

Der Alkoholismus und die Apathie ihres Vaters stellen für Jung die ersten Alltagserfahrungen dar und prägen ihren frühen Bezug zur Welt. Somit ist es auch kein Widerspruch, dass sie ihre Kindheit gleichzeitig als *»nicht so dolle«* und als *»gut«* beschreibt – für sie waren diese Verhältnisse schlicht ihre kindliche Normalität, *»eigentlich«* habe ihr *»an nichts gefehlt.«*

Neben Berichten über Alkoholismus finden sich auch erschütternde Erzählungen von teilweise massiver Gewalt, denen die Gesprächspartner*innen als Kinder ausgesetzt waren. Unterschiede anhand des Geschlechts konnte ich nicht finden. Schilderungen von *»übelster Gewalt innerhalb der Familie«* (Friedrich Linke) finden sich bei einem knappen Dutzend Gesprächspartner*innen; es fällt vor allem die Unmittelbarkeit der Gewalt auf. Dies schildert etwa Friedrich Linke: *»Wenn wir bestimmte Sachen einfach nicht gemacht haben, dann gabs halt was auf den Kopf, ins Gesicht, sonst wohin.«* Seine gesamte Kindheit ist von der Gewalt des Vaters geprägt. Auch staatliche Interventionen ändern daran nichts: *»Ich kann mich dran erinnern, dass einige Male Polizei vor der Türe stand, um den Vater [...] abzuholen und dann war er später trotzdem wieder da.«* Linke ist der wiederkehrenden Gewalt schutzlos ausgeliefert, auch seine Mutter ist von ihr betroffen und kann die Kinder nicht verteidigen. Linkes größter Wunsch in dieser Zeit war dahingehend auch *»lediglich ein Stück weit Normalität irgendwie mal kennenzulernen.« »Aber«*, so ergänzt er, *»das gabs halt nicht.«* Selbst Normalität stellt bei ihm einen unerfüllbaren Wunsch dar. Erst nach einigen Jahren gelingt es Linkes Mutter zusammen mit den Kindern vor dem Vater zu fliehen.

Ebenso deutlich wird die Unmittelbarkeit der Gewalt bei Anett Schäfer beschrieben. Für sie stellt die väterliche Gewalt einen festen Bestandteil des kindlichen Alltages dar, was sie unmissverständlich verdeutlicht: *»Schule, Hausausgaben, Garten, Schläge vom Vater.«* Aus dieser Schilderung spricht die völlige Aussichtslosigkeit und alltägliche Brutalität: *»Mein Vater war Alkoholiker, hat mich tagtäglich mit meiner Mutter zusammen die Kellertreppe runter geprügelt.«*

Die Erfahrung, ausgeliefert zu sein, drückt sich noch deutlicher bei Achim Ganz und Markus Nordkreuz aus, die in früher Kindheit sexuell missbraucht wurden. Ganz spricht von der Vergewaltigung durch seinen Onkel, bei dem er aufwächst. Der Missbrauch stellt neben der folgenden Zeit in der Kinderpsychiatrie und -heim seine erste Erfahrung dar. Die Frage nach seiner Kindheit beantwortet Achim Ganz daher auch eindeutig: *»Wie war meine Kindheit? Scheiße, ne?«* Später ergänzt er noch, dass ihm eine Kindheit als eigenständige Phase überhaupt *»weggenommen«* wurde. Auch die Kindheit von Markus Nordkreuz ist geprägt von *»Missbrauch [und] Alkohol.«* Er beschreibt sie dahingehend als

> *»[m]ies, absolut mies, ja. Sie [seine Mutter] hat mich verkauft für eine Flasche Schnaps, also hat sie mich im Familienkreis, also im groß ... – außer meine Oma und mein Opa – also wir hatten ja noch Cousins und was weiß ich, welche Leute, da noch in die Familie reinkamen, alle gesoffen haben und mich rumgereicht wie 'ne Flasche Schnaps [4sec]. Ja.«*

Die Assoziation mit der Flasche Schnaps drückt deutlich aus, wie sehr sich Nordkreuz lediglich als Ware wahrnehmen kann – als ein Ding, über das man zum eigenen Vergnügen nach Belieben verfügen und nach Gebrauch wegwerfen kann. Diese völlige Objektivierung, die Gewalt und die komplette Negation kindlicher Bedürfnisse gehören zu seinen ersten Erfahrungen, die seinen Lebensweg und seine Selbstwahrnehmung beeinflussen.

6.2 Zweiteilung des Primärhabitus

Die Befragten eignen sich die Kapitalausstattung ihrer Familien an. Der multiple Kapitalmangel drückt bei nahezu allen Gesprächspartner*innen die subalterne Position der Herkunftsfamilie aus. Dies muss nicht komplette Prekarität oder Destrukturierung bedeuten. So wurden deutliche Unterschiede sichtbar, die von Finn Johansen (als Sohn zweier Selbstständiger mit Wohneigentum und positiv dargestellter Erziehung) bis zu Achim Ganz (Missbrauch, Gewalt, Kinderpsychiatrie und -heim) reichen. Diese unterschiedlichen Erfahrungen inkorporieren die Gesprächspartner*innen, die sich zum Primärhabitus festsetzen, der die grundlegende Wahrnehmung der Ordnung der Welt bestimmt und auf dessen Basis sie ihr Selbstbild entwickeln. Im Sample zeigte sich eine Zweiteilung des Primärhabitus.

Trotz teilweise absoluter Armut oder familiärer Probleme konnte die Mehrheit der Befragten einen stabilen Primärhabitus ausbilden. Von einem solchen spreche ich, wenn die Herkunftsfamilie ihre doppelte Funktion aus Schutz des Lebens der Kinder sowie deren Disziplinierung und Normierung (Horkheimer 1988; Ariès 2014) erfüllen konnte und Beständigkeit und Ordnung vermittelte. Die Gesprächspartner*innen waren zwar von Mangel geprägt, ihre habituellen Dispositionen haben es ihnen aber ermöglicht, sich in der Gesellschaft zu positionieren und eine konsistente Selbstwahrnehmung zu entwickeln.

Dem gegenüber haben die empirischen Daten gezeigt, dass anderen Befragten bereits in ihrer frühen Kindheit keine Stabilität, Sicherheit oder Struktur vermittelt wurde. Im Gegenteil erscheinen Vernachlässigung oder Destrukturierung als frühe Erfahrungen, was meist mit fehlender familiärer Unterstützung einhergeht. Diese Befragten haben einen prekären Primärhabitus ausgebildet (Bittlingmayer 2002, 225 f.). Dieser kann umfassend darauf zurückgeführt werden, dass alle Befragten dieser Gruppe körperliche Gewalt erfahren haben und sich ebenso alle Herkunftsfamilien durch Instabilität und Wechsel der Beziehungen auszeichnen. Dahingehend entwickeln die Befragten habituelle Dispositionen, die es ihnen erschweren, sich als handelnde Subjekte wahrzunehmen, Selbstvertrauen zu formulieren oder kohärente Zukunftsvorstellung auszubilden.

Tabelle 7: Primärhabitus

Stabiler Primärhabitus	**Prekärer Primärhabitus**
Detlef Oerde, Filip Altmann, Finn Johansen, Greta Sanft, Gustav Quassel, Helma Keitel, Herbert Kieserling, Jakob Simonon, Jenny Kurz, Judy Frei, Judith Kreuz, Karim Halabi, Karol Schestag, Sigrun Lange, Timothy Maier und Veronica Mittermeier	Achim Ganz, Anett Schäfer, Clara Lichtenstein, Enrico Braun, Friedrich Linke, Hilde Unseld, Magda Geschonke, Markus Blum, Markus Nordkreuz, Sabrina Jung und Stefan Blaumann

Ein wesentlicher Aspekt des prekären Primärhabitus stellt die Schwierigkeit vieler Gesprächspartner*innen dar, ein positives Selbstbild mit Aspekten wie Selbstbewusstsein, Selbstvertrauen oder Unabhängigkeit auszubilden. Clara Lichtenstein etwa benennt das mangelnde Selbstbewusstsein, als sie über ihre *»sehr autoritär[e]«* Kindheit spricht: *»Die war schrecklich. Also die war schon schlimm, ich hatte jeden Tag Angst.«* Diese alltägliche Angst vor der Gewalt des Vaters schreibt sich habituell ein. Ihr Körper wird zum leiblichen Ausdruck früher habitueller Dispositionen. Auch gegenwärtig, berichtet sie, ist aufgrund dieser Erfahrungen ihr *»Selbstbewusstsein nicht besonders groß.«* Sie beschreibt sich selbst als *»entwicklungsverzögert«* und berichtet von einer posttraumatischen Belastungsstörung als Folge ihrer Kindheit. *»Ich glaub aber auch, dass das mit meiner Biografie zusammenhängt, dass ich Probleme habe, Sachen auf Dauer durchzuziehen, das denke ich einfach.«*

Die nachhaltige Bedeutung *»dieses Leiden wegen der Gewalt von früher«* (Friedrich Linke) wird ebenso deutlich anhand der 73-jährigen Rentnerin Magda Geschonke. Sie wächst in der Nachkriegs-BRD in einer Großstadt zusammen mit Mutter und Großmutter auf, die zusammen einen Kurzwarenladen betreiben. Ihren Vater (ein amerikanischer Soldat) kennt sie nicht, was sie *»traurig macht.«* Zu ihrem Stiefvater, den ihre Mutter heiratet, als Geschonke ein kleines Kind ist, kann sie keine Beziehung aufbauen. Vielmehr beschreibt sie ihn als gewalttätig: *»Der hat* *mir auch viel Schläge angedroht und wenn er mich übers Knie gelegt hat, dann hab ich angefangen zu pinkeln und dann gabs noch mehr.«* Als sich die Mutter von ihm trennt – Magda Geschonke ist zehn Jahre alt – beurteilt sie diese Trennung positiv. Doch auch die Erziehung der Mutter und Großmutter zeichnet sich durch »*Strenge*« und Gewalt aus. Sie berichtet: »*Ich hab viel Haue bekommen [2sec] und gedroht mit einsperren und die haben mich auch manchmal eingesperrt [4sec]. Tja, war das 'ne Erziehung? Ich glaube nicht. Also es war nicht kindgerecht.*« Das ständige »*Tadeln*« und die Gewalt ihrer Mutter führen bei Geschonke zu Angst-, Trauer- und Verlassenheitsgefühlen. Gleichzeitig berichtet sie davon, wie übermäßig Mutter und Großmutter versuchen, sie von Schwierigkeiten und Problemen abzuschirmen:

> »*...weil meine Mutter mich sehr behütet hat. Irgendwann mal wurde mir aber gesacht, sie haben mich klein gehalten. Ich bin noch bis sechs Jahren im Kinderwagen gefahren worden [lacht]. Ich hab mein Frühstück ans Bett bekommen und als ich zur Schule gegangen bin und meinte: ›Ich kann nicht schreiben‹ hat Mama mir die Hand geführt und so. Das war immer alles irgendwie da.*«

Diese Sorge der Mutter erscheint nicht als Fürsorge, sondern als Überversorgung, Kontrolle und Kommando, wobei die Bedürfnisse von Magda Geschonke und ihre Entwicklung kaum eine Rolle spielen. Dies drückt auch folgende Anekdote aus ihrer frühen Kindheit aus: »*Und zum Essen haben sie mich immer gezwungen, weiße Bohnen musste ich zwei Tage lang. Dann hab ich nachher aus Verzweiflung gegessen, dann kamen sie aber wieder raus.*« Die Sorge um (genügend) Essen wird zum Essenszwang. Von diesen Widersprüchen zwischen Fürsorge und Unterdrückung, Abhängigkeit und Unselbständigkeit ist Geschonkes Selbstbild bis heute geprägt. »*[In der Erziehung] war keine Linie. Das hat es mir im Leben sehr schwer gemacht.*«

Der Kurzwarenladen bildet das erzählerische Zentrum. Die Mutter und Großmutter sind so stark beschäftigt, dass es weder Raum noch Zeit gibt, mit Geschonke über ihre Sorgen zu sprechen. Versuche, Selbstständigkeit zu erlangen, werden sofort beendet: »*Es gab ein paar Ausbrüche, dass ich ausgebüchst bin und Oma dann mitm Rohstock hinter mir her [lacht] und so weiter. Also ich hab mir schon meine Freiräume gesucht und wurde auch mal von der Polizei gesucht, weil ich nicht nach Hause gekommen bin.*« Die Suche nach Unabhängigkeit endet mit Gewalt und Polizei. Als Ausweg scheint ihr nur die Innerlichkeit: »*Mein Lieblingsplatz war unterm Tisch und das möchte ich manchmal heute auch noch machen [lacht]. Wenn ich einen Schreck kriege – und ich bin sehr schreckhaft – ruf ich immer noch nach meiner Mama [lacht].*« Ihr fehlendes Selbstbewusstsein prägt sie bis heute. Hat sie Sorgen, ruft sie (als 73-jährige Frau) immer noch nach ihrer Mutter. Dies ist eines der extremen Beispiele der Prekarität des Primärhabitus.

6.3 Erweiterungen: Kindheit und Jugend

Das Bildungssystem hat entscheidenden Einfluss auf den Lebenslauf. Es ist die Grundlage für den Zugang zu sozialen Bereichen und zu Positionen und Privilegien, indem es Möglichkeitsräume öffnet oder verschließt. Bildungsabschlüsse bringen Absolvent*innen kulturelles Kapital sowie soziale Anerkennung. Ebenso entwickelt sich insbesondere im Bildungssystem der sekundäre Habitus als Transformation des Primärhabitus.

6.3.1 Schulsituation und Typen des Bildungshabitus

Bei den Gesprächspartner*innen findet sich eine eindeutige Korrelation zwischen sozialer Herkunft und Ausbildung des Primärhabitus einerseits und ihren Bildungskarrieren und -abschlüssen andererseits. Aus den Gesprächen geht hervor, wie sehr Haltungen zu Schule und Bildung durch familiäre Orientierungsmuster geprägt sind (Büchner/Brake 2007). So haben alle Befragten mit Abitur (die Minderheit im Sample) einen stabilen Primärhabitus ausgebildet, während bei Befragten ohne Schul- oder mit Hauptschulabschluss Gesprächspartner*innen mit prekärem Primärhabitus überwiegen.

Die habituelle Prägung zeigt sich nicht nur anhand der Schulabschlüsse, sondern auch in der Selbstwahrnehmung der Befragten (Einstellung zu Bildung). Ich bezeichne diese Handlungs-, Denk- und Wahrnehmungsschemata, die sich in unterschiedlichen Schultypen »mit deutlich unterschiedlichen Bezügen auf schulische Bildung, auf optionale Schulkarrieren und auf verschiedene Schulabschlüsse« (Kramer/Helsper 2011, 116) entwickeln, als Bildungshabitus. Dieser bildet einen entscheidenden Anteil des sekundären Habitus (Niestradt/Ricken 2014).

Rolf-Torsten Kramer und sein Forschungsteam haben anhand von Interviews mit Schüler*innen vier Typen des Bildungshabitus identifiziert (2009, 131 ff.): den Habitus der Bildungsexzellenz, der Strebenden, der Bildungskonformität sowie den Habitus der Bildungsfremdheit. Daran angelehnt habe ich den Bildungshabitus der Befragten über ihre Bildungsorientierung (Fleiß und Anstrengungsbereitschaft) sowie ihre Selbstwahrnehmung im Bildungssystem operationalisiert. Wenig überraschend konnte ich im Sample den Habitus der Bildungsexzellenz nicht finden; die drei gefundenen Typen habe ich als Habitus des »arbeitsamen Strebens«, der Notwendigkeit und der Bildungsfremdheit bezeichnet. Die ersten beiden Habitusformen gliedern sich nochmals in zwei Untergruppen.

Arbeitsames Streben

Den ersten Habitustyp bezeichne ich als »arbeitsames Streben« (Helsper et al. 2010; Kramer et al. 2009, 132). Alle Befragten dieser Gruppe teilen habituell die

Tabelle 8: Bildungshabitus

Arbeitsames Streben		**Notwendigkeit**		**Bildungsfremdheit**
Position verteidigen	*Aufstieg durch Bildung*	*Normalität*	*Bedeutungslosigkeit*	
Finn Johansen	Anett Schäfer	Hilde Unseld	Detlef Oerde	Achim Ganz
Gustav Quassel	Clara Lichtenstein	Jenny Kurz	Filip Altmann	Enrico Braun
Timothy Maier	Greta Sanft	Judith Kreuz	Friedrich Linke	Magda Geschonke
	Herbert Kieserling	Judy Frei	Helma Keitel	Markus Blum
	Karim Halabi	Markus Nordkreuz	Jakob Simonon	Sabrina Jung
	Karol Schestag	Veronica Mittermeier		Stefan Blaumann
	Sigrun Lange			

große Bedeutung von Bildung und gehen gerne zur Schule. So finden sich Aussagen wie: *»Schulzeit war gut. Auf jeden Fall«* (Karim Halabi). *»Ich bin gerne zur Schule gegangen«* (Anett Schäfer) oder: *»Also die Zeit habe ich als sehr entspannt wahrgenommen«* (Finn Johansen). Die Befragten zeichnen sich durch eine strebsame Haltung aus. Sie haben sehr gute oder gute Leistungen und betonen konkrete Fächer sowie Inhalte, die sie während der Schule gelernt haben. In dieser Gruppe finden sich bis auf zwei Ausnahmen ausschließlich Befragte, die ein Gymnasium besucht (und auch erfolgreich abgeschlossen) haben. Ihr Habitus korrespondiert mit den gymnasialen Bildungsansprüchen. Anhand der sozialen Herkunft der Befragten ist dieser Typ nochmals untergliedert.

Finn Johansen, Gustav Quassel und Timothy Maier stammen aus bildungsorientierten Familien, in denen ein Studium die Norm darstellt. Somit konnten sie habituelle Grundlagen für die gymnasiale Welt entwickeln. Ihre eigene Schulbildung soll nun dazu beitragen, ihre familiäre Position zu halten. Mit entsprechenden Dispositionen (Selbstsicherheit und Selbstständigkeit) ausgestattet, gelingt ihnen eine erfolgreiche Schulkarriere: *»Glatt durchgerutscht ohne Sitzenbleiben. Hausaufgaben mal mehr, mal weniger. Hab mein Abi dann gemacht. Das fiel mir so eher zu«* (Timothy Maier). Zwar schildert Maier eine geringe Anstrengungsbereitschaft, er kann jedoch auf habituelle Voraussetzungen zurückgreifen, die seinen Erfolg nahezu selbstverständlich erscheinen lassen und die Finn Johansen folgendermaßen auf den Punkt bringt: *»Meine Eltern haben mir 'ne Menge mitgegeben. Natürlich zum einen die Wichtigkeit der Schule und der Ausbildung – und das sieht man auch noch.«* Weiter ergänzt er, dass in seiner Familie darauf

> *»Wert gelegt wurde, dass ich, also gerade zum Thema Allgemeinbildung. Da hat meine Mutter großen Wert drauf gelegt. Ich hab also immer schon gerne gelesen. Ich hab alles genommen, was ich in die Finger kriegte und hab angefangen zu lesen, auch wenn ich es nicht verstanden*

habe erst mal [3sec]. Ja das war also auch so ein Wunsch meiner Mutter damals. Bei meinem Vater war es halt so, dass ich halt gut rechnen sollte.«

Johansen benennt die Weitergabe von Kapital und Dispositionen, die Bedeutung bis in die Gegenwart haben (»*und das sieht man auch noch*«). Er betont neben seinem Willen zur Bildung (»*immer schon gerne gelesen*«) auch ihre Breite (»*lesen*« und »*rechnen*«). Er bezeichnet sich als gebildet, was er auf seine familiäre Prägung zurückführt. Gleichzeitig betont er seine schulischen Leistungen nicht besonders, sie erscheinen ihm als Norm.

Bei der zweiten Untergruppe zeigt sich eine Orientierung an der Vorstellung »Aufstieg durch Bildung«. In dieser Gruppe stammen die Befragten meist aus (sub-)proletarischen Herkunftsfamilien und begreifen ihre Ausbildung als Möglichkeit eines sozialen Positionswechsels. Die deutschen Befragten dieser Untergruppe sind größtenteils Mitte 50 Jahre alt und spiegeln die Bildungsexpansion in der BRD wider, die ab den 1960er Jahren einsetze. Sie betonen besonders ihre eigenen Anstrengungen. Der Bildungserfolg ist für sie vor dem Hintergrund ihrer Herkunftsfamilien nicht selbstverständlich, muss von ihnen *erreicht* werden und dient als Gegenmodell zur eigenen Herkunftsfamilie und -klasse. Die Schule erscheint für sie als Ort der Weiterbildung. Davon spricht Anett Schäfer, die in einer marginalisierten bäuerlichen Familie aufgewachsen ist: *»Ich bin gerne zur Schule gegangen, weil ich ja auch wusste, ich lerne für mich und nicht für andere.«* Gleichzeitig findet sich bei den Befragten keine distinkte Demonstration der eigenen Leistung oder eine Orientierung an neoliberalen Vorstellungen, sondern die Freude (und auch Stolz), Abschlüsse erreicht zu haben, die über die der eigenen Eltern hinausgehen.

Die Prekarität ihrer Situation zeigt sich darin, dass sie viel deutlicher als in der ersten Untergruppe Widerstände ansprechen. Diese lassen sich mit den unterschiedlichen habituellen Ansprüchen ihrer Familien und dem sich entwickelnden Bildungshabitus erklären. So betont Sigrun Lange, *»keine Probleme«* in der Schule gehabt zu haben, weswegen sie nach ihrem sehr guten Realschulabschluss noch das Gymnasium besuchen will: *»Ich hab einen 1,3-Abschluss und für mich war dann klar […], dass ich noch aufs Gymnasium gehe und Abitur mache.«* Diesen Plan verwehrt ihr ihre Mutter, die sie zwingt, anstelle dessen eine Ausbildung zu absolvieren. Lange kann in ihrer Schulkarriere zwar den Bildungshabitus des »arbeitsamen Strebens« ausbilden, der jedoch mit dem familiären Milieu in Konflikt gerät und deren materielle Macht (fehlende finanzielle Unterstützung und Verbot des Studiums auch aufgrund geschlechtlicher Zuschreibungen) sie nichts entgegensetzen kann. Die gleiche Erzählung findet sich bei Clara Lichtenstein: *»obwohl ich eine Gymnasialempfehlung hatte, meinten meine Eltern, ich soll auf die Realschule gehen.«* Ich deute dies so, dass die Eltern der Interviewpartnerinnen das Gymnasium mit einer sozialen Positionsänderungen ihrer Töchter assoziieren und diese als Bedrohung erleben, auf die sie ausschließlich mit einem Verbot reagieren. Greta

Sanft berichtet davon, ihre *»Empfehlung fürs Gymnasium«* in ihrer bäuerlich-proletarischen Herkunftsfamilie (bei der eine relative Bedeutungslosigkeit von Bildung vorherrschte) durchsetzen zu müssen. Sie entwickelt diesen Schwierigkeiten zum Trotz ihr Bildungsideal (und kommt darauf im gesamten Gespräch immer wieder zurück). Sanft ist die einzige weibliche Befragte mit Abitur. Auch im Habitustyp »arbeitsames Streben« bilden Frauen die Minderheit. Die Aussagen der Interviewpartnerinnen deuten darauf hin, dass sie als Frauen ihre Vorstellungen nicht nur im Gegensatz zur eigenen Klassenherkunft entwickeln mussten, sondern auch gegen geschlechtsspezifische Zuschreibungen zu kämpfen hatten.

Notwendigkeit

Der zweite Typus ist der Habitus der Notwendigkeit (Helsper et al. 2010; Kramer et al. 2009, 135). Die Befragten dieses Typs stehen den Anforderungen, Regeln und Bedeutungssystemen der Schule prinzipiell fremd gegenüber und durchschauen sie nicht. Dieser Habitus findet sich (mit Ausnahme von Helma Keitel) ausschließlich bei Gesprächspartner*innen, in deren Herkunftsfamilien selbst keine Vertrautheit zum Bildungssystem gefunden wurde. Die Befragten dieses Typs verteilen sich auf alle Schultypen, jedoch hat nur ein Interviewpartner eine Hochschulberechtigung. Es überwiegen mittlere Bildungsabschlüsse, die mit dem Notwendigkeitshabitus korrespondieren.

Lernerfolge oder konkrete Inhalte spielen kaum eine Rolle. Die Schule wird als notwendiges (und aufgezwungenes) Pflichtprogramm verstanden, dem sie sich nicht entziehen können. Sie messen der Schule keine Bedeutung bei, was sich auch in Zurückhaltung und Skepsis gegenüber schulischen Angeboten ausdrückt: Die Befragten beschreiben keine Lieblingsfächer und Bildung nicht als etwas, an dem sie sich positiv orientieren. Sie entwickeln Strategien, mit den Anforderungen umzugehen und sich anzupassen. Dabei haben sich zwei Orientierungen entwickelt, die den Habitustyp unterteilen.

Zunächst beschreiben mehrere Befragte, wie sie ihre Schulzeit als unspektakulär wahrnehmen. *»Ganz normal, was üblich war. Volksschule, Hauptschule«* (Veronica Mittermeier). Sie geht in die Schule, weil sich das gehört, nicht weil sie etwas lernen will. Viel eher erscheint die Schulzeit als etwas, dass die Befragten passiv erlebt und sich nicht angeeignet haben. *»Also ich funktionierte«*, so etwa die 24-jährige Judy Frei, *»nach dem Prinzip keine Sekunde mehr Schule als nötig.«* Diese relative Bedeutungslosigkeit korrespondiert mit einem zurückgezogenen Verhalten in der Schule (*»Ich war immer eher so Einzelgängerin«*, Judith Kreuz) und mit durchschnittlichen Leistungen: *»Also ich hatte immer son Mitteldurchschnitt«* (Hilde Unseld). Auch Jenny Kurz, die ihre Schulzeit als *»gut«* bezeichnet, beschreibt sich selbst als *»kein Streber aber auch ned sitzengeblieben. Ganz normal halt. Nix, wo irgendwas herausgeragt hätte.«* In dieser Sequenz grenzt sich Kurz sowohl von der gymnasial konnotierten Leistungsorientierung (*»kein Streber«*) als auch von vermeintlich schlechten Schüler*innen (*»ned sitzengeblieben«*) ab. Der implizite Sinn dieser Abgrenzung besteht darin, dass die Befragten dieser Gruppe die Schule als notwendige Institution begreifen, in der es gilt, nicht besonders hervorzustechen und sich möglichst geräuschlos zu bewegen. Judy Frei beschreibt sich dahingehend auch als *»eine der relativ Ruhigen, also mündlicher Bereich war nicht gerade so mein Ding, also ich war so von der Marke ›Ruhig und aufmerksam oder weck mich, wenn irgendwann mal die Pause anfängt‹, das geht mir hier allmählich auf den Senkel, aber Probleme mit dem Stoff hatte ich nie gehabt.«* Bedeutung hat in dieser Schilderung des Schulalltages nur die Pause. Frei beschreibt sich als passiv; der schulische Alltag wird erduldet (Lehmkuhl/Schmidt/Schöler 2013). Ambitionen oder Aktivitäten spielen keine Rolle.

Auch die Befragten der zweiten Subgruppe akzeptieren die Notwendigkeit von Bildung, zeichnen sich aber noch deutlicher durch eine fehlende Bildungsorientierung aus, die sich als Langeweile ausdrückt. *»Einfach nur langweilig«*, so beschreiben wortgleich Detlef Oerde und Friedrich Linke ihre Schulzeit. Oerde ergänzt: *»Einfach nur nach Lehrplan endlose Wiederholungen.«* In diesen Schilderungen fehlt jeder Bezug zu schulischen Inhalten, deren Sinnhaftigkeit verschlossen bleibt. Die Interessenlosigkeit und Langweile sind Ausdruck einer Fremdheitserfahrung zum Bildungssystem, die beim ehemaligen Hauptschüler Friedrich Linke paradigmatisch in der Frage mündet: *»Was mache ich hier eigentlich?«* Schule interessiert in nicht, was er mehrfach erwähnt und schlussendlich auf den Punkt bringt: *»Interessenlosigkeit war ja schon in der Schulzeit eine Zeit lang ein großes Thema.«*

Die Befragten langweilen sich im Unterricht und folgen diesem nicht, weil sie sich fehl am Platz fühlen. Während die Befragten der ersten Subgruppe unter anderem durch ihre Unauffälligkeit noch relativ stabile Leistungen erbringen können, finden sich bei dieser Subgruppe meist schlechte Zensuren. Folglich besteht kontinuierlich das Risiko, die Schule nicht zu schaffen. *»Ich musste immer am Schuljahresende entscheiden, in welchem Fach ich die fünf nehme. Da standen immer diverse zur Auswahl: Von Englisch über Mathe, Physik. Man darf ja nur eine, sonst wird man nicht versetzt«* (Helma Keitel). Sie ist lediglich darauf bedacht, durch die Vermeidung einer Klassenwiederholung (schulische) Normalität aufrechtzuerhalten.

Aufschlussreich ist in diesem Zusammenhang die Begründung für den schulischen Misserfolg, der für die Gesprächspartner*innen Effekt der eigene Faulheit ist. *»[A]lso das weiß ich noch*, so fasst es Markus Nordkreuz zusammen, *»ich war ein fauler Schüler.«* Im Gespräch wird er mehrfach ähnliche Formulierungen gebrauchen, um seine schulischen Leistungen zu erklären. Auch Sigrun Lange betont, keine *»fleißig[e]«* Schülerin gewesen zu sein und Hilde Unseld ergänzt: *»Dumm bin ich ja nicht [lacht]. [...] Ich hätte mich natürlich noch weiter hocharbeiten können, ich hab mir nicht so viel Mühe gegeben.«* Was wollen die Befragten durch die Betonung der eigenen Faulheit erreichen? Die Formulierungen verweisen auf eine individuelle Schuldzuweisung. Die Gründe für den schulischen Misserfolg werden umgekehrt. Das schulische ›Versagen‹ ist keine Konsequenz fehlender kognitiver Leistungen (*»dumm bin ich ja nicht«*), sondern Effekt (frei gewählter) Entscheidungen (*»hätte mich hocharbeiten können«*). Schlechte Leistungen drücken lediglich den Unwillen zu lernen aus. Da diese Befragten Bildung ohnehin keine Bedeutung beimessen, findet sich bei ihnen auch keine Motivation sich anzustrengen. Die Betonung der eigenen Faulheit bietet ihnen die Möglichkeit, ihre Leistungen zu rechtfertigen und nochmals zu betonen, dass Schule ohnehin nicht der passende Ort für sie sei (Lehmkuhl/Schmidt/Schöler 2013). Paradoxerweise drückt sich gerade in der Betonung der eigenen Leistungsunfähigkeit die Wirkmächtigkeit der meritokratischen Ideologie aus, die (schulischen) Erfolg als Effekt von Disziplin, Willen und individueller Leistung ansieht. Indem die Befragten ihren schulischen Misserfolg als selbstverschuldet darstellen, drückt sich im Umkehrschluss die Logik aus, dass, wer sich nur genug anstrenge, auch belohnt werde.

Bildungsfremdheit

Den dritten Habitustyp bezeichne ich als Habitus der Bildungsfremdheit (Helsper et al. 2010; Kramer et al. 2009, 135). Mit sieben Befragten stellt dieser Typ die kleinste Gruppe dar. Sie zeichnet eine vollkommene Ferne von den schulischen Anforderungen aus.

In diesem Typ finden sich keine Gesprächspartner*innen mit einer Hochschulberechtigung. Neben Haupt- und Mittelschulen finden sich Befragte, die eine Sonderschule besucht bzw. überhaupt keinen Schulabschluss gemacht haben. Dem Sinngehalt nach bedeutet Bildungsfremdheit auf der objektiven Ebene eine Benachteiligung der interviewten Personen. Damit korrespondiert die häufig familiär vermittelte Fremdheit gegenüber Bildungsinhalten, Leistungsanforderungen und schulischen Verhaltensweisen. Wie in ihren Herkunftsfamilien stellt Bildung für die Gesprächspartner*innen keinen positiven Bezugspunkt dar. Wer die Eltern niemals lesen sah, wird nur schwer einen positiven Bezug zur Schule ausbilden. So haben bis auf eine Ausnahme alle Befragten dieses Typs einen prekären Primärhabitus ausgebildet.

Die Befragten dieses Typs zeichnen sich durch durchweg schlechte Leistungen aus. Stets droht das Scheitern im Sinne von Versetzungen, schlechten Zensuren oder der Möglichkeit, keinen Abschluss zu bekommen. Sie erleben auch, dass sie im Bildungssystem selbst keinen Wert haben (Grundmann et al. 2016). So beschreibt Magda Geschonke den Übergang von der Grundschule zur weiterführenden Schule. Aufgrund einer Legasthenie *»hatte die Lehrerin dann gesagt nach der vierten Klasse: ›Ich bin nicht schulfähig, ich soll in die Hilfsschule.‹ Dann ist meine Mutter auch da hingegangen mit mir zur Hilfsschule. Die wollten mich nicht haben.«* Nur durch Zufall gelingt es ihr schließlich doch von einer Hauptschule aufgenommen zu werden.

Darüber hinaus fehlt den Befragten der Bezug zum Bildungssystem: Sie wissen schlichtweg nicht, wofür sie sich anstrengen sollen (Kramer et al. 2009, 136). Noch stärker als beim Habitustyp der Notwendigkeit zeigt sich, wie wenig Bedeutung sie der Schule beimessen, was sich in einigen Fällen dadurch ausdrückt, dass Befragte schlicht aufhören, die Schule zu besuchen. *»[A]b der achten Klasse, achte, neunte, war ich dann schon auf der Straße mehr oder weniger immer und hab die Schule gar nicht mehr so mitgemacht«* (Sabrina Jung). Die Befragten entwickeln keine Ambitionen; Aneignung von Wissen spielt kaum eine Rolle. Ebenso stehen die Gesprächspartner*innen dem Leistungsgedanken fremd gegenüber. So resümiert etwa Stefan Blaumann seine Hauptschulzeit: *»Nach Lust und Laune wollte ich die Schule abbrechen, hab die Lehrzeit abgebrochen. Also immer wenns unbequem wurde, habe ick immer [...] die Sache abbrechen wollen.«* Auch Magda Geschonke ist sich bewusst, dass sie während ihrer Schulzeit kein Durchhaltevermögen entwickelt hat. Ihre Schulzeit war *»[n]icht so gut [3sec]. Eigentlich hat mir der Druck [...] nicht so viel Spaß gemacht. [...] Ich kann Druck nicht sehr gut aushalten.«*

Die Bildungsfremdheit zeigt sich auch darin, dass die Schule nie in positiven Begriffen beschrieben wird, sondern sie eine Zumutung darstellt. Schule *»war auch eher eine Last«* (Stefan Blaumann). Bei ihm verbinden sich schlechte schulische Leistungen mit fehlenden Sozialkontakten: *»Ick hab nicht gerade gute Zensuren gehabt, eher mittelmäßig bis schlecht. So wie meine Leistungen waren, waren auch Freundschaften eher Mangelware.«* Er stellt sich in seinen Schilderungen als Außenseiter dar, Freundschaften hat er keine. Dies korrespondiert mit seinen schlechten Leistungen und drückt seine marginalisierte Position im Bildungssystem aus, die als Aktualisierung seines prekären Primärhabitus angesehen werden kann.

Bei weiteren Befragten drückt sich der Habitus der Bildungsfremdheit dadurch aus, dass sie beginnen, den Unterricht zu stören. So berichtet Sabrina Jung, dass sie ab der siebten Klasse *»so Richtung Pausenclown gerutscht«* sei und auch *»frecher zu den Lehrern«* wurde: *»das war halt son Ding der Aufmerksamkeit.«* Für Jung, die sich als schlechte Schülerin bezeichnet, stellt das Stören zumindest eine Möglichkeit dar, dass ihr Beachtung geschenkt wird. Ähnliches berichtet auch Stefan Blaumann, der

> *»immer mehr Aufmerksamkeit haben wollte als andere, von den Lehrern und überhaupt. Und wenn ich die Aufmerksamkeit nicht bekommen habe, dann hab ich versucht, die Aufmerksamkeit irgendwie vorsätzlich herbeizuführen. Aber die Vorsätzlichkeit hab ich, ja, [2sec], nicht soweit provoziert, als dass ich jetzt gewaltbereit war. Dis is nicht passiert, ja. Ich wollte lediglich immer mehr Aufmerksamkeit haben als andere.«*

Diese ungerichtete und unbedingte Suche nach Aufmerksamkeit gelingt ihm nicht, sondern führt zur weiterer Exklusion: *»In der Schule hats angefangen mit der besonderen Aufmerksamkeit oder mit der Außenseitersituation. Aber die Außenseitersituation ist dann nach der Schulzeit noch deutlicher geworden. Ick hatte immer eher ein schwieriges Leben als ein leichteres Leben gehabt. Das hat sich durchgezogen von der Schulzeit zur Lehre.«*

In Paul Willis Studie (2013) über die Unangepasstheit proletarischer Jugendlicher wird die Weigerung, sich produktiv am Unterricht zu beteiligen als widerständiger Akt gegen das Leistungsethos des Bildungssystems angesehen. Die hier dargestellten Fälle verdeutlichen, dass eher die Einflüsse der Familiendynamiken in bereits marginalisierten Kontexten auf die prekären Schullaufbahnen (schlechte Leistungen und auffälliges Verhalten) einbezogen werden müssen. Die Befragten versuchen, fehlende familiäre Anerkennung im schulischen Bereich zu kompensieren (Sandring 2013).

Im Gegensatz zu den Schüler*innen, die den Bildungshabitus der Notwendigkeit ausgebildet haben, sind sie nicht mit dem Vorurteil »faul«, sondern »dumm« zu sein, konfrontiert. An Achim Ganz zeigt sich die Inkorporierung dieser Zuschreibung: *»Ja, [lacht] wie war ich in der Schule? Sonderschule, ne [2sec]. Da hieß es ja: ›Ja, der ist ja dumm‹ [5sec]. Und ja, für Lernbehinderte war da 'ne Schule und dann war ich da eben.«* Deutlich führt er die Ausweglosigkeit bereits zu Beginn seiner Schulzeit vor Augen. Mit der Zuschreibung *»der ist ja dumm«* ist das Urteil »Sonderschule« über ihn gefällt. Für Ganz ist es unmöglich, Selbstvertrauen zu entwickeln. Die Etikettierung als *»dumm«* drückt sich im Habitus der Bildungsfremdheit aus und wird so zu einem Teil seiner Identität.

6.3.2 Freizeitgestaltung

Anhand der außerschulischen Freizeitgestaltung zeigt sich, dass sich dort ein von der Schule unterschiedenes alltägliches Handlungsfeld herausbildet, das zur Identitätsbildung beiträgt. Die Jugend erscheint in den Gesprächen als eigenständige Phase, in der Sport, Körperlichkeit und beginnende Freundschaften als Aspekte einer jugendlichen Praxis angesprochen und in einem Gegensatz zur Schule verstanden werden. Während das Bildungssystem die Befragten mit Ansprüchen wie Disziplin und Planung konfrontiert, beschreiben sie, wie sie in ihrer Freizeitgestaltung eigene Erfahrungsräume entwickeln, die nicht diesen Anforderungen folgen. Jedoch zeigt sich, dass auch diese Lebenssphäre deutlich von Beschränkungen geprägt ist. Diese werden anhand von Verboten und dem Fokus auf körperbetonte Aktivitäten und Beziehungen, die meist in Opposition zum Bildungssystem stehen, beschrieben.

Zunächst beschreiben zahlreiche Befragte einen Mangel an Freundschaften und ein Verbot von Freizeitaktivitäten: *»Ich [3sec] wäre gerne in den Fußballverein gegangen, aber das durft ich nicht«*, so fasst es etwa Judith Kreuz zusammen und macht dafür die autoritäre Erziehung ihrer Eltern verantwortlich. Dieses Verbot führt zu ihrer sozialen Isolation. Ihre Kindheit war, so fasst sie zusammen, *»nicht immer einfach. Ich war sehr schüchtern. Als ich zur Schule kam, hab ich in den Pausen fast nur an der Wand gestanden, weil ich mich nicht traute aufm Pausenhof zu gehen. Sehr viele Ängste.«* Kreuz begründet dies mit fehlendem Selbstbewusstsein. Freund*innen findet sie keine und soziale Kontakte werden ihr weitgehend verboten. *»Ich war immer eher so Einzelgängerin.«* Auch Anett Schäfer berichtet davon. *»Gar nichts«* durfte sie machen und ergänzt: *»Durfte ich ja von zu Hause aus nicht, außer wir haben was mit der Kirche unternommen, dann durfte ich, ansonst nicht.«* Selbstständigkeit, die sich in Hobbys oder Freundschaften ausdrücken hätte können, scheint die paternalistisch-konservative Dynamik ihrer Herkunftsfamilie zu gefährden. Dafür spricht auch die Erwähnung der Kirche als Ausnahme, in der Schäfer Freizeitaktivitäten (unter Aufsicht der Eltern) erlaubt waren. Alle betroffenen Befragten betonen die (langfristigen) Folgen dieser Verbote, die sich in Rückzug und sozialer Isolation ausdrücken.

Weitere Gesprächspartner*innen berichten, dass Freizeitbeschäftigungen bei ihnen schlicht nicht zur Debatte standen. Weder gab es in den Herkunftsfamilien genügend ökonomisches Kapital, noch waren diese überhaupt darauf bedacht, Hobbys zu ermöglichen. *»Es gab da keine Hobbys oder Sport oder irgendwas«*, so fasst Greta Sanft nahezu erstaunt zusammen. Auch weitere Befragte beschreiben, welche Effekte die Einschränkungen ihrer Herkunftsfamilien auf ihre Freizeitaktivitäten hatten. *»Tennis oder anderes war halt zu teuer oder hat überhaupt was gekostet«* (Markus Blum). Hobbys, sofern die Befragten überhaupt von ihnen sprechen, sind den ökonomischen Bedingungen angepasst. Daher nennen die Befragten Betätigungen, die auch kapital-unabhängig zur Verfügung stehen. *»Ich bin draußen rumgerannt […], körperliche Aktivitäten. Baum klettern, Fahrrad fahren, Bude bauen«* (Helma Keitel). Sie betont ihren starken Körper- und Naturfokus. Diese ermöglicht ihr auch ohne Kapitalausstattung Freizeitbeschäftigungen nachzugehen. Hobbys wie Kino, Theater oder Filme finden sich hingegen nicht. Auch weitere Befragte betonen Sportarten wie (Straßen-)Fußball, Tischtennis, Murmeln oder Gewichtheben. Diese Körperbetonung, die vor allem auf Stärke abzielt, findet sich sowohl bei männlichen als auch weiblichen Gesprächspartner*innen. Die »Reduktion« der Befragten auf den Körper beginnt somit bereits in der Jugend und wird sie weiter begleiten. Als Jugendliche kann der Fokus auf körperliche Aktivitäten und Natur jedoch (noch) die Funktion erfüllen, die meist negativ besetzten schulischen Erfahrungen zu kompensieren, indem sie zum einen in diesem Bereich positive Erfahrungen (Selbstwirksamkeit, Freude etc.) sammeln und zum anderen zumindest im Sport den Anschluss an soziale Respektabilität wahren.

Sprechen die Befragten überhaupt von Freundschaften, werden sie nicht als institutionelle Begleitung sowie inhaltliche und emotionale Unterstützung in schulischen Belangen beschrieben. Vielmehr erwähnen sie meist Gewalt und Ausgrenzung. So erinnert sich etwa Greta Sanft daran, dass sie ihre (städtischen) Mitschüler*innen nach ihrem Übertritt auf das Gymnasium *»schon haben spüren lassen, dass man von außerhalb kam, dass man also von den Bauern da draußen kam.«* Durch diese Abwertung kann sie keine Beziehungen zu Mitschüler*innen aufbauen und isoliert sich. Auch Stefan Blaumann erinnert sich, als Schüler *»gemobbt«* und *»schikaniert«* worden zu sein. Weitere Befragte berichten von physischer

Gewalt, die sie mit ihrer Außenseiterrolle begründen: *»Ja, das war das klassische Schulding, ich war begeistert ja, die einzige Punk zwischen 500 auf Hiphop getrimmten [unverständlich] toll, also ich hatte mindestens zweimal die Woche 'ne Schlägerei an der Backe, weil Punk und Hiphop [...], es knallt auch ganz gerne mal«* (Judy Frei). *»Ja, weil man anders war wie die anderen und ja, dann hat man eben auch mal ... Dann haben die dich gegriffen und dann hast du ja, halt 'ne Faust gespürt, ja und dich geärgert oder geschubst, gestänkert, haben nur dich rausgesucht und dann bin ich halt irgendwann nicht mehr in die Schule gegangen«* (Hilde Unseld). Die Familien unterstützen sie nicht, zumindest berichten die Gesprächspartner*innen nicht davon.

Der Gegensatz zwischen Schule und Freundschaften drückt sich ebenso darin aus, dass Freundschaften ausschließlich außerhalb der Schule stattfinden und andere lebensweltliche Kontexte an Bedeutung gewinnen. So erwähnt etwa Filip Altmann bis zur sechsten Klasse in der Schule *»ganz gut«* zurechtgekommen zu sein, aber dann kamen *»Mädchen schon und Disco oder so«*, was zur Verschlechterung seiner Leistungen führt. Auch für Jakob Simonon ist seine *»Freizeitgestaltung«* schnell *»wichtiger als die Schule.«* Aus dieser Höherbewertung des Sozialkapitals gegenüber dem schulischen Kulturkapital entsteht das Risiko der Vernachlässigung der Schule. Zunächst beschreibt Clara Lichtenstein, wie sie sich in der Schulzeit politisch links positioniert: *»[I]ch war zu dem Zeitpunkt schon so ein bisschen öko und hab für Greenpeace Unterschriften gesammelt und so, hatte 'ne Umweltjacke.«* Aufgrund ihrer Einstellung wird sie von Mitschüler*innen *»ganz schön gemobbt.«* Später wird sie *»Punk«* und findet gleichgesinnte Freund*innen. Zwar kommt es zu einer Stärkung ihres Selbstbildes, was jedoch die Abkehr vom Bildungssystem zur Folge hat. Rückblickend kritisiert sie dies:

> *»Dann kam die Ausflippphase. [...] Da gings dann auch schon los mit Drogen sozusagen, dass ich sehr oft breit gewesen bin und nicht mehr zur Schule gegangen bin und mich halt mit Punks umhergetrieben hab. Da hatte ich zwar Ruhe vor meinen Mitschülern, die haben sich dann nicht mehr getraut, irgendwas zu machen. Aber heute sag ich, das war ziemlich dämlich, dass ich meine Schule nicht durchgezogen hab.«*

Den gleichen Sachverhalt schildert Friedrich Linke: *»[Ich] hab dann einfach auch über die Stränge geschlagen, dass ich Tage hatte, wo ich dann irgendwie nicht zu Hause war [...], mich einfach irgendwo rumgetrieben hab.«* In beiden Fällen richten sich die *»Ausflippphase«* bzw. das *»über die Stränge schlagen«* nicht nur gegen schulische Ansprüche, sondern auch gegen die als gewalttätig beschriebenen Familien der Befragten, wodurch intergenerationale Konflikte verstärkt werden. Sabrina Jung spricht darüber hinaus noch weitere Gefährdungen an:

> *»Also in der Jugend warn wir viel draußen, aufm Spielplatz und so [...] und später gab so, ich weiß nicht, ab 12 Jahren, 13, hat es leider auch schon mit rauchen angefangen und abhängen sozusagen, kiffen auch und trinken. Also ich hab früh schon angefangen [...] und bei mir gings halt in die Woche gleich mit über, dass ich trotzdem in der Woche getrunken habe.«*

Ihre beginnende Alkohol- und Betäubungsmittelsucht wird zu einer ernsten Herausforderung. Ohne elterliche Unterstützung (der Vater ist alkoholkrank, die Mutter depressiv) verliert sie immer mehr den Kontakt zur Schule und schließt diese nicht ab: »*[A]ber ich hab kein Abschluss [...] und hab die Schule gar nicht mehr so mitgemacht.*« Die Stärkung des Sozialkapitals kann die durch Schulabbruch, Wohnungslosigkeit und Alkoholismus hervorgebrachten geringeren Start- und Statuschancen keinesfalls kompensieren.

Die Darstellung der jugendlichen Freizeitgestaltung hat verdeutlicht, dass diese zwar ein eigenständiges Handlungsfeld darstellt und eigene Praktiken hervorbringt, jedoch meist durch Verbote und eingeschränkte Möglichkeiten geprägt ist. Die Opposition von Aktivitäten und Beziehungen zum Bildungssystem erschwert es den Gesprächspartner*innen, ihre Schullaufbahn zu absolvieren und in eine berufliche Ausbildung einzumünden. Die Freizeitaktivitäten und Freundschaften der Befragten verstärken Haltungen *gegen* die Schule.

6.4 Verfestigungen: Berufswahl und Ausbildung

Eine weitere wichtige biografische Statuspassage stellen Berufswahl und Ausbildung dar. Bisherige Forschung hat bereits auf die zentrale Bedeutung dieses Übergangs in der Reproduktion sozialer Ungleichheit hinwiesen (Brooks 2009). Auch die Ausbildung der Befragten reproduziert Erfahrungen, die sie bereits in der Schule gesammelt haben. Bei ihnen ist der Übergang von der Schule in das Berufsleben sehr unterschiedlich verlaufen, was auf habituelle Dispositionen zurückzuführen ist. Im Folgenden stelle ich drei Ausbildungsorientierungen vor, die im Wesentlichen den Typen des Bildungshabitus entsprechen.

In der ersten Gruppe finden sich die sechs Befragten (fünf Männer, eine Frau), die ein Studium abgeschlossen haben. Die zweite Untergruppe bildet sich aus der Mehrheit der Befragten, die eine Ausbildung in einem klassischen Lehrberuf absolviert hat und ebenso geschlechtlich gegliedert ist. Die dritte Untergruppe besteht aus vier Befragten, die nie eine Ausbildung begonnen (ein Mann, drei Frauen) und weiteren sechs, die ihre Ausbildung(en) abgebrochen haben. Über ein Drittel der Befragten hat somit keine abgeschlossene Berufsausbildung.

Diese Heterogenität verdeutlicht die Differenzierung innerhalb des Samples, die auf unterschiedliche Kapitalausstattung und Dispositionen beruhen. So rekurrieren sich die Befragten mit einem abgeschlossenen Studium *ausschließlich* aus dem Habitustyp »arbeitsames Streben«, wohingegen die Befragten ohne abgeschlossene Ausbildung mehrheitlich zum Habitustyp der Bildungsfremdheit gehören.

Tabelle 9: Ausbildung (nach Geschlecht und Art)

Männer		**Frauen**	
Studium			
Finn Johansen	Konditor Diplom-Informatiker	Greta Sanft	Diplom-Psychologin
Gustav Quassel	Studium (keine nähere Anga-be)		
Herbert Kieserling	Mechatroniker Diplom-Ingenieur für Informa-tionsverarbeitung		
Karol Schestag	Diplom-Gartenbauingenieur		
Timothy Maier	Informatikstudium* Informatiker für Systeminte-gration		
Manuelle Tätigkeit			
Achim Ganz	Berufssoldat Berufskraftfahrer	Anett Schäfer	Bäckereifachverkäufe-rin Einzelhandelskauffrau
Detlef Oerde	IT-Elektroniker Panzerschlosser Gebäudereiniger	Helma Keitel	Rechtsanwaltsfach-angestellte
Filip Altmann	Maschinenschlosser	Jenny Kurz	Erzieherin
		Judith Kreuz	Bürokauffrau* Tankwartin
		Magda Geschonke	Schneiderin Schwesternhelferin Reisekauffrau
		Sigrun Lange	Fachangestellte
		Veronica Mittermeier	Floristin
Keine oder abgebrochene Ausbildung			
Enrico Braun	Elektromontierer* Bürofachmann*	Clara Lichtenstein	-
Friedrich Linke	Elektroniker*	Hilde Unseld	-
Jakob Simonon	Jura-Studium*	Judy Frei	Landschaftsgärtnerin*
Karim Halabi	-	Sabrina Jung	-
Markus Blum	Chemikant* Frisör*		
Markus Nordkreuz	Schienenfahrzeugschlosser*		
Stefan Blaumann	Werkzeugmaschinenbauer* Gärtner*		

*=abgebrochen

Positive Ausbildungserfahrungen und konkrete Fähigkeiten

Die Gesprächspartner*innen der ersten Untergruppe drücken ihre Ausbildungen positiv aus und erwähnen spezifische Inhalte und Fähigkeiten. Diese Orientierung markiert einen deutlichen Unterschied zu den anderen Gruppen.

Für Karol Schestag ist sein Gartenbaustudium und die anschließende Arbeit in einem Palmenhaus Ausdruck seiner jugendlichen Neigung zur Natur: »*Mich interessiert Pflanzen, Botanik, Gärtnerei und [3sec] isch habe Abitur gemacht, ich bin zum studieren gegangen. Ich binte vier Jahre in Gartenbau.*« Schestag erzählt ausführlich davon, wie er als Kind mit seinem Vater Naturausflüge macht, angelt und beginnt, sich für Naturwissenschaften zu interessieren. In der Schule kommt er insbesondere in diesen Fächern gut zurecht und beginnt ein Studium, dass er sich durch Nebenjobs finanziert. Schestag rechtfertigt diese Anstrengungen mit seinem Interesse. Ebenso beschreibt Greta Sanft ihr Psychologiestudium bzw. Herbert Kieserling seine frühe Mechatroniker-Lehre. Diese bezeichnet Kieserling als »*spannend*« und erwähnt, wie er während der Ausbildung »*auch gute Sachen machen*« konnte. Für ihn ist es wichtig, praktisch zu arbeiten und direkte Effekte seiner Arbeit zu sehen. Der Habitus des »arbeitsamen Strebens« drückt sich dadurch aus, dass er neben seiner Ausbildung noch eine Abendschule besucht, um die Fachhochschulreife zu erlangen. Daraufhin beginnt er Ingenieurswesen zu studieren. Er erinnert sich: »*Damals war ja auch noch die APO-Zeit, [...] mit 21 hab ich dann angefangen zu studieren und mit 25 war ich dann fertig und war Ingenieur für Informationsverarbeitung. Das hat aber nichts mit IT zu tun, sondern Informationsverarbeitung an Systemen.*« Seinen Studienerfolg verstärkt Kieserling durch Abgrenzung zur universitären Umwelt (»*APO-Zeit*«). Ihm gelingt trotz rebellierender Student*innen in vier Jahren ein Studienabschluss und daraufhin eine erfolgreiche Berufskarriere.

Die Befragten dieser Untergruppe identifizieren sich mit ihrer Ausbildung. Erworbene Dispositionen wie Durchhaltevermögen und Leistungsbereitschaft drücken sich nun in der Ausbildung aus. Die Herkunftsfamilien der Befragten, die ein Studium abgeschlossen haben, waren meist stabil. Ein Studium scheint für diese Befragten nach dem Abitur ein selbstverständlicher Schritt zu sein, was etwa Finn Johansen verdeutlicht. Nach der Schule »*war natürlich die Frage: ›Was macht man denn so nach dem Abitur?‹ Klar, erster [...] Gedanke war natürlich zu studieren.*«

Notwendigkeit der Ausbildung

Für die meisten Befragten ist die Ausbildung Ausdruck von Notwendigkeit. Diese Orientierung findet sich in der zweiten Untergruppe, die aus Gesprächspartner*innen besteht, die eine Berufsausbildung abgeschlossen und die in großer Zahl den Bildungshabitus der Notwendigkeit entwickelt haben. Die Ausbildungsberufe sind zumeist einfache Tätigkeiten, für die keine besonderen Abschlüsse notwendig sind.

Die Befragten messen der Ausbildung kaum Bedeutung bei. So schildert etwa Judith Kreuz nahezu beiläufig, eine Ausbildung als Bürokauffrau begonnen und abgebrochen zu haben. Sie quittiert den Abbruch mit: *»das gefiel mir überhaupt nicht.«* Zwar erwähnt sie im weiteren Gesprächsverlauf, dass sie beginnt, *»Depressionen und Ängste«* zu entwickeln, warum sie ihre Ausbildung jedoch abbricht, erzählt sie nicht. Bezieht man jedoch das gesamte Gespräch ein, kann dieser Abbruch als Ausdruck der Selbstpositionierung als Marginalisierte angesehen werden. Selbst Bürofachkraft wäre vor dem Hintergrund ihrer eigenen Marginalisierung ein Beruf, der eine Positionsveränderung mit sich gebracht hätte. Es scheint, dass die »Liebe zum Schicksal« insofern wirkt, als dass sie danach eine Ausbildung zur Tankwartin beginnt. Dieser Beruf liegt in der Hierarchie des Arbeitsmarktes unter Bürokauffrau und fordert ihre habituellen Grenzen weniger heraus. Doch auch diese Ausbildung verläuft bedeutungslos: *»und dann hab ich 'ne Ausbildung zur Tankwartin gemacht. Die ging zwei Jahre. [...] Dann waren wir verheiratet und dann kam das erste Kind.«* Kreuz schildert keine Inhalte, die Zeit scheint einfach zu vergehen. Hingegen betont sie die Gründung ihrer Familie und wertet ihre Ausbildung damit nochmals ab.

Detlef Oerde verpflichtet sich nach einer frühen Ausbildung zum IT-Elektroniker bei der Bundeswehr und wird dort Panzerschlosser. Danach folgt eine Ausbildung zum Gebäudereiniger. Mit den Ausbildungen selbst verbindet er wenig: Diese hätten sich jeweils *»ganz zufällig«* ergeben. So bleiben seine Darstellungen ohne nähere Beschreibung. Jenseits der Tatsache, dass er sie absolviert hat, scheint er dazu nichts zu sagen zu haben.

Neben der Notwendigkeit *irgendeinen* Beruf zu beginnen, begründen ein halbes Dutzend Gesprächspartner*innen ihre Ausbildung als Reaktion auf ihre Herkunftsfamilien. Die Ausbildung stellt eine Möglichkeit dar, die eigene Familie zu verlassen und so beschreiben nahezu alle dieser Befragten den Ausbildungsbeginn zusammen mit einer »Flucht« aus den (häufig gewalttätigen) Familien. Anett Schäfer, die das Gespräch mit ihren Gewalterfahrungen in ihrem Elternhaus eingeleitet hat, verlässt dieses direkt nach dem Hauptschulabschluss: *»Ich bin mit 15 von zu Hause raus, weil ichs nicht mehr ausgehalten hab.«* Die daran anschließende Ausbildung zur Bäckereifachverkäuferin ist für sie schlicht die *»beste Möglichkeit von zu Hause wegzukommen, dass ich ausziehen konnte. Das [die Ausbildung] war dann auch weit weg von zu Hause.«* Allein die Entfernung vom Elternhaus reicht auch Markus Blum als Begründung für seine Ausbildung: *»Ich hab mich wirklich nur für die Ausbildung interessiert, um rauszukommen.«*

Deutlich zeigt sich anhand der Differenzierung der Ausbildungen in manuelle Tätigkeiten und Dienstleistungen, dass der Übergang in das Berufsleben auch geschlechtlich geprägt ist. Konnte in der Schule noch kein Einfluss des Geschlechts festgestellt werden, zeigt sich dieser in der Ausbildung: In den produzierenden

Tätigkeiten finden sich ausschließlich Männer, während in den Dienstleistungs- und Pflegeberufen nur Frauen tätig sind – die Ausnahme bildet Magda Geschonkes erste Ausbildung zur Schneiderin. Somit entsprechen die Ausbildungsberufe der Befragten der geschlechtlichen Segregation des Arbeitsmarktes sowie dem System binärer geschlechtlicher Zuschreibungen, das dazu führt, dass Geschlechterkonstruktionen auch im Arbeitsmarkt (re-)produziert werden.

Fehlende Ausbildung und Bildungsfremdheit

In der dritten Untergruppe finden sich Befragte, die keinen Ausbildungsabschluss haben. Sie bringen (abgebrochene) Ausbildungen mit Enttäuschungen und Scheitern in Verbindung. Gänzlich ohne Abschluss ist ihnen der Zugang zum Arbeitsmarkt erschwert.

In dieser Gruppe befinden sich nahezu ausschließlich Befragte, die in destrukturierten Familien aufgewachsen sind und deren Eltern meist gar nicht oder nur prekär beschäftigt waren. Im Gegensatz zu den Befragten der ersten Untergruppe, die ihre Ausbildung als *Entscheidung* für einen konkreten Beruf ansehen, haben die Gesprächspartner*innen dieser Gruppe keine Wahl. Die Ausbildung wird nicht als bewusster Schritt ins Berufsleben angesehen. Der 36-jährige Markus Blum etwa beschreibt sich selbst im Kontext der Ausbildung als Spielball: »*Aber, weil ich keine gefunden hab, hab ich die genommen, wo der Sachbearbeiter meinte [lacht], ich könnte das und dann hab ich Friseur gelernt. Aber mir war klar, dass das nix wird.*« Bereits vor Beginn der Ausbildung ist sich Blum des Scheiterns bewusst.

Der Abbruch wird mit Druck, psychischen Problemen sowie Konflikten mit Ausbildern begründet. So beschreibt Friedrich Linke, der nach dem Hauptschulabschluss eine Ausbildung zum Elektroinstallateur beginnt, diese Zeit als Phase von Instabilität, massivem Alkoholkonsum und wechselnden illegalisierten Jobs, aufgrund derer er seine Ausbildung zunehmend vernachlässigt. Schließlich bricht er sie ab, »*als der Druck dann immer größer wurde und dann, ab da gings dann halt so [...] mit mir bergab.*« Den fehlenden Abschluss deutet er als Grundlage seiner weiteren Marginalisierung, die mit einer heteronomen Selbstwahrnehmung einhergeht.

Wie sehr selbst die Orientierung an der Norm, eine Ausbildung zu absolvieren, für die Befragten zur Qual werden kann, zeigt sich am Beispiel des 50-jährigen Stefan Blaumann. In seinen wiederholten Versuchen, eine Ausbildung zu beenden, spiegeln sich sein prekärer Primärhabitus und sein Habitus der Bildungsfremdheit. Nach seinem Schulabschluss an einer Polytechnischen Oberschule in der DDR beginnt er (ohne Antrieb und auf Anraten seiner Familie) eine Lehre zum Werkzeugmaschinenbauer:

»Ick wollte damals, als es darum ging, sich für einen Beruf zu interessieren, nix machen. Ich hatte kein Interesse, zu keiner Branche. Ick habe alle Entscheidungen meinen Großeltern überlassen oder meiner Verwandtschaft überlassen, die haben dann für mich entschieden und ick hab es dann ausprobiert. [...] Es kam, wie es kommen musste: Ick wurde schnell zum Außenseiter, ick hab die Forderungen der Ausbildung nicht erfüllen können.«

Für Blaumann ist der Versuch, in der Berufswelt Fuß zu fassen. Ausdruck seiner Interessenlosigkeit, Unselbständigkeit und Angst vor (zu hohen) Anforderungen sowie ebenso die Wiederholung seiner Ausgrenzungserfahrungen in der Schule. Die Ausbildung bricht er ab, sein Fazit ist eindeutig: *»[Die Ausbildung war] nicht gut. Die Ausbildung hat mich überfordert. Schulisch ging es noch, aber in der Praxis ebend schlecht.«* Im weiteren Gesprächsverlauf zeigt sich, wie Blaumann sowohl der hohen (ostdeutschen) Erwerbslosigkeit der 1990er Jahre, der Wirtschaftskrise 2007/08 als auch daran anschießend der unberechenbaren Entleihpraxis von Leiharbeitsfirmen ausgesetzt ist. Seine Berufskarriere schildert er als Erfahrung des Scheiterns. Bei allen Tätigkeiten, von denen er spricht, wiederholen sich Überforderung und Unkenntnis über Inhalte der Ausbildung.

Während die Ausbildung idealtypisch den Weg in das Berufsleben eröffnet, verfestigt sich in dieser Untergruppe der Habitus der Bildungsfremdheit. Durch fehlende Abschlüsse werden die negativen Erfahrungen staatlich festgeschrieben.

6.5 Ankunft: Gesellschaftliche Selbstpositionierungen

Der Blick auf die Sozialisationsprozesse hat die Heterogenität des Samples sichtbar gemacht. So finden sich Befragte ohne Schulabschluss ebenso wie Gesprächspartner*innen mit Abitur oder gar Hochschulabschluss. Dies konnte mit der Wirkung (relativ stabiler) habitueller Dispositionen erklärt werden, die das Denken, Wahrnehmen und Handeln bestimmen. Je nach sozialer Herkunft messen die interviewten Personen Bildung und Ausbildung ganz unterschiedliche Bedeutung bei.

Was rechtfertigt nun, alle Gesprächspartner*innen trotz dieser Unterschiede als »marginalisiert« zu bezeichnen? Neben den Erfahrungen von Erwerbslosigkeit, Armut, dem Leben ohne festen Wohnraum, Ausgrenzung und fehlendem Sozialkapital, von denen die Befragten in den nächsten Kapiteln berichten, ist es zunächst ihre gesellschaftliche Selbstpositionierung (Hirseland 2016). Die Wahrnehmung der eigenen sozialen Position zeigt sich nicht nur anhand quantitativer Kategorien, sondern auch in der Qualität subjektiv empfundener Wahrnehmungen und ihrer Bewertung. Wie sich die Gesprächspartner*innen im Verhältnis zur Gesellschaft und zu anderen sozialen Gruppen (Klassen) selbst charakterisieren, »bestimmt nicht unwesentlich mit, an welcher Stelle im Gesellschaftsaufbau sie sich jeweils verorten und zu welcher Selbsteinschätzung über die eigene soziale Lage sie gelangen« (Neckel 2008, 27). Somit sind solche »Selbstverortungen im gesellschaftlichen Ungleichheitsgefüge« (Hirseland 2016, 366) auch mehr »als bloße objektive Einordnungen in ein als gegeben vorauszusetzendes Klassifikationsschema. Mit ihnen geht der Versuch einher, Zugehörigkeiten zu reklamieren und entsprechende Anerkennungsansprüche zu artikulieren, das heißt (Un-)Gleichheiten mit Fragen ihrer Wertigkeit zu verknüpfen« (ebd.) Somit ist die soziale Selbstpositionierungen ein »zentrale[r] Bestandteil der Entwicklung einer sozialen Identität« (ebd., 367) und schließt die Wege der Befragten in die Marginalisierung ab.

6.5.1 »Ganz unten« oder »ganz draußen«

Zunächst: Wie positionieren sich die Gesprächspartner*innen selbst in der Gesellschaft? Wer – so könnte man fragen – bezeichnet sich schon gerne selbst freiwillig als arm oder ausgeschlossen? Die bisherige Forschung hat dahingehend auch gezeigt, dass sich arme Menschen meist selbst sozial höher verorten und sich teilweise selbst zur »Mitte« zählen (Dörre/Happ/Matuschek 2013, 171; s.a. Hirseland 2016; Weißmann 2016). Gerade vor dem Hintergrund der Unterschichtsdebatte wird deutlich, dass diese soziale Position keine positive Klassenbildung zur Folge hat, sondern auf moralischen Zuschreibungen beruht, vor denen sich Betroffene schützen wollen. Dahingehend hat Klaus Dörre (2015, 228) gezeigt, »dass ein erheblicher Teil der Befragten [der Unterklassen; CW] Schwierigkeiten hat, sich selbst in der Gesellschaft zu verorten. Die Erwerbslosen und prekär Beschäftigten [...] wollen sich weder als arm bezeichnen, noch möchten sie in den unteren Etagen der Gesellschaft verortet werden.« Somit könnte man davon ausgehen, dass auch die Befragten versuchen, sich davon zu distanzieren.

Die Konfrontation mit der eigenen sozialen Position stellte in der Interviewsituation jedoch keine Irritation dar. Die Selbstpositionierung ist komplett eindeutig. Alle Gesprächspartner*innen beantworten die Frage danach schnell, klar und umstandslos: Für sie besteht subjektiv überhaupt kein Zweifel an ihrer sozialen Position: Entweder positionieren sie sich »ganz unten« oder sprechen sich einen gesellschaftlichen Platz gänzlich ab (»ganz draußen«).

Die Mehrheit von 18 Befragten positioniert sich als »ganz unten«. Bei ihnen finden sich Formulierungen wie *»unterste Stufe«*, *»unterstes Ende«* oder *»ganz tief.«* Hierfür steht paradigmatisch der erwerbs- und wohnungslose Achim Ganz: *»Ja, jetzt zurzeit bin ich ganz unten.«* Im weiteren Gesprächsverlauf wird er sich selbst noch resignierend *»einfach als Penner«* beschreiben. Weitere Interviewsequenzen verdeutlichen, wie sehr diese Selbstpositionierung als *»Bodensatz der Gesellschaft«* (Clara Lichtenstein) für die Befragten neben materieller Armut auch eingeschränkte Teilhabemöglichkeiten sowie Diskriminierungserfahrungen bedeutet.

So zeigt sich am langjährig wohnungslosen Friedrich Linke, dass »ganz unten« viel mehr meint als Armut, sondern Ausdruck umfassender Marginalisierung ist. Befragt nach seiner sozialen Position macht er klar: *»Ich gehöre [...], wenn überhaupt gerade noch so zur Unterschicht. [...] Da ungefähr sehe ich mich.«* Für ihn scheint sogar die Integration in die *»Unterschicht«* prekär zu sein und selbst eine Positionierung dort würde einen Positionsgewinn darstellen.

Die Selbstpositionierung geht mit einem steten Kampf um soziale Respektabilität einher, der die Klasse der Marginalisierten sowohl für sich selbst als auch für andere kennzeichnet. Wie sehr diese Selbstpositionierung auch zu einer marginalisierten Selbstwahrnehmung führt, macht Markus Nordkreuz deutlich. In seiner Selbstpositionierung geht er von der »Normalität« aus, die für ihn der *»Mittelstand«* verkörpert. Wie positioniert er sich dazu? *»Also Mittelstand [bin ich] auf jeden Fall nicht, noch weiter runter. Ganz tiefer [lacht]. Ja, also ja, ne, ich bin ein Sozialfall.«* Aus dieser Schilderung wird deutlich, dass er selbst keine respektable Existenz lebt. Vom Mittelstand ausgehend, folgt man seinem Reflexionsprozess weiter bis ganz nach unten. Wie zur Bekräftigung dieser Aussage schließt die Selbstbezeichnung *»Sozialfall«* diese Positionierung ab und wird durch ein (resignierten) Lachen verstärkt; seine Position ist durch Armut und Ausgrenzung gekennzeichnet und unterscheidet sich daher von einer als respektabel geltenden Lebensweise. Auch anhand der Aussagen der 31-jährigen Hilde Unseld, die ihr Geld mit Betteln verdient, wird deutlich, dass sie sich selbst nur als *undeserving poor* wahrnehmen kann. Selbstpositionierung und Zuschreibungen fallen bei ihr zusammen. Sie berichtet: *»Zurzeit [bin ich] leider unten, sehr weit unten, sehr niedrig. Also, das stärkt auch nicht wirklich das Selbstbewusstsein, wenn man hier sitzt, dass man nicht gerade sagen kann: ›Oh ich steh jetzt da oben, nein ich stehe ganz weit unten wie bei den Tieren in der Nahrungskette‹ [lacht].«*

Neben dieser Verortung als subalterner Teil sprechen sich die restlichen Befragten einen sozialen Status selbst gänzlich ab. So etwa Sabrina Jung, die derzeit in einer betreuten Einrichtung lebt: *»Ach ich bin so am Ab ..., an der Ecke, wo keiner sieht [3sec]. Ich bin nicht wichtig unbedingt.«* Sich selbst kann Jung nur als *»unwichtig«* wahrnehmen. Noch deutlicher bringt die erwerbslose Mutter Jenny Kurz ihre Exklusion auf den Punkt: *»Mitglied der Gesellschaft bin ich wohl grad ned.«* Befragt nach ihrer sozialen Position, antwortet auch die Rentnerin Magda Geschonke: *»Tja [3sec], ich hab gar keine mehr. Dann, wenn man von der Grundsicherung leben muss [2sec], dann wird das schwierig.«* Ohne Kapitalausstattung leben diese Befragten *»im Prinzip weit außerhalb der Gesellschaft«* (Anett Schäfer). Das bedeutet, mit der Gesellschaft kaum mehr etwas zu tun zu haben. Auch in den weiteren Gesprächen finden sich solche Formulierungen. So beschreibt sich Markus Blum als *»unbedeutend«*, während sich Anett Schäfer als *»ganz kleines Licht«* bezeichnet. Markus Nordkreuz und Stefan Blaumann definieren sich als *»Sozialfall«* und Sigrun Lange als *»ziemlich abgehangen.«*

Bei der Selbstpositionierung der Befragten lassen sich verschiedene Ebenen unterscheiden. Zunächst finden sich relationale und graduelle Sichtweisen (*»unterstes Ende«; »sehr niedrig«*), die für die marginalisierte Integration der Gesprächspartner*innen sprechen. Zudem finden sich jedoch auch kategoriale Klassifikationen (*»ganz draußen«*), die an die Exklusionsdebatten erinnern. Gemeinsam ist diesen Sichtweisen jedoch die existenzielle Bedeutung der Selbstpositionierung, die zum Positions- und Identitätsverlust führen kann. Deutlich schildert dies die obdachlose Helma Keitel: *»Also eigentlich habe ich ja keine Position. Als Obdachlose bin ich ja ein niemand.«* Mit diesen beiden kurzen Sätzen bringt Keitel einen zentralen Aspekt sozialer Marginalisierung auf den Punkt: Das Selbstbild, *»niemand«* zu sein, drückt die vollkommene Sinnlosigkeit der eigenen Existenz aus. Ähnlich deutlich wird Karol Schestag. Dem Obdachlosen genügt dafür lediglich ein Wort, dass er mantraartig wiederholt. Er antwortet auf die Frage nach seiner sozialen Position: *»Null [lacht]. Null, null [lacht]. Ja, ich [7sec] bin null.«* Zwar lacht Schestag an dieser Stelle zweimal, doch ist nichts lustig an dieser Schilderung seiner Existenz als *Nicht-Existenz* am Nullpunkt. Es geht den Befragten darum, *überhaupt* dazuzugehören und erst in zweiter Linie darum, *wo* sie dazugehören. Bereits das Erlangen irgendeiner sozialen Position wird zum Ziel.

Diese Selbstpositionierung verdeutlicht die Stärke der Marginalisierungserfahrung, an der es nichts zu beschönigen gibt. Niemand hat sich diese soziale Position ausgesucht. Vielmehr leiden alle interviewten Personen an ihrer Klassenposition und schämen sich für sie (Neckel 1991). Die Selbstwahrnehmung spiegelt die Aberkennung von Respektabilität, die den Befragten als »menschlicher Abfall« (Bauman 2015, 12) zuteilwird.

6.5.2 Gründe für gegenwärtige Klassenposition

Während sich die Befragten in ihrer Selbstpositionierung einig sind, begründen sie ihre Position unterschiedlich. Auf der eigenen Seite stehen die Befragten, die sich selbst biografisch als marginalisiert bezeichnet haben. Ohne große Überraschung besteht diese Gruppe hauptsächlich aus Befragten, die einen prekären Primärhabitus und daran anschließend häufig den Habitus der Bildungsfremdheit ausgebildet haben. Damit einher gehen fehlende Sozialkontakte sowie fehlende oder abgebrochene Ausbildungen. Diese Gesprächspartner*innen haben kaum Kapital. Vielmehr reproduzieren sich bei ihnen dauerhaft Erfahrungen der Enttäuschung und des Scheiterns. Auf der anderen Seite finden sich Gesprächspartner*innen meist aus stabilen Familien, die sowohl den Bildungshabitus des »arbeitsamen Strebens« ausgebildet haben sowie alle Befragten mit einem Hochschul- oder Studienabschluss. Diese Befragten messen ihrer Ausbildung große Bedeutung bei und blicken grundsätzlich positiv in die Zukunft. Für ihre gegenwärtige marginalisierte Position machen sie einen sozialen Abstieg verantwortlich. Bei diesen Befragten tritt die Klassenposition im biografischen Verlauf erst ein.

Die dauerhaft Marginalisierten

Wie sehr die soziale Herkunft die eigene Position prägt und zur Reproduktion sozialer Ungleichheit beiträgt, wird besonders an den Befragten deutlich, die bereits in marginalisierten Familien sozialisiert wurden. Der Bogen wird bei diesen Gesprächspartner*innen von der frühen Kindheit bis in die Gegenwart gespannt und prägt ihre Biografien umfänglich. Diese Befragten bezeichne ich daher als »dauerhaft Marginalisierte«.

In einem familiären Umfeld aufgewachsen, das häufig von Gewalt, Alkoholismus, Vernachlässigung und fehlender Emotionalität geprägt war, konnten diese Befragten meist keinen stabilen Primärhabitus ausbilden. Vielmehr sind sie seit früher Kindheit von Erfahrungen wie Instabilität, Armut und Unsicherheit geprägt, was sich bei ihnen zu Dispositionen wie geringe Selbstdisziplin, Zielstrebigkeit und Selbstvertrauen oder Pessimismus festsetzt. Diese bilden die Grundlage für die meist bruchlos fortgesetzte marginalisierte Existenz, die sich häufig in Erfahrungen des Scheiterns im (Aus-)Bildungssystem fortsetzt.

Ihre eigene Klassenposition ist den »dauerhaft Marginalisierten« bewusst, was unter anderem die 56-jährige Frührentnerin Judith Kreuz ausdrückt: *»Ich bin gleichgeblieben [...] ganz unten.«* Kreuz wächst als adoptierte Tochter in einem Arbeiterhaushalt auf, beendet mit großen Mühen die Hauptschule, arbeitet kurzzeitig als Tankwartin und lebt nach einer Scheidung seit 2003 mit ihren beiden Söhnen von Sozialhilfe bzw. ALG II. Auch Markus Blum beschreibt die Erfahrung konstanter Marginalisierung. Aufgewachsen in einer marginalisierten Familie lebt der 36-Jährige gegenwärtig in einer Einrichtung für Suchtkranke und Erwerbslose. Er fasst seine eigene marginalisierte Biografie eindeutig zusammen: *»Ich war schon immer so [2sec] ganz unten mit dabei [lacht]«* und ergänzt: *»Ich bin schon immer da ... Also ich bin das ja gewohnt.«*

Fragen nach sozialer Mobilität quittieren die Befragten mit Verwunderung oder einem Lachen. Für sie stellt ihre Position biografisch die Normalität dar. Aus diesen Antworten spricht jedoch nicht nur das Wissen um die eigene dauerhafte Marginalisierung, sondern auch Resignation und Hoffnungslosigkeit. Dazu verurteilt, auf ihrer Position zu verharren, wird auch ein (positiver) Blick auf die Zukunft verstellt. Vorstellungen über Veränderungen erscheinen den Befragten undenkbar.

Die Gefallenen

Im Sample findet sich eine zweite Gruppe von Befragten, deren marginalisierte Position ein Produkt späterer biografischer Ereignisse ist. Entgegen der dauerhaften Marginalisierungserfahrung ist bei der Gruppe der »Gefallenen« die Erfahrung des sozialen Abstiegs zentral (Nachtwey 2016): Sie sind sozial *»[e]her abgestiegen«* (Jenny Kurz) bzw. *»ganz klar abgestiegen«* (Sigrun Lange). *»Momentan«*, so ergänzt Jakob Simonon, *»bin ich so ziemlich am unteren Ende angelangt [lacht].«*

Der soziale Abstieg wird meist nicht als längerfristiger Prozess dargestellt, sondern mit einem biografischen Ereignis (Sackmann/Wingens 2001, 26 f.) in Verbindung gebracht, was die Benennung als »Gefallene« rechtfertigt. In der (psychologischen) Forschung werden solche Ereignisse als »kritische Lebensereignisse« (Filipp/Aymanns 2010) beschrieben. Die Befragten sprechen von Migration und von familiären Veränderungen als Gründe für ihren sozialen Abstieg.

Zunächst stellt Migration eine biografische Zäsur dar und so machen die drei Befragten mit Migrationsgeschichte diese auch für ihre Lage verantwortlich. Filip Altmann, Karim Halabi und Karol Schestag begründen ihre Migration nach Deutschland mit der Hoffnung auf Verbesserung ihrer Lebensverhältnisse. Nur Karim Halabi entscheidet sich selbstständig für die Migration. Ihm gelingt es, in Marokko mit Hilfe seiner Eltern Geld zu sparen, um nach Deutschland zu kommen und zu studieren. Filip Altmann und Karol Schestag verlassen ihr Herkunftsland Polen unfreiwillig. Während Altmann auf der Suche nach einer Anstellung nach Deutschland kommt, flieht Karol Schestag aus Angst vor Strafverfolgung. Ihm droht ein Verfahren wegen des Besitzes von Betäubungsmitteln.

Die Hoffnung auf Verbesserung der sozialen Lage erfüllt sich in allen Fällen nicht. Im Gegenteil stellt sich bei den Interviewpartnern im Vergleich zu ihren (relativ stabilen) Herkunftsfamilien ein sozialer Abstieg ein. Die Erfahrung der Migration führt zur Dissonanz zwischen subjektiven Dispositionen und sozialen Verhältnissen, was Karim Halabi deutlich macht. Er stellt sein Leben in Deutschland dem stabilen Leben in Marokko gegenüber: *»Als ich war in Marokko, ich hatte ein gutes Leben.«* Halabi wächst als Sohn eines Angestellten und einer Hausfrau in bescheidenen, aber geordneten Verhältnissen auf und schließt die Schule mit dem Abitur ab. Gegenwärtig findet er sich nach einer Phase der Obdachlosigkeit und mehren Gefängnisaufenthalten in der Erwerbs- und Wohnungslosigkeit. Auch Filip Altmann und Karol Schestag machen ihre Migration für ihre jetzige Lage verantwortlich, was Filip Altmann so ausdrückt: *»Ja ganz unten bin ich jetzt gerade.«* Durch die Betonung des Zeitpunktes grenzt er seine Gegenwart von seiner proletarischen Vergangenheit ab. Aktuell ist er erwerbs- und wohnungslos. Als Kausalbeziehung begründet ebenso Karol Schestag seine Marginalisierung mit seiner fluchtartige Migration: *»Und ich bin obdachlos, weil ich habe Probleme mit Polizisten in Polen. Ich […] musste nach Deutschland.«* Deutlich wird, dass Schestag Polen nie verlassen wollte und keine Möglichkeit hatte, sich auf den Ortswechsel einzustellen. Ohne Vorbereitung und Wissen über das Zielland findet er sich in einer marginalisierten Position. Dafür spricht seine Unkenntnis sozialer Probleme in der BRD und sein Unwissen über soziale Unterstützungssysteme, wovon das weitere Gespräch zeugt. Der soziale Abstieg durch Migration lässt sich durch einen multiplen Kapitalverlust der Befragten erklären: Ohne Kapitalausstattung im Zielland müssen sich die Befragten zusätzlich mit Problemen auseinandersetzen wie Sprachbarrieren, rassistischer Diskriminierung auf dem Wohnungs- oder Arbeitsmarkt oder fehlenden Aufenthaltsgenehmigungen.

Auch die weiteren Befragten begründen ihren Abstieg mit einem konkreten Ereignis. In den Gesprächen tauchen meist persönliche Umbrüche im Familienkontext (Trennungen, Todesfälle etc.) auf. Beispielhaft bringt dies Veronica Mittermeier auf den Punkt. Die 50-Jährige zieht nach ihrer Scheidung aus der ehelichen Wohnung aus. Der anschließende Sorgerechts- und Unterhaltsrechtsstreit belastet sie finanziell schwer. Im Zuge einer (nicht näher beschriebenen) Erkrankung verliert sie darüber hinaus ihre Arbeitsstelle, was sie für ihre aktuelle Lage verantwortlich macht, weil *»dadurch ist meine Armut entstanden.«* Ähnlich wie Karim Halabi grenzt sie ihr geordnetes (Familien-)Leben vor der Scheidung eindeutig von der Gegenwart ab. Sie berichtet, dass sie durch *»Scheidung, durch Krankheit«*, durch den Verlust ihrer Wohnung und Arbeitsstelle *»[d]efinitiv abgestiegen«* ist. *»Vorher war das so heile Welt.«*

Bei über einem halben Dutzend Befragter wird der Abstieg mit Beziehungsumbrüchen in Verbindung gebracht, so dass sich der soziale Abstieg *»ganz klar [...] aus der Geschichte«* (Sigrun Lange) ergibt. Lange wächst in einem proletarischen Haushalt auf und schließt nach der Realschule ihre Lehre als Rechtsanwaltsfachangestellte ab. Sie arbeitet einige Jahre, heiratet und bekommt drei Kinder. Nach Gewalttätigkeiten ihres Mannes kommt es zur Trennung und sie erzieht ihre Kinder allein. Durch eine Krankheit wird sie erwerbsunfähig und lebt von ALG II und positioniert sich *»auf der untersten Stufe.«*

In der Gruppe der »Gefallenen« finden sich alle Befragten, die einen stabilen Primärhabitus ausgebildet haben und alle Befragten mit Abitur. So bezeichnet etwa Gustav Quassel, der eine *»klassische Mittelschichtkarriere gehabt«* hat und nun in einer Notunterkunft lebt, seinen Positionswechsel drastisch: *»Das ist kein Abstieg, sondern ein Absturz. Das hat geknallt.«* Bei diesen Abstürzen kommt es zu Widersprüchen zwischen den neuen sozialen Verhältnissen und den subjektiven Dispositionen, auf die die Befragten zwar unter aktuellen Bedingungen noch zurückgreifen können, die aber neu justiert werden müssen und eine Anpassungsleistung nötig machen.

Während die Gruppe der »dauerhaft Marginalisierten« ihre Klassenposition als Ausdruck anhaltender biografischer Marginalisierung versteht, versuchen die »Gefallenen«, sie mit einem biografischen Ereignis zu begründen und finden dies entweder in ihrer Migration oder in Veränderungen familiärer Beziehungskonstellationen. Für ihre Selbstwahrnehmung ist es entscheidend zu verstehen, wie es kommen konnte, von einer *»heilen Welt«* (Veronica Mittermeier) in Erwerbs- oder Wohnungslosigkeit zu geraten. Die Suche nach einer externen Begründung kann als psychologischer Versuch bewertet werden, die eigene Existenz (unter neuen Bedingungen) weiter zu rechtfertigen. Gerade für die Gesprächspartner*innen, die biografisch nicht immer der marginalisierten Klasse angehört haben, ist dies habituell auch möglich. Die Betonung externer Gründe erlaubt es ihnen, die eigene Respektabilität herauszustellen, was Sigrun Lange und Veronica Mittermeier direkt ansprechen. So betont Lange, *»durch Krankheit, Gewalt und Trennung [...] unverschuldet in diese Situation«* gekommen zu sein und Veronica Mittermeier findet es *»traurig [...], dass Leute, die ihr ganzes Leben lang garbietet ham, nicht mehr über die Runden kimman. Meist alleinerziehende Mütter, wie ich ja auch.«*

Bei den »Gefallenen« stellt sich die Frage, in welchem Maße sie wirklich zur marginalisierten Klasse gezählt werden können. Dies könnte bestritten werden, wenn sie nur eine biografische Phase beschreiben und soziale Beziehungen zu Mitgliedern anderer Klassen bestehen würden. Die Gespräche haben jedoch deutlich gemacht, dass es sich bei der gegenwärtigen Position dieser Befragten eben nicht um eine kurzfristige, veränderbare Form sozialer Mobilität handelt, sondern um einen umfassenden Positionsverlust. Zudem zeigt auch die Stärke der subjektiven Marginalisierungserfahrung, wie eindeutig und deutlich die Befragten ihre Position wahrnehmen. Somit ist es notwendig, die »Gefallenen« trotz unterschiedlicher Erfahrungen und Dispositionen als Teil der marginalisierten Klasse zu betrachten.

VII Die Arbeitssituation der Befragten

Der Beruf eines Menschen bestimmt maßgeblich dessen soziale Identität. Respekt wird denen zuteil, die einer ›normalen‹ Lohnarbeit nachgehen. Sie ermöglicht somit nicht nur den Broterwerb, sondern bildet auch die Basis für soziale Anerkennung, soziale Knoten- und Bezugspunkte sowie die Zuweisung von Status und Prestige. Welche Rolle spielt die Lohnarbeit für die Befragten? Aus den Gesprächen lassen sich verschiedene Arbeitsorientierungen und geschlechtsspezifische Unterschiede in der Arbeitssituation ableiten. Vor allem sind die Gesprächspartner*innen jedoch eines: erwerbslos. Für die Befragten bedeutet dies neben materiellen Einschränkungen auch den Verlust eines positiven Selbstbildes. Um dies auszugleichen, arbeiten zahlreiche Befragte – jedoch meist informell.

7.1 Vergangenheit der Lohnarbeit

Wie waren die Gesprächspartner*innen zwischen dem Berufseinstieg und der Zeit, in der das Interview geführt wurde, beschäftigt? Tabelle 10 gibt hierfür einen ersten Überblick.

Von 27 Befragten befinden sich 26 derzeit nicht in einem Lohnarbeitsverhältnis. Sprechen sie von ihr, handelt es sich um ein Phänomen der Vergangenheit. Ein Drittel der Befragten hat biografisch jedoch überhaupt keine Erfahrungen mit Lohnarbeit gesammelt.

Die Erwerbsbiografien der Befragten sind heterogen und brüchig. Zahlreiche Befragte haben das Berufsfeld gewechselt und auch spätere Berufe abgebrochen. Darauf folgen häufig Hilfstätigkeiten, informelle Beschäftigung oder Erwerbslosigkeit. Deutlich zeigt sich jedoch eine geschlechtliche Trennung der Tätigkeiten. Während die männlichen Befragten vor allem im produzierenden Gewerbe tätig waren, finden sich bei den Interviewpartnerinnen ausschließlich Dienstleistungsberufe.

Die Gespräche haben eine übergreifende Gemeinsamkeit deutlich gemacht: die Befragten messen der Lohnarbeit zentrale Bedeutung bei. Arbeit ist für sie *»sehr wichtig«* wie es wortgleich in über einem halben Dutzend Gesprächen heißt, *»extrem wichtig«* (Sigrun Lange), *»total wichtig«* (Greta Sanft), *»ganz wichtig«* (Judith Kreuz) oder gar *»das wichtigste«* (Magda Geschonke und Karol Schestag). Arbeit ist *»die Säule, auf der unsere Gesellschaft basiert«* (Timothy Maier).

Tabelle 10: Erwerbsleben (gegliedert nach Geschlecht, Stationen und Erwerbsorientierung)

	Ausbildung	**Frühere Lohnarbeit**	**Derzeitige Lohnarbeit**
Männer			
Arbeit als Selbstverwirklichung			
Finn Johansen	Konditor, Diplom-Informatiker	Informatiker	-
Gustav Quassel	Studium (keine nähere Angabe)	Kaufmann (keine nähere Angabe)	-
Herbert Kieserling	Mechatroniker, Diplom-Ingenieur für Informationsverarbeitung	Informatiker	-
Karol Schestag	Diplom-Gartenbauingenieur	Landschaftsbauer	-
Timothy Maier	Informatikstudium*, Informatiker für Systemintegration	Informatiker	-
»Arbeiterlicher« Habitus			
Achim Ganz	Berufssoldat, Berufskraftfahrer	Berufssoldat, Berufskraftfahrer	-
Detlef Oerde	IT-Elektroniker, Panzerschlosser Gebäudereiniger	Verschiedene Tätigkeiten, v. a. Gebäudereiniger	-
Filip Altmann	Maschinenschlosser	Hilfsarbeiter, Fließbandarbeiter	-
Stefan Blaumann	Werkzeugmaschinenbauer*, Gärtner*	Hilfsarbeiter	Gärtner
Keine Erwerbsorientierung			
Enrico Braun	Elektromonteur*, Bürofachmann*	-	-
Friedrich Linke	Elektroniker*	-	-
Jakob Simonon	Jura-Studium*	-	-
Karim Halabi	-	-	-
Markus Blum	Chemikant*, Frisör*	Flachdachhelfer	-
Markus Nordkreuz	Schienenfahrzeugschlosser*	-	-
Frauen			
»Gebrochen arbeiterlicher« Habitus			
Anett Schäfer	Bäckereifachverkäuferin, Einzelhandelskauffrau	Bäckereifachverkäuferin	-
Greta Sanft	Diplom-Psychologin	Erwachsenenbildnerin	-
Helma Keitel	Rechtsanwaltsfachangestellte	Callcenter-Mitarbeiterin	-
Jenny Kurz	Erzieherin	Erzieherin	-
Judith Kreuz	Bürokauffrau*, Tankwartin	Tankwartin	-
Magda Geschonke	Schneiderin, Schwesternhelferin, Reisekauffrau	Schneiderin, Pflegerin, Hotelangestellte, Reisekauffrau	-

	Ausbildung	Frühere Lohnarbeit	Derzeitige Lohnarbeit
Sigrun Lange	Fachangestellte	Fachangestellte	-
Veronica Mittermeier	Floristin	Floristin	-
Keine Erwerbsorientierung			
Clara Lichtenstein	-	-	-
Hilde Unseld	-	-	-
Judy Frei	Landschaftsgärtnerin*	-	-
Sabrina Jung	-	-	-

*=abgebrochen

Zunächst bedeutet Lohnarbeit geregelte Einkünfte. »*Arbeit?*«, so fragt ungläubig Sigrun Lange, »*irgendwas müssen wir ja tagsüber machen, um unser Leben zu finanzieren. [...] Das ist schon unverzichtbar.*« Enrico Braun ergänzt: »*Das Geld muss irgendwo herkommen.*« Daneben bringen die Befragten Lohnarbeit auch mit alltäglicher Routine in Verbindung. »*Wir brauchen Regeln, Strukturen, Beschäftigung*«, so Markus Blum und ergänzt: »*Was würde passieren, wenn jeder frei rum gammelt?*« Ebenso betont der erwerbslose Jakob Simonon die Notwendigkeit, wieder einen Beruf zu finden, um »*wieder Struktur rein[zu]kriege[n], dass ich weiß, das und das mach ich jetzt.*« Betrachtet man diese Aussagen näher, findet sich eine doppelte Bedeutung von Arbeit. Zum einen betonen die Befragten ihre konkrete Nützlichkeit (»*Geld*«; »*Regeln, Strukturen, Beschäftigung*«) und zum anderen einen allgemeinen und abstrakten Wunsch nach Arbeit *an sich* (s.a. Alheit / Dausien 1985, 258 ff.).

Sprechen die Befragten von konkreter Arbeit, herrscht eine pragmatische Haltung vor, die sich im Wunsch nach Stabilität ausdrückt. Verständlicherweise meint dies, *überhaupt* eine Arbeit zu finden. Ansprüche an die Arbeit weichen zurück und Vorstellungen von materieller Sicherheit rücken in den Fokus. »*Das wichtigste ist, dass man ein sicheres Einkommen hat*« (Stefan Blaumann).

Lohnarbeit ist jedoch ebenso eine zentrale, abstrakte Hoffnung der Befragten, die auf die Frage nach ihren Zukunftsvorstellungen so antworten: »*Zuerst brauch ich wieder einen Job, wo ich mindestens 1000 Euro im Monat verdiene. Ganz einfach [lacht]. Was anderes kann ich dazu ned sagen*« (Jenny Kurz). Filip Altmann ergänzt: »*Erst muss ich eine Arbeit haben, dann kann ich dazu was sagen.*« Auch für Hilde Unseld, die ihren Lebensunterhalt mit Betteln verdient, besteht kein Zweifel: »*Ach, 'n guter Job endlich [lacht]. Ich würd hier bestimmt nicht mehr sitzen und den Leuten das Geld aus der Tasche ziehen.*«

Diese Antworten lassen erkennen, wie stark die Orientierung an der Lohnarbeit an sich ist. Sie korreliert allerdings nur in den wenigsten Fällen mit den konkreten Biografien. Nur eine Minderheit des Samples (die überwiegend älteren und gut ausgebildeten männlichen Befragten Finn Johansen, Gustav Quassel, Herbert Kieserling und Timothy Maier) kann auf eine Biografie zurückblicken, die von sicheren Beschäftigungsverhältnissen geprägt war. Im Gegensatz dazu beschreibt die Mehrheit häufige Arbeitsplatzwechsel: *»Ich hab in so vielen Sparten gearbeitet, dass es schon fast unmöglich ist, das alles aufzuzählen. Von Gießerei über Baumschubser bis zu Soldat alles dabei. Vom Verkäufer über Putzen bis wirklich alles [2sec], beim Krisenmanagement der Bahn Leichenteile beseitigt, pff. Wie gesagt, da ist alles dabei, wirklich querfeldein«* (Detlef Oerde).

Auch Jakob Simonon ergänzt: *»Ich bin nicht das typische Beispiel für ein normales Leben, sag ich mal so. Hier: Schule, Arbeit, Rente, Tschüss. Das ist bei mir halt nicht so der Fall [lacht].«* Während Simonon über diese explizite Differenz zur Normalbiografie lachen kann, nehmen zahlreiche, meist schlecht ausgebildete Befragte diese Abweichung als Mangel war. So ist die Erwerbslaufbahn im besten Fall ein ständiges *»auf und ab«* (Magda Geschonke) oder die eigene Biografie ist schlicht *»echt kacke«* (Clara Lichtenstein). Berufliche Brüche werden nicht als selbstgewählte Weiterentwicklung dargestellt, sondern als Ergebnis externer Effekte (Kündigung, Betriebsschließung, Probleme am Arbeitsplatz etc.). Vor dem Hintergrund der beruflichen Diskontinuitäten wird es den Befragten verunmöglicht, Ansprüche an die Arbeit zu stellen. Vielmehr nehmen sie sich als Verfügungsmasse wahr; ihre geringe Kapitalausstattung ist sichtbares Zeichen für ihre Austauschbarkeit auf dem Arbeitsmarkt.

7.1.1 Arbeitsorientierungen

Zwar teilen alle Gesprächspartner*innen die starke Bedeutung der Lohnarbeit, diese fällt jedoch – abhängig von der familiären Sozialisation und den habituellen Dispositionen – ganz unterschiedlich aus: entweder am Festhalten an der Unausweichlichkeit von Arbeit (*»Natürlich muss man arbeiten«*) oder beeinflusst von der (biografischen) Entfremdung von diesen Vorstellungen bzw. der Lohnarbeitssphäre überhaupt.

Arbeit als Hoffnung auf Normalität

Die Erwerbsorientierung zeigt sich deutlich am 49-jährigen Achim Ganz. Als Jugendlicher verbüßt er nach einem Fluchtversuch aus der DDR eine Gefängnisstrafe und kommt 1990 mit 18 Jahren in die BRD, wo er zunächst vollkommen auf sich gestellt ist. In der Arbeitsmarktintegration sieht er den entscheidenden Schritt, Sicherheit und Beständigkeit zu erlangen. Diesen Wunsch sieht er schließlich in seiner Anstellung bei der Bundeswehr erfüllt, wo er eine Ausbildung zum Berufssoldaten beginnt: *»War ich zwölf Jahre, da hats mir gefallen.«* Er schildert eindrücklich, wie ihm dort erstmalig das Gefühl vermittelt wird, gebraucht zu werden, selbst etwas leisten zu können und einer sinnvollen Tätigkeit nachzugehen. Somit kommt er zum eindeutigen Schluss: »*die Zeit hat mir Spaß gemacht [...]. Ich hab mich frei gefühlt.*« Im weiteren Verlauf deutet er seine Arbeitsstelle sogar zur Familie um, was vor dem Hintergrund seiner biografischen Erfahrungen (Missbrauch, Kinderheim und -psychiatrie, kein Kontakt zu den leiblichen Eltern) verständlich wird: »*Aber beim Bund, da wo ich war, das war für mich, da hab ich mich das erste Mal wohlgefühlt wie 'ne Familie. Also ich wurde da wahrgenommen [2sec], Geborgenheit, Nähe, Wärme [4sec].*« Seine Arbeit wird zur Intimbeziehung umgedeutet und mit Aspekten belegt, die er in seiner Vergangenheit nicht hatte. Die Lohnarbeit ermöglicht ihm die erwünschte biografische Normalität. Auch seine spätere Beschäftigung als Fernfahrer beschreibt er ähnlich: »*Für mich ist gute Arbeit, wenn man morgens früh um vier aufsteht, sitzt sich in seinen LKW, macht seine Kilometer, man arbeitet und man verdient sein Geld. Das ist für mich mein Leben.*« Beim LKW-Fahren fühlt er sich »*frei.*« Lohnarbeit vermittelt ihm soziale Anerkennung, Zugehörigkeit und persönliche Identität. Durch sie ist es ihm gelungen, ein respektables Leben zu führen.

Eine ähnliche Geschichte erzählt Judy Frei. Die 24-Jährige ist erwerbslos und verdient ihren Lebensunterhalt durch Betteln. Als diskreditierte Tätigkeit kann sie als Notsituation verstanden werden. Frei beschreibt das Betteln jedoch wie eine Lohnarbeit, deutet es um und normalisiert es. Sie, die in einem Außenbezirk einer Großstadt lebt, schildert einen typischen Tag:

> »*Also sagen wir mal so, ich muss ja mit der Regionalbahn hier hochfahren, das heißt also früh aufstehen, um 8.30 Uhr vom Bahnhof losfahren, dann komme ich halt hier so um zwanzig nach neun an, dann setzte ich mich halt hierher und was ich hier mache, sieht man ja, ja, und dann wie lange ich dann hier sitze, das variiert je nachdem wie es läuft. [...] Wo wir wohnen, das ist ja relativ ländlich, der Netto, die Einkaufsmöglichkeit da, der macht ja alles um 20 Uhr zu. Also ich muss zusehen, dass ich hier rechtzeitig loskomme und noch rechtzeitig zum Einkaufen komme. Die Fahrt allein dauert 40 Minuten, dann brauche ich noch mal 20 Minuten zum Laufen, also ich muss ja eigentlich salopp gesagt, allerspätestens kurz vor 17 Uhr mit dem Zug losfahren.*«

Einmal sucht Frei durch ihre Darstellung der regelmäßigen Arbeitszeiten Anschluss an positiv bewertete Normen. Zudem stellt sie ihre Situation als geregelte Normalität dar – die sie selbst gestaltet und die somit keine Notlage bedeutet, die aktiv überwunden werden müsste. Vielmehr ergänzt sie, dass sie nach einem solchen Tag, der einem Arbeitstag entspricht, zu Hause »*[e]in bisschen im Garten sitzen, die Sonne genießen*« will. Frei deutet ihren Abend dahingehend auch zum »*Feierabend*« um.

Die Beispiele verdeutlichen, wie stark die Erwerbsorientierung wirkt. In beiden Fällen zeigt sie sich auch dann noch, wenn die Befragten selbst längst nicht mehr arbeiten. Die Befragten teilen das Wissen um die normative Bedeutung der Lohnarbeit, jedoch auch, dass ihre Chancen auf dem Arbeitsmarkt sehr schlecht sind (s.a. Dörre et al. 2013, 123 ff.). Insbesondere bei den Gesprächspartner*innen, die »unwürdig« geltenden Tätigkeiten (wie Betteln) nachgehen, zeigt sich das ständige Ringen, eine respektable Fassade aufrechtzuerhalten.

Fehlender subjektiver Bezug zur Lohnarbeit

Bei anderen Befragten, die entweder nie oder nur kurz erwerbstätig waren und daher nie einen positiven Bezug zur Lohnarbeit ausbilden konnten, findet sich eine nicht vorhandene Erwerbsorientierung. Wie weit entfernt von Lohnarbeit sich die Biografien der Befragten entwickeln, macht Hilde Unseld deutlich. Bereits mit 31 Jahren herrscht bei ihr (ohne abgeschlossene Ausbildung) Hoffnungslosigkeit vor. Sie berichtet: »*Mittlerweile hab ich gar keine Kraft mehr dafür, 'ne Ausbildung zu machen. Ich bin jetzt fast 31, und jetzt noch 'ne Ausbildung zu machen, das dauert n paar Jahre, da bin ich erst fertig mit 35 oder so. Da weiß ich nicht, ob ich das schaffen würde.*« Aus ihrer Schilderung wird deutlich, wie stark die Differenz zu (biografischen) Normvorstellungen wirkt. Ohne entsprechendes Kapital ist es ihr kaum möglich, die »normalen« biografischen Stationen zu durchlaufen.

Auch Clara Lichtenstein berichtet von einem Leben, das nicht von Lohnarbeit geprägt ist. Sie flieht bereits als Jugendliche aus ihrem Elternhaus ohne das Abitur abzulegen. Anstelle dessen jobbt sie (stets ohne Vertrag) in verschiedenen Branchen. Eine Ausbildung beginnt sie nicht, auch findet sie keine feste Anstellung. »*Ich hab nix gelernt, ich hab gejobbt.*« Nach einer Beziehung, in der sie sexuell missbraucht wird, entwickelt Lichtenstein eine starke Alkohol- und Betäubungsmittelsucht. Sie berichtet: »*Danach gings dann ganz, ganz bergab. Also Drogen ohne Ende, Drogenkonsum.*« Währenddessen ist sie weiterhin beschäftigt; »*aber das waren alles nur Jobs*«, so Lichtenstein, die diese Tätigkeiten dezidiert zu »*richtigen Job[s]*« abgrenzt. Für ihre biografische Entwicklung und Identitätsbildung spielen sie alle keine Rolle. Sie identifiziert sich nicht mit den Tätigkeiten und misst ihnen keine Bedeutung bei. Nach der Geburt ihrer zweiten Tochter (die erste Tochter hat sie zur Adoption freigegeben) beendet Lichtenstein auch diese Gelegenheitsjobs und bezieht seitdem ALG II. Sie schämt sich für ihr Leben: »*Im Grunde genommen, ich hab mir schon überlegt vorher, was erzähl ich dem denn jetzt […]. Ich schäm mich auch dafür, dass ich nicht so funktioniere wie andere Menschen, aber ich kanns halt nicht ändern.*« Implizit verweist Lichtenstein auf die habituellen Prägungen, die es ihr verunmöglicht haben, eine Erwerbsorientierung auszubilden (»*kanns halt nicht ändern*«).

Das Fehlen einer Erwerbsorientierung ist Produkt (habitueller) Prägungen. Es ist daher nicht verwunderlich, dass sich in dieser Gruppe zahlreiche Befragte befinden, die einen prekären Primärhabitus und einen Habitus der Bildungsfremdheit ausgebildet haben. Bereits in ihren Familien spielte Lohnarbeit häufig keine oder nur eine untergeordnete Rolle, was sich insbesondere an den Biografien von Clara Lichtenstein, Enrico Braun, Friedrich Linke oder Markus Blum zeigt. Sie alle stammen aus marginalisierten Herkunftsfamilien, in denen ihnen keine Dispositionen vermittelt wurden, die die Grundlage für ihre Erwerbsorientierung hätten bilden können. Die fehlende Erwerbsorientierung führt dazu, dass sie beginnen, Identitätskonzepte in anderen Bereichen zu entwickeln, was etwa die Fokussierung von Clara Lichtenstein auf die Mutterrolle ausdrückt.

7.1.2 Geschlechtliche Unterschiede in den Tätigkeiten

Hatten bereits die Ausbildungen der Befragten eine geschlechtsspezifische Trennung angedeutet, findet sich diese eindeutig in ihren Berufen: Die befragten Männer waren zumeist im manuellen Bereich tätig. Nur eine kleinere Subgruppe der Männer mit Abitur war in anderen Bereichen beschäftigt. Ihnen gegenüber waren *alle* lohnarbeitenden Frauen in Dienstleistungsberufen beschäftigt (Busch 2013; Wetterer 2002).

Männliche Beschäftigung zwischen Selbstverwirklichung und Arbeiterlichkeit

Bei den Berufen der Männer zeigt sich eine Zweiteilung in nicht-manuelle und manuelle Tätigkeiten, die in der sozialen Herkunft begründet liegt.

Die erste Untergruppe besteht mit Finn Johansen, Gustav Quassel, Herbert Kieserling, Karol Schestag und Timothy Maier aus Gesprächspartnern, die einen stabilen Primärhabitus sowie den Bildungshabitus des »arbeitsamen Strebens« entwickelt und eine Hochschulreife erworben haben. Danach waren sie meist mehrere Jahre stabil beschäftigt. Sie alle wurden der Gruppe der »Gefallenen« zugeordnet. Für sie bildet ihre ehemalige Lohnarbeit weiterhin den entscheidenden biografischen Bezugspunkt sowie die Grundlage ihrer Identitätsbildung.

Dahingehend beschreibt der 73-jährige Herbert Kieserling seine langjährige Arbeit als Informatiker. Kieserling, der nach seinem Studium selbstständig tätig ist, beschreibt ausführlich, wie er sich in seiner Lohnarbeit verausgabt und darin Erfüllung findet. Er organisiert, plant und bringt in der Arbeit seine Ideen ein. Diese wird zum Raum seiner gelungenen Entfaltung, seiner Fachlichkeit und Kennerschaft. Beruflich läuft es für ihn *»ganz gut, bin durchmarschiert.«* In der Arbeit kann er *»Probleme lösen«* und *»[s]ich weiterentwickeln.«* Kieserling berichtet darüber hinaus, für die Arbeit sogar auf soziale Beziehungen verzichtet zu haben. Diesem Mangel stellt er die Vorteile seiner selbständigen Tätigkeit gegenüber. Er kann unabhängig tätig sein und sich auf seine Leistung verlassen. Kieserling versteht die Lohnarbeit als identitätsstiftendes Projekt. Er versteht Arbeit als *»eine wichtige Identifikation mit sich selbst und dem, was man kann.«* Er ergänzt: *»Arbeit ist ein Fundament für die Persönlichkeitsentwicklung.«* Daher stellt die Notunterkunft für Wohnungslose, in der er aktuell lebt, eine katastrophale Erfahrung dar. Gleichzeitig hält er weiter an seiner habituell begründeten Sichtweise auf Arbeit fest und versucht, sich beruflich *»wieder aufzustellen.«* Dabei glaubt er, nur auf sich selbst bauen zu können und setzt auf seine Erfahrungen aus der Selbstständigkeit. Zweifellos folgt er Strategien, die sich dem Diktat des Marktes unterwerfen, was sich auch in seiner Abgrenzung von den *»Kollegen in der Wohnungslosenhilfe«* zeigt, die sich – im Gegensatz zu ihm – *»aufgegeben«* hätten. Arbeit als identitäre Grundlage ist für ihn jedoch weniger Ausdruck einer neoliberal geprägten Haltung, sondern vielmehr ihrer praktischen Neujustierung. Arbeit wird weiterhin mit Wertschätzung, Anerkennung und Identität verbunden, ihm jedoch verwehrt. Dafür spricht auch, dass er sich der Begrenzungen eines individuellen Aufstieges in der Notunterkunft deutlich bewusst ist.

Ähnlich wie bei Kieserling zeigt sich auch bei den anderen Befragten dieser Untergruppe die große Bedeutung des Berufs darin, dass dieser mit Inhalten und konkreten Tätigkeiten ausführlich beschrieben wird. Der Beruf ist bei ihnen Ausdruck und Folge ihrer (geistigen) Fähigkeiten, fordert sie heraus, macht Spaß und birgt die Möglichkeit, etwas zu erreichen. Somit verkörpert die Berufsrolle bei ihnen auch Autonomie und Freude. So beschreibt Finn Johansen, der als Informatiker in einem Großkonzern tätig war, dass er dort *»sehr gut zurechtgekommen [ist], weil das ein junges Team war. Wir hatten zwar einen Abteilungsleiter, der aber immer gesagt hat: ›Ihr macht das schon. Ich brauch gar nicht kontrollieren.‹ Das heißt, wir waren da sehr frei in der Arbeit.«* Johansen verbindet seine Arbeit mit dem Vertrauen seiner Vorgesetzten, persönlichen Entfaltungsmöglichkeiten sowie der Möglichkeit, eigene Entscheidungen zu treffen. Nach dieser Anstellung entschließt er sich für die Selbstständigkeit: *»und hab dann beschlossen, ich werde Freiberufler. Ja, war 'ne spannende Zeit, weil ich viel unterwegs war, sowohl in Deutschland als auch international. Ja, hat mir gut gefallen [3sec]. Ja [2sec], das ging auch über etliche Jahre.«* Deutlich wird, wie sehr sich Johansen mit seinem Beruf identifiziert und Möglichkeiten betont, die sich aus seiner Selbstständigkeit ergeben. Bei ihm, der nun nach mehreren Gefängnisaufenthalten erwerbs- und wohnungslos in einer Notunterkunft in einer norddeutschen Großstadt lebt, kommt es zu einer Dissonanz zwischen seiner tatsächlichen (Erwerbs-)Biografie und seinen Ansprüchen an deren »Normalität.« Die Stärke seiner Erwerbsorientierung zeigt sich darin, dass er weiterhin glaubt, durch eigene Anstrengung eine Anstellung zu finden. Nach diversen Rückschlägen (Trennung, Wohnungs- und Jobverlust sowie Gefängnis) sieht sich Johansen aktuell wieder *»am Anfang der Leiter.«* Diese Metapher verdeutlicht, dass er weiterhin an seinen Aufstieg glaubt. Seine Erfahrungen der Instabilität scheinen nur bedingt auf seine habituellen Dispositionen zurückzuwirken und zeigen deren Stärke. Johansen handelt seine Erwerbsorientierung nicht neu aus, sondern hält an seinen habituellen und geschlechtlichen Dispositionen und der Bedeutung der Berufsrolle als persönlicher Bezugspunkt fest – auch wenn sie mit der konkreten Realität nichts mehr zu tun haben.

Die Gesprächspartner dieser Untergruppe beschreiben ihre Arbeit als Ausdruck von Freiheit und Gestaltungsmöglichkeit. Sie identifizieren sich mit ihrer Beschäftigung und entwickeln eine positive Einstellung zur Arbeit. Im Sample stellen sie die deutliche Minderheit dar.

Die zweite (deutlich größere) Subgruppe besteht aus Interviewpartnern, die manuelle (Hilfs-)Tätigkeiten ausgeführt haben, für die keine besondere Ausbildung notwendig ist: so etwa Filip Altmann und Stefan Blaumann als Hilfsarbeiter in der Industrie. Es finden sich körperbezogene Tätigkeiten, bei denen die reine Arbeits*kraft* im Fokus steht und die mit dem Bildungshabitus der Notwendigkeit oder der Bildungsfremdheit korrespondieren. Die Mehrheit der Befragten gehört zu den »dauerhaft Marginalisierten.«

Der 66-jährige Filip Altmann wächst in der polnischen Provinz auf. Sein Vater, ein Kohlearbeiter, stirbt früh an Krebs. Die Mutter versorgt Altmann, seine Brüder und die Großmutter als *»einfache Arbeiterin.«* Nach der Volksschule absolviert er in einer nahegelegenen Großstadt eine Schlosserausbildung und ist danach in verschiedenen Firmen der Region als Hilfsarbeiter tätig: *»Ja in Polen, ich arbeiten mit diese Säcke. Die Firma machen Granulat aus Plastik oder Gummi, die verkaufen weiter und ich musste da halt schleppen.«* In dieser Schilderung wird deutlich, dass die pure Körperkraft ausreicht, diesen Beruf auszuführen. Nahezu identisch schildert Stefan Blaumann seine erste Anstellung. Nach dem Abbruch einer Ausbildung ist er als Hilfsarbeiter in Ostberlin tätig. Ohne abgeschlossene Berufsausbildung ist für ihn ein Beruf, der sich nicht ausschließlich auf seine Körperkraft bezieht, nahezu unmöglich. Die »Wende« erschwert ihm eine Arbeitsmarktintegration zudem noch; 1989 ist er 18 Jahre alt: *»Ja und dann bin ich beim nächsten größeren Betrieb gelandet, Schichtsystem und da hab ich auch verschiedene Tätigkeiten ausgeübt, Flaschen etikettiert, das hat mir aber nicht besonders Spaß gemacht.«* Blaumann weiß um seine Austauschbarkeit, was zur Unzufriedenheit mit seiner Arbeitssituation führt, die er als ungenügend empfindet. Gleichzeitig beschreibt er, wie er sich unbeholfen fühlt und aufgrund seiner schlechten Leistungen keine kollegialen Beziehungen aufbauen kann, sondern *»gemobbt«* wird.

Die beiden Befragten sprechen stellvertretend für diese Untergruppe von wenig herausfordernden Tätigkeiten, die für sie die einzige Möglichkeit einer Arbeitsmarktintegration darstellen. Sie identifizieren sich nicht mit der Arbeit, die sie als repetitiv, langweilig und unbefriedigend beurteilen, sondern führen sie lediglich als Mittel aus.

Die Befragten der beiden Untergruppen unterscheiden sich deutlich. Gleichzeitig ist es wichtig zu betonen, dass sich die Männer dieser Untergruppe nicht von körperlicher Arbeit *an sich* distanzieren, sondern von der konkreten Art und Weise, in der sie tätig sind. Arbeit wird (abstrakt) mit Vorstellungen wie Sicherheit, Leistungsprinzip und Körperlichkeit in Verbindung gebracht, selbst wenn diese, wie dargestellt wurde, nicht oder nur teilweise realisiert sind. Die positive Orientierung an körperlicher Arbeit zeigt sich etwa da, wenn Filip Altmann ausführlich über seine Ausbildung als Maschinenschlosser spricht:

> *»Ich mag es, Sachen zu reparieren, schweißen. Damals, wenn man etwas will, man kann nicht alles kaufen, muss man selbst machen, ja. Mein Vater war auch so. Ich wollte nicht immer be-*

zahlen oder bitten jemand, ich wollte mir selber helfen. Am Ende dieser Schule, es waren drei Jahre, da gab es dann drei Tage Prüfung und diese Abschlussarbeit, ich habe die Schloss zum Türe gemacht. Wir bekommen Blech und Schrauben und den Rest wir müssen alles mit Hand machen ohne Maschine. [...] Im Beruf ich habe immer gute Noten, ja.«

Körperliche Arbeit stellt für Altmann grundsätzlich eine positive Fähigkeit dar, die er schätzt und auf die er sein Selbstbild als Mann aufbaut. Er kritisiert Lohnarbeit an keiner Stelle. Meist abgeleitet aus dem Bildungshabitus der Notwendigkeit entsteht bei den Befragten ein »arbeiterlicher« Habitus. Sie erkennen die Notwendigkeit körperlicher Arbeit an. Sie erschafft Erfahrungen von Wirkmächtigkeit und Leistungsfähigkeit. Der Körper wird als Ressource aufgewertet. Dies wiederholt Altmann mehrfach im Gespräch durch folgenden familiären Sinnspruch:

»Das habe ich von meinen Eltern gelernt, die haben immer gesagt: ›Filip, du hast zwei Hände, zehn Finger, du kannst das und das machen.‹ Wenn im Haus was war, musste das gemacht werden, auch wenn ich gesagt habe: ›Äh, ich habe keine Lust.‹ Vater und Mutter habe immer gesagt: ›Filip, du hast zehn Finger, zwei Hände, du musst das machen.‹ Das war gut.«

Für die Arbeit (und am Ende für das gesamte Leben) gilt, dass nichts nötig ist außer einem gesunden und leistungsfähigen Körper.

An beiden Untergruppen zeigt sich, wie es zur Reproduktion des klassischen Männlichkeitsbildes kommt (Connell 2015). Entweder durch den Fokus auf den eigenen Geist (erste Untergruppe) oder die Körperkraft (zweite Untergruppe) betonen die Interviewpartner Bereiche, in denen sie sich als auf ihre Umwelt *eingreifend* wahrnehmen können. Diese Autonomievorstellung verweist auf geschlechtsspezifische Dispositionen, die sie als Männer seit ihre Kindheit eingeübt haben. Sie haben jedoch auch zur Folge, dass auch sie den Zwängen der »männlichen Herrschaft«, deren Nutznießer sie sind, ausgesetzt sind (Bourdieu 1997, 188). Männlichkeit muss unter allen Umständen performativ hergestellt werden, worauf auch die Befragten hinweisen. Gerade unter Bedingungen sozialer Marginalisierung kann der Ausweis der eigenen Männlichkeit aufgrund fehlender Kapitalausstattung existenzielle Bedeutung annehmen.

Weibliche Dienstleistungsberufe

Im Gegensatz zu den Männern finden sich bei den Frauen deutlich konstantere Berufskarrieren. Nach ihren Ausbildungen sind sie meist längerfristig in einem entsprechenden Beruf tätig. So beschreibt beispielsweise die 49-jährige Jenny Kurz ihren kontinuierlichen beruflichen Werdegang: dem Realschulabschluss folgt unmittelbar eine Ausbildung an einer Fachakademie für Sozialpädagogik und daran anschließend eine Anstellung als Erzieherin. Darüber hinaus haben die Interviews auch spezifische Phänomene weiblicher Beschäftigung verdeutlicht.

Die Interviewpartnerinnen beschreiben, erstens, ihre Arbeitstätigkeiten weniger ausführlich als die männlichen Befragten. Dies mag für deren untergeordnete biografische Rolle sprechen. Meist in proletarischen Verhältnissen aufgewachsen, berichten sie davon, dass ein Beruf für sie als Mädchen nicht vorgesehen war; eher wurde die Hausfrauenrolle als angemessen erachtet (Krais 2011, 43). Von solchen Vorstellungen spricht unter anderem Sigrun Lange, der das Abitur von ihren Eltern verwehrt wurde: »*Na ja, ich war halt ein Mädchen und da wurden bestimmte Erwartungen dran geknüpft an dieses Geschlecht. Da gab es auch nix zu diskutieren.*« Diese Erwartungen führen dazu, dass sich ihr Möglichkeitsraum für einen Beruf bereits als Jugendliche deutlich einengt. Doch nicht nur die geschlechtliche Sozialisation führt dazu, dass die befragten Frauen ihre Berufsrolle weniger ausführlich beschreiben. Zahlreiche Interviewpartnerinnen waren zu Beginn ihrer Berufskarriere bereits in einer Paarbeziehung und sind dem sog. Zuverdienermodell gefolgt. Damit ist ein Arrangement gemeint, in dem Frauen neben der (alleinigen) Verantwortung für die familiäre Sorgearbeit lediglich einer Teilzeittätigkeit oder einer geringfügigen Beschäftigung nachgehen, während der Partner Vollzeit erwerbstätig ist. Dies führt zum einen zu einer ausgeprägten Arbeitszeitlücke zwischen den Interviewpartnerinnen und ihren Partnern und zum anderen auch zu einer geringeren Bedeutung, die sie der Arbeit beimessen.

Die geschlechtsspezifischen Erwartungen sowie die geringere Bedeutung einer Lohnarbeit verdeutlichen, zweitens, dass alle Interviewpartnerinnen, die berufstätig waren, sich in ›typisch‹ weiblichen Berufsfeldern im Bereich von (personenbezogenen) Dienstleistungen wiederfinden. So war etwa Magda Geschonke als Pflegekraft und in einem Reisebüro tätig, Anett Schäfer als Bäckereifachverkäuferin angestellt und Sigrun Lange sowie Veronica Mittermeier als Ladenangestellte tätig. Jenny Kurz arbeitete als Erzieherin. Zwar entsteht durch weibliche Dienstleistungsberufe »ein genuines Berufsfeld, in dem Frauen trotz einer dominanten Kultur des ›Kinder-Küche-Kirche‹ als Arbeitnehmerinnen gesellschaftlich akzeptiert und geschätzt« (Priller / Zimmer 2017, 397) werden, gleichzeitig bieten diese Stellen jedoch deutlich geringere Aufstiegschancen und Entlohnung. Diese Berufe korrespondieren mit erworbenen geschlechtsspezifischen Dispositionen wie Selbstbegrenzung, Sorge, Rücksicht, Kommunikation und Unterordnung – die sich aber gleichzeitig nicht in einer angemessenen Bezahlung ausdrücken, da sie nicht durch eine offizielle Ausbildung erworben wurden.

Drittens spielt für alle betroffenen Frauen ihre Schwanger- und Mutterschaft eine zentrale Rolle. Für nahezu alle Gesprächspartnerinnen bedeuten diese einen erwerbsbiografischen Bruch. Die biografische Relativierung weiblicher Lohnarbeit erscheint vor dem Hintergrund eigener Kinder. Somit bringt die Geburt der Kinder und das Beenden der Berufstätigkeit bei den Interviewpartnerinnen eine Retraditionalisierung der Geschlechterrollen mit sich (Grunow / Schulz / Blossfeld 2007). Die Interviewpartnerinnen berichten übereinstimmend davon, wie ausschließlich sie (häufig auch alleinerziehend) nach der Geburt ihrer Kinder für die

Hausarbeit sowie die Erziehung ihrer Kinder verantwortlich waren, während sie gleichzeitig nichts von einer veränderten Zeitverwendung für Arbeit in der Familie durch ihre Partner sagen (Kühhirt 2012).

Die geringere Bedeutung sowie die Brüchigkeit der Erwerbsbiografien der Interviewpartnerinnen bei gleichzeitiger Anerkennung der Notwendigkeit von Lohnarbeit erlaubt es, bei ihnen von einem »gebrochenen arbeiterlichen« Habitus zu sprechen. Das »Drei-Phasen-Modell« (Klein/Myrdal 2013) weiblicher Erwerbsbiografien (Erwerbstätigkeit vor der Geburt des ersten Kindes; Mutter und Hausfrau sowie erneute Erwerbstätigkeit nach der Zeit der Erziehung) zeigt sich bei den berufstätigen Interviewpartnerinnen in abgewandelter Form. Die dritte Phase bedeutet nicht arbeitsmarktliche Reintegration, sondern (häufig in Zusammenspiel mit Trennung oder Erkrankung) das Ende der Erwerbsbiografie und geht häufig mit Armutserfahrungen einher.

7.2 Gegenwart der Erwerbslosigkeit

Erwerbslosigkeit stellt einen zentralen Aspekt in der Biografie aller Gesprächspartner*innen dar. Zahlreiche Gesprächspartner*innen waren nie in einem regulären Lohnarbeitsverhältnis und haben (wenn überhaupt) als Hilfsarbeiter oder im Dienstleistungssektor ohne Vertrag gearbeitet. Einmal erwerbslos geworden, ist es vielen Befragten unmöglich, wieder eine Arbeitsstelle zu finden.

Erwerbslosigkeit bedeutet nicht nur den Verlust eines Arbeitsplatzes, sondern geht in arbeitszentrierten Gesellschaften auch mit dem Herausfallen aus nahezu allen Beziehungszusammenhängen einher, die den Alltag, den Status, die soziale Identität und die Bewertung eines Menschen bestimmen. Erwerbslosigkeit bedeutet somit nicht nur materielle Einschränkungen, sondern muss mehrdimensional betrachtet werden. Ein Leben ohne Lohnarbeit macht es notwendig, eigene Alltagsstrukturierungen vorzunehmen, Zeit- und Lebensplanungen unabhängig von Lohnarbeit zu entwickeln und zu lernen, mit den eingeschränkten (finanziellen und sozialen) Möglichkeiten umzugehen. Ebenso ist es für erwerbslose Menschen notwendig, Formen individueller Beschäftigung zu finden und Strategien gegen Stigmatisierungen auszubilden. Somit ist sie gleichzeitig kein fixer Zustand, sondern ein soziales Verhältnis.

Gründe der Erwerbslosigkeit

Befragt nach den Gründen ihrer Erwerbslosigkeit geben die Gesprächspartner*innen meist nur pauschale Antworten: *»[Ich war] geburtenstarker Jahrgang und langzeitarbeitslos. Es gab keine Lehrstellen damals in Nordrhein-Westfallen«* (Helma Keitel). *»Und dann vorletztes Jahr war dann Schluss mit Arbeit. Ist die Firma bankrottgegangen«* (Achim Ganz). Oder: *»Dann wurde ich betriebsbedingt gekündigt«* (Jenny

Kurz). Weitere Befragte ergänzen noch weitere externe Gründe wie Krankheit (Anett Schäfer oder Enrico Braun). Darüber hinaus benennen Interviewpartnerinnen ihre Schwangerschaft und die Kindererziehung als Gründe für ihre Erwerbslosigkeit. Aus diesen Antworten scheint das Bedürfnis zu sprechen, die Erwerbslosigkeit mit einer Begründung zu versehen. Sie wird zu einer Tatsache, die von außen auf die Befragten (ohne ihr Zutun) hereingebrochen ist; zu einer natürlichen Macht, von der sie zwar nie genau wissen, wie und wann sie zuschlägt, die aber jederzeit eintreten kann.

Dies wird vor dem Hintergrund der sozialen Bewertungen von Erwerbslosigkeit verständlich. Erwerbslose werden stets dazu verpflichtet, sich für ihre Erwerbslosigkeit zu rechtfertigen, da sie vom »Normalfall der Erwerbsarbeit« (Oevermann 1999, 11) abweichen. Daraus folgt »die zentrale gesellschaftliche Stigmatisierung dieser Nicht-Arbeit bzw. der Arbeitslosigkeit. Und es ist genau diese Stigmatisierung, die die Möglichkeit, ein erfülltes Leben ohne Vermögen und/oder Erwerbsarbeit zu führen, verhindert« (ebd.). Um diese Zuschreibungen zu verarbeiten, suchen die Gesprächspartner*innen nach Erklärungen für ihre Erwerbslosigkeit, die *außerhalb* ihrer eigenen Verfügungsgewalt liegen. Durch die Externalisierung des in Form der Erwerbslosigkeit auftretenden Misserfolgs gelingt es ihnen, ihre Erwerbslosigkeit nicht als Effekt des eigenen Verhaltens zu verstehen. So versuchen sie, sich selbst als unverschuldet Erwerbslose darzustellen.

Psycho-soziale Folgen der Erwerbslosigkeit

Materielle Deprivation, die für die Befragten absolute Armut bedeuten kann, ist eine zentrale Folge der Erwerbslosigkeit. Sie zeigt sich beispielsweise in reduzierten Möglichkeiten, sich selbst versorgen zu können sowie Anschaffungen (Tickets, Haushaltsgeräte etc.) oder besondere Ausgaben (Urlaub, Unterhaltung etc.) zu tätigen. Gleichzeitig zeigen sich die Folgen der Erwerbslosigkeit nicht nur in Armut, sondern auch in einem »Gefühl des im Stichgelassenseins, der Hoffnungslosigkeit, ja der Absurdität, das sich diesen Menschen allesamt aufzwingt, die plötzlich nicht nur keine Beschäftigung und kein Einkommen mehr haben, sondern eines sozialen Lebenssinn beraubt und so auf die nackte Wahrheit ihrer Lage zurückgeworfen sind« (Bourdieu et al. 1997, 144). Dahingehend sprechen die Gesprächspartner*innen auch weitere psycho-sozialen Folgen der Erwerbslosigkeit an (s.a. Hollederer/Voigtländer 2016).

Aus der Erwerbslosigkeit folgt Leere und Langeweile sowie ein Übermaß an frei verfügbarer Zeit (Jahoda/Larzarsfeld/Zeisel 1975, 83). Die Befragten schildern Überflüssig- und Nutzlosigkeit (Kronauer 2002, 175). Dies zeigt sich insbesondere bei Gesprächspartner*innen wie Gustav Quassel, Karol Schestag oder Veronica Mittermeier, die einen stabilen Primär- und einen »arbeiterlichen« Habitus ausgebildet haben. Die Erfahrung der Nutzlosigkeit resultiert bei ihnen aus dem *Ver-*

lust ihrer Lohnarbeit. Andere Befragte, die diesen Habitus nicht ausgebildet haben, leiden seit jeher daran. So resümiert etwa die 29-jährige Erwerbslose Sabrina Jung ihr bisheriges Leben: *»Ja, ich trage auch nicht viel bei zur Gesellschaft. Ich zahl keine Steuern wirklich, ich arbeite nicht.«*

Die befragten Erwerbslosen verbringen ihren Alltag meist allein zu Hause und wissen nicht, wie sie ihre Zeit sinnvoll füllen sollen. Die Zeit wird eine prekäre Ressource, die lediglich vergeht: *»Ich weiß ja seit ich zu Hause bin, gar nicht mehr, was ich tun soll. Irgendwann hat man auf Fernsehen auch keine Lust mehr [3sec]. Das verblödet einen dann auch nur noch«* (Anett Schäfer). Die Gesprächspartner*innen schildern an keiner Stelle, dass sie die freie Zeit der Erwerbslosigkeit genießen. So beschreibt Sigrun Lange ihren Alltag als *»langweilig, weil ich arbeitslos bin. Heute gibt es da nix spannendes, nix weltbewegendes.«* Die freie Zeit wird zum Problem, die Nicht-Beschäftigung zur Qual: *»Dieses Nichts-zu-tun-Haben, also. Irgendwas machen, was einem auch Sinn irgendwie gibt. [...] Also irgendwas, was auch einen so ein bisschen erfüllt so.«* Für sie bleibt nur Resignation. Als Erwerbslose macht sie *»grad gar nix. [...] Weil was soll ich jetzt vieles machen«* (Sabrina Jung). Erwerbslos verbrachte Zeit wird lediglich als Mangel verstanden: als Mangel an Erwerbsarbeit, Beziehungen, sinnvoller Beschäftigung, kurz Sinn.

Die gegenwärtige Langeweile wirkt auch auf Vorstellungen der Zukunft (Jahoda/Larzarsfeld/Zeisel 1975, 56). Je länger die Befragten erwerbslos sind, desto eher finden sie sich mit ihrer Situation ab, wovon Stefan Blaumann berichtet:

> *»Diese Schwierigkeit, immer eine neue Stelle zu finden, wurde immer größer. Ick war immer mal ein paar Monate arbeitslos, das ging ja noch. Aber es war unvorstellbar, ein ganzes Jahr <u>durchgängig arbeitslos</u> zu sein. [...] Aber dann hab ick gemerkt: ›Ein Jahr? Keen Problem.‹ Aber es blieb dann ja nicht bei einem Jahr, es wurde immer schwerer, [...] Arbeit zu bekommen.«*

Bei ihm setzen sich sowohl die Stigmatisierungen durch Wiederholung im Bewusstsein fest als auch die Eigenwahrnehmung, für den Arbeitsmarkt überflüssig zu sein.

Zweitens geht Erwerbslosigkeit und/oder der Bezug von staatlichen Leistungen häufig mit Stigmatisierungen einher, die sich vor allem auf das vermeintlich defizitäre Verhalten der Erwerbslosen beziehen. Wilhelm Heitmeyer (2016, 66) hat am Beispiel von Langzeiterwerbslosen verdeutlicht, dass ihnen »ein Image zugeschrieben wird, nach dem ihre mangelnde Arbeitsmoral der entscheidende Grund für ihre Arbeitslosigkeit ist. In der Öffentlichkeit werden sie auf diese Weise stigmatisiert und etikettiert.« Auch die Befragten sprechen von solchen Erfahrungen. Mehrfach erwähnt dies etwa die erwerbslose Clara Lichtenstein. Sie beschreibt zunächst eine fiktive Situation, in der sie neue Menschen kennenlernt: *»Wenn ich dann sage: ›Ich arbeite nicht‹, dann weiß ich, dass ich von vornherein in eine Schublade gesteckt werden würde. Das geht nicht nur mir so, sondern allen Andern auch so. Von daher ist es mit einer großen <u>Scham</u> besetzt, überhaupt noch darüber zu sprechen.«* Lichtenstein weiß um die Stärke sozialer Zuschreibungen, von denen nicht nur sie, sondern auch andere Erwerbslose betroffen sind. Im weiteren Gespräch führt sie dies weiter aus und berichtet davon, wie sie für ihre Lage selbst verantwortlich gemacht wird. Für sie ist es ein alltägliches Problem, dass sie *»damit zu kämpfen haben, dass wir letztendlich dafür verantwortlich gemacht werden, das wir in der Situation sind und nicht erkannt wird [3sec], dass verschiedene Gründe zur [...] Arbeitslosigkeit geführt haben können zum Beispiel oder zu einem Job im Niedriglohnbereich.«* Wer sich wie Lichtenstein in dieser Lage befindet, ist nach Sicht *»der anderen«* vor allem selbstverantwortlich und festgeschrieben auf die Rolle als Hilfebezieher. Aus ihrer Aussage geht ebenso hervor, dass in dieser Sichtweise die bisherige Biografie bei der Beurteilung der Erwerbslosen irrelevant geworden ist. Weil sich die Tatsache, erwerbslos zu sein nicht leugnen lässt, bleibt Lichtenstein nichts anderes übrig, sich als Teil eines Kollektivs (*»wir«*), nämlich der Gruppe der Erwerbslosen, zu definieren. Gleichzeitig erwächst daraus keine positive Identifikation, weswegen es auch falsch wäre, von einem einheitlichen »Erwerbslosenbewusstsein« zu sprechen. In Übereinstimmung mit der Forschung von Andreas Hirseland und Philipp Ramos Lobato (2014) beschreibt Lichtenstein die moralisch aufgeladene und medial verbreitere Typisierung als »faule Arbeitslose«, die Erwerbslosen zuteil wird: *»[Man sagt:] ›Hartz IV, die sind ja alle faul und wollen nicht.‹ Es sind ja auch die Medien, die dazu beitragen. Es ist ja im Endeffekt auch mit Absicht so passiert, dass auch ein bestimmtes Bild hergestellt wird: ›Die wollen ja alle nicht.‹ Aber das stimmt nicht.«*

Erfahrungen mit dem Jobcenter

Ein Großteil der erwerbslosen Befragten ist auf Transferleistungen angewiesen. Von den 26 erwerbslosen Gesprächspartner*innen beziehen zehn Befragte ALG II und eine Interviewpartnerin ALG I. Sie bewegen sich zwischen Jobcentern und Wiedereingliederungsmaßnahmen. Die restlichen Befragten bekommen eine Rente bzw. haben keine regelmäßigen Einkünfte.

Zunächst legen die Gesprächspartner*innen wenig überraschend dar, dass der Bezug des Arbeitslosengeldes eine finanzielle Notlage darstellt. Davon berichtet etwa die 49-jährige Jenny Kurz. Sie arbeitet nach ihrer Ausbildung zur Erzieherin in einem Kindergarten. Während dieser Zeit lernt sie ihren späteren Ehemann kennen und heiratet. Aufgrund einer betriebsbedingten Kündigung verliert sie ihren Beruf und bezieht Sozialhilfe. Sie bemüht sich um eine neue Beschäftigung, findet jedoch *»außer Aushilfsjobs«* keine Anstellung. Anschließend wird sie Mutter und ist fortan als Hausfrau tätig. Gedanken an eine erneute Beschäftigung muss sie spätestens im Zuge der Trennung von ihrem Mann aufgeben, da sie fortan allein für die Erziehung ihres Sohnes verantwortlich ist, der am Asperger-Syndrom, einer Form von Autismus, erkrankt ist. Zur Zeit des Interviews lebt sie mit ihrem mittlerweile 14-jährigen Sohn in einer nordbayerischen Stadt und bezieht ALG II. Eindeutig berichtet sie von den materiellen

Einschränkungen: »*Das Geld reicht zum Leben, hungern und frieren müssen wir nicht, aber ich würde mir schon mal wieder gerne neue Schuhe oder Klamotten kaufen. Da muss ich zum Sozialkaufhaus.*« Aus dieser Darstellung geht zwar hervor, dass ihr Überleben durch den ALG II-Bezug sichergestellt ist. Doch ob er auch die gesetzlich vorgeschriebene »menschenwürdige Existenz« ermöglicht, kann zumindest anhand dieser Aussage hinterfragt werden.

Auch bei weiteren Befragten kommt es durch das ALG II zu massiven finanziellen Beschränkungen. Sabrina Jung beschreibt, wie damit nur die Deckung der unmittelbaren Bedürfnisse möglich ist und Clara Lichtenstein berichtet von finanziellen Engpässen nach der Geburt ihrer Tochter. Ebenso beschreibt Judy Frei, die zusammen mit ihrem Lebenspartner von ALG II lebt, dessen Folgen: »*weil wenn man von Hartz IV lebt, kann man ja nicht so viel auf einmal machen.*« Auch sie betont, ihre unmittelbaren Bedürfnisse (Verpflegung, Wohnung etc.) nicht decken zu können und dass sie daher zusätzlich betteln muss. Explizit begründet sie dies mit der Armut, die aus dem ALG II erwächst: »*Und ich will noch was sagen, das kann man sich ja ausrechnen, ein Hartz-IV-Satz für zwei Leute, das sind 200 [Euro], das reicht nicht für den ganzen Monat, das versteht sich ja von allein, ich meine das Schnorren hier, mache ich damit wir was zum Essen, Trinken haben, Hundefutter.*«

Aus diesen Aussagen spricht die Erfahrung, dass ein würdevolles Leben mit ALG II-Bezug nur schwer vereinbar ist. Wer zu Tafeln gehen muss, um sich mit Lebensmitteln zu versorgen oder überlegen muss, passende Klamotten für sich und seine Kinder zu kaufen, kann ein menschenwürdiges Leben nur schwer führen. Vielmehr berichten die Gesprächspartner*innen davon, dass sie gezwungen sind, Prioritäten zu prüfen und (Grund-)Bedürfnisse abzuwägen. Die zweifache Mutter und Frührentnerin Judith Kreuz, die ebenso jahrelang von ALG II gelebt hat, fasst dies so zusammen: »*Hab erst von Sozialhilfe und dann von Hartz IV gelebt mit meinen Kindern. Ja, was soll ich sagen, das war eine ganz schwierige Zeit. Von Hartz IV zu leben, das ist nicht schön.*« »*Nicht schön*« drückt (euphemistisch) die Niedergeschlagenheit und Hoffnungslosigkeit aus, die während dieser Sequenz im Gespräch deutlich zu spüren war.

Neben den finanziellen Beschränkungen kritisieren die Gesprächspartner*innen zudem die Kontrolle, Bevormundung und Fremdbestimmung durch das Jobcenter (Sammet 2014, 80). Auf Seiten der Betroffenen führt dies zu Unsicherheits- und Passivitätserfahrungen, die sich in einem »Gefühl des Ausgeliefertseins gegenüber den Institutionen« (Weißmann 2018, 91) ausdrücken. So beschreibt etwa Friedrich Linke, dass »*leider die Abhängigkeit zu diesen Jobcenter-Strukturen ziemlich groß*« ist und auch Sigrun Lange erklärt: »*In unserem Sozialstaat ist man theoretisch unabhängig, aber das ist die blanke Theorie.*« Wie sehr das Jobcenter die alltägliche Lebensführung beeinflusst, macht Jenny Kurz deutlich, die sich von ihm »*fremdbestimmt*« fühlt: »*Man darf die und die Wohnungsgröße haben. Ich muss mich abmelden, wenn ich übers Wochenende wegfahre.*« Für die Befragten stellt das Jobcenter eine bürokratische und disziplinierende Institution dar, die ihre Lebenswelt bestimmt.

Es geht nicht nur um finanzielle Aspekte, sondern auch um Regulierung, Fremdbestimmung und engmaschige Kontrolle des Alltagslebens (Dörre 2013, 30).

Damit begründet Jakob Simonon, sich (trotz Berechtigung) jahrelang nicht an das Jobcenter zu wenden. Im Gespräch berichtet er davon, wie er trotz Erwerbslosigkeit und sogar drohender Wohnungslosigkeit den Gang zum Jobcenter immer wieder aufschiebt: *»Ich musste ja zum Amt, ich hatte ja null Geld, aber ich wollte in diese Mühle nicht wieder rin, weil ich war ja eine Zeit lang – als es noch Sozialhilfe gab – 'ne Zeit lang schon drinne und da wollte ich eigentlich nicht wieder rein.«* Aus dieser Sequenz wird deutlich, was die Abhängigkeit für die Betroffenen bedeutet. Simonon verweist auf seine Erfahrungen mit dem *»Amt«* und implizit auch auf die Adressierung als *undeserving poor*, die zu einem Konflikt mit seinem Selbstbild führt. Für Jakob Simonon ist es (trotz Erwerbslosigkeit) von zentraler Bedeutung, Selbstbestimmung zu verteidigen und nicht von den Stigmatisierungen des Jobcenters betroffen zu sein. Einmal in den *»Mühlen«* des Jobcenters angekommen, gibt es aus ihnen kein Entrinnen mehr.

Die Befragten kritisieren vielfach die »Maßnahmen zur Aktivierung und beruflichen Eingliederung« der Jobcenter und sind einhellig davon überzeugt, dass sie ihnen nichts bringen. Zunächst messen sie ihnen keine Bedeutung bei, wovon Markus Nordkreuz berichtet, als er beiläufig einen sog. *»2-Euro-Job«* als sozialrechtliche Maßnahme des Jobcenters erwähnt. *»Da mach ich halt so Gartenarbeiten und so Landschaftsdinger da, saubermachen.«* Subjektiv kann er in dieser Beschäftigung keinen Sinn erkennen. Auch sieht er durch sie keine Befähigung, einen festen Beruf zu erlangen. Daher tut er auch alles, um *nicht* an dieser Maßnahme teilnehmen zu müssen:

> *»Da hab ich mich auch extra krankschreiben lassen, damit ich da nicht hin muss zu dieser Maßnahme, ne. Aber wenn da regelmäßig Krankenscheine einfliegen, ist ja sowieso bloß vom Jobcenter, [...], dann ist das nicht so schlimm, ne, wenn man da mal ein paar Tage nicht arbeiten geht. Aber ich war jetzt drei Wochen nicht arbeiten, hab mich drei Wochen krankschreiben lassen.«*

Da die Maßnahme *»sowieso bloß vom Jobcenter«* ist, arbeitet er, wie er im weiteren Gespräch berichtet, lieber informell auf dem Bau und verkauft illegalisiert Medikamente aus seinem Methadon-Programm. Er ist sich zwar bewusst, dass ihn dies beruflich nicht weiterbringt – dies tut die Maßnahme in seiner Wahrnehmung jedoch ebenfalls nicht. Im Gegensatz dazu bringen ihm seine Tätigkeiten immerhin unmittelbar Gewinne ein. Ähnlich schildern weitere Gesprächspartner*innen ihre Erfahrungen mit den Maßnahmen des Jobcenters. Während ihrer Erwerbslosigkeit muss Judith Kreuz an zahlreichen Maßnahmen teilnehmen, die sie jedoch nicht für eine feste Arbeitsstelle qualifizieren. Im Gegenteil stellt Kreuz die Maßnahmen konkreter Arbeit gegenüber. Sie erzählt: *»Es waren immer nur 1-Euro-Jobs. Ich hab da nie richtig Arbeit mit gekriegt. Das waren dann auch nur zwei Jahre vom Arbeitsamt und irgendwann ist das dann auch vorbei.«* Kreuz grenzt in dieser

Aussage Lohnarbeit von den Maßnahmen des Jobcenters ab, die für sie schlicht keine *»richtige«* Arbeit darstellen. Hieraus spricht, wie wenig Sinn sie den Maßnahmen beimisst. Gleichzeitig bedeuten diese für die Betroffenen ständige Aktivität, wovon Hilde Unseld berichtet, die ohne Berufsausbildung ausschließlich in »Arbeitsgelegenheiten mit Mehraufwandsentschädigung (MAE) beschäftigt war.

»Ich hab ja nicht nur MAE auf der Tierfarm gemacht, ich hab auch MAE in Kindergärten gemacht, hab da Kinder betreut, also da war ich leider so, ne. Springer kann man dazu sagen, weil es war da, ich hab da auch mal geputzt. Ich hab auch Essensausgabe gemacht [...]. Und zum Schluss war ich jetzt, aber das ist leider nicht mehr, da war ich bei der Besteck-, in der Besteckpolierung bei der [Firma], die nehmen auch viele Behinderte, und die haben halt auch MAE-Kräfte aufgenommen wie mich, so das war jetzt erst mal. Zimmermädchen hab ich ausprobiert.«

Zunächst zeigt sich aus ihrer Schilderung, dass sie ausschließlich in weiblich konnotierten Dienstleistungsberufen tätig war. Mit ihren Tätigkeiten identifiziert sich sie nicht. Der dauernde Wechsel deutet darauf hin, wie die »aktivierende« Politik die erwerbslosen Befragten dazu verpflichtet, ihre Lage durch dauernde Aktivitäten, Coachings und Weiterbildung selbst zu verändern. Aus Sicht des Jobcenters sind »Passivität und Stillstand nichts, Aktivität und Bewegung alles – bis hin zum Selbstzweck« (Lessenich 2013, 76). Somit sind die Erwerbslosen als Leistungsbezieher*innen permanent gefordert, ihre Situation zu verbessern. Dies führt jedoch nicht zu erhöhten Chancen auf dem Arbeitsmarkt, was bei den Betroffenen mit der subjektiv empfundenen Sinnlosigkeit der Maßnahmen einhergeht.

Diese findet sich auch bei den Befragten, die Maßnahmen grundsätzlich aufgeschlossen gegenüberstehen. Auch für sie stellen sie unnötige sowie verfehlte Belastungen dar, wovon Clara Lichtenstein berichtet. Zunächst bringt sie Maßnahmen des Jobcenters als Ausdruck der Fremdbestimmung in das Gespräch ein. Lichtenstein ist aufgrund einer Erkrankung als arbeitsunfähig eingestuft und daher aktuell nicht von Maßnahmen betroffen, hat allerdings jahrelang Erfahrungen mit dem Jobcenter gesammelt:

»Ich weiß, es gab andere Zeiten, da hab ich mich überhaupt nicht mehr selbstbestimmt gefühlt, sondern fremdbestimmt, weil man an Maßnahmen teilnehmen musste, wo man nicht wollte, während andere Sachen, die man gerne hätte machen wollen, nicht erlaubt waren. Da gab es dann keine Förderung. Es war schon ein sehr zwanghaftes System.«

Aus dieser Schilderung wird deutlich, dass das Jobcenter Lichtenstein nicht in der Reintegration auf dem Arbeitsmarkt unterstützt. Im Gegenteil beschreibt sie es als ein Zwangssystem, das ihr keinen individuellen Spielraum für eigene Entfaltung lässt. Ebenso macht sie auf die Nichtübereinstimmung zwischen den tatsächlichen Angeboten und den subjektiven Vorstellungen deutlich. Eine solche falsche Prioritätensetzungen spricht auch Sigrun Lange an, die gerne einen passenden Weiterbildungskurs besucht hätte, den ihr das Jobcenter allerdings nicht gewährt:

> *»Es wird einem irrsinnig schwer gemacht, sich hier seine Brötchen selber zu verdienen. Ich habe es ja immer wieder versucht mit der Eingliederung. Da sitzt der ARGE-Berater dann mit stolzgeschwellter Brust und bietet ihnen drei Kurse an, die ich jetzt machen kann: Ja toll, ich brauch als Angestellte aber keinen Gabelstaplerschein und Englisch brauch ich auch nicht, wenn ich in Köln arbeite und Buchführung auch nicht. ›Aber was anderes haben wir nicht, was berufsspezifisches für sie haben wir nicht.‹ Ich sag: ›Warum bestellen sie mich dann her?‹ – ›Ja, irgendwas müssen sie ja machen.‹ – ›Dann bieten sie mir was vernünftiges an.‹ 25 Jahre so eine Kacke. Diese ARGE hat insgesamt, ich hab das mal hochgerechnet, ca. 370.000 Euro ausgeben für Maßnahmen. Für mich kleine Maus wie ich hier sitze, im Laufe der Jahre, 370.000 Euro für Bewerbungstrainings, für Computertrainings, die kein Schwein im Leben je braucht, es sei denn er wird Fluglotse und immer wieder Bewerbungstrainings, Bewerbungstrainings, Bewerbungstrainings. Aber ein einziger passender Kurs in Insolvenzrecht, da wo ich gearbeitet hab, war nicht drin, weil sie da kein passendes Institut hatten. Die 25 Euro für die schriftlichen Unterlagen können sie mir nicht bezahlen, weil da haben sie ja keine Sicherheit, dass ich das auch lerne, ich muss am Seminar teilnehmen, das kostet 200 Euro, wird aber eh grad nicht angeboten. Die Unterlagen für 25 Euro zahlen sie nicht, das Seminar vielleicht schon, aber erst im nächsten Jahr wieder. So läuft das hier und daran krankt das hier.«*

Lange schildert ihre Versuche nach einer passenden Weiterbildung als langfristigen und kräftezehrenden Kampf mit der Behörde, den sie am Ende verliert. In dieser Auseinandersetzung stellt sie ihre Eigeninitiative der Bürokratie des Jobcenters gegenüber. Sie beschreibt die Abhängigkeit vom Jobcenter, die mit einer Beschränkung ihrer Autonomie einhergeht und nimmt diese staatliche Institution als übermächtig wahr. Sie selbst verkleinert sich gegenüber der Institution (*»kleine Maus«*) als Bittstellerin, die – der Institution ausgeliefert – ihre Wünsche und Vorstellungen nicht durchsetzen kann. Zwar kritisiert sie die administrativen Entscheidungen (*»25 Jahre so eine Kacke«*), ist diesen schlussendlich jedoch machtlos gegenüber. Sie beschreibt, wie *durch* die Maßnahmen das eigentliche Ziel der Aktivierung verfehlt wird und ihr keine Entfaltungsmöglichkeiten ermöglicht werden. Folgt man Langes Schilderung, geht es dem Jobcenter nicht darum, eine passende Arbeit zu finden, sondern ihr *irgendetwas* zu vermitteln. Gleichzeitig betont sie, wie sehr sie trotz allem bemüht ist, eine feste Arbeitsstelle zu finden, was ihr das Jobcenter allerdings *»irrsinnig schwer«* macht. Lange definiert sich als leistungsfähig, fortbildungswillig und somit auch als *deserving poor.*

Die ALG II-Bezieher*innen unter den Befragten sind (nach sozialer Herkunft, familiärer Situation, Alter, biografischen Erfahrungen auf dem Arbeitsmarkt sowie Länge ihrer Erwerbslosigkeit) sehr heterogen, doch »›Hartz IV‹ macht sie in gewisser Weise alle gleich« (Dörre et al. 2013, 370 f.). Ohne die Anerkennung bisheriger Leistungen werden die Erwerbslosen auf dem »Niveau der früheren Sozialhilfe ›zwangshomogenisiert‹« (ebd.). Dies führt dazu, dass alle Gesprächspartner*innen, die ALG II beziehen, tendenziell mit fehlendem Leistungswillen in Verbindung gebracht werden. Die Jobcenter, deren Ziel die »Förderung« und »Qualifizierung« der Erwerbslosen ist, halten ihre »Kund*innen« (folgt man den Gesprächspartner*innen) in Passivität und Stagnation. Die Rekonstruktion der Gespräche hat gezeigt, dass zahlreiche Interviewpartner*innen in ihrer Auseinandersetzung mit dem Jobcenter von der Zuschreibung als *undeserving poor* betroffen sind und unter die Trennlinie der Respektabilität fallen. Bei Helma Keitel zeigt sich ihre Auseinandersetzung damit in ihrer Abgrenzung zu anderen Erwerbslosen, die sie mit Devianz, Gewalt und fehlender Bildung in Verbindung bringt:

> *»[Ich musste] an Maßnahmen teilnehmen und da treffen sie auf gefährliche Leute. Durch die Maßnahmen, in die ich gesteckt wurde, an denen ich teilnehmen musste, hab ich diese ganzen kriminellen, zwielichtigen Gestalten getroffen. So was trifft man ja nicht freiwillig und schon gar nicht, wenn man zu Hause sitzt und liest. Ich bin da in brutalster Weise reingeschubst worden, anders kann ich das nicht sagen.«*

Die anderen Teilnehmer*innen der Maßnahme verkörpern in Keitels Schilderung idealtypisch die *undeserving poor*. Keitel versteht sich selbst als Leidtragende, da sie an der Maßnahme teilnehmen und mit *»gefährliche[n] Leute[n]«* interagieren muss. Aus ihrer Aussage spricht, dass sie sich zu Unrecht in dieser Situation wiederfindet (*»nicht freiwillig«*). Die *»zwielichtigen Gestalten«* haben mit ihr nichts gemein, gleichzeitig berichtet sie davon, dass sie mit ihnen identifiziert wird. Wie eindeutig diese Zuschreibung wirkt, drückt die Formulierung *»in brutalster Weise reingeschubst«* aus. Zwar gelingt ihr die Abgrenzung nach außen hin nicht, jedoch legt sie Wert darauf, ihre Respektabilität insbesondere durch die Betonung ihrer Belesenheit zu verteidigen. Zumindest im Gespräch versucht sie sich von den »anderen« Erwerbslosen zu distanzieren. Doch wird den erwerbslosen Gesprächspartner*innen das Bedienen relevanter Orientierungen, die einen Anerkennungsgewinn mit sich bringen, (strukturell) verunmöglicht.

7.3 Arbeitsformen jenseits der Lohnarbeit

Die Ferne vom Arbeitsmarkt führt nicht zur Akzeptanz der Erwerbslosigkeit. Ein genauer Blick auf die Arbeitssituation und -formen macht deutlich, dass es verkürzt wäre, lediglich von einer Gegenüberstellung von Lohnarbeit und Erwerbslosigkeit auszugehen, denn ein Leben ohne Lohnarbeit ist nicht mit einem Leben ohne Arbeit gleichzusetzen. Viele Gesprächspartner*innen verstehen sich dahingehend als arbeitende Erwerbslose. Zahlreiche Tätigkeiten im informellen Bereich (unreguliert oder illegalisiert), die in den Gesprächen erwähnt wurden, machen deutlich, dass die vorherrschende Stigmatisierung als »faule Arbeitslose« keinesfalls korrekt ist. Will man ein umfassendes Verständnis von Arbeit erhalten, reicht es nicht, sich auf Berufsrollen zu konzentrieren, sondern muss auch weitere Arbeitsformen aufnehmen (Rehbein / Souza 2014, 151).

Betteln

Betteln meint das Erbitten von Almosen in Form von Geld oder Waren von fremden Personen aufgrund subjektiver Bedürftigkeit. Meist wird Betteln mit dem Bitten um Almosen gleichgesetzt, doch hat die bisherige (überschaubare) soziologische Forschung zum Betteln darauf hingewiesen, dass es sich um eine vielschichtige Tätigkeit handelt, die im öffentlichen Raum stattfindet, zeitlich organisiert ist und auf sozialen Beziehungen basiert (Gillich / Keicher 2012; Voß 1992). Bettler*innen »müssen, um zu Geld zu kommen, ihre Zeit und Kraft, ihr Wissen, ihre Fertigkeiten und Fähigkeiten anwenden. Betteln bedeutet Mühe und Anstrengung« (Thuswald 2008, 58).

Die Befragten erwähnen unterschiedliche Formen. Sabrina Jung und Friedrich Linke berichten von aktivem Betteln. Darunter wird der Verkauf von kleinen Gebrauchsgegenständen oder Straßenzeitungen verstanden sowie das aktive Ansprechen potenzieller Spender*innen. Die weiteren (ehemaligen) Bettler*innen (Enrico Braun, Helma Keitel, Hilde Unseld, Judy Frei, Markus Nordkreuz und Timothy Maier) sprechen ausschließlich vom passiven, meist nonverbalen Warten auf Geld. Die Unterscheidung in aktiv und passiv (Voß 1992) ist allerdings insofern irreführend, da es sich in beiden Fällen um eine bewusste Tätigkeit handelt. Alle Schilderungen des Bettelns finden im städtischen Raum statt. Insbesondere dort finden sich Orte (U-Bahnen, Einkaufszentren etc.) mit ausreichend potenziellen Geber*innen.

Für die Gesprächspartner*innen stellt der Gelderwerb die stärkste Legitimationsquelle des Bettelns dar. Ihr Alltag ist von Stress, Unsicherheit und Existenzängsten geprägt; Betteln spielt eine entscheidende Rolle in der Existenzsicherung: »*Also wenn ich nicht gebettelt hätte, gar nicht, wär ich gar nicht zurechtgekommen, nein*« (Markus Nordkreuz). Auch Timothy Meier versucht, durch Betteln »*über die Runden*« zu kommen. Insbesondere bei Hilde Unseld und Judy Frei stellt das Betteln eine Überlebensstrategie dar, um sich mit dem Lebensnotwendigsten zu versorgen. So fasst Hilde Unseld zusammen: »*Ja, und ich sitze hier und bettele, um mir wenigstens mein, wenigstens mein Brot zu finanzieren.*« Für die Gesprächspartner*innen als mittellose Menschen stellt Betteln eine der wenigen Tätigkeiten dar, die sie ohne Kapitalbesitz überhaupt ausführen können. Insbesondere für Menschen ohne Wohnsitz bildet »*Schnorren*« (Judy Frei) eine relativ voraussetzungslose Möglichkeit des Gelderwerbs. Die Befragten berichten, wie es eine kontinuierliche, wenn auch prekäre Einnahmequelle darstellt: »*[W]ie lange ich* *dann hier sitze, das variiert je nachdem wie es läuft. Ich meine Schnorren ist ungefähr wie Pokerspielen, ein gewisser Teil macht die Strategie aus, aber ohne die nötige Portion Glück geht auch nichts [...], manche Tage da komme ich kaum über 10 Euro raus«* (Judy Frei). Sie bezeichnet das Betteln gleich einem Glücksspiel – von dessen Erfolg es allerdings abhängig ist, ob sie ihr (Über-)Leben sicherstellen kann.

Darüber hinaus hat Betteln für die Befragten jedoch noch eine weitere Funktion, die unter anderem Friedrich Linke beschreibt. Im Gegensatz zur »leeren Zeit« der Erwerbslosigkeit, wird es (darin der Lohnarbeit vergleichbar) zum Teil einer »*Tagesstruktur.*« Linke beschreibt deutlich, wie sein Leben in der Obdachlosigkeit durch bestimmte Rhythmen strukturiert ist. Das Betteln stellt für ihn eine solche Struktur dar, die seinen Alltag bestimmt und somit zu einer Tätigkeit wird, die mit Sicherheit und Selbstachtung verbunden wird.

Durch Praktiken und Strategien versuchen die Befragten ihre Existenz als Bettler*innen als anständig darzustellen. Hierunter fallen ungefragte »Angebote« wie das Verkaufen von Feuerzeugen und kleinen Gegenständen (aktives Betteln), wovon Sabrina Jung berichtet oder etwa das Türe-Öffnen vor Banken oder Geschäften. Somit wird das Betteln zu einer ›ehrlichen‹ Dienstleistung umgedeutet, was die Erniedrigung der Bettler*innen verhindern soll (Patrick 2018). Weitere Strategien orientieren sich an Vorstellungen wie Ordnung und Sauberkeit. Markus Nordkreuz betont die große Bedeutung des äußeren Erscheinungsbildes. Er erzählt, wie er trotz seines Alkohol- und Betäubungsmittelkonsums beim Betteln darauf geachtet hat:

> *»Weil ick sauber ja auch immer war, ick war ja nie dreckig, so abgestürzt. Ick hab das wahrgenommen in diesen Hilfestellen, dass man da Wäsche waschen kann, sich duschen kann und auch mal billig essen kann oder sowas. Und das hab ich wahrgenommen, weil ich wollte mich nicht gehen lassen wie, oder riechen, wie einer der zum Beispiel da am [Platz]... Egal ob ich gesoffen hatte, ich war immer sauber. Das hab ich mir nie nehmen lassen, diese Hygiene.«*

Das saubere Erscheinungsbild wird zur Voraussetzung der Selbstachtung unter Bedingungen des Bettelns. Für die Befragten ist es wichtig, dass man ihnen ihre Existenz als Bettler*in nicht ansieht. Damit versuchen sie sich als *deserving poor* darzustellen. Gleichzeitig ist niemand mit der Existenz als Bettler*in zufrieden. Das Betteln bleibt Ausdruck einer Notsituation, in der sich niemand wohl fühlt.

Informelle Arbeit

Daneben arbeiten weitere Befragte in »informellen« Arbeitsverhältnissen, die jenseits arbeitsrechtlicher Standards kaum reglementiert sind und wenig Sicherheit bieten: Tätigkeiten wie Arbeit auf eigene Rechnung (sog. »Schwarzarbeit«), informelle Selbstständigkeit aber auch Subsistenzarbeit (Portes/Castells/Benton 1989; s.a. Altvater/Mahnkopf 2002; Chen 2005). Typische Merkmale sind neben der meist unzureichenden Bezahlung, fehlender Schutz im Arbeitsalltag (Nichtbeachtung von Arbeits- und Sozialgesetzen sowie Sozialversicherung), Jobs ohne Perspektive und Vertragslosigkeit.

Tabelle 11: Informelle Tätigkeiten (nach Geschlecht)

Interviewpartner	**Art der Tätigkeit**	**Interviewpartnerin**	**Art der Tätigkeit**
Filip Altmann	Forstarbeiter	Clara Lichtenstein	Toilettenpflegerin, Tresenkraft, Verkäuferin, Haushaltshilfe, Pflegerin
Friedrich Linke	Straßenzeitungsverkäufer, Pfandflaschensammler, Bauarbeiter und Gartenarbeiter	Hilde Unseld	Sexarbeiterin
Jakob Simonon	Hilfstätigkeiten (wie Fahrer oder Auslieferer)	Helma Keitel	Pfandflaschensammlerin
Karim Halabi	Verkauf von Betäubungsmitteln	Magda Geschonke	Heimarbeiterin
Karol Schestag	Parkplatzwächter, Lagerarbeiter, Steinsetzer und Gartenarbeiter	Sabrina Jung	Verkauf selbstgemalter Zeichnungen und Pflegerin
Markus Nordkreuz	Bauarbeiter, Elektroniker und Verkauf von Betäubungsmitteln		

Deutlich wird, dass es sich bei den Tätigkeiten der befragten Männer vor allem um einfache manuelle Arbeit handelt (Garten-, Forst- oder Bauarbeiten). Somit spiegeln sie die Tätigkeiten auf dem regulären Arbeitsmarkt wider. Darüber hinaus kommen noch illegalisierte Tätigkeiten wie der Verkauf von Betäubungsmitteln hinzu. Während die Männer in Tätigkeiten beschäftigt waren, die auf der Körperkraft gründen, zeigt sich diese Reduktion auf den Körper auch bei den befragten Frauen durch körperbetonte Hilfs- und Dienstleistungsberufe wie Pflege oder Sexarbeit. So war Clara Lichtenstein etwa *»in einem Klamottengeschäft«* tätig, hat *»auch mal [als] Toilettenfrau«* *gearbeitet oder auch »mal in 'ner Kneipe, mal Hausaufgabenhilfe, mal im Altenheim«* gearbeitet. Die 31-jährige Hilde Unseld, die ohne abgeschlossene Ausbildung nie in einem regulären Arbeitsverhältnis, sondern nur in unterschiedlichen Maßnahmen des Jobcenters im Dienstleistungssektor tätig war, berichtet von Sexarbeit: *»[Neben den Maßnahmen] hab ich auch noch 'ne schlechte Erfahrung gemacht, die möchte ich nie wieder machen: Ich, das sag ich jetzt n bisschen leiser vielleicht, ich hab [...] acht Jahre lang bis zu zehn ungefähr, immer mit kleinen Unterbrechungen, hab ich Prostitution betrieben, aber das will ich nie, nie wieder machen, weil es macht den Kopf kaputt.«* Unseld macht deutlich, dass sie sich an keiner Stelle mit dieser Tätigkeit identifiziert, sondern sie diese und ihre Folgen kritisiert, die sie ausschließlich aus Not ausgeführt hat. Für die Frauen bedeuten ihre informellen Tätigkeiten eine doppelte Benachteiligung (Chen/Carré 2020).

Warum arbeiten die Befragten informell? Zunächst hilft sie ihnen bei der Befriedigung elementarer Bedürfnisse. Deutlich wird dies an der Aussage von Helma Keitel, die keine festen Einkünfte hat und als Obdachlose ausschließlich von Betteln sowie Pfandflaschensammeln lebt: *»Ich hab so ein kleines Radio. Vielleicht sollte ich nachher noch ein paar Flaschen sammeln, damit ich mir neue Batterien leisten kann.«* Informelle Arbeit ist unmittelbar und geht kaum mit Planungssicherheit einher. Dies zeigt sich auch bei Jakob Simonon. Nach seinem abgebrochenen Studium hat er keine weitere Ausbildung begonnen. Seitdem hat er ausschließlich *»irgendwie gejobbt.«* Er beschreibt seinen vergangenen Arbeitsalltag so:

> *»Ich hab ja einen Führerschein und damals war das noch kein Problem, dass man zu einer Firma gegangen ist und gefragt: ›Hier, brauchen sie jemand? Ich kann fahren, kann auch ein bisschen anpacken.‹ Dann hab ich immer solange gearbeitet, bis ich wieder ein bisschen Kohle zusammenhatte und bin dann erst Mal wieder weg. […] Jobben und dann mal sehen.«*

Diese Hilfstätigkeiten ermöglichen es ihm, kurzfristig Geld zu verdienen. Simonon arbeitet nur so viel, bis er genügend Geld hat und orientiertet sich am Gelegenheitsnutzen.

Zudem schildern die Befragten die Erfahrung der (Über-)Ausbeutung im informellen Bereich. Arbeitsschutzregelungen gelten nicht, Unterstützung durch Gewerkschaften oder Selbstorganisierung ist kaum möglich. Willkür sind sie komplett ausgesetzt. Es scheint daher auch kein Zufall zu sein, dass alle befragten Migranten informeller Arbeit nachgegangen sind. Insbesondere Geflüchtete oder illegalisierte Menschen haben häufig keine rechtliche Absicherung und können als superflexible Reservearmee ausgebeutet werden. Zum einen herrscht für sie die Konkurrenz ungebremst und zum anderen sind sie durch fehlende Aufenthaltstitel schutzlos gezwungen, jede Arbeit anzunehmen, wovon Karim Halabi berichtet. Er will in Deutschland ein Studium beginnen, braucht aber sein erspartes Geld auf, was ihn vor existenzielle Probleme stellt: *»Danach ich musste sehen, wie ich Studium finanzieren. Ohne Arbeitserlaubnis, ohne Dings, ohne Job, ohne nix. Also muss man ja andere Sachen finden.«* Für Halabi stellt informelle Arbeit die einzige Möglichkeit des Gelderwerbs dar. Wer in Deutschland nicht offiziell gemeldet ist, existiert schlichtweg nicht und lebt häufig ohne Krankenversicherung, Konto oder Einkommen. Bei Halabi wird deutlich, wie Sprachbarrieren, Rechtsunkenntnis und die Angst vor Ämtern eine unüberwindbare Hemmschwelle darstellen. Was bleibt? Halabi schildert, wie er neben *»Schwarzarbeit«* in den Handel mit Betäubungsmitteln einsteigt. Er möchte arbeiten – dafür bleibt ihm jedoch nur informelle Arbeit.

Am ausführlichsten schildert Markus Nordkreuz seine Erfahrungen mit informellen Tätigkeiten. Der 47-Jährige hat keine abgeschlossene Ausbildung und kommt als DDR-Bürger nach der »Wende« nach Süddeutschland und schlägt sich meist ohne Wohnung an verschiedenen Orten mit Gelegenheitsjobs und Betteln durch. Mehrere Jahre verbringt er ohne festen Wohnsitz und Arbeitsstelle:

> *»Schwarz gearbeitet viel, also regulär hab ick nie gearbeitet, nie. Immer nur Schwarzjobs oder wie gesacht, halt gebettelt auf der Straße. [...] Aufm Bau hab ich viel gearbeitet, ja. Als Hooker, also wirklich alles. Wenn du mal nichts gekriecht hast, es gab ja auch so Arbeitsbörsen [...], biste morgens hin und dann wurden mehrere Jobs aufgerufen und dann haste dich halt gemeldet und bist mit und hast abends halt die Auszahlung gekriecht.«*

Nordkreuz spricht hier zwei Aspekte an. Zum einen ist es die Zufälligkeit, der er ausgesetzt ist. Ohne Rechte oder Regulierung gibt es in der Informalität nichts, worauf er sich verlassen kann. An den Arbeitsbörsen wird er auf die reine Arbeitskraft reduziert. Zum anderen zeigt sich durch die direkte Bezahlung nach dem Arbeitstag die Unmittelbarkeit informeller Arbeit. Ohne weitere Schutzmechanismen bietet sie keine Zukunftsaussicht. Wer an einem Tag an einer Arbeitsbörse ausgewählt wird, hat keine Sicherheit, dass dies am nächsten Tag wieder passiert. Dieser tägliche Kampf kennt keine Regeln »als die eines Glücksspiels« (Bourdieu 2000, 65). Auch gegenwärtig finanziert sich Nordkreuz über *»Schwarzarbeit«*. Er übernimmt Renovierungsarbeiten, wird jedoch um den Lohn geprellt. Doch dient diese Tätigkeit ohnehin nicht nur dem Einkommenserwerb, sondern bildet die Möglichkeit, seine Leistungsbereitschaft zu betonen. Er erzählt: Von *»acht Uhr bis abends um acht Uhr hab ick aufm Bau gesessen und gemacht und getan, damit auch alles rechtzeitig fertig wird, ja. Hatte mir einen Zeh gebrochen, bin sogar mit 'nem gebrochenen Zeh auf die Arbeit.«* Trotz körperlicher Verletzung arbeitet er weiter. Er versucht »alles in der eigenen Macht stehende« (Bourdieu 2000, 76) zu tun, um den »eigenen Lebensunterhalt zu bestreiten und sich vom Los der Arbeitslosigkeit zu befreien« (ebd.), um so die »Sorge um Wahrung [seiner] Würde wachzuhalten« (ebd., 75). Arbeit (auch ohne Vertrag oder Absicherung) ist »der letzte Schutzwall gegen den extremen Abstieg« (ebd.) in die »unwürdige« Armut. So verstanden bedeutet der unbedingte Wille zur (informellen) Arbeit nicht nur ökonomische Sicherheit (möglichst hohe Erträge), sondern vor allem Schutz vor sozialer Verachtung. Daher wird jeder Arbeitsplatz, verteidigt, »so widerwärtig er auch sein mag« (ebd., 72). Interessant ist, dass die Befragten meist keine Probleme damit haben, über ihre informellen und illegalisierten Tätigkeiten Auskunft zu geben. Dies darf jedoch nicht mit einer Identifikation mit ihnen verwechselt werden. Es ist keineswegs so, dass die Befragten mit diesen Tätigkeiten kokettieren oder eine bewusste Unkonventionalität an den Tag legen. Betteln oder informelle Arbeit stellen weder einen Akt des Widerstands noch der Unangepasstheit dar, sondern sind Ausdruck ihrer Marginalisierung. Wollen die Befragten tätig sein, bleibt ihnen häufig nichts anderes übrig, als sich in diese Bereiche zu begeben. Schlecht bezahlte, illegalisierte oder informelle Arbeit stellt für sie eine Möglichkeit dar, beweisen zu können, dass sie alles tun, um sich selbst zu versorgen. Dahingehend zeigt die Fülle der Tätigkeiten der Befragten, dass sie arbeiten wollen. Ohne ausreichend Kapitalbesitz ist ihnen der Zugang zum ersten Arbeitsmarkt jedoch meist verwehrt und so stellt informelle Arbeit eine Möglichkeit dar, ein Einkommen – und sei es noch so gering und unsicher – zu generieren und sich als leistungsbereit darzustellen.

7.4 Erweiterung des Arbeitsbegriffs

Arbeit hat für die Befragten zentrale Bedeutung. Aber Arbeit heißt nicht nur Lohnarbeit. Die Vielfalt der Tätigkeitsfelder und -formen der Befragten verweist auf die Heterogenität der marginalisierten Klasse selbst. Zum einen finden sich in der Klasse der Marginalisierten jene, die ihre Arbeitskraft (noch) an das Kapital verkaufen können, um so mehr schlecht als recht zu überleben. Zum anderen besteht die Klasse der Marginalisierten auch aus jener Surplusbevölkerung, die (gerade noch) im informellen Sektor arbeitet oder der jede Anstellung verwehrt bleibt. Die Marginalisierten sind sowohl für die Produktion als auch für die Konsumption und Zirkulation ökonomisch nutzlos. Auch den Gesprächspartner*innen ist dies bewusst, was bei ihnen zur Unzufriedenheit mit ihrer Position führt, gegen die sie jedoch nicht aufbegehren.

Angelehnt an Karl Marx (MEW 23, 640 ff.) verstehe ich die Klasse der Marginalisierten als genuinen Bestandteil der kapitalistischen Produktionsweise. Sie ist keinesfalls lediglich die Folge neoliberaler Politik (Davis 2011, 18). Wer also von Armut und Marginalisierung reden will, darf vom Kapitalismus nicht schweigen. Gleichwohl bilden die Marginalisierten mehr als eine »Reservearmee« im marxistischen Sinne. Ihre notwendige Existenz bezieht sich nicht nur auf den ökonomischen Bereich und die Aneignung fremder Arbeitskraft. Marginalisierung ist etwas anderes als Ausbeutung. Während die Ausgebeuteten unmittelbar eine Funktion in der kapitalistischen Produktionsweise ausüben, haben die Marginalisierten vor allem eine symbolische Bedeutung. Häufig ohne passenden Habitus und ausreichende Kapitalausstattung, können die Marginalisierten gar keine produktiven Aufgaben übernehmen. Ihre Existenz stellt jedoch eine doppelt wirksame Disziplinierung dar und wirkt nicht nur auf die Produktionssphäre, sondern gesamtgesellschaftlich. Zum einen werden die Marginalisierten zu einem warnenden Beispiel für alle, die selbst gefährdet sind. Zum anderen bedeutet sie die Ausgrenzung der bereits von ihr Betroffenen. Die Marginalisierten sind im Modus ihres Ausschlusses sozial inkludiert. Dies bedeutet eben nicht, *außerhalb* der Gesellschaft zu stehen, sondern gleichsam negativ als Warnung, Gefahr und Bedrohung integriert zu sein.

Unregulierte Tätigkeiten, manchmal in Kombination mit Kriminalität, verweisen auf die Notwendigkeit einer Erweiterung des Arbeitsbegriffs. Das

Begriffspaar formell-informell geht von einem Dualismus aus (Komlosy 2015, 60 f.). Doch sind informell Beschäftigte nicht komplett von Lohnarbeit getrennt. Die Vorstellung einer klaren Trennung führt Irre. Sie dient der Naturalisierung sozialer Ungleichheit, da sie produktive (mehrwertgenerierende) Arbeitsverhältnisse über informelle Arbeit stellt. Die Realität zeigt jedoch, dass es sich vielmehr um Pole eines Kontinuums handelt, zwischen denen es Verbindungen gibt und wo Übergänge die Regel sind.

Das Wissen um die Tätigkeiten der Befragten jenseits der Lohnarbeit sowie ihr Mäandern zwischen Lohnarbeit, Erwerbslosigkeit, kurzfristigen Beschäftigungen oder informeller Arbeit führt zur Notwendigkeit, die Verengung des Arbeitsbegriffs auf die Lohnarbeit und die Berufsrolle aufzugeben. Eine umfassende Klassen- und Gesellschaftsanalyse, die zwar die zentrale Bedeutung von Arbeit anerkennt, darf diese jedoch nicht auf die berufsständische Arbeitsteilung kurzschließen – vor allem in der feministischen Forschung wird dies bereits lange kritisiert:

> »Eine politische Ökonomie, der es auch um eine politische Psychologie der Arbeit geht, müßte ihren Arbeitsbegriff erweitern. […] Nicht nur der Stoffwechsel, der […] in der Erwerbssphäre stattfindet, stellt gesellschaftlich wichtige Arbeit dar; menschliche Produktivkraft wird ebenso in anderen sozialen Zusammenhängen ›werktätig‹: ohne Sozialisationsarbeit ist keine Produktion von Arbeits- und Lebensvermögen denkbar; ohne Hausarbeit gibt es keine Verwandlung von Nahrungsmitteln zu wirklichem Gebrauch und Genuß, keine Wohnlichkeit, keine Erholung; ohne Beziehungsarbeit keine Fähigkeit zur Soziabilität« (Becker-Schmidt 1982, 308; s.a. Becker-Schmidt / Knapp 1995).

Und ohne die vielfältigen Tätigkeiten, von denen die Gesprächspartner*innen sprechen, gibt es für sie kaum eine Möglichkeit, sich selbst als respektabel darzustellen. Daher ist es nötig, ein dynamisches Bild von Arbeit zu zeichnen, dass sowohl Zwischenbereiche erfasst als auch die verschiedenen Arbeitsformen in Relation mit der kapitalistischen Produktionsweise (dem Zusammenspiel zwischen informeller Arbeit und formeller Produktion), dem Nationalstaat sowie dem Geschlechterverhältnis. Für eine Gesellschaftsanalyse, die auch die Klasse der Marginalisierten integriert, bedeutet dies, den Zusammenhang von Lohnarbeit und anderen Arbeitsformen, von Produktion und Reproduktion, kurz von Arbeit und Leben zu erfassen.

VIII Die marginalisierte Klassenposition im Alltag

Neben der Arbeit bilden Privatleben, Freizeitgestaltung oder äußerer Einflüsse wie Wohnungslosigkeit, Krankheit etc. das Alltagsleben der Gesprächspartner*innen. Sich ihrem Alltag zu nähern, bedeutet seinen »verborgene[n] Reichtum« (Lefebvre 1987, 96) zu heben und die vielfältigen Lebensbedingungen sichtbar zu machen, von denen die Gesprächen berichtet haben.

Ein zentraler Bereich, der in allen Gesprächen aufgetaucht ist, ist die Erfahrung von Armut. Das Leben am oder unter dem Existenzminimum bestimmt die Befragten, ebenso wie Erfahrungen mit Krankheiten, Alkohol- oder Betäubungsmittelkonsum oder Gewalt. Hinzu kommen häufig Wohnungs- und Obdachlosigkeit sowie Kriminalität.

8.1 Leben in Armut

Alle Befragten sind von Armut betroffen. Dies zeigt sich in der Art und Höhe (sofern bekannt) des monatlichen Nettoeinkommens.

Die Stärke des ökonomischen Mangels ist nicht zu übersehen. Knapp die Hälfte der Befragten bezieht ALG II, während jeweils rund ein Drittel von einer Rente lebt bzw. überhaupt keine regelmäßigen Einkünfte hat. Detlef Oerde und Stefan Blaumann haben mit einer Rente von 1.200 Euro bzw. einem Nettoeinkommen von 1.050 Euro am meisten Geld zur Verfügung. Sie sind auch die einzigen Gesprächspartner*innen, die über dem Existenzminimum leben, das im Jahr 2020 bei 9.408 Euro jährlich lag. Die restlichen Befragten müssen (meist deutlich) unter diesem Minimum leben.

Tabelle 12: Art und Höhe des monatlichen Nettoeinkommens

	Art und Höhe des monatlichen Nettoeinkommens			
	Arbeitslosengeld	**Erwerbsarbeit**	**Rente**	**Anderes**
Judy Frei	389 Euro ALG II (Bedarfsgemein.)			Betteln
Gustav Quassel	432 Euro ALG II			
Clara Lichtenstein	432 Euro ALG II			
Sigrun Lange	432 Euro ALG II			
Jakob Simonon	432 Euro ALG II			
Sabrina Jung	432 Euro ALG II			
Anett Schäfer	432 Euro ALG II			
Hilde Unseld	432 Euro ALG II			Betteln
Markus Nordkreuz	432 Euro ALG II			Informelle Beschäftigung (rund 250 Euro)
Friedrich Linke	432 Euro ALG II			Verkauf von Straßenzeitungen (rund 150 Euro)
Jenny Kurz	700 Euro ALG II (als Mutter)			
Veronica Mittermeier	600 Euro ALG I			
Stefan Blaumann		1.050 Euro		
Herbert Kieserling			280 Euro Rente	
Detlef Oerde			1.200 Euro Frührente	
Timothy Meier			800 Euro Frührente	
Greta Sanft			851 Euro Rente	
Magda Geschonke			600 Euro Grundsicherung	
Enrico Braun			Frührente	Pflegegeld
Judith Kreuz			692 Euro Frührente	190 Euro Wohngeld
Helma Keitel				Betteln
Karim Halabi				Informelle Beschäftigung
Karol Schestag				Keine Einkünfte
Markus Blum				Keine Einkünfte
Finn Johansen				Keine Einkünfte
Achim Ganz				Keine Einkünfte
Filip Altmann				Keine Einkünfte

Leben am oder unter dem Existenzminimum

Die Befragten sind mit ihrer Armut nicht allein. Sie teilen die Situation von knapp 16 Prozent der deutschen Bevölkerung oder rund 13,2 Millionen Menschen, die nach dem »Paritätischen Armutsbericht« (2020) in Armut leben müssen. Dies ist der höchste Wert seit 1990 und zeigt, dass es sich nicht um sog. »tragische Einzelfälle« handelt. In der Armutsforschung lange als Aspekt der Vergangenheit oder anderer geografischer Orte (meist Länder der sog. Dritten Welt) verstanden, besteht – auch absolute – Armut in der BRD weiter fort. Sabrina Jung, die selbst jahrelang wohnungslos sowie ohne Einkünfte gelebt hat, betont die Präsenz dieses *»Elend[s] […] direkt vor unserer Tür.«* Sie ergänzt: *»Das ist nicht nur in Afrika oder so. Wir habens hier auch. Ich glaub, das wollen so die meisten Leute nicht sehen.«*

Welch zentrale und umfassende Bedeutung die Armut für die Befragten hat, legen folgende Aussagen dar, die für einen ersten Überblick ausgewählt wurden:

> *»Ich krieg jede Woche 60 Euro zum Überleben«* (Markus Blum).
>
> *»Ja, Armut wird immer mehr. Ich glaube nicht mehr, dass ich eine Rente krieg. Das hab ich aufgegeben. Das glaub ich einfach nimmer«* (Veronica Mittermeier).
>
> *»Wenn man aber nur vier Euro hat am Tag …«* (Greta Sanft).
>
> *»Jetzt gerade bin ich pleite, ganz pleite. Ich habe 10 Cent in der Tasche. Früher, ich hatte keine Millionen, aber zum Überleben es hat immer gereicht«* (Filip Altmann).
>
> *»Da […] bleiben mir im Monat […] noch 140 Euro«* (Markus Nordkreuz).
>
> *»Das ist sehr knapp […] Ich bekomme 692 Euro Rente und 190 Euro Wohngeld. Davon muss ich natürlich alles bezahlen«* (Judith Kreuz).
>
> *»Die letzte Woche im Monat, wenn ich da noch 20 Euro habe, dann bin ich König«* (Herbert Kieserling).

Weitere solcher Aussagen finden sich in allen Gesprächen. Ohne Ersparnisse und mit chronischem Bargeldmangel ist das Leben der Gesprächspartner*innen von Armut bestimmt. Auf die Frage nach Vermögen schütteln die Befragten ungläubig den Kopf oder lachen höhnisch. Für Alter oder Krankheit fehlen ihnen jegliche Reserven. Ebenso haben sie keine Möglichkeiten, ihre Kinder zu unterstützen oder sind von Verschuldung geprägt, wovon die Bettlerin Hilde Unseld berichtet. Auf die Frage, wie sie finanziell zurechtkommt, gibt sie folgende unmissverständliche Antwort:

»Sehr schlecht. Ich hab viele Schulden, ich bin in der Insolvenz. [...] Ich hab so viele Schulden, ich muss, ich hab mir so viele zu Schulden kommen lassen, das muss ich erst mal regeln, und so muss ich auch erst mal das abzahlen, da kommt nichts mehr zum Lebensunterhalt.«

Aus dieser Passage sprechen zwei Aspekte: Zum einen hat die Armut bei Unseld einen Punkt erreicht, an dem nur das Betteln als Möglichkeit des Gelderwerbs bleibt. Zum anderen macht sie durch den sprachlichen Zusammenhang zwischen »Verschuldung« und »zu Schulden kommen lassen« darauf aufmerksam, dass sie sich als selbstverantwortlich für ihre Situation ansieht. Sie wird *nolens volens* auf die Position einer passiven Bittstellerin zurückgeworfen, die nicht einmal (mehr) in der Lage ist, sich selbst in den existenziellen Bereichen zu versorgen. Durch das Betteln zeigt sich zwar, dass sie eine Strategie entwickelt hat mit ihrer Armut umzugehen, doch ist die Kehrseite dessen klar: Ihr ist bewusst, dass sie durch die Tätigkeit soziale Erwartungen (Lohnarbeit, Nutzung des öffentlichen Raums bzw. allgemein eine respektable Existenz) nicht erfüllt, was zu Schamgefühlen führt.

Die Armut führt bei weiteren Befragten dazu, dass unerwartete Ausgaben direkt zu finanziellen Einschnitten führen oder Abwägungen zur Folge haben. Dies bringt die zweifache Mutter Clara Lichtenstein auf den Punkt: *»Wenn jetzt natürlich aber irgendwas kaputt geht, dann hab ich ein Problem.«* Deutlich wird daraus, wie sehr die Gefahr der ökonomischen Belastung alle möglichen Lebensbereiche betreffen kann. Für die Gesprächspartner*innen kann jede Krankenkassennachzahlung, Mieterhöhung oder Kürzung des Jobcenters einen spürbar finanziellen Einschnitt darstellen. Jeder Euro mehr oder weniger ist von Bedeutung. Die Armut ist eine ständige Begleiterin, die das gesamte Leben begrenzt. Diese Fremdbestimmung bedeutet Unsicherheit, aber in vielen Fällen auch die Bedrohung des Überlebens. *»[S]pätestens wenn der Hunger einsetzt oder der Durst, ist es mit der Selbstbestimmung schon schnell vorbei«*, so beschreibt die obdachlose Helma Keitel den Einfluss der materiellen Armut auf ihre gesamte Existenz. Die Armut kann auch dazu führen, auf Essen zu verzichten, wie es Herbert Kieserling fatalistisch ausdrückt: *»Ja, wie soll ich das sagen, manchmal esse ich nachmittags auch nichts. Ich bin ja älter, da braucht man nicht mehr so viel. Das kann man sich dann auch gut einreden und dann geht das auch.«* An diesen Äußerungen zeigt sich, dass Armut nicht nur einen relativen Mangel an Kapital bedeutet, sondern als absolute Armut dazu führen kann, dass sich Betroffene selbst notwendige Waren wie Nahrung oder Kleidung nicht – oder nur unter größten Schwierigkeiten – leisten können.

Eine Strategie der Befragten damit umzugehen zeigt sich auf der Konsumseite in der Suche nach Sonderangeboten oder Billigprodukten. Die Gesprächspartner*innen müssen *»genau überlegen, für was ich Geld ausgeben kann und was ich mir so kaufe und nicht kaufe«* (Herbert Kieserling). Dazu kommen weitere Strategien des sparsamen Haushaltens wie Kosteneinsparung bei Lebensmitteln (Sigrun Lange), die Verwertung von Wald- und Wiesenfrüchten (Greta Sanft) oder Subsistenzwirtschaft mit Hühnern im Hof (Judy Frei). Bei den Umgangsweisen mit der Armut finden sich keine Unterschiede anhand der Habitustypen. Selbst Gesprächspartner*innen, die sowohl einen stabilen Primärhabitus als auch den Bildungshabitus des »arbeitsamen Strebens« ausgebildet haben, sind so sehr von der Armut betroffen, dass der Umgang mit ihr den gesamten Alltag bestimmt. Dies liegt zunächst daran, dass die Armut für die Gesprächspartner*innen keine kurzfristige Phase darstellt – die Annahme der »dynamischen Armutsforschung« –, sondern sie langfristig und nachhaltig bestimmt. Je länger die Befragten Armutserfahrungen machen, desto normaler erscheinen sie und werden zum festen Bestandteil der Biografie. Davon berichtet unter anderem der erwerbslose Enrico Braun, der auf die Unterstützung von Einrichtungen wie Tafeln oder Suppenküchen angewiesen ist: *»Ich bin ja seit 94 bei der Bahnhofsmission Stammgast. Da kann man viel sparen mit dem Essen. [...] Da bin ich nun seit 94 jetzte und man hat auch Viele kommen und gehen sehen, viel Elend. Da gibt es halt Frühstück früh, Kaffee und Tee. Vom Bäcker gibts so Hörnchen gespendet, Brötchen, Brot oder dann zwischendurch mal der Tagestreff der Diakonie, da kann man ooch hingehen.«* Indem sich Braun in dieser Sequenz selbst als »Stammgast« bezeichnet, will er weniger betonen, dass er die Einrichtungen als Dienstleister versteht. Vielmehr drückt dies aus, dass er sich in seiner Armutssituation als langfristige Normalität eingerichtet hat. Während andere Menschen als »Stammgast« in eine Kneipe gehen oder Sport treiben, geht Braun zur Bahnhofsmission. Auch wenn dies für ihn zum Alltag geworden ist, bleibt es für ihn weiterhin ein Ort des *»Elends«*.

Zahlreiche Befragte sprechen weitere Folgen (längerfristiger) Armut an: Niedergeschlagenheit, Ausgrenzung und fehlende Teilhabe. *»Früher«*, so grenzt der erwerbslose Jakob Simonon seine eigene Vergangenheit mit Gelegenheitsjobs von seiner von Armut geprägten Gegenwart ab, habe er sich immerhin leisten können, eine Zeitung zu abonnieren, *»aber das ist auch ein bisschen teuer«* geworden. Auch Herbert Kieserling berichtet von fehlenden Teilhabemöglichkeiten. Eindrücklich schildert er, wie sehr er zwischen Bereichen abwägen muss. Kieserling, der derzeit in einer Unterkunft für Wohnungslose lebt, berichtet:

> *»Ich kann nicht ins Theater gehen, das Geld reicht nicht. Die Bibliothek hab ich auch bleiben lassen, weil ich muss für jede Busfahrt bezahlen und jede Busfahrt kostet zwei Euro. Hin und zurück also vier Euro, davon kann ich zwei Mahlzeiten machen. Fahrdienst gibts nur einmal die Woche. Das hab ich so zusammengebaut, dass ich zu einem Supermarkt komme [...]. Das ist das einzige, den Rest muss ich zu Fuß machen oder eben mit dem Bus, aber das kostet so viel Geld.«*

Sein Alltag besteht darin, jede Entscheidung darauf zu befragen, wie sie mit seinen Mitteln vereinbar ist. Seine Wahlmöglichkeiten beschränken sich darauf, Bereiche zu finden, aus denen er nicht komplett exkludiert werden möchte. Somit muss Armut als mehrdimensionaler und komplexer Sachverhalt verstanden werden, der sich sowohl in der materiellen Deprivation als auch in der Exklusion in allen Lebensbereichen ausdrückt.

Die Armut alleinerziehender Mütter

In der Armutsforschung herrscht häufig ein (impliziter) Androzentrismus vor (Sellach 2008). Dieser liegt vor, wenn sich Armutsmessung am Bild des »männlichen Familienernährers« orientiert und »männliche« Armutsrisiken wie Unfall und Erwerbslosigkeit berücksichtigt, »weibliche« Risiken wie Kindererziehung jedoch vernachlässigt oder vergisst. Ebenso zeigt er sich darin, dass Frauen, die mit Männern zusammenleben, nicht als »arm« definiert werden, sobald das gemeinsame Haushaltseinkommen über der Einkommensgrenze der Grundsicherung liegt – selbst wenn Frauen kein eigenes oder existenzsicherndes Einkommen haben.

In der Frauenforschung ist in diesem Zusammenhang von der »weiblichen Armut« (Köppen 1985) die Rede. Die »Feminisierung der Armut« (Pfaff 1992) wird mit geschlechtsspezifischen Aspekten der Arbeitsteilung und Nachteilen für Frauen im Sozialversicherungssystem begründet (Kickbusch / Riedmüller 1984). Lohnarbeit produziert Armut von Frauen, da diese materiell häufig schlechter gestellt sind als Männer und häufiger zu den *working poor* gehören, was unter anderem zu einer geringeren Erwerbslosenunterstützung bzw. Rente und zu einem höheren Armutsrisiko führt (Statistisches Bundesamt 2020). Ein Aspekt weiblicher Armut liegt darin, dass Frauen wesentlich häufiger (unentgeltlich) Sorgearbeit ausführen, aus der keine eigenständigen Ansprüche erwachen.

Besonders bei den alleinerziehenden Müttern unter den Befragten (alleinerziehende Väter finden sich nicht) wird die große Bedeutung der Armut sichtbar. Sie alle sind mit fundamentalen ökonomischen Problemen konfrontiert, die Auswirkungen auf ihr gesamtes Leben haben (s.a. Hübgen 2020). Für sie stellt die Meisterung des Alltages eine teilweise extreme Herausforderung dar, da sie materiell sich und ihre Kinder versorgen und betreuen und Sorgearbeiten allein tätigen müssen. All dies ist zeitlich und ökonomisch kaum zu bewerkstelligen.

Für Judith Kreuz bedeutet die Trennung von ihrem gewalttätigen Mann zunächst die Befreiung aus der Ehe, führt jedoch auch zu ökonomischen Problemen: *»Die Ehe lief aber nicht gut, sie ist dann 2003 geschieden worden und so war ich alleine mit den Kindern. Hab erst von Sozialhilfe und dann von Hartz IV gelebt mit meinen Kindern.«* Kreuz begründet die Armut mit ihrer Trennung. Dahingehend berichten auch alle weiteren alleinerziehenden Interviewpartnerinnen von finanziellen Problemen. Die unmittelbaren Folgen der Trennung beschreibt Greta Sanft, die diese Zeit biografisch als *»Stunde null«* und *»völligen Zusammenbruch«* bezeichnet, da sie kein eigenes Geld zur Verfügung hat *»und die Miete nicht bezahlt war.«* Besonders eindringlich schildert Jenny Kurz ihre finanziellen Einschränkungen. Sie arbeitet bis zur Trennung als Erzieherin und erzieht den gemeinsamen Sohn allein. Ihren Job musste sie aufgeben und lebt seitdem von ALG II. Sie beschreibt an mehreren Stellen, wie sehr die Armut sie und ihren Sohn betrifft. So erwähnt sie finanzielle Schwierigkeit, ihrem Sohn Nachhilfe zu ermöglichen oder Sportausrüstung oder Schullektüren zu kaufen, was dazu führt, dass dieser von diesen Bereichen *»ausgeschlossen«* ist. Darüber hinaus führt die Armut auch zur Einschränkung von Freizeitbeschäftigungen und von Hygienemaßnahmen: *»Ende des Monats ist es immer knapp, aber die drei, vier Tage kriegen wir schon irgendwie hin. Irgendwie. Friseur [...] geh ich eh nur einmal im Jahr. Junior müsste mal wieder, aber ist eh grad zu. Dann wird halt bei Amazon eben kein Film geliehen, es wird kein Spiel runter geladen für 2,99 aufs Handy oder 'ne App oder was.«* Kurz beschreibt in dieser eindrücklichen Sequenz den Zusammenhang zwischen der Notwendigkeit mütterlicher Fürsorge und den Einschränkungen, vor denen sie steht. Es wird deutlich, wie sehr der allgemeine Mangel auch ihren Sohn beeinflusst. Weder der Vater noch die weitere Familie spielen im Interview als Unterstützung eine Rolle; sie tauchen schlicht nicht auf. Alleinerziehend und marginalisiert stellt das Familienleben für Kurz keine Ressource, sondern eine Belastung dar. Trotz Einschränkungen und sparsamen Lebens reicht das Geld nur unter großen Entbehrungen. Das Gespräch hat gezeigt, wie sehr sie der alltägliche Umgang mit der Armut an die Belastungsgrenze bringt.

Das Monatsende bedeutet finanzielle Improvisation, die einer Verwaltung des Mangels entspricht, wobei auch grundlegende Bereiche wie Ernährung betroffen sind. Auch hier kommt es zu Einschränkungen: *»Leitungswasser schmeckt uns beiden und dann wird eben Tee getrunken statt Kaffee, dann gibt es eben keine Säfte vom Markt, sondern Zitronenwasser.«* Wie drastisch sich die Situation für Kurz darstellt, unterstreicht sie, indem sie auf die Einschränkungen selbst bei basalen Lebensmitteln (*»Leitungswasser«*) hinweist.

Kurz gelingt es trotzdem, für das Wohlergehen ihres Sohnes zu sorgen – vor allem durch die Zurücknahme eigener Bedürfnisse. Sie berichtet von Einschränkungen sozialer Kontakte sowie des Konsum- und Freizeitverhaltens. Daraus wird deutlich, dass sie ihre marginalisierte Position vor allem als alleinerziehende Mutter bewertet. Ihr bleibt nur, sich als Einzelkämpferin wahrzunehmen, der ihre alltägliche Marginalisierung deutlich vor Augen geführt wird.

Ganz ähnliche Aussagen finden sich bei weiteren Befragten. Die dreifache Mutter Sigrun Lange trennt sich 1999 von ihrem gewalttätigen Mann als ihr jüngster Sohn drei Jahre alt ist. Ihre Kinder muss sie fortan allein erziehen. Zunächst ist sie noch als Rechtsanwaltsfachangestellte tätig, muss diese Anstellung aber aufgrund einer nicht näher beschriebenen Krankheit beenden. Sie lebt derzeit von ALG II. Auch während der Zeit, als ihre Kinder noch bei ihr gewohnt haben, benennt sie deutlich die finanziellen Schwierigkeiten:

> *»Irgendwann am 28. kommt der [Name des Sohnes] und fragt: ›Kann ich mitm [Name des Freundes] ins Kino?‹ und man wieder nein sagen muss. Dann weiß man, wie sich das anfühlt.*

Das können sich alle, die Geld verdienen, gar nicht vorstellen. Sie sitzen in der Wohnung mit drei Kindern, haben noch 24 Euro im Portemonnaie und der Monat hat noch sechs Tage und dann kommt einer und sagt, er will ins Kino und sie haben die scheiß fünf Euro nicht, um den ins Kino zu schicken. Das grenzt aus. Da können die im Behördendeutsch ihre Rahmenbedingungen von der ARGE so breittreten wie sie wollen. Fakt ist, sie haben das Geld nicht, um dat Kind ins Kino zu schicken. Das ist bis heute so.«

Lange macht den Zusammenhang zwischen Armut, Exklusion und ihrer Position als alleinerziehender Mutter deutlich.

Die dauerhafte Anstrengung führt zur Erschöpfung der alleinerziehenden Mütter, die bis hin zu chronischen Erschöpfungszuständen reichen kann. Alle Interviewpartnerinnen führen die gesamte Sorgearbeit allein aus. Damit einher geht keine der Lohnarbeit entsprechende Anerkennung oder Entlohnung. Vielmehr wird sie geringgeschätzt und unsichtbar gemacht (Jochimsen/Knobloch 1997). Gleichzeitig vollzieht sich der Großteil gesellschaftlich notwendiger Arbeit in Tätigkeiten wie Pflege oder Kindererziehung, die von feministischer Seite als Sorgearbeit bezeichnet werden. Diese meist »unsichtbare« Arbeit stellt gleichsam die Voraussetzung »formeller« Lohnarbeit dar, die ohne unentgeltliche Arbeiten und die reproduktive Versorgungsökonomie nicht bestehen kann (Mies 2014). Die Beispiele der alleinerziehenden Mütter verdeutlichen jedoch, dass für sie nicht die Vereinbarkeit von Lohnarbeit und Familie als problematisch angesehen wird, sondern die (absolute) Armut, die aus ihrem Ausschluss aus der Lohnarbeit resultiert. So stellt sich die Frage nach der »Vereinbarkeit von Familie und Beruf« für die befragten Frauen meist überhaupt nicht. Arm und ohne Arbeit können sie sich schlicht nicht mit ihr beschäftigen.

Bedeutung von Tafeln

Aufgrund ihrer Armut sind zahlreiche Befragte auf Tafeln, Sozialkaufhäuser oder Lebensmittelausgaben angewiesen. Damit sind gemeinnützige Organisationen gemeint, in denen überschüssige oder gebrauchte Waren aus Supermärkten, Kleidung oder Medikamente umsonst oder gegen geringes Entgelt abgegeben werden (Selke/Maar 2011). Anett Schäfer, Clara Lichtenstein, Enrico Braun, Greta Sanft, Helma Keitel, Herbert Kieserling, Karim Halabi, Markus Nordkreuz und Sigrun Lange haben von ihren Erfahrungen mit Tafeln und Lebensmittelausgaben gesprochen. Welch existenzielle Bedeutung sie ihnen für ihr (Über-)Leben beimessen, macht Sigrun Lange deutlich. Für sie stellt die Tafel die einzige Möglichkeit dar, sich zu versorgen. Der Bezug des ALG II reicht für sie und ihren Sohn nicht aus:

»Es bleibt mir nichts anderes übrig, man muss ja [zur Tafel]. Es ist zu wenig, sie müssen überleben, ja überleben. Wenn die Tafel Weißkohl im Angebot hat, geh ich mit dreimal Weißkohl nach

Hause und dann essen sie zehn Tage Weißkohl. Überleben tun sie, sterben müssen sie nicht, aber fragen sie mich nicht nach gesellschaftlicher Teilhabe oder nach dem neusten Kinofilm oder nach Sport oder so, das können sie vergessen.«

Lange schildert die Abhängigkeit vom Tafel-Angebot, zu dem sie sich nur passiv verhalten kann. Für sie gilt, dass sie nehmen muss, was vorhanden ist und nicht frei ihre Lebensmittel wählen kann. Ähnlich beschreibt der 73-jährige Rentner Herbert Kieserling seine Erfahrungen. Er ist aufgrund seiner Altersarmut auf die Tafel angewiesen: *»Donnerstags gehe ich zur Tafel, da geh ich zu Fuß zur Tafel, das sind 8 Kilometer, zurück lauf ich das, morgens nehme ich den Bus. Ich brauche die Tafel einfach, weil es ist sonst zu wenig.«* Die Tafel hilft ihm, seine geringe Rente zu kompensieren. Doch zeigt die Schilderung auch, wie für ihn selbst der Weg zur Tafel durch die Kosten für ein Busticket zu einer ökonomischen Herausforderung wird.

Die Tafel ist für die Betroffenen nicht nur Ausdruck ihrer Armut, sondern auch ihrer Exklusion. Dass sie zur Tafel müssen, ist sichtbarer Ausdruck ihrer Marginalisierung. Sie gelten als Bittsteller, müssen teils stundenlang Schlange stehen, versehen mit einer Nummer, die die Reihenfolge der Bedürftigen bestimmt.

Die Befragten, die auf dieses Angebot angewiesen sind, gehören zu den bundesweit knapp 1,7 Millionen Menschen, die die über 2.000 Läden und Ausgabestellen der Tafeln regelmäßig nutzen müssen (Tafel 2021, 2 f.). Unter ihnen befinden sich 30 Prozent Kinder und Jugendliche, 26 Prozent ältere Menschen und 44 Prozent Erwachsene. Neben wohnungs- und obdachlosen Menschen nutzen die Angebote ebenso prekär Beschäftigte, Erwerbslose, Menschen in Altersarmut, Alleinerziehende und Geflüchtete. Diese Zusammensetzung entspricht genau den betroffenen Gesprächspartner*innen. Die Zahl derer, die ohne gespendete Lebensmittel oder Waren nicht überleben können, ist in den letzten Jahren kontinuierlich gestiegen (dies. 2019).

Im Zuge der COVID-19-Pandemie mussten bundesweit die Tafeln schließen. Für die betroffenen Gesprächspartner*innen bedeutete dies einen massiven Einschnitt. Ohne die Tafeln fehlt ihnen eine überlebensnotwendige Institution. Dahingehend schildert Anett Schäfer den Lockdown im März 2020. Auf die Frage, wie es ihr damit geht, antwortet sie:

»Dadurch, dass die Tafeln jetzt geschlossen haben, ganz ganz schlecht. Durch das ALG II ist man auf die Tafel angewiesen [3sec], die haben jetzt ja bis auf unbestimmte Zeit leider zu. Ich bin jeden Freitag zur Tafel [...], man weiß nun nicht, wann das wieder geht.«

Neben der aus der Schließung resultierenden Unmöglichkeit, weiterhin verbilligte Waren zu erwerben, stellt die Schließung ein weiteres Problem dar. Zwar stellen Tafeln einen Ort sozialer Stigmatisierung dar, gleichzeitig werden sie für die Befragten jedoch zu einem Ort, der ihrem Alltag Sicherheit verleiht. So verstehen Herbert Kieserling und Clara Lichtenstein den regelmäßigen Gang zur Tafel als festen Bestandteil ihrer Wochenstruktur. Die Befragten schildern, dass sie die Einrichtungen nicht nur wegen der Angebote schätzen, sie nehmen auch eine soziale Funktion ein. Durch Essen oder gemeinsames Kaffee- und Teetrinken entsteht eine Gemeinschaft. Die Tafeln und die Lebensmittel- und Klamottenausgaben werden zu sozialen Orten. Auch bei meinen Aufenthalten in Notunterkünften oder Tagesaufenthalten habe ich gesehen, dass sich unter den Klient*innen Menschen wieder gefunden und zusammengesetzt haben und sie meist auch länger als nötig in den Einrichtungen blieben, um sich auszutauschen. Gerade die Tagesaufenthalte werden zu einem Raum, der (insbesondere für Menschen ohne festen Wohnraum) zumindest behelfsmäßig wesentliche Bereiche einer Wohnung ersetzt.

8.2 Die Verwundbarkeit des Körpers

Der Körper der Marginalisierten ist ein marginalisierter Körper. Für die Gesprächspartner*innen stellt er eine prekäre Ressource dar. Seine Prekarität zeigt sich in den Gesprächen anhand von drei Bereichen: Krankheiten, der Konsum von Alkohol und Betäubungsmitteln sowie (sexualisierte) Gewalt bilden die körperliche Manifestation sozialer Marginalisierung. Daraus resultieren Erfahrungen, die die körperliche Selbstwahrnehmung massiv beeinträchtigen und Einfluss auf die Art und Weise haben, wie die Befragten sich in sozialen Interaktionen verhalten, wie viel Raum und Zeit ihre Körper beanspruchen und sie diesen zugestehen. Dies alles setzt sich körperlich-habituell fest und trägt dazu bei, wie die Befragten sozial positioniert werden und sich von anderen abgrenzen.

Umgang mit Krankheiten

Die Rekonstruktion der Erfahrungen mit Krankheiten macht deutlich, wie allumfassend sie die Gesprächspartner*innen darstellen. Krankheiten beeinträchtigen nicht nur das körperliche Wohlbefinden, sondern haben Einfluss auf die gesamte Lebensführung und werden in einen größeren Kontext gestellt. So verbinden sie die Befragten wahlweise mit Jobverlust (Anett Schäfer, Herbert Kieserling und Timothy Maier), der Unmöglichkeit, einen neuen Beruf ergreifen zu können (Detlef Oerde und Sigrun Lange) oder Isolation (Anett Schäfer). Sie schildern ihre Krankheiten als Ausdruck der Marginalisierung ihrer gesamten Existenz.

Dies wird am Beispiel des 46-jährigen Frührentners Enrico Braun deutlich. Der in einer DDR-Kleinstadt geborene Braun kommt direkt bei seiner Geburt *»wegen Lebensgefahr«* in ein Ostberliner Krankenhaus. Seine Mukoviszidose-Erkrankung wird fortan sein gesamtes Leben bestimmen. Zunächst besucht Braun eine Sonderschule für Menschen mit Behinderungen, woran er positive Erinnerungen hat: *»Da war inbegriffen ein Internat, Schwimmbäder, komplette Ärzteversorgung, sei es*

Zahnarzt, alles. [...] Wir wurden rundum versorgt, kann man sagen und dann haben sie halt versucht, ob ich es schaffe, auf eine Normalschule zu gehen.« Dieser Übertritt gelingt ihm jedoch nicht und er kommt in ein Heim, das er im Gegensatz zur Schule negativ darstellt: *»Das war wie beim Militär, da hatte man im Flur eine riesen Holzwand, wo die ganzen Sachen drin lagen. Man musste wie bei der Armee die Hemden mit Zeitungen zusammenlegen, die Hosen mit Zeitungen, also wie bei der Armee quasi. [...] Aber so vom Heim her hat das nüscht viel gebracht.«* Vom Heim werden ihm zwei Ausbildungen vermittelt, die er beide wegen körperlicher Einschränkungen abbrechen muss: *»Dann hab ich eine Lehre als Bürofachkraft angefangen, die musste ich aber abbrechen, weil ich durch die Computer hab ich meinen ersten epileptischen Anfall bekommen. Das wars dann natürlich. Ich hab dann noch einen zweiten Versuch gestartet, selben Beruf, ging aber auch nicht.«* Die Krankheit bildet die Grundlage seiner Exklusion im Bildungsbereich und auf dem Arbeitsmarkt. *»Seitdem bin ich arbeitslos gewesen oder jetzt halt Rentner.«* Erwerbsunfähig bezieht er eine Frührente.

Auch sein gegenwärtiger Alltag ist maßgeblich von Erkrankung und Armut bestimmt: Befragt, was gerade Bedeutung hat, antwortet er: *»Auf jeden Fall die Arztbesuche und dann kommt 14-tägig der Pflegedienst vorbei, geht einkaufen für mich, macht für mich sauber, weil ich halt auch nicht mehr so kann.«* Er akzeptiert seine Erkrankung und stellt es bereits als *»Erfolg«* dar, überhaupt noch am Leben zu sein: *»Ich bin ja nun mit meiner Krankheit schon alt geworden, 46 mittlerweile.«* Zukunftspläne oder weitergehende Hoffnungen hat er nicht. *»Was kommt, weiß man nicht.«* Betrachtet man näher, wie er über seine Krankheit spricht, fällt auf, dass er wie ein externer Beobachter auf sie sieht, wodurch er versucht, eine Distanz herzustellen. Doch hat das Gespräch verdeutlicht, wie sehr seine gesamte Existenz von der Erkrankung gefährdet war und ist.

Auch für die Erwerbslose Anett Schäfer bestimmt die Krankheit ihren gesamten Alltag. Sie schildert ihre Erkrankung jedoch als Phänomen, das erst im biografischen Verlauf an Bedeutung gewonnen hat. Schäfer berichtet, wie bei ihr vor elf Jahren erstmalig Krebs diagnostiziert wurde, der in Verbindung mit Diabetes und einer Niereninsuffizienz dazu geführt habe, dass ihre *»Beine totbestrahlt«* wurden, was ihr das Gehen verunmöglicht: *»Ich bin seit fünf Jahren an den Rollator gefesselt. [...] Das ist eigentlich meine größte Sorge. Ich bin Anfang 50 und dann nicht richtig laufen zu können, geht ziemlich an die Nieren.«* Gleichzeitig erinnert sie sich noch an eine gesunde Vergangenheit, aus der sie (im Gegensatz zu Enrico Braun) zumindest subjektiv die Hoffnung schöpft, *»irgendwann mal gesund«* zu werden, was für sie *»das Wichtigste«* überhaupt ist.

Egal, ob die Krankheit bereits von Anfang an das Leben bestimmt oder erst im biografischen Verlauf an Bedeutung gewinnt, haben die Gespräche gezeigt, wie stark die Befragten Krankheiten als übermächtigen Faktor darstellen. Ähnlich wie bei Erwerbslosigkeit und Armut fühlen sie sich ihren Krankheiten meist ausgeliefert, wovon die meist passiven Formulierungen (*»ich bekam«*, *»Man muss es hinnehmen«*) sprechen. Diese Äußerungen zeigen, dass vielen Gesprächspartner*innen Ressourcen fehlen, um der Krankheit etwas entgegensetzen zu können. Damit sind nicht Aspekte im medizinischen Bereich (wie Behandlungsstrategien oder Medikamente) gemeint, sondern fehlende habituelle Dispositionen. So bleibt zwar der Wunsch nach Gesundheit bestehen, wird sogar zur *»Hauptsache«* (Filip Altmann) erklärt und steht an *»oberster Stelle«* (Sigrun Lange), doch bleibt er Illusion. Selbst Anett Schäfer, die oben noch die Hoffnung geäußert hat, wieder gesund zu werden, spricht im weiteren Verlauf davon, dass dafür ein *»Wunder«* geschehen müsse. Mit Dauer der Krankheit habe sie *»aufgehört«*, sich Ziele zu setzen und so gerät die subjektive Illusion in Opposition zur Faktizität der Erkrankung.

Sigrun Lange bringt die Hoffnungslosigkeit der kranken Interviewpartner*innen auf den Punkt. Befragt nach regelmäßigen Aktivitäten antwortet sie: *»Geht gesundheitlich aber auch gerade nicht. Die glücklicheren Tage waren die, als ich bis zum Aldi zum Einkaufen gekommen bin.«* Dahingehend beschreiben mehrere Befragte depressive Phasen, die bis zu Suizidversuchen reichen.

»Wenn man trinken muss, ist das noch schlimmer«

Elf Befragte sprechen von (teilweise) massivem Alkohol- und Betäubungsmittelkonsum, der ihre Körper prägt. Es lässt sich eine Zweiteilung vornehmen: Zunächst finden sich Befragte, die ihren Konsum als vergangenen biografischen Aspekt präsentieren, während andere auch gegenwärtig von ihm geprägt sind.

Die Befragten der ersten Gruppe (Clara Lichtenstein, Filip Altmann, Helma Keitel, Jakob Simonon, Judy Frei, Karim Halabi, Markus Blum, Sabrina Jung und Timothy Meier) versuchen durch die Betonung ihres vergangenen Konsums größtmögliche Distanz zu schaffen. Sie konstruieren ihr Selbstbild in Abgrenzung zur eigenen Vergangenheit: sie *waren* einmal Trinker*innen oder drogenabhängig, *sind* dies aber nicht mehr.

So schildert Filip Altmann seinen ehemaligen Alkoholkonsum mit der Anekdote, bei einer Verkehrskontrolle mit 2,2 Promille erwischt worden zu sein, was dann auch zum Verlust seiner Arbeitsstelle führte. Aktuell lebt er in einer Notunterkunft für Wohnungslose und versucht, eine neue Anstellung zu finden. Er betont, keinen Alkohol mehr zu trinken: *»[W]enn es um Alkohol geht, ich trinke fast gar nichts mehr. Das ist schon ein Problem weniger, ja. Ich trinke zwei, drei Bier pro Monat, das ist schon viel. Diese Problem ich habe Gott sei Dank nicht, wenn ich noch trinken muss, trinken muss, dann ist das noch schlimmer. […] Auf Alkohol kann ich verzichten.«* Altmann benennt Alkohol als krisenverschärfenden Aspekt seiner ohnehin schon marginalisierten Situation. Es scheint, als ob ihm das Wissen darüber den Konsumverzicht erleichtert. Indem er sich nicht mehr als Alkoholkonsument darstellt, versucht er Autonomie gegenüber seiner Vergangenheit herzustellen. Auch wenn er früher eine Arbeitsstelle hatte, kann er seine Gegenwart zumindest im Bereich des Konsums als erfolgreich konstruieren. Nach dem gleichen Muster schildern die (ehemaligen) Obdachlosen Friedrich Linke, Helma Keitel, Judy Frei und Timothy Maier den Umgang mit ihrem vergangenen Konsum. Gegen die Zuschreibung der engen Beziehung zwischen Obdachlosigkeit und Alkoholismus betonen diese Gesprächspartner*innen das genaue Gegenteil. So beschreibt Friedrich Linke die Überraschung von anderen Menschen, wenn diese gesehen haben, dass er eben *nicht* suchtkrank sei: »*Da hab ich in der ein oder anderen Situation, in den Jahren auf der Straße [...] schon auch sehr oft Komplimente bekommen, weil Menschen es nicht verstehen konnten oder wollten, dass ein Mensch, der eben keine Suchterkrankung hat, halt keine Wohnung hat.*« Ebenso äußert sich die ehemalige Obdachlose Judy Frei:

> »*[Ich bettle für Nahrungsmittel und] nicht wie viele sagen, dass das alles für den Suff draufgeht, um Gottes Willen. Generell Alkohol, das mache ich ziemlich selten, mal ein, zwei Bierchen und dann bin ich zufrieden. Mit solchen Sachen wie Drogen kannste mich jagen bis zum Gehtnichtmehr. Wenn man auf der Straße lebt, das ist schon schwer genug, da musst du es dir mit so 'ner Scheiße nicht noch schwerer machen.*«

Es wäre jedoch verkürzt, von einer einfachen Gegenüberstellung von Vergangenheit und Gegenwart auszugehen. Die Abgrenzung zur eigenen Vergangenheit geschieht nicht widerspruchsfrei. So finden sich bei einigen Gesprächspartner*innen (indirekt) die anhaltenden Auswirkungen des Konsums. Offensichtlich alkoholkrank ist gegenwärtig nur Achim Ganz. Die restlichen Befragten, die auch aktuell von ihrem Konsum bestimmt sind, beschreiben jahrelange und massive Suchterkrankungen. Gerade bei ihnen wird deutlich, dass sie bereits früh damit in Kontakt gekommen sind und ihr Konsum die Reproduktion dieser Erfahrungen darstellt. Dies zeigt sich bei Markus Nordkreuz, Markus Blum und Sabrina Jung – Befragte, die unter anderem aufgrund von Alkoholismus in ihren Familien einen prekären Primärhabitus ausgebildet haben.

Sabrina Jung, die ihren Vater als »*Alkoholiker*« bezeichnet, macht bereits in früher Jugend erste Erfahrungen mit Alkohol und Marihuana. Sie resümiert, wie schnell sich ihr Konsum zu einer Sucht wandelt: »*Also ich hab früh schon angefangen [2sec]. Bei den andern bliebs halt am Wochenende mal und bei mir gings halt in die Woche gleich mit über, dass ich trotzdem in der Woche getrunken habe.*« Jung begründet ihren Konsum damit, offener und fröhlicher zu sein – Aspekte, die in Opposition zu den Erfahrungen ihrer Herkunftsfamilie stehen: »*Bei mir war das halt, ich hab halt alles gemacht irgendwie, dass es mir besser geht. Und mit'm Trinken gings mir besser.*« Nach Streitigkeiten mit ihren Eltern (unter anderem aufgrund des Konsums) wird sie mit 15 Jahren »*rausgeschmissen*« und lebt fortan auf der Straße sowie in besetzten Häusern. Dort setzt sie ihren Konsum fort: »*Da bin ich dann halt auch geblieben, weil die hatten immer Alkohol da und alles.*« Sie schildert, wie stark sich diese Alkoholsucht über die Jahre ausgeprägt hat:

> »*Ich war immer besoffen. Also ich hab, ich weiß noch, dass ich 'nen ganzen Monat lang nichts mehr wusste. [...] Ich weiß nicht mehr die Leute, ich weiß nicht mehr die Namen, nichts, gar nichts. Weil ich alles versoffen hab. So schlimm war das am Anfang und es blieb auch so 'ne*

Weile. [...] Und bin dann richtig abgestützt. Also es war ... Ich hab wirklich bestimmt zwei Jahre lang nur getrunken und frag mich nicht nach Tagesablauf. Also es war wirklich, einfach nur trinken, trinken, trinken, trinken, schlafen, trinken, schlafen und am Ende fast sterben. Also ich hab mich da wirklich runter gewirtschaftet.«

Überdeutlich ist, dass Jung ihren (ehemaligen) Konsum als Frage über Leben oder Tod darstellt. Mit dieser Phase will sie nichts mehr zu tun haben. Gleichzeitig sind solche Abgrenzungen subjektive Vergewisserungen: Blum, Nordkreuz und Jung sind nach wie vor von ihrem Konsum geprägt: Blum und Jung leben in einer Unterkunft für Suchtkranke, während Nordkreuz an einem Methadon-Programm teilnimmt.

Gewalterfahrungen

Abschließend zeigt sich die Prekarität der Körper der Befragten in der körperlichen Gewalt, die ihnen angetan wird. Neben den Gewalterfahrungen in den Herkunftsfamilien thematisieren einige Gesprächspartner*innen Gewalterfahrungen in ihrem unmittelbaren sozialen Umfeld wie in der Obdachlosigkeit. Vor allem sind es Schilderungen von sexualisierter Gewalt, die in einer schockierenden Intensität aufgetaucht sind. Vor allem die Gesprächspartnerinnen haben davon gesprochen. Bis auf drei Befragte sind alle Frauen von sexualisierter Gewalt betroffen. Sie teilen die Erfahrung jeder vierten Frau in Deutschland (BKA 2020, 6). In Partnerschaftsgewalt (Vergewaltigung, sexuelle Nötigung oder Übergriffe) sind die Opfer zu 98,1 Prozent weiblich (ebd.). Partnerschaftsgewalt betrifft Frauen unabhängig vom Alter, Ethnizität oder Klassenhintergrund (Müller / Schröttle 2012). Nicht alle Frauen, die Gewalt erfahren haben, sind marginalisiert, aber sie stellt hierfür einen hohen Risikofaktor dar und kann Frauen und deren Kinder in Marginalisierung stürzen, was auch zu Wohnungs- und Obdachlosigkeit führen kann (BAG W 2020, 10).

Sigrun Lange und Jenny Kurz berichten von Schlägen während ihrer Ehe und Anett Schäfer schildert gar einen Mordversuch ihres Ex-Partners, der versucht hat, sie *»vom Balkon im dritten Stock zu schmeißen.«* Diese unmittelbare Form brutaler Gewalt richtet sich gegen die Befragten als Frauen, allein weil sie Frauen sind. Sexualisierte Gewalt ist für die Täter ein Mittel, für die eigene Gruppe (Männer) durch Abwertung der anderen Gruppe (Frauen) Macht und Dominanz zu generieren. Diese Gewalt zeigt sich in den Gesprächen nicht nur unmittelbar körperlich, sondern in der Verfügung über das gesamte Leben. So berichtet die 69-jährige Rentnerin Greta Sanft von ihrem Versuch, nach ihrer Heirat wieder berufstätig zu werden. Bis 1958 konnte in der Bundesrepublik ein Ehemann über ein Anstellungsverhältnis der Ehefrau entscheiden: *»Es war damals gerade noch so, dass der Mann das verbieten konnte und er hat das dann auch mit Körperkraft unterbunden. Der hat mir den Ausweis und die Schlüssel abgenommen, als ich Vorstellungstermine hatte und* *hat mich dann eingeschlossen.«* Doch bleibt es nicht beim Verbot, Sanft schildert tatsächlichen Freiheitsentzug: *»Ich war jahrelang einfach wirklich zu Hause eingesperrt und ja ... Erst sehr viel später, als ich dann einmal entflohen bin, um meiner Mutter zum 80. Geburtstag zu gratulieren [2sec], war es wohl für ihn nicht mehr sicher genug, dass er es vorzog, das Weite zu suchen.«* Sanft schildert in wenigen Sätzen die Entwicklung vom Verbot eigenständiger Lohnarbeit hin zum Freiheitsentzug durch ihren Ehemann und dessen unmittelbare Gewalt. Sie beschreibt ihre Ehe mit Begriffen, die an ein Gefängnis erinnern. So bleibt ihr schlussendlich auch nur die »Flucht«. Eine ähnliche Erfahrung schildert Clara Lichtenstein, die bereits mit 16 Jahren von ihrer Familie *»abgehauen«* ist. Sie schildert ihre darauffolgenden Erfahrungen als Jugendliche:

> *»[Ich bin dann] dummerweise mit jemanden mit, der (sagen wir mal) nicht so einen guten Charakter hatte und der hat mich dann über 14 Tage in seiner Wohnung eingesperrt und mich auch vergewaltigt und so weiter. Ich hab dann irgendwann geschafft, da rauszukommen, und danach bin ich überhaupt nicht mehr klargekommen.«*

Für Lichtenstein beginnt danach ein Leben mit Betäubungsmittelkonsum, Obdachlosigkeit, informellen Beschäftigungsverhältnissen und einer ungewollten Schwangerschaft. Mittlerweile lebt die 54-Jährige nach einer Therapie in einer eigenen Wohnung und bezieht (erwerbsunfähig) ALG II. An diesen Beispielen zeigt sich, wie allumfassend der Einfluss der Gewalterfahrung ist und dass sexualisierte Gewalt eben jene Macht bedeutet, die für die Betroffenen das gesamte Leben beeinflusst. Die Interviewpartnerinnen betonen ihre Verletzlichkeit (insbesondere gegenüber der männlichen Gewalt), die lebensbedrohlichen Charakter annehmen kann.

Die Schwierigkeit, sich gegen diese patriarchale Gewalt zu wehren, verdeutlicht Magda Geschonke. Sie berichtet, wie ihre Haltung zu Partnerschaft durch ihre Herkunftsfamilie geprägt ist: *»Und wenn er [der Ehemann] mich geschlagen hat, dachte ich, das ist normal, weil meine Mutter auch von meinem Vater geschlagen wurde. Ich hab das eigentlich für normal gehalten. Auch, dass er mir die Erlaubnis geben musste, dass ich arbeiten darf. Auch beim Kontoeröffnen mit dabei sein musste und so weiter, weil ich auch kein Konto hatte. Es war ein harter Weg in die Selbstständigkeit bei mir, ein sehr harter Weg.«* Später im Gespräch wird die 73-Jährige hinzufügen, dass dieser Weg für sie noch nicht abgeschlossen ist. Männliche Herrschaft bedeutet für sie Normalität und ist als habitualisiertes Prinzip so präsent, das sie weitgehend akzeptiert wird.

Was bedeuten diese unterschiedlichen Erfahrungen nun für die »Körper der Marginalisierten«? Pierre Bourdieu (1987, 339) beschreibt, dass sich vor allem bei Arbeiter*innen ein instrumentelles Verhältnis zum eigenen Körper herausbildet. Für sie stellt er ein Werkzeug dar, das sie einsetzen müssen. Auch wenn die Befragten mehrheitlich erwerbslos sind, findet sich auch bei ihnen ein solches Körperverhältnis. Dies betrifft jedoch nicht den Arbeitsprozess, sondern bezieht sich auf alle Lebensbereiche: Die Bedeutung des Körpers steigt bei den Marginalisierten sogar noch an, denn aufgrund der eingeschränkten Kapitalausstattung stellt er häufig den einzigen (bedingungslosen) Kapitalbesitz dar. Der Körper (als reine Muskelkraft) wird zur Ressource *an sich*. Die Befragten sind auf sein »Funktionieren« angewiesen. Daher gilt für die Gesprächspartner*innen, ihre Körper so gut es geht zu erhalten. Friedrich Linke und Markus Nordkreuz berichten, dass sie gerade in den Jahren ihrer Obdachlosigkeit besonders achtsam waren, ihre Körper zu pflegen. Linke betont *»in den 17 Jahren der Wohnungs- und Obdachlosigkeit doch eigentlich immer gesund geblieben«* zu sein. Diese Sorge um den Körper darf jedoch nicht als Ausdruck von Selbstoptimierung verstanden werden. Der eigene Körper *muss* gesund bleiben, da sich die Marginalisierten Krankheiten oder Verletzungen nicht leisten können.

Der Körper stellt für die Befragten meist keine Sicherheit dar. Der prekäre und verwundbare Körper bildet ein zentrales Moment ihrer Marginalisierung. Zwar betonen die Befragten die Bedeutung des gesunden Körpers, doch wird körperliche Marginalisierung zum Teil ihrer Subjektivität. Damit stabilisiert sich über die Körper (und ihre soziale Bewertung) soziale Ordnung.

8.3 Leben ohne Wohnung

Wohnen ist einer der zentralen menschlichen Lebensbereiche. Die Wohnung bietet im Idealfall Sicherheit und Rückzug und ist der Mittelpunkt der Existenz. Ihr Verlust oder gar der Verzicht auf eigenen Wohnraum stellen für Menschen eine tiefe Zäsur dar und sind meist mit multiplen und teilweise auch lebensbedrohlichen Problemen verbunden.

In Deutschland existiert weder eine amtliche Definition von Wohnungslosigkeit, noch gibt es offizielle Zahlen dazu. Als wohnungslos gelten hier Menschen, die über keinen mietvertraglich gesicherten oder privaten Wohnraum verfügen. Darunter fallen Menschen, die in Notunterkünften übernachten, Bewohner*innen von temporären und langfristigen Unterkünften sowie Personen, die vorübergehend bei Verwandten und Bekannten leben (verdeckte oder latente Wohnungslosigkeit). Menschen, die ohne jede Unterkunft auf der Straße leben, bezeichne ich als »obdachlos«, beide Gruppen als »Menschen ohne festen Wohnraum«. Damit folge ich der Bundesarbeitsgemeinschaft Wohnungslosenhilfe (BAG W), einer Arbeitsgemeinschaft von privaten und öffentlichen Sozialorganisationen und sozialen Diensten und Einrichtungen für wohnungslose Menschen. Die BAG W ist auch die einzige Organisation, die verlässliche Zahlen zum Thema veröffentlicht. Ihrer Schätzung zufolge waren 2018 678.000 Menschen (Jahresgesamtzahl) ohne festen Wohnraum, was gegenüber dem Vorjahr einen Anstieg von 4,2 Prozent bedeutete (BAG W 2019). Davon lebten etwa 41.000 Menschen ohne Unterkunft auf der Straße. Die große Mehrheit lebte in Notunterkünften sowie geflüchtete Menschen in Gemeinschaftsunterkünften oder in dezentraler Unterbringung.

Von den Befragten hat die große Mehrheit von 19 Personen Wohnungslosigkeit erlebt; zwölf schildern Erfahrungen mit Obdachlosigkeit, sieben mit ambulanter oder stationärer Wohnungslosenhilfe. Die Dauer reicht(e) von 14 Tagen bei Filip Altmann bis hin zu 17 Jahren bei Friedrich Linke. Mehrheitlich bestimmt es die Befragten über Jahre: Wohnungslosigkeit gehört zu einer ihrer Haupterfahrungen. Gleichwohl können die Gesprächspartner*innen ohne festen Wohnraum nicht als homogene Gruppe verstanden werden.

Gründe für ein Leben ohne festen Wohnraum

Über die Ursachen für Wohnungs- und Obdachlosigkeit geben sowohl die Daten der BAG W als auch die Interviews Aufschluss. Laut BAG W waren 2018 die häufigsten Auslöser für den Verlust der Wohnung (geschlechterübergreifend) Miet- und Energieschulden (18,5 Prozent), Ortswechsel (15,4 Prozent), Trennung und Scheidung (16 Prozent) sowie Konflikte im Wohnumfeld (15 Prozent) (2020, 11). Weiter heißt es:

> »Männer verlieren häufiger als Frauen durch einen Ortswechsel (16,2 Prozent ggü. 13,2 Prozent), durch einen Haftantritt (9,2 Prozent ggü. 4,0 Prozent) oder durch einen Jobverlust/-wechsel (6,4 Prozent ggü. 2,7 Prozent) ihre Wohnung. Frauen nennen häufiger als Männer Gewalt durch den/die PartnerIn (6,9 Prozent ggü. 0,4 Prozent), Auszug aus der elterlichen Wohnung (10,7 Prozent ggü. 8,4 Prozent) und die Veränderung ihrer Haushaltstruktur (7,2 Prozent ggü. 4,0 Prozent) als Hauptursache« (ebd.).

Diese Gründe finden sich auch in den Gesprächen: Mangel an preiswertem Wohnraum wird ebenso genannt wie biografische Zäsuren (Todesfälle, Erwerbslosigkeit, Erkrankung). Dazu finden sich familiäre Probleme – Flucht vor Gewalt und Missbrauch insbesondere bei Frauen (Bodenmüller 2020, 365 ff.) – sowie Konflikte mit staatlichen Behörden. Der am häufigsten genannte Grund für ein Leben ohne Wohnraum ist jedoch der jugendliche Auszug aufgrund von Streit mit Familienmitgliedern. Des Weiteren begründen mehrere Befragte ihren Wohnungsverlust mit Mietschulden. In Großstädten wie Berlin oder Hamburg, aber auch in einigen ländlichen Regionen, gibt es immer mehr Haushalte, die trotz eines regelmäßigen Einkommens aufgrund steigender Mietbelastung in Wohnungsnot geraten. Dies schildert nahezu lapidar Jakob Simonon: »*Dann habe ich halt die Wohnung dann verloren. Dadurch bin ich halt ja auch bei der [Unterkunft] gelandet.*« Für ihn ist seine Wohnungslosigkeit die Folge des Mangels an bezahlbarem Wohnraum. Dies beschreiben weitere Befragte, die in Großstädten leben: »*Die Angst, die Wohnung zu verlieren. Wer 40 oder mehr Jahre in einer Wohnung oder in einem Kreis gewohnt hat, für den ist es schwierig, oft woanders hin. Ich wohn jetzt auch schon wieder 20 Jahre hier, ne. Für mich wäre es auch relativ schwierig, woanders hin«* (Magda Geschonke).

Die Befragten begründen ihre Wohnungslosigkeit (ähnlich wie ihre Erwerbslosigkeit) mit externen Faktoren. Detlef Oerde, der in einer Notunterkunft lebt, macht seine Trennung dafür verantwortlich, *»dann im Endeffekt hierher«* gekommen zu sein. Die Befragten sprechen meist nicht von einem prozesshaften Abgleiten, sondern von schockhaften Momenten. So beschreibt Achim Ganz, *»von heute auf morgen«* in der Notunterkunft gelandet zu sein, in der er aktuell lebt. Somit ist es ihm unmöglich, sich auf die Situation vorzubereiten. Ebenso hat sich niemand bewusst als »Aussteiger« für ein Leben ohne festen Wohnraum entschieden. Niemand lebt gerne ohne eigenen Wohnraum.

Soziale Zusammensetzung

Will man sich einen Überblick über die soziale Zusammensetzung von wohnungs- und obdachlosen Menschen verschaffen, hilft erneut ein Abgleich der Daten der BAG W mit Interviewsequenzen. Die BAG W hat in ihrem Statistikbericht (2020) die Sozialdaten für wohnungs- und obdachlose Menschen (ohne Geflüchtete) zusammengestellt.

Die Mehrheit bilden mit 73 Prozent (159.000 Menschen) erwachsene Männer. Der Frauenanteil liegt bei 27 Prozent (59.000 Menschen) und ist in den letzten Jahren von 22,2 Prozent (2011) kontinuierlich angestiegen. Dieses Verhältnis findet sich auch bei den Gesprächspartner*innen. Unter den 19 betroffenen Befragten finden sich lediglich fünf Frauen.

Während die befragten Männer meist ihre Erwerbslosigkeit beklagen, sind wohnungs- und obdachlose Frauen durch das Leben ohne Wohnung besonders bedroht (Bretherton 2017). Die Interviewpartnerinnen sprechen vom Mangel an grundlegender Versorgung und absoluter Armut. Befragt, was ihr wichtig ist, antwortet die 56-jährige Helma Keitel, die seit sieben Jahren ohne festen Wohnraum und seit drei Jahren obdachlos auf der Straße lebt:

> *»Versuchen zu überleben. Also ich bin seit 2013 wohnungslos, bin jetzt im vierten Winter draußen. Also am 29. September hatte ich drei Jahre Obdachlosigkeit wirklich draußen hinter mir [...], schlaf draußen mit Schlafsack. Im Winter ist hart. Ernährungslage ist schlecht [...]. Hunger gehört dazu, es reicht nicht zum Essen, es reicht nicht für Hygiene. Das heißt Hunger, irgendwie mit dem Hunger fertig zu werden und irgendwie zu überleben. Kippen sammeln, um zu rauchen. Versuchen, Kleidungsstücke zu kriegen, die passen.«*

Komplett auf sich gestellt, beschränken sich ihre behelfsmäßigen Praktiken auf die reine (Über-)Lebenssicherung. Keinen Rückzugsort zu haben, heißt, einer dauerhaften Bedrohung ausgesetzt zu sein. Die Obdachlosigkeit führt bei ihr zu enormem Stress und Leidensdruck.

Sabrina Jung und Hilde Unseld werden während ihres Lebens ohne festen Wohnraum (ungewollt) schwanger. In beiden Fällen führt dies dazu, dass ihre Kinder bei Pflegeeltern aufwachsen, was sie als zentralen biografischen Einschnitt beschreiben. Darüber hinaus schildern die befragten Frauen, wie sie von sexuellen Übergriffen betroffen sind. Frauen ohne festen Wohnraum werden sowohl in Unterkünften, auf der Straße oder an Treffpunkten (Teeküchen etc.) von Gewalt bedroht oder sie sind bereits Opfer von Gewalt geworden. Die Frage, ob sie einen festen Schlafplatz hat, verneint etwa Helma Keitel und ergänzt: »*Das geht nicht als Frau draußen. Da müssen sie in Bewegung bleiben, wenn sie überleben wollen.*« Allein die Möglichkeit (sexualisierter) Gewalt wird von ihr als existenzielle Bedrohung verstanden, der sie mit dauerhafter Mobilität begegnet. Man kann sich nur schwer vorstellen, welche Kraftanstrengung dies unter ohnehin schon schwierigen Bedingungen der Obdachlosigkeit bedeuten muss.

Deutlich merkt man im Zögern von Sabrina Jung die Scham, wenn sie (unausgesprochen) sexualisierte Gewalt während ihrer Obdachlosigkeit erwähnt: »*War zwar auch nicht so toll für mich, weil so an sich, ist ja als Frau da natürlich auch viel mit sexueller Hinsicht, nicht so [lacht].*« Die befragten Frauen sprechen die gesamte Bandbreite von Gewalterfahrungen (von symbolischen Abwertungen über übergriffiges Verhalten bis hin zu körperlicher Gewalt) an.

Neben der Differenzierung nach Geschlecht hat die BAG W auch den Familienstand und das Alter überprüft. Rund 166.000 wohnungs- und obdachlose Menschen sind alleinstehend, was ca. 70 Prozent aller Menschen ohne festen Wohnraum entspricht. Rund 71.000 Menschen (30 Prozent) leben in einer Partnerschaft oder mit Kindern zusammen. Die Zahl der wohnungslosen Kinder und Jugendlichen bis 18 Jahren wird auf insgesamt acht Prozent geschätzt. Auch die große Mehrheit der Gesprächspartner*innen lebt allein, lediglich Karim Halabi, Judy Frei und Hilde Unseld berichten davon, während ihrer Zeit ohne festen Wohnraum ihren Partner kennengelernt zu haben. Sabrina Jung und Friedrich Linke berichten darüber hinaus von kurzen Liebesbeziehungen während ihrer Zeit der Obdachlosigkeit, bei den restlichen Befragten werden solche nicht erwähnt.

Deutlich überrepräsentiert im Vergleich zu den Zahlen der BAG W sind hier wohnungslose Jugendliche und junge Erwachsene. Hilde Unseld und Sabrina Jung leben bereits als Kinder von 14 bzw. 15 Jahren auf der Straße, haben beide die Schule abgebrochen und nur noch eingeschränkten Kontakt zu ihren Familien. Unseld erwähnt den Beginn ihrer Wohnungslosigkeit, als sie über ihre Schulzeit spricht: »*Dann bin ich erst mal auf die Straße gegangen [...] Also dann bin ich auch weggelaufen von zu Hause mit 14, 15. Dann ist man hier, da gewesen, hat sich auf der Straße rumgetrieben, ist halt betteln gegangen.*« Bei Clara Lichtenstein, Friedrich Linke, Helma Keitel, Judy Frei und Karim Halabi beginnt das Leben ohne festen Wohnraum mit Anfang 20. Sie alle berichten davon, wie sie als Jugendliche ohne ausreichend Kapitalausstattung dem Leben ohne festen Wohnraum nahezu schutzlos ausgeliefert sind. Hierzu Freis Schilderung ihres ersten Versuchs, in einer Notunterkunft zu übernachten: »*[I]ch war ja essen hier in so einem Wohnheim, so Thema Wohnheim vergiss es, es galt als sicherstes in Berlin, vier Tage später sehe ich, wie jemand mit 'nem Messer in der Leber rausgetragen wird, diverse [unverständlich] du wolltest duschen, ging aber nicht, weil ein Scheißhaufen in der Duschkabine lag.*« Aus ihren weiteren Schilderungen geht hervor, dass sie fortan Unterkünfte meidet, die für sie keinen Rückzugs- und Schutzraum darstellen und stattdessen auf der Straße lebt (s.a. Falkenberg 2018, 1).

Die 29-jährige Sabrina Jung, die den Großteil ihres Lebens ohne festen Wohnraum verbracht hat, fasst ihre Erfahrungen so zusammen: »*Ich bin jetzt noch nicht alt, aber, wie gesacht, lange draußen, des war des schlimmste oder den Winter eigentlich draußen. Also das seh ich jetzt noch, wenn ich Leute sehe, die auf'ner Ecke sitzen, zwar mit 'nem Schlafsack, aber es ist ganz schlimm.*« Sie entwickelt eine starke Alkohol- und Betäubungsmittelsucht: »*Also ich hab immer getrunken, ich hab auch zwischendurch Heroin dann angefangen zu konsumieren [4sec] und ja, ich war dann eigentlich immer … Stimmt! Ich war dann bis ich 20 war – das muss man sich mal überlegen – auf der Straße die ganze Zeit.*«

Abschließend zeigen die Zahlen der BAG W, dass die große Mehrheit wohnungs- und obdachloser Menschen in Deutschland Geflüchtete sind. Die BAG W schätzt die Zahl wohnungsloser anerkannter Geflüchteter auf rund 441.000 Menschen, was rund zwei Drittel der Gesamtzahl der Menschen ohne festen Wohnraum entspricht. Darunter finden sich wiederum rund 40.000 EU-Bürger*innen, von denen viele auf der Straße leben. Auch in den Gesprächen taucht der Zusammenhang von Migration und Obdachlosigkeit auf. Die drei Gesprächspartner*innen mit Migrationsgeschichte haben Erfahrungen mit Obdachlosigkeit gemacht.

Nach seiner Migration aus Tunesien lebt Karim Halabi zunächst auf der Straße und kann anschließend bei seiner Lebenspartnerin unterkommen. Diese weiterhin unsichere Wohnsituation wird durch seinen prekären Aufenthaltsstatus verstärkt. Ohne gültige Papiere ist es ihm nahezu unmöglich, staatliche Hilfe zu beantragen oder Wohnraum zu erlangen. Karol Schestag flieht wegen einer Strafverfolgung nach Deutschland. Auch er geht davon aus, keine Hilfe zu bekommen. Er kann »*nicht zum Amt, ich wandere zwischen verschiedene Plätzen. Das ist mein Tag.*« Er lebt seitdem ebenso wie Filip Altmann in einer Notunterkunft. Für die drei Befragten ist die Obdachlosigkeit Folge ihrer Migration und Ausdruck ihres sozialen Abstiegs als »gefallene« Marginalisierte.

Die Armut der Wohnungslosigkeit

Wohnungs- und obdachlose Menschen sind multiplen Problemen wie Erwerbslosigkeit, Betäubungsmittelkonsum, Gewalt oder psychischen Erkrankungen ausgesetzt (Gerull/Merckens 2012, 88 f.). Auch die Befragten beschreiben, wie sie unter Brücken oder in U-Bahnhöfen übernachten, wie sie hungern, frieren und Gewalt erleben. Sie schildern, wie sie auf der Suche nach Nahrung, Kontakten oder

Arbeit (oder nur einem Ort zum Schlafen oder Verweilen) zwischen verschiedenen Orten in einer Stadt oder zwischen verschiedenen Regionen und Ländern wandern müssen. Ebenso berichten sie von der (problematischen) Suche nach Nahrung oder passenden Klamotten bis hin zur eingeschränkten Möglichkeit der Körperpflege. Öffentliche Toiletten und Waschgelegenheiten gibt es nur an wenigen Stellen und meist auch nur gegen eine Gebühr. Ebenso entscheidend ist die Schwierigkeit bzw. Unmöglichkeit, ohne festen Wohnraum ein Konto eröffnen oder eine Arbeit finden zu können. *»Aber hier zu sein, führt«*, so Gustav Quassel, der in einer Notunterkunft lebt, *»zu ganz praktischen Problemen. Sie können das Haus hier nicht als Adresse angeben. Wenn sie das auf eine Bewerbung schreiben, sind sie draußen, gar keine Chance haben sie. Unmöglich.«* Vorbehalte von Vermieter*innen gegenüber wohnungs- und obdachlosen Menschen führen darüber hinaus dazu, dass freier Wohnraum kaum an sie vermietet wird (Diakonie 2014, 20). Ebenso wird ihnen Teilhabe dadurch erschwert, dass es nahezu unmöglich ist, ohne Meldeadresse an Wahlen teilzunehmen.

Der Großteil des Alltags ist von Tätigkeiten bestimmt, mit der Wohnungslosigkeit umzugehen. Insbesondere bei obdachlosen Menschen bestimmt die Suche nach einem sicheren Ort den Tag.

Darüber hinaus sind wohnungs- und obdachlose Menschen massiv von Armut betroffen. Dies liegt vor allem an ihrer Exklusion vom Arbeitsmarkt. 2018 waren 86 Prozent der Menschen ohne festen Wohnraum erwerbslos (BAG W 2020, 14). Auch bei den Befragten war oder ist niemand während der Zeit der Wohnungs- oder Obdachlosigkeit in einem Beschäftigungsverhältnis – von einer beruflichen Perspektive ganz zu schweigen. Geschildert werden lediglich unregulierte und geringfügige Tätigkeiten wie das Verkaufen von Straßenzeitungen, das Pfandflaschensammeln, Betteln oder Sexarbeit. Karim Halabi und Markus Nordkreuz schildern darüber hinaus noch den illegalisierten Verkauf von Betäubungsmitteln.

Gesetzlich geregelt haben Menschen ohne festen Wohnraum Anspruch auf Hilfeleistungen des SGB II oder der Grundsicherung nach SGB XII. In beiden Fällen stehen ihnen als Durchreisende die Tagessätze und als Wohnungslose an einem Ort auch der Regelsatz zu. Die Voraussetzung ist ein Personalausweis, in dem die Meldung »ohne festen Wohnraum« vermerkt ist. Das ALG II wird Menschen ohne festen Wohnraum als Tages- oder Wochensatz an staatlichen Stellen (wie Bezirks- oder Landratsämtern) ausgezahlt. Jedoch führen häufig Unwissenheit, Scham oder bürokratischer Aufwand dazu, dass nicht alle Berechtigten diese Leistungen auch in Anspruch nehmen. Bezog im Jahr 2010 noch eine Mehrheit von 56,3 Prozent ihre finanziellen (Haupt-)Einnahmen aus Sozialleistungen, waren es im Jahr 2018 nur noch 47,9 Prozent (ebd., 14). Noch prekärer ist der Zustand für Menschen komplett ohne Einkommen, deren Anteil 29,3 Prozent beträgt (ebd.).

Von solchen Erfahrungen berichten auch die Befragten. So blickt Sabrina Jung auf ihre Zeit in der Wohnungslosigkeit zurück und fasst diese eindeutig zusammen: *»Ich muss mal echt überlegen, weil, ich hatte keine Wohnung, kein gar nichts.«* Somit ist ein zentraler Aspekt des Lebens ohne festen Wohnraum die absolute Armut und Schutzlosigkeit. *»Also ich hab auch Straße gemacht auch, viel gemacht, die Kälte erlebt draußen auch, Drogen auch. Ohne Eltern. Süchtig geworden, ja [2sec]. Also ich kenne das. Und in der U-Bahn zu leben, das war ziemlich schlimm«* (Karim Halabi). Ohne Geld ist er in extreme Armut gestürzt und gleichzeitig ohne Schutz- und Rückzugsmöglichkeiten dem Leben auf der Straße ausgeliefert. Diese Armut wird in vielen Fällen durch fehlende Gesundheitsversorgung und Behandlungsmöglichkeiten, psychische Krankheiten, Mangel und Erkrankungen begleitet.

Umgangsweisen und Zuschreibungen

Das Leben ohne festen Wohnraum bedeutet Unsicherheit. Die Menschen wissen nie genau, was als nächstes passiert und können ihr eigenes Leben nur sehr eingeschränkt bestimmen. So etwa Karol Schestag: *»Wann ich kann duschen irgendwo, schlafen in Bett [3sec], wenn ich gute Leute finden, die helfen. Eine Person von gestern in Unterkunft, die hat mir was gegeben [7sec]. Es ist schwierig, wenn man hat kein Dach, kein Zimmer.«* Er hat keine Möglichkeit, seinen Alltag zu gestalten, geschweige denn Zukunftspläne zu machen. *»Ohne Unterkunft ist das alles schon ein bisschen schwierig«* (Filip Altmann). Neben Erfahrungen der Zufälligkeit unterscheiden sich die Umgangsweisen mit Wohnungslosigkeit anhand ihrer Dauer.

Aufgrund der Plötzlichkeit der Situation – gerade für Gesprächspartner*innen, die biografisch noch nie mit dem Leben ohne festen Wohnraum konfrontiert waren – ist Frustration eine unmittelbare Folge. Dies schildern insbesondere Achim Ganz, Karol Schestag und Timothy Maier, die plötzlich in die Wohnungslosigkeit geraten sind. Sie alle leben in Notunterkünften und beschreiben ihre Überforderung. Karol Schestag schildert sein Herumirren und die Suche nach Schlafplätzen. Er schläft an verschiedenen Orten: *»Ich habe geschlafen [...] Beispiel in Bahnhof oder in [Name von Notunterkunft], [Name Notunterkunft II], aber jetzt ich schlafe permanent in [Name Notunterkunft III].«* Er grenzt sich deutlich von den anderen Obdachlosen der Unterkunft ab, was seine Fremdheit zu diesem Milieu ausdrücken soll:

> *»Weil ich will nicht mit [2sec] Obdachlosen integrieren [...], weil sie sind aggressiv, sie sind betrunken, sie rauchen, Drogen nehmen. Das ist fremd für mich. Ich war in Situation, dass [4sec] in [Notunterkunft] vor dem Eingang zu dem Container, war die Situation, dass eine provozierte andere Obdachlosen und er hat eine Glas nehmen und so [...] Schlagen, ja. Das ist gefährlich. Ich will nicht in gefährliche Situation sein [3sec]. Ich will nicht geschlagen sein.«*

Schestags persönliche Erfahrungen stimmen mit den herrschenden Stigmatisierungen überein, denen Obdachlose ausgesetzt sind. Sie werden als kriminell, gefährlich und suchtkrank beschrieben, wovon sich Schestag abgrenzt und sich selbst als respektabel darstellt. Ein weiterer Aspekt dessen bildet die Betonung der eigenen Aktivität. Hilde Unseld beschreibt ausführlich, wie sie verschiedene Orte (in verschiedenen Bundesländern) findet, an denen sie (kurzfristig) leben kann. Diese reichen von Wagenburgen, besetzten Häusern hin zu Gartenlauben, Zeltlagern und Plätzen auf Friedhöfen. Sie betont ihre Fähigkeit, zumindest behelfsmäßige Rückzugsorte zu finden. Diese Fähigkeit entspricht jedoch einer Improvisation aus Not heraus und wirft die Frage auf, was überhaupt als Wohnen bezeichnet werden kann.

Längerfristige Wohnungs- oder Obdachlosigkeit zehrt an den Menschen und verstärkt ihre marginalisierte Position: *»Ich hab versucht, mich wieder aufzustellen, aber wenn man da unten angekommen ist, ist es sehr schwer, wieder hochzukommen, weil keiner gibt einem Geld und die Sozialsysteme sind nur da, Überlebensfähigkeit sicherzustellen. Mehr ist nicht drin«* (Herbert Kieserling). Identisch beschreibt Gustav Quassel seine Situation, dem es darum geht, *»den Wiedereinstieg zu schaffen. Und das ist aber mit Hindernissen verbunden. Sie steigen nicht so einfach wieder ein in diese Gesellschaft.«* Er ergänzt: *»Das System ist so programmiert, dass einmal unten am besten immer unten heißt.«* Auch Sabrina Jung benennt die Zeit ihrer langfristigen Obdachlosigkeit als ein *»Loch, wo man nicht mehr rauskommt.«* Aus diesen Aussagen spricht deutlich die Sogwirkung der Wohnungs- bzw. Obdachlosigkeit, die in Widerspruch zu den Vorstellungen der Befragten (*»Wiedereinstieg«*) tritt und zu einem gehörigen Leidensdruck führt. Hier finden sich auch die Befragten mit depressiven Phasen sowie Alkohol- oder Suchterkrankungen. *»[I]rgendwas suchste dir«*, so Markus Nordkreuz und meint damit seinen Alkohol- und Heroinkonsum. Durch ihren Konsum verkörpern diese Befragten jedoch die Vorurteile, die sie zu *undeserving poor* stigmatisieren und verfestigen sie.

Susanne Gerull (2015, 310) hat dargestellt, dass die »Ausgrenzung wohnungsloser Menschen […] in Deutschland eine lange Tradition« hat, die über die Vernichtungspolitik der Nazis bis hin zur Kriminalisierung im Kaiserreich reicht und auf Disziplinierungsformen sogenannter ›Nichtsesshafter‹ während der Reformation zurückzuführen ist (2021, 135). Aktuell darf niemand wegen Wohnungslosigkeit verfolgt werden, jedoch bestehen Abwertungen (wenngleich subtiler) weiterhin. Menschen ohne festen Wohnraum werden als störend und »nutzlos« (Heitmeyer 2016, 68) angesehen. Insbesondere obdachlose und bettelnde Menschen werden mit abweichendem Verhalten und Kriminalität in Verbindung gebracht und stellen allein durch ihre (öffentliche) Existenz einen Bruch mit sozialen Normen dar und werden als bedrohlich eingestuft und stigmatisiert (Simon 2001, 57 ff.).

Diese Zuschreibungen korrelieren mit konkreten Politiken, denen Menschen ohne festen Wohnraum ausgesetzt sind. Darunter fallen repressive (staatliche oder private) Maßnahmen, die dazu dienen, Menschen ohne festen Wohnraum aus der Öffentlichkeit zu vertreiben (wie das Erheben von Bußgeldern, Platzverweise, Verbotszonen oder Architektur, die das Schlafen auf Bänken verhindern soll, den Abbau von Sitz- und Schlafgelegenheiten, von öffentlichen Toiletten etc.). Der öffentliche Raum wird so gestaltet, dass der Aufenthalt für Wohnungslose möglichst unangenehm gemacht wird. Barrieren (Schranken, Zäune etc.) dienen dazu, Grenzziehungen zu materialisieren (Karstedt et al. 2000, 40). Wohnungs- und obdachlose Menschen werden zum Objekt einer Politik, die im öffentlichen Raum bestimmt, was normales und abweichendes Verhalten ist.

Die Sichtbarkeit wohnungsloser Menschen in der Öffentlichkeit geht mit einer Unsichtbarkeit (als Person) einher, die zu Gefühlen der Wertlosigkeit und der Aberkennung ihres Subjektstatus führt. Insbesondere die Gesprächspartner*innen, die länger von Wohnungs- oder Obdachlosigkeit geprägt sind, können den Zuschreibungen wenig entgegensetzen. Die Wohnungs- oder Obdachlosigkeit führt bei ihnen in einer Mischung aus erfahrender Stigmatisierung und Selbstabwertung zu Formen der Verachtung der eigenen Person und zu einem Verlust des Selbstwertgefühls.

8.4 Kriminalität

Insbesondere in der *underclass*-Debatte in den USA kam es zur Behauptung eines engen Zusammenhangs zwischen sozialer Marginalisierung und Kriminalität. In dieser Vorstellung seien die Mitglieder der *underclass* als »kriminelle Arme« besonders delinquent (Shelden 2008) und ihre Kriminalität rechtfertige eine besondere staatliche Kontrolle. Auch aktuell ist diese Sichtweise zu beobachten. Dies zeigt sich beispielsweise in der mindestens latent als kriminell angelegten Figur des »Sozialschmarotzers«. Meist wird der Begriff polemisch gegen Erwerbslose, Sozialhilfebezieher*innen, Menschen mit vielen Kindern oder Asylsuchende verwendet (Butterwegge 2014, 97 ff.).

Auch die Gespräche haben einen Zusammenhang zwischen Kriminalität und sozialer Marginalisierung verdeutlicht. So hatten oder haben 16 Befragte Kontakt mit der Justiz. Die Bandbreite der kriminalisierten Taten reicht von Ladendiebstahl (Magda Geschonke) oder Besitz von Betäubungsmitteln (Clara Lichtenstein oder Sabrina Jung) bis hin zu schweren Körperverletzungen (Markus Nordkreuz). Ein Drittel der Befragten hat – teilweise mehrjährige – Haftstrafen abgesessen; Markus Nordkreuz war insgesamt elf Jahre im Gefängnis.

Kriminalität darf jedoch nicht als ein pathologischer »Wesenskern« sozialer Marginalisierung begriffen werden. Zwar haben die Gespräche gezeigt, dass die Wahrscheinlichkeit mit Kriminalität in Berührung zu kommen, in der marginalisierten Klasse hoch ist, doch liegt dies nicht an individuellen Defiziten, sondern daran, dass es Marginalisierten häufig an Ressourcen für die eigene Sicherheit fehlt und es ihnen schwerer fällt, sich von kriminalitätsbelasteten Orten fernzuhalten. Die bisherige soziologische Forschung zu sozialer Ungleichheit und Kriminalität hat den Zusammenhang empirisch unterschiedlich beantwortet. Wahlweise wird Armut als Ursache der Kriminalität oder als Folge der Kriminalisierung der Marginalisierten begriffen (Ludwig-Mayerhofer 2000; Bourguignon 2001). Zunächst stellt bei Finn Johansen die Kriminalität die Ursache für seine aktuelle Position dar. Seine Biografie ist maßgeblich durch den biografischen Umbruch nach seiner Scheidung bestimmt. Der Job- und Wohnungsverlust führt bei ihm, laut Eigenaussage als direkter Kausalmechanismus, in die Kriminalität: *»Kann man sich vorstellen. Kein Geld, keine Unterkunft. Was tut man dann [4sec]? Wenn man sich keine Hilfe sucht, gibt es halt dann nur noch den ungraden Weg. So, den hab ich dann auch massivst eingeschlagen.«* Zwar stellt er sich selbst als handelnd dar, jedoch führen die kriminalisierten Handlungen zum Ausschluss aus der bürgerlichen Gesellschaft. Johansen berichtet nicht konkret von seinen Taten, erzählt jedoch von *»diverse[n] Verurteilungen«* und mehrjährigen Haftstrafen. Seine Handlungen sowie die Erfahrungen mit der Justiz und im Gefängnis grenzt Johansen von seinem vorherigen *»normalen Leben«* ab. Dem gegenüber macht etwa Markus Nordkreuz seine Position für seine kriminalisierten Handlungen verantwortlich. *»Klar, wenn man auf der Straße lebt, bleibt das nicht aus, dass man Diebstähle begeht oder Körperverletzung oder Raub oder wie auch immer«*. Für ihn stellt dies die einzige Möglichkeit dar, sein Überleben sicherzustellen. Er problematisiert dies kaum und stellt seine (Not-)Kriminalität als Zwangsläufigkeit dar (*»bleibt das nicht aus«*).

Jenseits dieser Äußerungen bieten die Gespräche zur Klärung, ob Kriminalität als Ursache oder Folge von Marginalisierung zu verstehen ist, keine Auskunft. Sie ermöglichen jedoch Einblicke in den Umgang der Befragten mit dem Justizsystem und verdeutlichen, dass unter der Kriminalität der »gefährlichen Armen« zuerst die »Armen« und »Kriminellen« selbst leiden. Dies zeigt sich etwa an Markus Nordkreuz und Timothy Maier, die selbst als (ehemalige) Obdachlose ausgeraubt wurden, doch auch für die »kriminellen« Befragten bedeutet ihre Kriminalität (und die anschließende Strafverfolgung) einen zentralen Bezugspunkt. So schildert der 26-jährige Karim Halabi eindrücklich den Moment seiner ersten Verhaftung aufgrund des Verkaufs von Betäubungsmitteln und den anschließenden Gefängnisaufenthalt: *»Das war mein erstes Mal, es war auch eine Sache, die ist, eine neue Erfahrung. Also die Polizist zu sehen, Handschellen auch. Knast und Kriminalität. Ich war der jüngste in der Knast. Als ich 20 war [5sec]. Keine gute Erfahrung.«* Halabi versteht den Gefängnisaufenthalt als einen Katalysator seiner weiteren Marginalisierung. Fortan wird ihn das Stigma »Insasse« begleiten. Er berichtet: *»Also, wenn man von Knast entlassen, du findest nix. Also was kann ich? Der kommt ja nochmal wieder zurück. Automatisch. Isso. Also wenn man [2sec], du gehst raus und du findest nix.«* Für Halabi bekommt seine erneute Kriminalität den Anschein eines Automatismus. Er hat offenbar keine andere Möglichkeit, als wieder kriminell zu werden. Somit steht er *»immer mit einem Fuß im Knast.«*

Wie sehr der Gefängnisalltag zur Entwürdigung beiträgt, berichtet Achim Ganz. Nach einem Fluchtversuch aus der DDR wird er als Jugendlicher wegen *»Republikflucht«* verurteilt und in eine Sonderstrafvollzugsanstalt des Ministeriums für Staatssicherheit gebracht:

> *»Dann war ich drei Jahre da [...] und das war die Hölle [3sec]. Das war richtig Hölle. Also morgens früh, sechs Uhr aufstehen, dann haben sies Bett hochgeklappt und man durfte sich nur hinsetzen zum Mittachessen aufn Stuhl. Ansonsten musste man immer die Hände hinten auf Kreuz halten und man durfte immer ein paar Schritte laufen. Und dann viertelstündlich haben sie durch den Spion geguckt oder dann nachts, wenn man, durfte man sich 20 Uhr sich hinlegen, da ist dann der Schließer gekommen. Der hats Bett runter, also die Kette weggemacht, das Bett runter und dann durfte man sich hinlegen [6sec]. Einmal im Monat durfte man duschen, sonst musste man sich nur waschen mit kaltem Wasser [3sec]. Also gut, man hat essen gekriecht, das ja aber man sich gefühlt wie ein Stück Vieh. Friss und stirb. Weil wir warn die Bösen halt eben [6sec]. Man wurde da halt behandelt wie ein Stück Scheiße.«*

Der Gefängnisaufenthalt ist für ihn schlicht die *»Hölle«*. Die Behandlung als Häftling führt dazu, dass er sich selbst nur noch als *»Stück Scheiße«* wahrnimmt. Es spiegeln sich darin seine frühen Erfahrungen im Kinderheim, das er bereits identisch beschrieben hat. Die Entmenschlichung geht mit einer inkorporierten Stigmatisierung einher, von der auch weitere Gespräche berichten. Während mehrere Befragte freimütig über ihre Familienverhältnisse, Gewalterfahrungen und -taten und ihre Armut erzählen, zögern die meisten bei Fragen nach der eigenen Kriminalität oder weichen ihnen aus. So beantwortet Gustav Quassel die Frage so: *»Ja klar [hatte ich Kontakt mit der Justiz], aber [3sec], ne das reicht.«* Dieses Zaudern und Zögern mag Ausdruck einer Scham sein, die sich aus den gesellschaftlichen Grenzziehungen zu »den Kriminellen« erklärt (Ludwig-Mayerhofer 2000, 271; Wacquant 2009, 16 f.).

8.5 Subjektive Folgen des prekären Alltags

Zwischen Armut, Wohnungslosigkeit oder Gefängnisaufenthalten gestalten die Befragten ihren Alltag. Dieser bietet jedoch meist keine Routine, sondern reproduziert Unsicherheiten, die viele Befragte bereits aus ihren Herkunftsfamilien kennen. Der Alltag ist zudem kein Ort der Kontemplation oder des Rückzugs. Befragt nach ihrem Alltagsleben erwähnen die Gesprächspartner*innen kaum Spaß oder Freude. Vielmehr ist ihr Alltag ein Kampfplatz: ein Kampf gegen Armut, das Jobcenter, für angemessenen Wohnraum oder gegen Krankheiten und Sucht. Hinzu kommt der Kampf, sich gegen Zuschreibungen zu wehren, denen sie ausgesetzt sind.

Alltag als leere Zeit ohne Struktur

Die Befragten beschreiben ihren Alltag als eintönig, fremdbestimmt und zufällig – und dies auch bereits vor den Einschränkungen durch die Maßnahmen zur Bekämpfung der COVID-19-Pandemie.

»Ein ganz normaler beschissener Alltag. Nichts besonderet«, heißt es etwa bei Stefan Blaumann. Auch die Rentnerin Magda Geschonke berichtet von der Eintönigkeit ihres Alltags, in dem sie lediglich ihre Zeit totschlägt: *»Hier drin, im Sessel und die Glotze an [lacht] und mit'm Datteln* [zeigt auf Mobiltelefon].« Beide äußern keine Vorstellungen davon, wie ihr Alltag anders gestaltet werden könnte und so bleiben sie – wie die meisten Befragten – einfach zu Hause. Leere und Langeweile bestimmen den Alltag, der zur toten Zeit ohne Ziel oder *»festen Turnus oder so was«* (Timothy Maier) wird. Die Zeit wird nicht positiv ausgefüllt, sondern vergeht lediglich. Dies erscheint den Marginalisierten als Zeichen der eigenen Nutzloswerdung; im Alltag dominieren Zweifel und Aussichtslosigkeit. Die Befragten warten – man weiß allerdings nicht so recht, worauf –, denn sie müssen warten: auf einen Job, in der Schlange vor der Tafel oder darauf, dass eine zuständige Person auf dem Amt »Zeit für sie hat.« Somit zeigt sich das Verhältnis zur Umwelt auch darin, mit welcher Selbstverständlichkeit sie die Zeit anderer in Anspruch nehmen oder von ihnen abhängig sind. Sowohl auf Jobsuche als auch in Einrichtungen handeln sie nicht, sondern werden behandelt.

Dies beeinflusst Zukunftsvorstellungen und verhindert eine rationale Planung oder überhaupt die Herausbildung von Perspektiven. Verstärkt wird dies durch die übermächtige Kontingenz des Alltags. Ein *»[t]ypischer Tag«*, so fragt nahezu ungläubig Hilde Unseld: *»Das ist gut gesagt [...]. Also richtig einen Alltag außer Fernsehen hab ich zurzeit halt leider nicht.«* In den alltäglichen Erfahrungen der Befragten zeigt sich, dass nichts als *»verlässlich«*, *»sicher«* oder gar *»felsenfest«* gelten kann. Vielmehr finden sich Äußerungen, wie sehr der Alltag als unvorhersehbar erscheint. Bei Karim Halabi wird diese Unsicherheit des Alltags paradigmatisch sichtbar: *»Aber jeder Tag hat sein eigenes. Du gehst schlafen, du gehst raus, ja. Du weißt nicht, wenn du triffst. [...] Morgen, ich weiß nicht, was kann passieren.«* Diese Äußerungen verdeutlichen, dass sein Alltag so sehr von Zufälligkeiten geprägt ist, dass dieser den Begriff gar nicht verdient. Ganz ähnlich schildern die wohnungslosen Befragten ihre Situation. Wer am Morgen noch nicht weiß, was er am Abend essen oder wo er schlafen wird und wer *»einmal hier, einmal da«* (Filip Altmann) lebt, wird nur schwer ein Selbstbild entwickelnn können, das von Selbstvertrauen und Selbstbewusstsein geprägt ist.

Nur einzelne Befragte beschreiben ihren Alltag als routiniert. Der wohnungslose Gustav Quassel verbringt viel Zeit in der örtlichen Universitätsbibliothek, um sich dort um Termine für Wohnungsbesichtigungen zu kümmern. Er erzählt:

»Ich mag Organisation und ich hab 'nen relativ genauen Plan, wo ich hinwill. Ich bin viel an der Uni hier in der Bibliothek. Ich mach aber auch Besichtigungstermine. Ich gucke, dass ich irgendwie an solche Termine rankomme und mich persönlich vorstelle. Also das mache ich, wie ein Geschäftsmann: Termine machen, zur Besichtigung hin, an der Uni bisschen Post machen, weil ich hier keinen PC habe, mal was ausdrucken. Solche organisatorischen Sachen mache ich.«

Quassel deutet seinen Alltag der Wohnungssuche zum Alltag eines »*Geschäftsmanns*« um. Seinen Problemen tritt er durch Planung und Organisation entgegen. Die Betonung der eigenen Aktivität ermöglicht es ihm, sich als »Kämpfer« gegen den ungerechten Wohnungsmarkt zu inszenieren. Ebenso gelingt es ihm, sein Verhalten vor dem Hintergrund der Schwierigkeiten, eine Wohnung zu finden, aufzuwerten. Mit der Betonung fester Routinen grenzt sich Quassel bewusst von anderen Bewohner*innen seiner Unterkunft ab: *»Aber ich bin nicht typisch. Der Regelfall ist so, dass sie kaum aus den Puppen kommen, bis zwölf pennen und dann ein bisschen durch die Stadt tingeln, am Bahnhof abhängen, Geld machen in Anführungsstrichen und kommen dann halb zugedröhnt in der Nacht wieder zurück. Das ist so normal.«* In dieser Sequenz stellt sich Quassel als handelndes Subjekt dar. Neben der Wohnungssuche geht es ihm auch darum, schnellstmöglich wieder einen Beruf zu finden: *»Das heißt aber auch, ich bin dabei und ich will ja auch wieder arbeiten.«* Quassel bringt die selbstbewusste Strukturierung seines Alltags sowie positive Zukunftsvorstellungen gegen seine marginalisierte Gegenwart in Anschlag. Er ist überzeugt, seine Ziele durch Selbstmotivation zu erreichen. Ähnliche Schilderungen finden sich bei Herbert Kieserling und Greta Sanft. Auch sie sprechen von einem geregelten Alltag. Es scheint kein Zufall zu sein, dass die Befragten, die ihren Alltag aktiv strukturieren (können), einen stabilen Primärhabitus sowie den Bildungshabitus des »arbeitsamen Strebens« ausgebildet haben. Zwar haben die Gespräche gezeigt, wie sehr diese habituellen Dispositionen im Prozess der Marginalisierung herausgefordert werden, jedoch weiterhin zu finden sind und dazu führen, dass sich ihr Alltagsleben deutlich von anderen Befragten unterscheidet.

Einen weiteren Ausdruck des prekären Alltags stellt das nahezu vollständige Fehlen von Hobbys, Ehrenamt oder der Bezug zu Kultureinrichtungen dar. Während Hobbys und Freizeitbeschäftigungen in der Jugend eine sichtbare Rolle gespielt haben, ist dies in der Gegenwart der Befragten nicht mehr der Fall. So berichtet etwa Karol Schestag, dass von seinen früheren Hobbys (Botanik und Angeln) nur noch die Beobachtung von Fischen in Seen und Bächen übriggeblieben ist. Auch Magda Geschonke und Jakob Simonon erwähnen, dass sie sich Konzert- oder Fußballkarten kaum mehr leisten können. Hobbys sind für die Befragten schlicht zu teuer. So verwundert es auch nicht, dass keine Vereinsmitgliedschaften, Instrumente oder sonstige Tätigkeiten angesprochen werden, die Kapital notwendig machen würden.

Markus Blum betont die alltäglichen Einschränkungen, die er mit einem Mangel an Geld verbindet. Er macht das, *»was man halt mit den finanziellen Mitteln so an-*

fangen kann [lacht], ich geh spazieren viel, geh in den Park, solche Sachen halt.« Spazieren gehen (als kostenlose Beschäftigung) ist die am häufigsten erwähnte Freizeitaktivität der Befragten. Sie erfüllt sie jedoch nicht, sondern ist Ausdruck des Mangels an anderen Tätigkeiten. Das Spazierengehen (ohne Ziel) entspricht der toten Zeit des Alltags. *»Jetzt mache ich gar nix. Ich gehe spazieren. Heute ich habe nix zu tun, vielleicht ich gehe spazieren, weil ohne Geld, was kannst du machen, nur spazieren. Draußen ist kalt, gestern es war Regen. So ein Leben zu führen, das ist nicht gut«* (Filip Altmann). Daraus spricht eindrücklich die Unmöglichkeit, die Zeit ohne Kapitalbesitz sinnvoll auszufüllen. Hobbys jenseits des Spazierengehens erscheinen als Luxus, wodurch sich die soziale Isolation verstärkt:

> *»Ick geh spazieren, wenn das Wetter es zulässt, viel spazieren, guck Fernsehen, bleib erst Mal morgens zu Hause. Guck Fernsehen viel, auch abends. Unter der Woche geh ich abends selten weg. Ick hab auch keene Kumpels, mit denen ich nach der Öffnungszeit der [Beratungsstelle] noch was machen möchte. Da ist immer das Fernsehen an erster Stelle«* (Stefan Blaumann).

Bedürfnis und Erfüllung liegen weit auseinander. Ohne Vertrauen in sich und seine Umwelt zieht sich Blaumann zurück und bleibt meist zu Hause. Bei ihm herrscht Lethargie; Freizeitbeschäftigungen gibt es nicht.

Die Ausnahme bildet Clara Lichtenstein. Sie ist die einzige Befragte, die gegenwärtig ein Ehrenamt ausübt. Sie betreut einen Menschen, *»der eine Körperbehinderung hat und daher nicht so gut alleine einkaufen gehen kann, sich nicht so gut allein anziehen kann.«* Dieses Ehrenamt nimmt einen Großteil ihres Alltags in Anspruch und strukturiert ihn: *»Da fahre ich morgens hin, ziehe ihn an, helfe beim Abwasch oder sonstigen Tätigkeiten, unternehme was mit ihm. Dann hab ich noch einen zweiten da in der Siedlung, den ich auch noch betreue und um den kümmere ich mich genauso.«* Lichtenstein definiert sich über diese freiwillige Arbeit. Die Pflege bedeutet für sie eine sinnvolle Tätigkeit. Sie leitet dies aus einem politischen Anspruch ab, der sich in Solidarität und Mitmenschlichkeit ausdrückt.

Wünsche und Zukunftsvorstellungen

Der prekäre Alltag prägt auch die Wünsche sowie Zukunftsvorstellungen der Befragten. Diese sind nicht nur Ausdruck individueller Bedürfnisse, sondern müssen als Ausdruck klassenspezifischer Erfahrungen betrachtet werden. Insbesondere Mitglieder unterer sozialer Klassen sind dazu gezwungen, ihre Wünsche einzuschränken und aus der Not eine Tugend zu machen (Bourdieu 1987, 585 ff.).

Zunächst beschäftige ich mich mit den Wünschen, die sich auf die Gegenwart beziehen. Danach befragt, spricht Markus Blum von ihrer Prägung durch seine dauerhaft marginalisierte Position: *»Ich war halt schon immer am Existenzminimum, ich hab eine andere Ansicht auf die Dinge. Deswegen bin ich auch zufrieden damit mit dem wenigen [was ich habe].«* In dieser Darstellung sieht Blum sein Leben am

Existenzminimum als kausale Begründung für seine Bedürfnisse an; die Verhältnisse scheinen ihm nur eingeschränkte Wünsche zu ermöglichen. Das Einfügen in den Mangel wird am Ende seiner Schilderung zur Zufriedenheit umgedeutet, sodass er keinen Anlass sieht, an seiner Situation etwas zu ändern. Es handelt sich bei dieser Inkorporierung des Sozialen auch um eine Inkorporation von sozialer Herrschaft. Blum wünscht sich, was er hat, weil er hat, was er wünscht – und entgeht so der Gefahr weiterer Enttäuschungen. Blums gesamte Biografie ist vom Makel des Scheiterns gezeichnet: Alle biografischen Punkte waren mit Wünschen verbunden, die nicht erfüllt wurden. Die Anpassung der gegenwärtigen Wünsche an seine Klassenposition scheint eine Reaktion darauf zu sein.

Ähnliche Schilderungen finden sich bei weiteren Gesprächspartner*innen. So beantwortet Detlef Oerde die Frage, wie er zurechtkommt und was er sich wünscht, ganz ähnlich: *»Ist ok, ich hab keine großen Erwartungen, ich bin nicht so materiell.«* Seine finanzielle Situation sowie eine Erkrankung verunmöglichen ihm Zukunftsplanungen. Durch die Selbstwahrnehmung *»nicht so materiell«* zu sein, will er zusätzlich betonen, mit wenig Geld zufrieden zu sein – *weil* er wenig Geld hat. Dahingehend bezeichnen sich weitere Befragte als *»genügsam«* (Clara Lichtenstein), *»relativ bescheiden genügsam«* (Judy Frei) und ohne *»große Ansprüche«* (Sigrun Lange). Den Befragten mache es *»wenig aus, mit wenig Geld klarzukommen«* (Clara Lichtenstein).

Die ehemals wohnungslose Sabrina Jung geht in ihren Schilderungen noch einen Schritt weiter und behauptet, dass ihr mehr Geld sogar schaden würde: *»Ich hab nicht viel, aber ich komm mit dem gut klar, was ich hab. Also [3sec] ich will auch gar nicht mehr unbedingt, weil wenn ich mehr hab, dann konsumier ich auch mehr und ich bin echt ein Mensch, ich bin nicht so Konsum-Fan.«* Jung hat sich mit ihrer Position abgefunden. Zudem kritisiert sie das Bedürfnis, mehr Geld haben zu wollen: Mehr finanzielle Möglichkeiten würden nur mehr Konsum produzieren. Dem *»Konsum-Fan«*, der seine Wünsche nur durch Warenkonsum befriedigen könne, stellt sie ihre Eigenbezeichnung als *»echter Mensch«* gegenüber. Sie sieht daher keinen Grund, sich etwas jenseits ihrer Armut (und sei es nur in ihren Wünschen) vorzustellen. Dies wird auch dadurch bestätigt, dass sie an einer anderen Stelle des Gesprächs berichtet, dass sie *»nicht sagen [würde], jemand is über mir, nur weil er jetzt [...] Gucci-Klamotten oder Geld hat oder was auch immer.«* Jung verbindet den Besitz von Markenklamotten oder ökonomischem Kapital nicht mit größerer sozialer Anerkennung. Vielmehr beschreibt sie sich selbst als respektable Arme, die solche Statussymbole nicht braucht, bzw. deren Respektabilität sogar durch mehr Konsum in Frage gestellt würde.

Weiterreichende Wünsche sprechen die Gesprächspartner*innen kaum an. Vielmehr werden nicht erreichbare Hoffnungen als ohnehin ungewollt dargestellt. Diese »Einengung« der Wünsche erscheint vor dem Hintergrund der Biografien subjektiv sinnvoll. Es scheint, dass sie den Befragten hilft, zukünftige Enttäuschungen zu vermeiden. Objektiv kommt es durch diese Anpassung der

Wünsche an die Bedingungen jedoch zur weiteren Verfestigung der Klassenposition. Durch ihre habituellen Dispositionen so stark geprägt, können die Befragten ihre Position nicht (einmal träumerisch) übersteigen, richten sich ein und verharren weiterhin in ihrer »Unausweichlichkeit« (Bourdieu 1979, 167).

Von den Wünschen, die sich auf die Gegenwart beziehen, lassen sich Zukunftsvorstellungen unterscheiden. Man könnte vermuten, dass diese heterogener ausfallen, da sie sich nicht auf die unmittelbare Lage beziehen. Die Analyse (fiktionaler und träumerischer) Zukunftswünsche birgt die Möglichkeit, den Blick auch auf unbewusste Hoffnungen freizulegen. Die Zukunftswünsche changieren dahingehend auch zwischen Hoffnungslosigkeit und dem Wissen darüber, dass es nichts zu wünschen gibt, (illusorischen) Hoffnungen auf Erlösung und konkreten Vorstellungen.

Zunächst zeigt sich jedoch eine deutliche Parallele zu den Wünschen zur Gegenwart. Die Befragten beschreiben auch diese im Zusammenhang mit ihrer marginalisierten Klassenposition – insbesondere bei Menschen ohne festen Wohnraum, denen Zukunftswünsche nahezu unmöglich sind: *»Das [die Zukunftsplanung] ist schwierig [5sec]. Momentan ist es mir wichtig, wie ich meine Übernachtung gestalte, weil ich momentan obdachlos bin, wie ich meine Tage über die Runden kriege. [...] Ich weiß aber nicht, wo es mit meinem Leben hingeht«* (Timothy Maier). Es zählt ausschließlich die Gegenwart, da die unmittelbaren Bedürfnisse nicht aufgeschoben werden können. Die Notwendigkeit, an Essen zu kommen oder einen passenden Schlafplatz zu finden, stellt sich mit absoluter Priorität, sodass Pläne und Wünsche für die nächsten Tage oder gar die ferne Zukunft undenkbar werden. Somit können die Marginalisierten als eine »Klasse ohne objektive Zukunft« (Bourdieu 2000, 112) verstanden werden. Achim Ganz antwortet auf die Frage, wo er sich in fünf Jahren sieht: *»[lacht] Oh, so weit möchte ich nicht denken. Ich möchte jetzt erst mal soweit denken, dass ich erst mal 'ne Wohnung kriege, ne. [...] Weil jetzt planen, das bringt nix.«* Er sieht die Perspektive auf sein Leben nicht als Teil eines kohärenten Systems an. Vielmehr spricht er von der Sinnlosigkeit von Plänen, an deren Erfüllung er ohnehin nicht glaubt. Die einzige »Zukunftsplanung« des 43-jährigen Friedrich Linke, dem nach 17 Jahren ohne Wohnung und nahezu komplett ohne Lohnarbeit vollkommen bewusst ist, dass sein Leben auch weiterhin von Armut geprägt sein wird, ist eine Verlängerung seiner Gegenwart. In der Antwort auf die Frage, wo er sich in 20 Jahren sieht, wird diese Ausweglosigkeit deutlich: *»Gibts in 20 Jahren noch Pfandflaschen [lacht]? Kann ich dann auch Pfandflaschen sammeln, weil die Rente nicht reicht [lacht] oder gibts da überhaupt Rente, ich weiß es nicht.«* Eine Perspektive jenseits dessen hat Linke nicht.

Auch bei Gesprächspartner*innen, deren unmittelbares Überleben nicht zur Disposition steht, wird die Zukunft zu einem Nicht-Ort, den sie sich nur als Verlängerung der marginalisierten Gegenwart vorstellen können. Befragt, wo sie sich zukünftig selbst sieht, antwortet Judith Kreuz: *»Das ist eine gute Frage. Ich denke, dass* *das alles so weiter läuft wie jetzt. Ich wüsste nicht, was sich da noch ändert, dass sich da noch groß was ändert.«*

Nur eine Minderheit der Befragten spricht von Zukunftswünschen. Bei ihnen steht der Wunsch nach persönlicher Stabilität im Zentrum. Dieser Wunsch wird insbesondere von Befragten formuliert, die einen biografischen Bruch erlebt haben, wie etwa Wohnungslosigkeit. Nachdem etwa Friedrich Linke, Karim Halabi oder Sabrina Jung alle Erfahrungen mit Wohnungslosigkeit gemacht haben, ist ihr größter Zukunftswunsch eine stabile Wohnsituation. Wie prekär die Erfüllung dieses Wunsches jedoch ist, zeigt sich insbesondere bei Befragten, die einen prekären Primärhabitus und den Habitus der Bildungsfremdheit ausgebildet haben. Die schwangere Sabrina Jung wünscht sich mit ihrem Sohn weiter in einer (betreuten) Wohnung leben zu können, im weiteren Verlauf schränkt sie dies jedoch ein: *»Das Einzige, was ich hoffe, is halt, dass ich keinen Rückfall hab. Das ist so, das was ich mir wünsche.«* Als langjährige Konsumentin von Betäubungsmitteln nimmt sie weiterhin ihr Substitut ein. Sie schildert die Gefahr eines erneuten Rückfalls, der wie ein Damoklesschwert über ihrer relativ stabilen Gegenwart schwebt.

Eine weitere prekäre Form des Wunsches nach Stabilität in der Zukunft stellt die Fiktion oder der unrealistische Traum dar. Sie erscheinen in Form der Hoffnung auf einen Lottogewinn (Jakob Simonon und Markus Nordkreuz), des Wartens auf den *»Märchenprinz mit den Millionen in der Tasche«* (Sigrun Lange) oder der *»rettenden Beziehung«*, die die Zukunft von Stefan Blaumann umkrempeln soll. Diese Wünsche sind mehr denn spontane Fantasie. In ihrer objektiven Unmöglichkeit (oder großen Unwahrscheinlichkeit) sind sie Ausdruck der marginalisierten Klassenposition. Somit zeigen die unerreichbaren Träume der Befragten ihre Ohnmacht auf. Zwar formulieren sie diese illusorischen Wünsche, doch ist ihnen gleichzeitig bewusst, dass sie nicht erfüllt werden. Die Wünsche bleiben unvermittelt mit der Realität. Ohnmacht verurteilt »abwechselnd zu hochfliegenden Phantasien und zur Preisgabe aller Hoffnungen« (Bourdieu 1981, 174), was die Gespräche bestätigen.

Als Kontrast gibt es jedoch auch einige Befragte, die konkrete Zukunftsideen ausdrücken (Finn Johansen, Greta Sanft, Gustav Quassel und Herbert Kieserling). Dies sind ausschließlich Gesprächspartner*innen mit einem stabilen Primärhabitus und dem Bildungshabitus des »arbeitsamen Strebens«. Sie fokussieren sich in ihren Wünschen zwar auch auf Stabilität, unterscheiden sich jedoch deutlich von der Mehrheit der Befragten.

So wünscht sich etwa Finn Johansen, dessen marginalisierte Klassenposition Effekt eines Jobverlusts und eines Gefängnisaufenthalts ist, nicht wieder in ein *»tiefes Loch«* zu fallen. Befragt nach seinen Zukunftsvorstellungen in fünf bzw. 20 Jahren antwortet er: *»Wo ich mich da sehe? Ja, dass ich meine Verhältnisse wieder geordnet habe [3sec], in 20 Jahren bin ich dann quasi schon in Rente [4sec]. Das heißt, ich muss dann dementsprechend dafür auch was tun, dass meine Rente auch dementsprechend noch für einen glücklichen Lebensabend genügend hergibt.«* Zwar ist er sich der Schwierigkeiten bewusst, die auf dem Weg zu einem *»glücklichen Lebensabend«* liegen, jedoch unterscheidet sich seine Darstellung grundsätzlich von Aussagen anderer Befragter. Johansen glaubt fest daran, durch eigene Initiative seine gegenwärtige Position überwinden zu können und hegt positive Zukunftsbilder. Ähnlich hoffnungsvolle Schilderungen finden sich auch bei Herbert Kieserling, der derzeit auch in einer Notunterkunft lebt. Zukünftig will er *»von da, wo ich nun mal hingekommen bin, wieder rauskomme[n], ich versuche, nach vorne zu sehen und nicht zurück.«* Kieserling beschreibt, dass seine gegenwärtige Lage seiner *»eigentlichen«* Existenz nicht entspricht. Es gelingt ihm, einen objektivierten Blick auf seine Situation zu erlangen und diese nur als vorübergehend zu verstehen. Dahingehend benennt er konkrete Ideen, die er in Zukunft verwirklichen will und spricht ehrgeizig von seinen zukünftigen Vorstellungen, an deren Erfolg er glaubt. Zukunftspläne unterstützen ihn dabei, einen aktiven Umgang mit seiner marginalisierten Gegenwart zu finden. Hier zeigen sich seine stabilen habituellen Dispositionen, auf die er unter den Bedingungen der Wohnungs- und Erwerbslosigkeit zurückgreifen kann. Durch seine Wette auf die Zukunft gelingt es ihm, sich als *deserving poor* darzustellen.

Destrukturierung des Alltags

Die Klassenposition (re-)produziert sich auch in den alltäglichen Praktiken der Befragten. Die Gestaltung des Alltages zwischen festen oder fehlenden Routinen, vermeintlich unwichtigen und oberflächlichen Handlungen und Einstellungen bildet den unmittelbaren Ausdruck der Klassenposition.

Für Henri Lefebvre (1987, 302) hat das Alltagsleben durch seine Wiederholungen und Regelmäßigkeiten die Funktion, den Menschen Struktur und Planungssicherheit zu ermöglichen. In den Gesprächen stellten solche Regelmäßigkeiten und alltägliche Gewissheiten die Ausnahme dar. Normalbiografische Lebensentwürfe sind angesichts von Armut, Wohnungslosigkeit oder Kriminalität kaum zu realisieren. Viel eher erscheint der Alltag der Gesprächspartner*innen als unsicher, unruhig und destrukturiert. Erfahrungen biografischer Diskontinuität lassen sich dementsprechend bei nahezu allen Befragten finden. Ohne Rückzugsmöglichkeiten, ausreichende Kapitalausstattung und habituelle Dispositionen sind sie den Folgen sozialer Marginalisierung meist schutzlos ausgeliefert. Die Destrukturierung des Alltags und die daran angepassten Wünsche bedeuten Hoffnungs- und Perspektivlosigkeit. Die Interviews haben deutlich gemacht, wie sehr selbst die kognitiven Strukturen von der marginalisierten Klassenposition geprägt und an diese objektiven Strukturen angepasst sind. Die Wünsche der Gesprächspartner*innen beziehen sich meist auf die unmittelbare Marginalisierung, in der sie fest verankert sind. Es kommt zu einer Passung zwischen den sozialen Verhältnissen und den kognitiven Strukturen: Die Befragten wünschen sich nur das, was ihnen realistisch erscheint. Gleichzeitig wurde auch deutlich, dass dieses Passungsverhältnis keine Zufriedenheit auslöst, da sie sich unter Bedingungen der Marginalisierung vollzieht. Die Befragten entwickeln ihre Wünsche und Zukunftsvorstellungen vor dem Hintergrund des Mangels. Dies hat Auswirkungen auf die (Ideal-)Vorstellungen für die Zukunft. Diese betrachten die meisten Befragten nicht als offen oder gestaltbar, sondern als Gefahr. Für sie bleibt die Zukunft unbestimmt und unbestimmbar, eine (abstrakte) Bedrohung, die nicht in eine langfristige rationale Planung eingeschlossen werden kann.

IX Marginalisierung sozialer Beziehungen

Die Befragten sind nicht isoliert marginalisiert. Doch können sie ihre sozialen Beziehungen als Sozialkapital nutzen, um Mangelerfahrungen zu kompensieren und Unterstützung zu erfahren (Domínguez/Watkins 2003) oder verstärken die Beziehungen dies und führen zur Kumulation von Marginalisierung (Portes 1998)? André Knabe (2022) hat sich dahingehend mit der Wahrnehmung und Bewältigung von Armut im Kontext von Sozialbeziehungen befasst. Er argumentiert, dass arme Menschen auf Beziehungen angewiesen sind, die ihnen Anerkennung und Teilhabe ermöglichen. Wer hingegen keine Beziehungen (mehr) hat, ist auf sich selbst zurückgeworfen. Weitere Forschung hat drauf hingewiesen, dass die Möglichkeit des Rückgriffs auf Beziehungen ungleich verteilt ist. So pflegen Menschen verschiedener Klassen signifikant unterschiedlich viele und intensive Beziehungen (Mewes 2010, 206). Erstens haben Mitglieder unterer sozialer Klassen kleinere und lokal begrenzte Netzwerke. Die Bedeutung von Familienbeziehungen überwiegt (ebd.). Die Intensität familiärer Beziehungen zeigt sich bei ihnen auch darin, dass nahe Verwandte meist den ersten Anlaufpunkt bei Problemen darstellen (Schubert 1990). Ebenso findet sich häufiger das komplette Fehlen von Beziehungen (Rehbein/Souza 2014, 142). Zweitens beeinflussen habituelle Dispositionen die Zusammensetzung von Beziehungen (Hennig/Kohl 2011) und es kommt zur sozialen Homogenität der beteiligten Menschen. Abschließend beinhalten Beziehungen (insbesondere Freundschaften oder Arbeitsbeziehungen) die ständige Möglichkeit ihrer Auflösung. Es ist daher notwendig, sich mit ihrer zeitlichen Stabilität und Belastbarkeit zu beschäftigen.

9.1 Wiederholungen: Die eigenen Familien

Die Mikroebene menschlicher Beziehungen stellt der Familienkontext dar. Familienmitglieder können aus ihnen einerseits Vorteile durch emotionale oder soziale Unterstützung ziehen, andererseits kann dies auch Verpflichtungen zur Folge haben, die regulierend auf das Leben einwirken. Bedeutsam ist, welche biografische Funktion die Familie für die Akteure hat.

9.1.1 Prekäre Familienbeziehungen

Eine zentrale Form familiärer Beziehungen stellen Partnerschaften bzw. Ehen dar. Zum Zeitpunkt des Interviews leben nur Hilde Unseld, Judy Frei, Karim Halabi und Markus Blum (alle unverheiratet) in einer Partnerschaft. Sechs Befragte sind alleinstehend, während acht nach einer längeren Beziehung getrennt leben. Die größte Gruppe stellen die Geschiedenen mit neun Befragten dar (die alle auch nicht in einer neuen Beziehung leben).

Abbildung 4: Arten der Partnerschaft (gegliedert nach Geschlecht)

Anhand der Partnerschaften – oder vielmehr deren weitgehenden Fehlens – zeigt sich die Abweichung von der »klassischen Kernfamilie«. Zwar taucht sie als Ideal immer wieder auf, spielt in der Realität jedoch keine Rolle. Selbst die vier Befragten in einer Liebesbeziehung betonen praktische Unterstützung als zentrales Element der Beziehungen. Verschiedene Untersuchungen haben bereits auf heterogene Familienformen bei Marginalisierten hingewiesen (Benz 2012; Groh-Samberg 2009). Nicht nur die Herkunftsfamilien der Befragten bestätigen dies, sondern auch die gegenwärtigen Familiensituationen deuten darauf hin. Es zeigt sich eine wesentliche Unterscheidung anhand des Geschlechts: Die Mehrzahl der getrenntlebenden Befragten sind Männer. Frauen sind deutlich häufiger geschieden.

Die Männer problematisieren ihrer Situation ohne Partnerschaft meist nicht. Sinnbildlich hierfür stehen Finn Johansen und Jakob Simonon. Johansen trennt sich von seiner Frau, als diese *»einen Neuen«* hat. Nach dieser Trennung versucht er zwar, neue Partnerschaften einzugehen, dies scheitert jedoch. *»Ich hab das immer mal wieder versucht, aber ich hab auch festgestellt, dass, wenn ich für mich alleine bin, komm ich ganz gut zurecht. Das heißt [...], ich muss keine Kompromisse eingehen, ich kann also machen, was ich will.«* Nahezu wortgleich Jakob Simonon: *»Jo, na ja, muss nicht sein [etwas zu ändern]. Ich komm auch ganz gut alleine klar [lacht].«* Beide Befragten betonen, dass sie auch ohne Partnerin gut leben können. Ebenso gelingt ihnen eine nahezu objektive Beschreibung ihrer ehemaligen Partnerschafen, die keine Bedeutung mehr für die Gegenwart haben.

Eine solche Objektivierung scheint den Interviewpartnerinnen nur schwerer möglich zu sein. Nahezu alle befragten Frauen, die in Partnerschaften waren, berichten davon, dass ihre aktuellen Familienformen nicht als Folge autonomer Entscheidungen verstanden werden können. Sie berichten von Gewalt während ihrer Beziehungen (Anett Schäfer, Clara Lichtenstein, Greta Sanft, Magda Geschonke, Sabrina Jung und Sigrun Lange) und von problematischen Trennungen (Jenny Kurz, Judith Kreuz und Veronica Mittermeier). Keine der befragten Frauen blickt positiv auf ihre Beziehungen zurück. Im Gegenteil finden sich Formulierungen, die die eigene Ehe als *»größte[n] Fehler«* des Lebens (Veronica Mittermeier) oder als *»sehr, sehr schwere Jahre«* (Greta Sanft) bezeichnen. Gegenüber Idealvorstellungen überwiegen konkrete Erfahrungen. Ebenso will keine alleinstehende Interviewpartnerin eine neue Beziehung eingehen. Dies erscheint vor dem Hintergrund der Erfahrungen auch wenig verwunderlich: Die Befragten berichten von Vergewaltigung, Missbrauch, Freiheitsentzug bis hin zu Mordversuchen.

Der Geschlechtsunterschied zeigt sich auch anhand des Festhaltens am Ideal der »Kernfamilie«. Insbesondere die ledigen Männer halten daran fest. So spricht Detlef Oerde davon, wie *»wichtig«* ihm Familie sei, doch auch, dass er kaum Kontakt zu seiner Tochter sowie keinen Kontakt zu seiner Ex-Frau, seinen Eltern und Geschwistern hat. Das gleiche Bild zeigt sich bei Jakob Simonon und Markus Blum.

Neben den (nicht vorhandenen) Partnerschaften oder Ehen drückt sich die Familiensituation der Befragten auch im fehlenden Kontakt zu weiteren Familienmitgliedern aus. Nur fünf Befragte sprechen explizit davon, Kontakt zu ihren Familien zu haben. Mit Filip Altmann, Karim Halabi und Karol Schestag finden sich hier alle Befragten mit einer Migrationsgeschichte. Für sie stellen ihre Familienmitglieder den (letzten) Bezug zu den Herkunftsländern dar. Zwar können diese sie nicht konkret unterstützen (und sie haben jenseits von Telefonaten keinen direkten Kontakt), sie dienen jedoch als Orientierungspunkt und als symbolischer Rückhalt. Lediglich für Finn Johansen stellt seine Familie auch tatsächlich eine Ressource dar, die er nutzen kann. Johansen, der aus einer stabilen Herkunftsfamilie stammt, hat *»auch heute noch einen guten Kontakt«* zu ihr. Sie hat ihn auch während seines Gefängnisaufenthalts und nach seiner Entlassung unterstützt.

Es überwiegen jedoch Befragte, die überhaupt keinen Familienkontakt haben: *»Ansonst habe ich eigentlich mit meiner Familie abgeschlossen«* (Herbert Kieserling). Dies wird meist mit Streitigkeiten begründet. Besonders deutlich wird dies bei Judy Frei und Helma Keitel, die beide als Jugendliche Punkerinnen werden, was zum Bruch zwischen ihnen und ihren Familien führt. *»Dann könnt ihr [die Eltern] mich jetzt erst recht am Arsch lecken, das hat sich ja auch so ergeben, dass ich keinen Kontakt mehr zu meinen Eltern hab«* (Judy Frei). Sowohl Frei als auch Keitel ziehen als Minderjährige aus und beginnen ein Leben ohne festen Wohnsitz.

In ihren Erzählungen spielen ihre Familien ab diesem Zeitpunkt keine Rolle mehr. Auch Anett Schäfer bricht bereits als Jugendliche den Kontakt zu ihren (gewalttätigen) Eltern ab. Wie grundlegend dieser Bruch ist, zeigt sich darin, dass sie erst durch den Tod ihrer Mutter wieder mit ihrer Familie konfrontiert wird: »*Dann hatte ich jetzt vor zehn Jahren ein [...] amtliches Schreiben in so einem gelben Umschlag. Da wurde mir mitgeteilt, dass meine Mutter gestorben ist und dass ich nach [Stadt] ins Krankenhaus musste, um sie zu identifizieren. Bis dato hatte ich 45 Jahre keinen Kontakt zu ihr.*« Schäfer schildert keine Trauer und stellt den Tod ihrer Mutter als Verwaltungsakt dar. Im Gesprächsverlauf wird jedoch ein weiterer Aspekt deutlich: Wie bei den anderen Befragten, die keinen Kontakt zu ihren Familien haben, beschreibt sie den Kontaktabbruch nicht als Freiheitsgewinn, sondern als Verfestigung des Mangels. Zweifellos ist es für sie als Jugendliche subjektiv »besser«, nicht länger der unmittelbaren Gewalt ihrer Familie ausgesetzt zu sein, doch gleichzeitig berichtet sie rückblickend: »*Wenn du keine Familie hast, da bist du echt verloren.*« Hierbei drückt sich ein Paradox aus, von dem insbesondere die Befragten geprägt sind, die aus instabilen Familienverhältnissen stammen und einen prekären Primärhabitus ausgebildet haben: Für sie ist es sowohl nachteilig, *weiter Kontakt* zu ihren Familien zu haben (Verharren in der Marginalisierung) als auch *keinen Kontakt* zu haben (Isolierung), da ihnen für diese Form der Autonomie die notwendigen Ressourcen fehlen.

Zahlreiche Gesprächspartner*innen resignieren daher. Sie wünschen sich grundsätzlich diese Kontakte, wissen aber um ihre Unmöglichkeit. Dies macht Stefan Blaumann deutlich, als er von seiner Familie spricht:

> *»Die größere Verwandtschaft, die hat sich zerstritten, zerteilt. Jedenfalls kann man sagen, man is nur theoretisch verwandt, aber in der Praxis hat man von der Verwandtschaft nichts mehr gespürt. Von den Onkels und Tanten hab ick das Gefühl, jeder lebt sein Leben und von der Verwandtschaft ist nicht mehr viel übrig. Ick hab [2sec], ick hab mich damit abgefunden.«*

Dieses Abfinden ist Ausdruck einer tiefen Resignation, die das Gespräch durchzieht. Blaumann weiß, dass er an seiner Lage nichts ändern kann und fügt sich in seine Einsamkeit. Auch bei Achim Ganz wird dies deutlich. Ganz, der seine Kindheit und Jugend in Heimen verbracht hat, versucht als Erwachsener, Kontakt zu seinen leiblichen Eltern aufzunehmen: »*Aber leider wollten meine richtigen Eltern mich leider nicht mehr haben. Die haben mich dann leider abgestoßen.*« Diese Zurückweisung führt zur Resignation: »*Und danach hab ich nur mitgekriegt mal, dass meine Eltern dann verstorben sind [4sec]. Aber das war mir egal. Die wollten ja von mir nix wissen, also hab ich gesagt: ›Ja, warum soll ich dann da jetzt da hinfliegen zur Beerdigung?‹ [...] Aber wollt ich nix mit denen zu tun haben.*« Zwar versucht sich Ganz in dieser Sequenz als aktiv darzustellen, der selbstgewählt nichts mehr »*mit denen*« zu tun haben will, doch muss dies als Ausdruck einer tief empfundenen Kränkung angesehen werden. Ebenso ist die Aussage von Markus Nordkreuz zu verstehen, der bei seiner alkoholkranken Mutter aufwächst, früh in ein Heim kommt und deswegen kaum Kontakt zu seiner Familie hat: »*Familie kenn ick nich, brauch ick nicht.*« Die Familie wird mit der (schlechten) Vergangenheit assoziiert und es wird versucht, die Gegenwart davon nicht länger beeinflussen zu lassen: Es sei ohnehin besser, keine Familie zu haben.

9.1.2 Kinder: Eine neue marginalisierte Generation?

Einen weiteren Aspekt der Familiensituation stellen Kinder dar. 15 Befragte haben keine Kinder, 12 interviewte Personen sind Eltern. Es zeigt sich ein deutlicher Geschlechterunterschied. Bei den befragten Männern finden sich nur drei Väter, jedoch elf Befragte ohne Kinder. Bei den Frauen ist es umgekehrt: Neun Gesprächspartnerinnen sind Mütter, lediglich vier Frauen haben keine Kinder.

Abbildung 5: Die Befragten mit/ohne Kinder (nach Geschlecht)

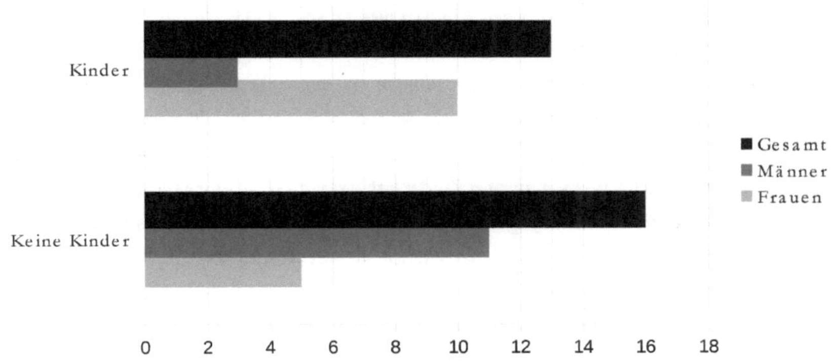

Ähnlich zu den Partnerschaften und Familienbeziehungen lassen sich aus den Begründungen für oder gegen Kinder Rückschlüsse auf die Klassenposition sowie die habituellen Dispositionen der Befragten ziehen.

Fehlende Ressourcen für eigene Kinder

Die Gründe gegen Kinder unterscheiden sich bei den Befragten, verweisen jedoch alle auf ihre marginalisierte Position. So begründen einige Befragte ihre Kinderlosigkeit mit der eigenen Armut (Anett Schäfer, Filip Altmann, Jakob Simonon und Stefan Blaumann). Daneben werden weitere existenzielle Probleme wie Flucht (Karim Halabi) oder Wohnungslosigkeit (Friedrich Linke und Helma Keitel) benannt, die daraufhindeuten, die Kinderlosigkeit im Zusammenhang mit der sozialen Position zu verstehen. Daneben begründen weitere Befragte ihre Kinderlosigkeit mit fehlender Dauer bzw. Existenz von Partnerschaften (s.a. Bien / Lange 2005). Für die alleinstehenden Gesprächspartner*innen steht die Sorge um das eigene Leben im Zentrum, sodass sie nicht an Kinder denken (können). Die Kinderlosigkeit folgt somit nicht einer bewussten Entscheidung *gegen* Kinder, sondern ist Effekt der Klassenposition (Konietzka / Kreyenfeld 2007, 15).

All dies ist den Gesprächspartner*innen bewusst, sodass sie ihre Kinderlosigkeit auch nicht weiter problematisieren. Für sie stellt diese vielmehr *»ein Problem weniger«* (Jakob Simonon) dar. Während eigene Kinder grundsätzlich Verantwortung und dauerhafte Sorge bedeuten, betonen die Gesprächspartner*innen eher die Unabhängigkeit, die mit der Kinderlosigkeit einhergeht.

Für die erwerbslose Anett Schäfer wird ihre Kinderlosigkeit sogar zu einem positiven Persönlichkeitsaspekt umgedeutet. Sie grenzt sich dadurch von anderen marginalisierten Menschen ab, denen sie Kinderreichtum unterstellt, was sie als *»unverantwortlich«* kritisiert. Zunächst verneint sie vehement die Frage, ob sie gerne Kinder hätte und ergänzt:

> *»Man weiß ja gar nicht, was aus den Kindern werden soll. Wenn ich das so sehe bei diesen Hartz-IV-Sendungen mit sechs und mehr Kindern ... ›Leute, schafft euch doch einen Fernseher an.‹ [...] Ne, das ist unverantwortlich. Die kommen so schon nicht über die Runden [3sec], dann noch ... Warum leben denn so viele Kinder in Armut? Weil sie alle nicht nachdenken. Einfach mal das Gehirn einschalten. Ich denke, in der heutigen Zeit muss nicht mehr sein als zwei Kinder, braucht man nicht. Wenn man zwei Kinder hat, hat man seine Pflicht getan. [...] Acht Kinder! Leute! Is doch wahr und dann gehen die noch mit einem solchen Kram ins Fernsehen. Das jeder sieht, wie arm die dran sind [...], ganz ehrlich, da hört es auf. Das ist nichts für mich. Man muss mit allem, was man macht, so ein bisschen Verantwortung zeigen.«*

Schäfer, die selbst ALG II bezieht, bringt Kinderreichtum mit »Triebhaftigkeit« und »Asozialität« in Verbindung. Sie übernimmt die Vorurteile gegenüber den *undeserving poor*, die sich durch Kinderreichtum und ungezügelte Sexualität auszeichnen würden (s.a. Lorke 2015, 177 ff.). Deren Kinder seien lediglich Effekt von Verantwortungslosigkeit und fehlender Beschäftigung. Vermittelt werden ihr solche Bewertungen durch Medien, in denen sie diese Stigmatisierungen findet. Ihre eigene Kinderlosigkeit ist für sie ein Aspekt, sich selbst als respektabel darzustellen. Diese deutet sie als Akt verantwortlichen Handelns gegenüber der Gesellschaft und spricht ihr höheren Sinn zu.

Eigene Kinder zwischen Glück und Vertiefung von Problemen

Auch bei den Eltern gibt es einen engen Zusammenhang zwischen den Berichten über ihre Kinder und ihrer sozialen Position. Zahlreiche Befragte schildern ökonomische Schwierigkeiten, vor denen sie während der Schwanger- und Elternschaft stehen, sowie Einschränkungen sozialer Kontakte und weitere Problematisierungen ihrer eigenen Elternschaft. Anhand des Kinderwunsches lassen sich zwei Untergruppen bilden.

Die erste Gruppe besteht aus Befragten, die ihre Kinder als »Erfolg« oder »großes Glück« bezeichnen. Sie wird durch die fünffache Mutter Magda Geschonke repräsentiert: *»Ich hatte schon die Idee immer jehabt, eine ganz große Familie zu haben. Eine schöne Familie, schöne Kinder. Schöne Kinder hab ich, viele hab ich auch und alle sind was geworden, da bin ich auch sehr stolz drauf.«* Geschonke schildert das Ideal einer kinderreichen Familie mit ihr als fürsorglicher Mutter. Ihr Wunsch nach einer großen und stabilen Familie entwickelte sich vor dem Hintergrund der eigenen Biografie: sie selbst wächst als Einzelkind einer alleinerziehenden und gewalttätigen Mutter auf. Ihr fehlte alles, was sie sich für ihre eigene Familie wünscht. Auch bei weiteren Gesprächspartner*innen, die während des Gespräches ihren Kinderwunsch besonders betonen (Achim Ganz, Judith Kreuz und Markus Blum) wird deutlich, dass sie selbst in besonders prekären Familienverhältnissen aufgewachsen sind. Ihre Herkunftsfamilien dienen ihnen als Negativfolie für ihre eigene Familie.

Deutlich problematischer stellt sich das Verhältnis der Befragten zu ihren Kindern in der zweiten Untergruppe dar, die ihre Kinder ungewollt bekommen haben (Clara Lichtenstein, Detlef Oerde, Hilde Unseld, Jenny Kurz und Sigrun Lange). Diese Befragten machen externe Gründe für ihre Kinder verantwortlich. Zunächst berichten Clara Lichtenstein, Hilde Unseld und Sabrina Jung von den Umständen, unter denen sie Mütter geworden sind (Wohnungs- und Erwerbslosigkeit sowie Alkohol- und Betäubungsmittelkonsum). Ihre Geschichten gleichen sich. Nahezu lapidar schildert Sabrina Jung ihre erste Schwangerschaft zur Zeit einer schweren Alkoholkrankheit und Wohnungslosigkeit: *»Es war eher einfach nur so unvorsichtig, Dummheit, dass ich halt jetzt schwanger wurde.«* Ebenso verhält es sich bei Hilde Unseld, bei der sich die Schwangerschaft *»dann halt ergeben«* hat. Beide Frauen haben keinen Kontakt zum jeweiligen Vater. Während Jung ihren Sohn *»freiwillig«* zur Adoption freigibt, versucht Unseld ihren Sohn selbst zu erziehen. Sie lebt jedoch weiterhin auf der Straße, was dazu führt, dass er ihr *»weggenommen«* wird und bei Pflegeeltern aufwächst. Genauso beschreibt Clara Lichtenstein ihre erste Schwangerschaft:

> *»Danach gings dann ganz, ganz bergab. Also Drogen ohne Ende, Drogenkonsum. Dann bin ich schwanger geworden, dann [...] hab ich keine Drogen genommen, auch nicht geraucht und nicht getrunken. Aber nach der Schwangerschaft – ich sags mal so – ich konnte keine wirkliche Beziehung zu meiner Tochter aufbauen [2sec] und hab mich dann entschlossen, sie zur Adoption freizugeben.«*

Während diese Interviewpartnerinnen ihre prekären Lebensumstände für die Schwangerschaft verantwortlich machen, schildern die restlichen Befragten dieser Gruppe (neben Detlef Oerde ausschließlich Frauen), wie sehr sie ihre Elternrolle als Norm ansehen. Damit finden sie sich meist ab und schildern ihre Schwanger- und Elternschaft ohne große Intensität.

Jenseits dieser beiden Untergruppen zeigt sich die besondere Betroffenheit der befragten Frauen als Mütter, da sie es sind, die die Betreuung und Erziehung der Kinder übernehmen. Explizit wird dieser Geschlechterunterschied dadurch, dass alle befragten Mütter davon berichten, nach einer Trennung die Kinder allein erzogen zu haben. Die Väter der Kinder bzw. Ex-Partner beschreiben sie kaum. Die befragten Mütter berichten lediglich davon, wie diese die Familien verlassen haben und sich nicht um die Kinder kümmern. Meist übernehmen sie nicht einmal ihre Rolle des Unterhaltszahlers (s.a. Hartmann 2014). Zwar kritisieren sie die Väter, jedoch scheinen sich die Mütter mit dem *status quo* arrangiert zu haben. Das heißt, dass sie alleinerziehend alle reproduktiven Aufgaben übernehmen (müssen) und dies selbstverständlich tun, was sie wiederum an ihre Position als Mutter bindet und unter marginalisierten Bedingungen existenzielle Sorgen bedeuten kann.

9.1.3 Subjektive Bedeutung der Beziehungen

Befragt nach der idealen Beziehung antworten die Befragten abstrakt. Sie erwähnen Werte wie »*Ehrlichkeit und Vertrauen*« (Friedlich Linke), »*Offenheit*« (Enrico Braun), »*Verlässlichkeit*« (Judith Kreuz) oder »*Wertschätzung*« (Clara Lichtenstein) ohne sie näher auszuführen. Werden Ideale formuliert, bleiben diese basal: »*Egal was, aber Hauptsache, man versteht sich mit seiner Partnerin sehr gut. Dass man sie nicht schlägt*« (Achim Ganz). Sprechen sie konkreter von ihren Vorstellungen, zeigt sich, wie sehr sie von der marginalisierten Realität geprägt sind. Die Beispiele dafür sind zahlreich. So beschreibt Sabrina Jung, wie sehr Idealvorstellungen einer Partnerschaft überhaupt zweitrangig sind. Der ideale Partner wäre schlicht jemand, der »*mich so nimmt wie ich bin.*« Bei Jung meint dies ein Leben in einer betreuten Wohneinrichtung, Drogentherapie und Erwerbslosigkeit. Auch bei der erwerbslosen Jenny Kurz prägt die unmittelbare Lebenssituation ihre Idealvorstellungen. Der ideale Partner müsste ihren (am Asperger-Syndrom erkrankten) Sohn »*halt [...] so akzeptieren, wie er ist.*« Schließlich müsste ein idealer Partner auch für die psychisch kranke Clara Lichtenstein »*relativ viel Verständnis*« für ihre Erkrankung haben. Sie ergänzt: »*Ich weiß nicht, sonst fällt mir nix ein [lacht].*« Für Magda Geschonke, die in ihrer Ehe unter der Gewalt ihres Manns leiden musste, wäre der ideale Partner folglich »*[z]ugewandt, selbstständig, nicht schlagend, also freundlich. Nicht körperlich werden. [...] Das wäre es eigentlich.*« Der Geflüchtete Karim Halabi bringt am deutlichsten zum Ausdruck, wie sehr die unmittelbaren

Lebensumstände auch die Vorstellungen der Idealbeziehung prägen. Halabi, der nach einem längeren Gefängnisaufenthalt und Obdachlosigkeit nun bei seiner Partnerin lebt, beschreibt seine ideale Beziehung so: *»Eigentlich nochmal mein Leben in die Reihe zu kriegen. Das ist das erste [3sec]. Und Liebe ein bisschen, das hat mich auch gefehlt diese letzte Zeit.«* In dieser Sequenz erwähnt Halabi den Anteil von affektiver Zuwendung in Partnerschaften erst nach einer mehrsekündigen Pause. Entscheidend scheint für ihn zunächst die konkrete Hilfe zu sein. Eine weitere Interpretation der Interviewsequenz korreliert mit dem vorherrschenden Männlichkeitsideal: Halabi kann nur nach einem Zögern zugeben, auf Zuneigung angewiesen zu sein.

Das Partnerschaftsideal der befragten Personen scheint darin zu bestehen, *überhaupt* eine Partnerschaft oder Familie zu haben. Aspekte wie Attraktivität oder Geborgenheit werden nicht erwähnt. *»Ick bin nicht so besonders wählerisch«*, so drückt es etwa Stefan Blaumann aus oder: *»[V]om Frauentyp her ist es mir eigentlich ziemlich egal«* (Enrico Braun). Deutlich zeigt sich, wie sehr das Partnerschaftsideal der Marginalisierten ein marginalisiertes Ideal darstellt. Die Unmöglichkeit, sich eine ideale Partnerschaft überhaupt vorzustellen, begründen die Befragten mit der Dauer ihres Lebens ohne Partnerschaft. Sie sprechen sich vielfach die Beziehungsfähigkeit ab – ebenso die Fähigkeit, über ideale Beziehungen überhaupt nachzudenken. Dies bringt wiederum Enrico Braun auf den Punkt, der seit über 20 Jahren ohne Partnerschaft lebt: *»Ich weiß gar nicht, ob ich überhaupt noch beziehungsfähig bin. Das wird das größte Problem sein. Wenn du jahrelang alleine bist, weißt du ja gar nicht mehr, wie du noch interagieren sollst.«*

Auch die Wünsche der befragten Eltern für ihre Kinder lassen Rückschlüsse auf die marginalisierte Position zu. Zunächst finden sich allgemeine Wünsche wie *»Zufriedenheit«* (Magda Geschonke) oder *»Glück«* (Judith Kreuz). Ihren Kindern wünschen sie *»keinen Krieg erleben [zu] müssen«* (Veronica Mittermeier), *»einen sicheren Arbeitsplatz«* (Greta Sanft) oder einmal das zu tun, was ihnen *»Spaß«* (Detlef Oerde) macht. Bei der Erfüllung können die Befragten ihre Kinder jedoch nicht unterstützen. Die Wünsche bleiben abstrakt, also unverbunden mit den Verhältnissen, in denen die Befragten leben.

Konkreter formulieren weitere Befragte die Wünsche für ihre Kinder in Abgrenzung zur eigenen Herkunft. Die Mehrheit der interviewten Personen stellt die eigenen Eltern nicht als Identifikationsfiguren dar, sondern grenzt sich von ihnen ab. Dies hat Auswirkungen auf die Wünsche für die Kinder. Die Gesprächspartner*innen entwickeln ihre eigenen Vorstellungen im Gegensatz zu ihren Eltern; machen das, was ihre Eltern nicht gemacht haben und wünschen sich das, was ihnen selbst gefehlt hat. So antwortet etwa der vierfache Vater Achim Ganz auf die Frage, was es für ihn bedeutet, Vater zu sein: *»Boah, wie soll ich das in Wörtern sagen. Weil ich hatte ja keinen Vater. Also ist Vater zu sein für mich sehr wichtig. [...] Meinen Kindern hats an nix gefehlt.«* Er ergänzt:

»Wir haben zusammen Sport gemacht, Urlaub zusammen gemacht, vieles [6sec]. Ich hab denen erst gezeigt, was ich in meiner Kindheit nicht hatte. Ich hab das meinen Kindern mitgegeben. [...] Also, dass sie einen guten Vater und eine gute Mutter hatten. Und meine Kinder haben sich bei mir wohlgefühlt. Ich hab meine Kinder nie geschlagen.«

Aus dieser Beschreibung eines harmonischen Familienlebens spricht das Bedürfnis, sich selbst als anständig darzustellen (die Familie ist ein Aspekt dessen) und dies von seiner eigenen marginalisierten Vergangenheit abzugrenzen. Er betont, seine Kinder nie geschlagen zu haben – als Antithese zur selbst erfahrenen Gewalt. Ähnliche Formulierungen finden sich bei Markus Blum, Clara Lichtenstein, Magda Geschonke und Veronica Mittermeier. Doch auch für den kinderlosen Enrico Braun scheint diese Abgrenzung Bedeutung zu besitzen: *»Ich hab zwar selber keine Kinder, aber ich würde, so wie er [sein Vater] es gemacht hat, würde ich auf keinen Fall ein Kind erziehen.«*

Je intensiver die eigene Marginalisierung erfahren wurde, desto eindeutiger die Abgrenzung und desto basaler die Wünsche für die eigenen Kinder. Dies machen die beiden (ehemals) obdachlosen Interviewpartnerinnen Sabrina Jung und Judy Frei deutlich. So wünscht Jung, dass ihre Kinder *»nicht so, so unbedingt des Leben haben wie ich, also des soll schon so ein bisschen grader laufen oder wenigstens nicht auf Straße. [...] Also, dass die wenigstens die Schule gut zu Ende machen. Dass die halt auch 'ne Zukunft haben, nicht wie ich jetzt hier mit 30 noch denken, was mach ich jetzt hier eigentlich so.«* Frei ergänzt: *»Weil ich will, dass es ihm gut geht, im Gegensatz, ich will nicht, dass er so ... Ich will, dass er ein besseres Leben hat, ich will, dass er besser lebt wie ich, ich will, dass er vielleicht mal 'n Job hat, nicht so wie ich hier absitze und betteln muss. Das finde ich nicht so schön.«* Das Leben ihrer Kinder soll *»gerader«* und *»ruhiger«* verlaufen. Abstrakt gesprochen orientieren sich die Befragten nicht am Höchsten, sondern am Nächstmöglichen. Im Idealfall machen ihre Kinder *»wenigstens«* einen Schulabschluss und finden *»vielleicht mal 'n Job.«* Sie müssen keineswegs die Besten sein. Die Befragten finden es falsch, zu hohe Erwartungen an ihre Kinder zu formulieren und sie zu überfordern. Sie wissen, dass ihre Kinder nicht alles werden können, aber es reicht, wenn sie nicht werden, was ihre Eltern sind. Jung und Frei weisen darauf hin, dass die Wünsche für ihre Kinder ausschließlich auf die Hoffnung beschränkt sind, diese mögen ein einfaches, aber anständiges Leben führen. Bereits die Vorstellung, ihre Kinder nicht mehr zu den *undeserving poor* zu zählen, scheint zu genügen. Alles, was sie sich positiv für ihre Kinder vorstellen können, ist eine unbestimmte Negation ihrer eigenen Position.

9.2 Diskrepanzen zwischen Anspruch und Wirklichkeit: Freundschaften

Eine weitere Dimension sozialer Beziehungen stellen Freundschaften dar. Sie zeichnen sich dadurch aus, dass sie freiwillig eingegangen werden und auflösbar sind. Ebenso sind sie im Gegensatz zu Berufsbeziehungen oder Beziehungen über Organisationen (Verbände, Parteien etc.) nicht auf eine äußere Form bezogen, sondern gründen in der aktiven Entscheidung der Beteiligten. Somit sind Freundschaften wenig institutionalisiert, subjektiv definiert und stellen ein Vertrauensverhältnis zu Personen dar, denen man sich verbunden fühlt (Alleweldt 2016). Freundschaften beinhalten zahlreiche Unterstützungsfunktionen, die sich positiv auf das soziale Verhalten und die persönliche Gesundheit auswirken (Jungbauer-Gans 2002, 84 ff.).

Mangel an konkreten Freundschaften

Knapp die Hälfte der interviewten Personen hat nach Eigenaussage keine Freundschaften. Von den Befragten wird dies vor allem mit zwei Aspekten – fehlendem Geld und symbolische Ausschlüsse – begründet und kann somit als Ausdruck der marginalisierten Klassenposition verstanden werden.

Mehrere Befragte machen ihre Armut für fehlende Freundschaften verantwortlich, da sie als arme Menschen Beziehungen nicht nach eigenen Wünschen führen können. Beispielsweise beschreibt die Rentnerin Greta Sanft ihre Vorstellung des guten Lebens als einen *»große[n] Esstisch, wo man mit Vielen sitzt, isst und bisschen schwatzt.«* Sie schränkt diese Idealvorstellung jedoch direkt ein. *»Ich koch ja so gerne [...], aber da muss man immer so ein bisschen Geld übrig haben. Wenn man aber nur vier Euro hat am Tag, dann kann man nicht so ganz toll Menschen einladen.«*

Kleine Alltagsaktivitäten (ein Kneipen- oder Kinobesuch) können große Bedeutung erlangen. *»Die Finanzen sind halt beschränkt«, da kann man nicht jeden Tag sagen, heute gehe ich hier hin. [...] Das ist halt davon abhängig, ob ich finanziell was machen kann, [...] das richtet sich halt nach den Finanzen«* (Jakob Simonon). Selbst *»Kaffee trinken oder dies machen oder jenes«* macht Magda Geschonke *»keine Freue mehr, wenn ich mir das alles dreimal überlegen muss.«* Der soziale Rückzug ist Folge materieller Armut und zeigt sich darin, dass die Befragten weniger am öffentlichen Leben partizipieren. Wie sehr dies das gesamte Leben beeinflusst, macht Sigrun Lange deutlich, die bis zur Geburt ihres ersten Kindes als Rechtsanwaltsfachangestellte tätig ist. Es gelingt ihr, ein stabiles soziales Netzwerk mit gemeinsamen Freizeitaktivitäten aufzubauen. Dieses zerbricht jedoch in Folge von Scheidung und Jobverlust:

> *»Wenn vom Einkommen nicht mehr viel möglich ist, dann ist das gesamte gesellschaftliche Leben, mal ins Kino gehen, mal Essen gehen, sich für den Sport verabreden, weg. Wenn sie kein*

> *Geld dafür haben, ist das ganze Leben ja vorbei. So minimiert sich dann auch der Bekanntenkreis ganz, ganz schnell. Wenn sie 20 Jahre jeden Donnerstag Badminton gespielt haben und jetzt können sie das nicht mehr, weil sie das Geld nicht mehr haben … Drei, vier Mal kommt man noch mit und dann sind sie raus. So verliert man dann eine Sache nach der anderen.«*

Die Isolation wirkt nicht nur materiell, sondern ist auch Ausdruck einer von den Befragten direkt erlebten oder antizipierten Bewertung durch andere. Es ist nicht immer klar, ob es sich wirklich um eine Zurückweisung handelt, oder ob die interviewten Personen selbst beginnen, sich zurückzuziehen, weil sie glauben, von ihrer Umwelt negativ beurteilt zu werden. So oder so beeinträchtigen diese Stigmatisierungsprozesse die Kontakte. Wie sehr dadurch Beziehungen bereits vorab erschwert oder gar verunmöglicht werden, macht erneut Sigrun Lange deutlich. In folgender Sequenz stellt sie sich vor, wie sie auf einer Party oder bei einem Konzert Menschen kennenlernt:

> *»Ich geh hin wie jeder andere und dann kommt unweigerlich: ›Hallo, was machst du denn hier? Wo kommst du her und was machst du beruflich?‹ – ›Nix.‹ Dann ist das Gespräch auch vorbei. Man hat sich ja nix mehr zu erzählen. Dann weiß das Gegenüber auch, mit der kann ich nicht in Urlaub fahren, mit der kann ich nicht, wat weiß ich, zum Snowboarden fahren. Dann hat man im Grunde – ob die Leute sich das direkt anmerken lassen oder auch höflicher sind –, allein durch die Tatsache, dass man an Unternehmungen nicht teilnehmen kann, Ausgrenzung.«*

Das Fehlen von Freundschaften stellt für die interviewten Personen einen Mangel dar und ist von ihnen nicht bewusst gewählt. Dies bestätigt bisherige Befunde, wonach arme Menschen häufiger allein sind (Glatzer / Bös 1997, 577). In den Gesprächen zeigen sich auch ein geringes Selbstbewusstsein sowie Schamgefühle. Die Befragten nehmen sich selbst als nicht ausreichend in Sozialbeziehungen integriert wahr. Während die Gesprächspartner*innen mangelnde Familienbeziehungen meist akzeptieren, kritisieren sie das Fehlen von Freundschaften.

Gleichzeitig haben sie sich als *»völlige Einzelgänger«* (Helma Keitel) eingerichtet. Dies drückt sich bei einigen Befragten dadurch aus, mit ehemaligen Freund*innen gebrochen zu haben. Solche Aussagen finden sich etwa bei Markus Blum und Sabrina Jung, die beide lange wohnungslos waren und Betäubungsmittel konsumiert haben. *»[Ich] versuch einfach so Kontakte, die ich hatte oder Kreise, in denen ich verweilte, da gar nicht mehr hinzugehen«* (Markus Blum). Die Selbstisolation wird schlechten Beziehungen vorgezogen, da sie ihre Probleme potenzieren. Wieder Markus Blum: *»Mir ist halt aufgefallen, in den Kreisen […], die sind meistens selbst mit Problemen behaftet. […] Ich bin immer mit dem ganzen Müll zu geladen worden von den Menschen.«* Auch Hilde Unseld beschreibt, wie sie während ihrer Zeit der Obdachlosigkeit ausschließlich Freundschaften zu Menschen hatte, *»die halt genau dasselbe oder ungefähr dasselbe halt im Leben irgendwie erlebt hatten«* wie sie selbst.

Selbstisolation erscheint diesen Befragten als einzige Möglichkeit, Autonomie zu erreichen:

> *»Wenn du 15 Jahre auf der Straße warst, immer Drogen und Alkohol und viel mit dabei. Wenn du dis nicht mehr willst, musst du wirklich Kontakt abbrechen, egal ob dir die Leute dir nicht unbedingt schräg oder recht warn. Das geht nicht. Ich kann nicht mit irgendwelchen Leuten, die noch Drogen nehmen, rumsitzen. Das geht nicht, auch wenn sie nett sind«* (Sabrina Jung).

Für Blum und Jung bedeutet das Leben ohne Freundschaften einen Bruch mit der eigenen (negativ konnotierten) Vergangenheit. Die Gesprächspartner*innen fügen sich in die Isolation, da sie erkennen, dass sich ihr bisheriges Umfeld negativ auf sie auswirkt. Hier erscheint wieder das Paradox, dass sowohl soziale Beziehungen als auch keine sozialen Beziehungen den Befragten schaden.

Sprechen die interviewten Personen von gegenwärtigen Freundschaften, fällt auf, dass es ihnen um deren Qualität und nicht Quantität geht. *»Ick hab nicht viele«*, erzählt Markus Nordkreuz, *»aber die, die ick habe, auf die kann ick mich verlassen.«* Nahezu wortgleich ergänzt Sabrina Jung: *»aber ich hab, wie gesacht, nicht so viele, aber die, die ich hab, die pfleg ich.«* Diese konkreten Freund*innen teilen meist eine ähnliche soziale Lage. Die Freundschaften basieren auf geteilten Erfahrungsräumen, in denen sich auch die Gesprächspartner*innen befinden. Meist handelt es sich um neuere Freundschaften im direkten sozialen Umfeld. So beschreiben Detlef Oerde und Gustav Quassel übereinstimmend, wie sich ihre Freundschaften auf die Notunterkünfte, in denen sie leben, beschränken. Es geht bei diesen Freundschaften um die gegenseitige Unterstützung im Alltag: *»Ich hab ja Leute hier, denen es ähnlich geht wie mir. Da bespricht man dann die Sache beim Bierchen«* (Gustav Quassel). Mit *»der Sache«* meint er sein derzeitiges Leben ohne festen Wohnsitz.

Idealvorstellungen und Habitusformen

Während die konkreten Freundschaften mehrheitlich einen Mangel ausdrücken, zeigen sich anhand der Idealvorstellungen erneut die habituellen Prägungen. Für die Befragten bedeuten Freundschaften wahlweise »Unterstützung in Alltagsproblemen«, »gegenseitige Sorge« oder »Ehrlichkeit und Kritik«. Diese drei Bedeutungsformen (s.a. Diewald 1991, 7f.) korrespondieren mit ihren Habitusformen.

Die erste Untergruppe (Unterstützung bei Alltagsproblemen) formuliert die Bedeutung von Freundschaften im Zusammenhang mit ihren Alltagsproblemen. Freund*innen sollen die Befragten im Alltag unterstützen. Die alleinerziehende ALG II-Bezieherin Jenny Kurz schildert dies in ihrer Antwort auf die Frage nach einem guten Freund bzw. einer guten Freundin: *»Ja, meine beste Freundin, die auch bei der Geburt meines Sohnes dabei war, in Abwesenheit seines Vaters natürlich. Ein guter Kumpel, mit dem ich mal liiert war vor 20 Jahren, der ist immer noch für uns da, wenn es um Elektrik geht, weil ich da nicht so ran gehe. Reifenwechsel kann ich, Ölwechsel auch,* *aber Elektrik nicht.«* In dieser Ausführung wird Freundschaft mit praktischer Unterstützung gleichgesetzt. Filip Altmann ergänzt:

> *»Gute Freunde kennt man erst dann, wenn man in Schwierigkeiten ist. Weißt du, wenn alles gut geht, hast du viele Freunde, aber das sind nicht echte Freunde. Erst wenn Schwierigkeiten kommen und dieser Freund kommt zu dir und sagt: ›Ich helfe dir‹ oder auch nur fragt, ob ich was brauche, muss nicht helfen, das ist gute Freund. Nicht nur für gute Zeiten auch für schlechte Zeiten [lacht].«*

Es werden keine affektiven Vorstellungen erwähnt. Auch gemeinsamer Zeitvertreib wird als eher unwichtig dargestellt. Viel mehr steht die konkrete Hilfe im Zentrum. Diese Vorstellung von Freundschaft ist meist auf etwas praktisches Drittes (Hilfe bei der Elektrik; Beseitigung von Schwierigkeiten etc.) bezogen und hat das gemeinsame Erreichen eines Ziels zum Inhalt. Freundschaften haben eine instrumentelle Funktion.

In dieser Untergruppe finden sich vor allem Gesprächspartner*innen, die einen prekären Primärhabitus und den Bildungshabitus der Notwendigkeit oder der Bildungsfremdheit entwickelt haben. Wie in ihren Herkunftsfamilien zeigt sich auch hier der Fokus auf die praktische Gestaltung des Lebens sowie fehlende Emotionalität. Auch Idealvorstellungen richten sich auf keine (gemeinsam gestaltbare) Zukunft – die ohnehin außer Reichweite liegt –, sondern auf die unmittelbare Gegenwart. Somit finden sich hier keine Erzählungen darüber, dass diese Freundschaften langfristig angelegt sind, vielmehr sind sie Ausdruck aktueller Probleme.

Die zweite Untergruppe (gegenseitige Sorge) misst Freundschaften größere Bedeutung bei. So ist ein guter Freund für Detlef Oerde *»jemand, der da ist und dem man bedingungslos <u>vertrauen</u> kann.«* Dies wird von Judith Kreuz bestärkt: *»Ja, auch verlässlich. Ich hab gute Freundinnen. Eine Freundschaft hab ich schon weit über 30 Jahre und ja. Freundschaften halten bei mir eigentlich sehr lange.«* Als Grundlagen für gelingende Freundschaften werden von Finn Johansen, Greta Sanft und Helma Keitel Vertrauen und Loyalität genannt. Enrico Braun beschreibt seine beste Freundin gar als *»Familie«* und wertet diese *»unbeschreiblich[e]«* Freundschaft deutlich auf. Daneben werden Offenheit und Unabhängigkeit angesprochen. Dies meint die Möglichkeit, sich auch ohne Vorwürfe zurückziehen und *»für sich sein«* (Greta Sanft) zu können.

In diesen Schilderungen fallen zwei Unterschiede zur ersten Gruppe auf. Zum einen stellen Freundschaften einen Selbstzweck dar. Im Wissen um die gegenseitige Sorge »genügt« sich die Freundschaft und muss nicht auf etwas Drittes fokussiert sein. Die Befragten betonen, der entscheidende Aspekt von Freundschaften sei die (bedingungslose) gegenseitige Sorge innerhalb der Freundschaft. Dieses Ideal drückt sich durch aktives Zuhören und Erzählen-Können aus. Für Sigrun Lange ist ein guter Freund dahingehend jemand,

»mit dem man zu jeder Zeit über alles reden kann. Also [3sec] ja, ein Mensch, mit dem ich über alles sprechen kann und wo ich nix [3sec] mit hinterm Berg halten muss. Wo ich nicht sage, das erzähle ich, aber pass nur auf, dass du nicht zu viel erzählst, sonst wird er ja das und das erfahren. Wenn ich so taktieren muss, ist es kein Freund. Ein Freund ist jemand, dem ich frei von der Leber weg alles erzählen kann, was mir so auf dem Herzen liegt.«

Durch diese egalitäre Kommunikation werden Freund*innen zu einem sozialen Spiegel, in dem sich die Befragten als Person erkennen können. Somit sind gelingende Freundschaften auch ein wichtiger Indikator für das Selbstbild. *»Ich glaub«*, so drückt dies Clara Lichtenstein aus, *»niemand kann existieren, wenn er kein Gegenüber mehr hat über das er sich auch selbst reflektieren kann. Wie soll ich dann noch wissen, dass ich ein menschliches Wesen bin?«* Bei ihr wird eine gute Freundschaft zur Bedingung menschlicher Existenz. Zum anderen unterscheiden sich die Befragten von der ersten Gruppe dadurch, dass sie viel eher von konkreten Freundschaften (wirkliche Menschen) sprechen und nicht nur von abstrakten Vorstellungen. Hier finden sich Befragte aller Habitusgruppen, jedoch überwiegen Befragte mit einem stabilen Primärhabitus und dem Habitus der Notwendigkeit.

Die interviewten Personen der dritten Untergruppe (Ehrlichkeit und Kritik) fassen das Freundschaftsideal noch weiter. Aufbauend auf einem engen Vertrauensverhältnis werden Ehrlichkeit und die Artikulation von Kritik als zentrale Werte benannt:

»Ich habe gute Freund während meine Technikum. [...] Das ist eine Person, die ich kenne am längsten [3sec] und seine Frau sind für mich sehr gute Freunde [4sec]. Auf sie kann ich rechnen, sie [2sec] sind für mich ... Wenn ich bitte, sie werden mich helfen, sie werden kommen [8sec], gibt es so Leute, die sind für mich wichtig. Er ist da für mich, er toleriert mich, er ist [3sec] ehrlich für mich, ja« (Karol Schestag).

Zunächst tauchen in dieser Schilderung die beiden Aspekte der ersten Gruppen (gegenseitige Unterstützung und Sorge) als Voraussetzung auf, werden aber noch durch die Betonung der Toleranz und Ehrlichkeit ergänzt. Es fällt auf, dass Schestag die Länge der Freundschaft betont: Vertrauen und Verständnis sind Aspekte, die sich zeitlich entwickeln müssen.

In den Schilderungen dieser Untergruppe findet sich darüber hinaus die Betonung der Wichtigkeit von Widerspruch und Kritik in Freundschaften. So ist es beispielsweise für Friedrich Linke wichtig, dass gute Freund*innen die *»Freiheit«* haben müssen, *»das ein oder andere zu sagen, was ich vielleicht gar nicht hören möchte.«* Auch für Karol Schestag ist es essenziell, dass Freund*innen Kritik formulieren: *»Er sagt mir, was er denkt, ja und trotzdem [3sec] das kann mir nicht [9sec] gefallen, aber diese Beziehung ist ehrlich.«*

Ebenso wie in der zweiten Untergruppe sprechen die Befragten über konkrete Beziehungen im Gegensatz zu abstrakten Vorstellungen. Da sich Ideal und Realität so stark annähern, scheint es auch wenig verwunderlich zu sein, dass *»gute Beziehungen zu anderen Leuten zu haben, [...] eigentlich die Hauptsache in meinem Leben aus[macht]«* (Jakob Simonon). Er schildert langjährige Freundschaften in seinem *»Kiez«* und ein gewachsenes soziales Netz, zu dem er *»immer noch Bezug«* hat. In dieser Untergruppe überwiegen Befragte, die sowohl einen stabilen Primärhabitus als auch den Sekundärhabitus des »arbeitsamen Strebens« ausgebildet haben.

9.3 Instrumentalität: Beziehungen im Arbeitskontext

Neben Freundschaften bilden Beziehungen im Arbeitskontext einen weiteren Bereich der Vergesellschaftung von Menschen. Lohnarbeit besitzt nicht nur eine ökonomische Funktion. Wie man sich auf einen Beruf bezieht, ist auch abhängig von Kontakten zu Kolleg*innen. Diese Beziehungen haben eine zentrale Dimension: Auch wenn Lohnarbeit beispielsweise als repetitiv und monoton wahrgenommen wird, kann sie leichter akzeptiert werden, wenn die Beziehung zu Kolleg*innen als positiv angesehen werden (Dörre 2007).

Ich habe bereits deutlich gemacht, wie stark der Bezug zur Berufsausbildung von der habituellen Prägung der Befragten abhängig ist. Gleichzeitig stellt die Ausbildung häufig die erste Form der Unabhängigkeit von der Herkunftsfamilie dar. Dies führt dazu, dass die interviewten Personen im Rahmen der Ausbildung (neben der fachlichen Qualifikation) auch erstmalig als Erwachsene eigenständige soziale Beziehungen aufbauen. So beschreibt die 53-jährige Anett Schäfer, der als Kind Freundschaften oder Freizeitbeschäftigungen weitgehend verboten wurden, beginnende Freundschaften im Rahmen ihrer Ausbildung: *»Dann von der Berufsschule [...], da haben sich viele Freundschaften gebildet. Zu einer Freundin von der Schulzeit hab ich heut noch Kontakt.«* Auch Veronica Mittermeier berichtet zunächst, wie sie als Schülerin wenig Kontakte zu ihren Mitschüler*innen hat, was sich jedoch während ihrer Ausbildung zur Floristin ändert. Dort sind *»sehr viele Kontakte entstanden, die dann lange gepflogen wurden durch Briefkontakt.«* Eindrücklich ist dazu folgende Sequenz zu ihrer Berufsschulzeit in einer weiter entfernten Großstadt:

> *»[B]eim Heimfahren dann Abschiedstränen bei jedem Bahnhof, wo wieder wer ausgestiegen ist, den man kennt hat. Das waren viele, denn es waren ja verschiedene Berufszweige in dem Heim unterbracht. Polizeischüler, von der Siemens welche, es war sehr breit gefächert. Ned nur Floristen in dem Heim, sondern man hat da ziemlich große Kontaktmöglichkeiten ghabt.«*

Während ihrer Berufsschule lebt Mittermeier in einem Lehrlingsheim und beschreibt dieses als sozialen Ort. Die Ausbildung wird zu einem Ort, an dem sie mit unterschiedlichen Menschen zusammenkommt und sich entfalten kann. Ähnlich beschreiben Finn Johansen und Greta Sanft ihre Erfahrungen im Studium.

Auch die Beziehungen zu Kolleg*innen im Arbeitskontext nach den Ausbildungen werden zunächst grundsätzlich positiv beschrieben. Mit *»vielen war es schon ein schönes Miteinander«* (Anett Schäfer). Finn Johansen spricht davon, mit seinen Kolleg*innen *»ganz gut zurechtgekommen [zu sein] und auch in der Freizeit so einiges unternommen«* zu haben. Trotz dieser Betonung, sich mit Arbeitskolleg*innen auch »privat« getroffen zu haben, zeigen die Gespräche, dass die Arbeitsbeziehungen im Kontext der Lohnarbeit verwurzelt sind. Dies macht Achim Ganz deutlich. Auch er schildert die guten Beziehungen zu seinen Kolleg*innen. Sein Verhältnis zu ihnen ist *»[s]ehr gut. Also da hatt ich ein Bombenverhältnis gehabt. Die sind auch besuchen gekommen [...]. Die waren wie 'ne Familie für mich.«* Deutlich wird aus dieser Schilderung die Vertrautheit, die er mit seinen Kolleg*innen verbindet. Doch direkt anschließend fährt er fort: *»...aber leider ist ja die Firma bankrottgegangen. Und die Leute haben sich dann andere Jobs gesucht. [...] Gut, man hatte dann noch telefonischen Kontakt, das geht auch immer noch. Aber das ist halt nicht mehr das, wie es früher mal war.«* Der Jobverlust bedeutet bei ihm auch den Verlust sozialer Beziehungen, die an die »Kollegen«-Rolle gebunden sind.

Darüber hinaus werden weitere Probleme angesprochen. Stefan Blaumann hat stets Schwierigkeiten, freundschaftliche Beziehungen zu Arbeitskolleg*innen aufzubauen, die er als *»schwierig«* beschreibt. Sich selbst bezeichnet er mehrfach als *»Außenseiter«*, wofür er seine fehlenden Qualifikationen verantwortlich macht: *»Solange icke so unselbstständig und ungeschickt mich anstellte, so war ick halt immer ein Außenseiter.«* Seine Leistungen schränken auch seine Beziehungen am Arbeitsplatz ein. Blaumann ist sich dieses Zusammenhangs bewusst: *»So wie meine Leistungen waren, waren auch Freundschaften eher Mangelware.«* In dieser Darstellung spiegeln sich die Erfahrungen, die er bereits während seiner Schulzeit gemacht hat, wo er ebenfalls durch seine *»schlechten Leistungen [...] negativ aufgefallen«* ist. Die Erfahrung, *»Außenseiter«* zu sein, durchzieht seine gesamte Biografie. Die mehrfach benutze Formulierung *»Es kam, wie es kommen musste«* drückt die Ausweglosigkeit seiner Situation aus. Die Probleme seiner Arbeitsbeziehungen sind Transformationen seiner bisherigen Beziehungen. Als »dauerhaft Marginalisierter« fühlt er sich in der Arbeitswelt mit ihren Beziehungen schlichtweg fremd.

Wie sehr die Arbeitswelt und ihre Beziehungen nicht nur von klassenspezifischen Prägungen, sondern auch durch Geschlechterarrangements beeinflusst sind, macht Judy Frei deutlich. Auch bei ihr reproduzieren sich in den Arbeitsbeziehungen frühere Erfahrungen. Während die meisten Frauen ohnehin in »typischen« Frauenberufen tätig sind, ergreift Frei einen *»für Frauen ja eher untypische[n] Beruf«*: sie absolviert eine Ausbildung im Gartenlandschaftsbau:

> *»[D]as ist für Frauen ja sehr schwer in diesem Beruf, es ist ziemlich männerdominiert. Wie sagt man so schön: Die Schwierigkeit ist nicht die Arbeit, sondern sich gegen die Männer durchzusetzen, das ist der harte Punkt. Ich hatte 'ne Firma erwischt, wo ich die einzige Frau unter 50*

> *Kerlen war, toll! Und deswegen habe ich die Ausbildung ja auch nicht voll ausgeschlossen, weil die meisten haben im Kopf, die Arbeit ist viel zu schwer für Frauen, nee wollen wir nicht [...] aber ich hab so 'ne Oberarmweite gehabt und das für 'ne Frau.«*

Frei beschreibt, wie sehr das Umfeld ihrer Arbeitskollegen von einem Männlichkeitsideal geprägt ist, das es ihr als Frau besonders schwer macht, Beziehungen aufzubauen. Als einzige Frau wird sie ständig darauf hingewiesen, *»anders«* und unpassend zu sein. Ihr wird nicht zugetraut, die gleichen Leistungen zu vollbringen und körperlich schwächer zu sein. Somit stellt Frei einen Eindringling in die männlich konnotierte Lohnarbeitssphäre dar. Sie versucht, sich durch die Orientierung an den »arbeiterlich« geprägten Dispositionen der Kollegen (Leistung, Körperlichkeit etc.) Anerkennung zu verschaffen. Frei legt Wert darauf, sich als besonders hart arbeitend darzustellen und ihre eigene Körperkraft zu betonen (*»so 'ne Oberarmweite«*). Ihr geht es darum, spezifisch »weibliches« unsichtbar zu machen, indem sie Kategorien der männlichen Arbeitswelt übernimmt. Dies führt dazu, sich gegenüber den Kollegen Respekt zu verschaffen.

> *»Ich hatte noch ein paar Kollegen gehabt, mit denen ich mich ganz gut verstanden hab, weil da waren noch einige drauf, die gesagt haben: ›'ne Frau hat was drauf, och das Mädel traut sich ja was.‹ Das waren generell solche, die davon beeindruckt waren, dass 'ne Frau sich das traut und solche [...] Leute, denen ich gezeigt habe, ätsch, mit dir kann ich mithalten und die dadurch dann Respekt vor mir hatten.«*

Sie entwickelt daher *»auch einen gewissen Stolz«*, sich in dieser Männerdomäne behauptet zu haben. Gerade der Kampf um Respektabilität (als Frau) zieht sich durch ihre gesamte Biografie. Stets betont sie, sich durchsetzen zu wollen und bezeichnet sich dahingehend selbst als *»Dickkopf.«*

Kai Marquardsen und Silke Röbenack (2010) haben herausgearbeitet, dass Erwerbslosigkeit nicht mit dem Zerfall sozialer Netzwerke einhergehen muss. Sie konnten zeigen, dass sich Erwerbslose auf bestehende private bzw. familiäre Beziehungen zurückziehen oder es ihnen sogar gelingt, neue Netzwerke (z. B. in der Nachbarschaft) aufzubauen. Ebenso konnten sie einen Anstieg ehrenamtlichen oder politischen Engagements bei Erwerbslosen (als Kompensation) erkennen. Solche Umgangsweisen finden sich bei den Gesprächspartner*innen kaum, was ihre Marginalisierung unterstreicht. Während die sozialen Beziehungen der Gesprächspartner*innen in der Ausbildungszeit zwar nahezu ausnahmslos als befreiend dargestellt wurden, stellen die Berufsbeziehungen eine Verfestigung bisheriger Beziehungsformen dar. Positiv beschreiben jene Befragten ihre Beziehungen, die bereits zuvor gute Beziehungen gepflegt haben, bei Befragten mit problematischen Beziehungen erscheinen diese ebenso im Arbeitskontext. Ältere Erfahrungen werden in der Lohnarbeit aufgenommen. Dass sich keine eigenständige Beziehungslogik innerhalb der Erwerbssphäre ausbildet, mag auch auf ihre relative Bedeutungslosigkeit zurückzuführen sein. Nur bei rund der Hälfte der Befragten finden Beziehungen zu Kolleg*innen überhaupt Erwähnung. Die Lohnarbeit ist für die interviewten Personen biografisch nicht der zentrale Ort, Beziehungen überhaupt aufzubauen.

9.4 Vereinzelung und Homogenität

Die Beziehungen in Form von Familien-, Freundschafts- und Arbeitsbeziehungen sind häufig eingeschränkt, schwach und wenig ressourcenreich. Familie oder Freundschaften bedeuten für die Befragten, sofern sie überhaupt vorhanden sind, kaum Kontinuität oder Sicherheit. Auf Grundlage der Interviews kann das Fehlen zwischenmenschlicher Aspekte (Beziehungen, Sorge oder Zuneigung etc.) als zentraler Aspekt der marginalisierten Klassenposition verstanden werden. Pierre Bourdieu (1983) hat dem Sozialkapital zwar eine wichtige, aber gegenüber dem ökonomischen und kulturellen Kapital nachrangige Rolle zugesprochen. Auch aus den Gesprächen wurde deutlich, dass fehlende persönliche Beziehungen zum Teil aus dem Mangel an diesen Kapitalarten resultieren, bei den Gesprächspartner*innen jedoch eine Eigenständigkeit entwickelt haben. Dies zeigt sich insbesondere in der grundlegenden Bedeutung von Beziehungen. Aus den Gesprächen wurden zwei Aspekte deutlich: die Vereinzelung der Befragten sowie die soziale Homogenität der Beziehungen. Kai Marquardsen (2012, 300 ff.) fasst dies als »Entkoppelung« (Rückzug aus sozialen Netzwerken und Bildung eines homogenen Milieus) zusammen.

Zunächst zeigt sich die Auswirkung sozialer Marginalisierung auf Beziehungen in Vereinzelung. So betont Markus Blum, dass er sich in seiner betreuten Einrichtung *»eigentlich von allem fern[hält].«* Hauptsächlich ist er *»allein und mach für mich meine Dinge.«* Viele Befragte verbringen die meiste Zeit allein zu Hause und haben kaum Kontakte zu anderen Menschen. Die befragten obdachlosen Menschen leben allein auf der Straße (s.a. Alleweldt/Leuschner 2004). Isolation bedeutet nicht nur Einsamkeit, sondern geht mit Anerkennungsdefiziten und Einschränkungen der Handlungsfähigkeit einher. Die fehlende Einbindung in Netzwerke kann auch gravierende Konsequenzen für die soziale Identität haben, die von einer solchen Eingebundenheit lebt. Gerade Marginalisierten fehlt es an Kapital, das Defizit an Beziehungen zu kompensieren.

Die Isolation ist Folge eines Rückzugs der Gesprächspartner*innen. Zahlreiche Aussagen belegen ihr Unbehagen, sich außerhalb der Wohnung bzw. des gewohnten Umfelds (wie Beratungsstellen etc.) aufzuhalten. Sie meiden einerseits (sofern möglich) den öffentlichen Raum und andererseits problematische Alltagssituationen, die durch Ausgrenzungsprozesse Scham auslösen können.

Einerseits werden Marginalisierte gemieden, andererseits ziehen sie sich auch tendenziell selbst aus Sozialbeziehungen zurück. Gerade bei den (ehemaligen) wohnungs- und obdachlosen Befragten zeigt sich deutlich, wie stark sie durch ihr Leben ohne festen Wohnraum solche Erfahrungen gemacht haben – ohne sich in die Privatheit einer Wohnung zurückziehen zu können. Hinzu kommen ökonomische Gründe, die es ihnen erschweren, an sozialen Aktivitäten teilzuhaben, deren Eingehen und Aufrechterhaltung sehr häufig mit Kosten verbunden ist, die sich die Gesprächspartner*innen nicht leisten können. Somit darf die Selbstexklusion nicht mit bürgerlichen Idealisierungen von Privatheit oder Autonomie verwechselt werden.

Beschreiben die Gesprächspartner*innen Beziehungen, wird deren soziale Homogenität deutlich. Robert Max Jackson (1977) geht davon aus, dass sich Beziehungen um ein Ähnlichkeitsprinzip entwickeln (gleiche Interessen etc.). Dieser sozialpsychologischen Argumentation stellt Erika Alleweldt (2016) eine ungleichheitstheoretische Erklärung gegenüber: Beziehungen seien zuallererst von sozialstrukturellen Merkmalen (Alter, Geschlecht, Klasse) geprägt. Dies findet sich in den Gesprächen bestätigt. Die Gesellschaft der Marginalisierten beschränkt sich auf die eigene soziale Klasse. Die Befragten haben nur Beziehungen mit Klassenmitgliedern. Diese Homogenität erwähnt Sabrina Jung, als sie von ihren Ex-Partnern spricht: *»Weil [...] ich hab immer, irgendwie ich weiß auch gar nicht warum, welche gehabt, die auch obdachlos waren oder keine Arbeit [hatten].«* Zahlreiche Befragte berichten von solchen Erfahrungen. Markus Blum fasst dies eindrücklich zusammen:

> *»Ich hatte immer nur mit den Kiffern zu tun, den Drogenabhängigen, mit den ganzen Abgeratzen. Eigentlich hat es sich dummerweise [2sec], ab vierzehn, fünfzehn nur noch darauf konzentriert [3sec]. Es gab so gut wie keine normalen sozialen Kontakte mehr oder normale Beschäftigung. [...] Ich kenne eigentlich nur Kaputte, Drogenabhängige, Obdachlose, Säufer. Die anderen Menschen, das läuft nur am Rande.«*

Er grenzt in diesem Zitat *»normale soziale Kontakte«* von seinen Beziehungen zu anderen Marginalisierten ab, die sich durch Drogen- und Alkoholkonsum sowie Erwerbslosigkeit auszeichnen. An die Stelle von gegenseitiger Unterstützung, Sorge oder Emotionalität treten Beziehungen, die zur Verfestigung seiner Klassenposition beitragen (Solga 2006). Die Homogenität der Beziehungen macht sie somit nicht zur Ressource, sondern zur Belastung. Gustav Quassel bringt dies (ironisierend) auf den Punkt, als er von seiner Lebensgefährtin spricht, die mit ihm zusammen in einer Notunterkunft lebt: *»[G]erade da meine Partnerin oder Freundin so ähnlich aufgestellt ist wie ich, quasi beide so richtig schön voll asozial [lacht]«*, können sie sich nicht gegenseitig unterstützen. Sich selbst und seine Partnerin kann Quassel nur als *»asozial«* wahrnehmen. Die Sozialbeziehungen helfen den Gesprächspartner*innen nicht, ihre marginalisierte Klassenposition zu kompensieren. Vielmehr kommt es durch die (nicht vorhandenen oder homogenen) Beziehungen zu einer Kumulation von Marginalisierungsprozessen.

X Marginalisierung im Bewusstsein

Wie betrachten die Befragten die Gesellschaft? Kann man von einem Bewusstsein der Befragten als gesellschaftliche Gruppe sprechen? Im zweiten Kapitel habe ich mich bereits mit der reichhaltigen Literatur zum Arbeiterbewusstsein auseinandergesetzt. Demgegenüber liegen kaum Untersuchungen vor, die sich explizit mit dem Bewusstsein von marginalisierten Menschen beschäftigen. Einige aktuelle Studien zum »Bewusstsein der Unterklassen« verhandeln es meist als Beiwerk zum Arbeiterbewusstsein (Dörre / Happ / Matuschek 2013; Köster / Lütten 2018). Ausnahmen bilden wenige ältere Einzelfallstudien (Bahnmüller 1981; Baumann 1979; Gerstung 1980). Die Relevanz, nach dem Bewusstsein der Marginalisierten zu fragen, ist durch diese relative Forschungslücke in der Bewusstseinsforschung begründet.

Im Gegensatz zur Arbeiterbewusstseinsforschung unterscheidet sich die Analyse des Bewusstseins der Marginalisierten deutlich durch die veränderte Stellung der Lohnarbeit. Für die Marginalisierten spielt diese biografisch kaum eine Rolle. Ging die Arbeiterbewusstseinsforschung von der Bewusstseinsprägung durch die Lohnarbeit aus, fehlt sie bei den Befragten meist. Will man sich ihrem Bewusstsein nähern, müssen unterschiedliche Tätigkeiten und Lebensbereiche als Bezugspunkte mentaler Orientierungen herangezogen werden. Somit stellt die gesamte marginalisierte Biografie den Ort der Bewusstseinsbildung dar. Es bedarf einer »systematische[n] Beziehungsanalyse zwischen den differenten Praxisfeldern [...] und den psychischen – kognitiven, emotionalen, motivationalen – ›Umschriften dieser komplexen Wirklichkeit in den Individuen« (Becker-Schmidt 1982, 297 f.). Das Bewusstsein der Marginalisierten wird daher verstanden als die (mentale) Bearbeitung aller biografischen Erfahrungen, dass sich somit wohl auch durchaus komplex ausdrückt. Dies zeigen die folgenden Ausführungen über verschiedene Bewusstseinsformen bei den Befragten.

10.1 Das dichotome Gesellschaftsbild

Anschließend an die Arbeiterbewusstseinsforschung bezeichne ich die erste Bewusstseinsform als Gesellschaftsbild (Popitz et al. 1957). Damit meine ich das »Bild«, dass sich die Befragten von der Gesellschaft machen. Es entsteht aus der Vermittlung der unmittelbaren Lebenswelt mit der Gesellschaft als (mittelbares) Ganzes. Im Begriff des Gesellschaftsbildes sind Vorstellungen von der grundlegenden sozialen Ordnung enthalten. Er unterscheidet sich von Meinungsäußerungen durch eine relative Stabilität.

Das Gesellschaftsbild zeichnet sich durch eine übergreifende Gemeinsamkeit aus: Alle Befragten orientierten sich an einer klaren Vorstellung von Gesellschaft als zweigliedrigem System, das durch Gegensatzpaare wie oben/unten oder reich/arm bestimmt ist. Sie besitzen ein dichotomes Gesellschaftsbild und nehmen die Gesellschaft als gespalten und ungerecht wahr.

10.1.1 Soziale Spaltung in »oben« und »unten«

In den Gesprächen finden sich zahlreiche Aussagen darüber, dass die Gesellschaft gespalten ist. *»Es gibt nur noch ein Oben oder Unten«*, so paradigmatisch Anett Schäfer. Die erwerbslose Sigrun Lange beschreibt die soziale Dichotomie zunächst im Rahmen ihres Wohnortes: *»In den armen Vierteln wird es immer ärmer und ärmer und die Reichen kapseln sich irgendwo ab, die wenigen.«* Danach erweitert sie diese Analyse auf die Gesamtgesellschaft: *»Es gibt eine sehr reiche Oberschicht und über die Maßen viele Menschen, die am Existenzminimum leben. […] Es geht immer mehr auseinander.«* Lange bemüht ökonomische Kategorien, um soziale Ungleichheit zu beschreiben und macht deutlich, dass unterschiedlicher Kapitalbesitz als Ausdruck der Klassenposition für die Befragten eine zentrale Rolle spielt. Aus den Aussagen geht hervor, wie unverbunden die gesellschaftlichen Sphären sind (*»abkapseln«*). Dies teilen zahlreiche weitere Befragte, die ebenso von einer Gesellschaft ausgehen, deren (ökonomische) *»Differenz zwischen ganz oben und ganz unten zu groß ist«* (Jakob Simonon). Er ergänzt: *»Es gibt halt wirklich die Superreichen und die Reichen, die, die richtig gut leben und es gibt die, die in prekärer Beschäftigung rumkrebsen […] Entweder hast du richtig Kohle oder du bist halt unten.«* Sabrina Jung: *»Weil man hat entweder gar kein Geld oder zu viel.«* Die Dichotomie wird durch unterschiedliche Lebensweisen und (Macht-)Asymmetrien ergänzt. Herrschaft fällt mit Verfügung über ökonomisches Kapital zusammen: »Oben« entspricht reich und einem guten Leben, während »unten« Armut und Unsicherheit bedeutet. Die Befragten verwenden diese Begriffe synonym. Das Verhältnis von »oben« und »unten« wird als Machtbeziehung (Herrschaft, Regierung etc.) oder anhand ökonomischer Kategorien (arm und reich) gedacht: »herrschende Klassen« und »besitzende Klassen« fallen zusammen.

Von einer Auflösung sozialer Spaltung ist bei den Gesprächspartner*innen nichts zu erkennen. Vielmehr betonen sie, wie eindeutig sie diese wahrnehmen. Die Gespräche bestätigen die Dichotomiethese der frühen Arbeiterbewusstseinsforschung (Popitz et al. 1957) sowie aktuelle Forschung mit ähnlichen Ergebnissen (Böhnke 2006a; Heil/Kuhlmann 2016, 528).

Jedoch finden sich auch Unterschiede. Erstens drückt sich das Arbeiterbewusstsein als »Leistungsbewusstsein« aus, wodurch sich Arbeiter als Produzenten des gesellschaftlichen Reichtums legitimieren (Popitz et al. 1957, 237 f.). Ganz im Gegenteil dazu haben die Gespräche verdeutlicht, wie sehr die Befragten von negativen Zuschreibungen betroffen sind. Sie verstehen ihre Klassenposition keineswegs als »Leistung«, sondern sehen sie sich selbst als *»Bodensatz der Gesellschaft«* (Clara Lichtenstein) oder *»letzter Abschaum«* (Achim Ganz). Zweitens erscheint das Gesellschaftsbild der Arbeiter als Kollektivgefühl, dass sich gegen die Vorstellung einer »harmonischen Gesamtgesellschaft« (ebd., 241) richtet. Den Arbeitern ist bewusst, dass sie als Teil einer Klasse *gegen* die Interessen einer anderen Klasse stehen: ihre Arbeit ist die Grundlage des Profits anderer. Diese Wahrnehmung der Spaltung interpretieren Popitz et al. als Rudiment eines sozialistischen Klassenbewusstseins. Zwar nehmen auch die Befragten die Gesellschaft als antagonistisch wahr, Orientierungen an einer auf sozialistischen Prinzipien aufbauenden Umgestaltung der Gesellschaft finden sich jedoch bei ihnen nicht.

Diese Unterschiede erklären sich mit der unterschiedlichen sozialen Position der Arbeiter und der Marginalisierten. Während die Arbeiterbewusstseinsforschung vorrangig die Bedeutung des Betriebes und die Stellung der Arbeiter im Produktionsprozess als Grundlage der Bewusstseinsbildung verstanden hat, fehlt den Marginalisierten als Erwerbslosen dieser Bezug nahezu vollständig. Die Dichotomie, von der sie sprechen, drückt sich weniger im Widerspruch von Arbeit und Kapital aus, sondern im Widerspruch zwischen »plebejischer Masse« (verstanden als »die einfachen Leute«) und ökonomischen und politischen Eliten.

Polarisierung und Schrumpfen der Mittelschicht

Ein wiederkehrendes Thema ist das von den Befragten wahrgenommene »Schrumpfen der Mittelschicht« (Lessenich/Nullmeier 2006, 82). Da sie sich selbst als marginalisiert bezeichnen, erscheint dies erklärungsbedürftig.

Insbesondere die Befragten, die zwischen Mitte der 1950er und 1960er Jahre geboren wurden, sind biografisch besonders stark von den Vorstellungen der »nivellierten Mittelstandsgesellschaft« geprägt. Für sie stellt die Existenz einer Mittelschicht die Verwirklichung spezifischer normativer Gerechtigkeitsvorstellungen und Teilhabechancen dar, an denen Vergangenheit und Gegenwart gemessen werden. Die 1964 in Nordrhein-Westfalen geborene Sigrun Lange verdeutlicht dies anhand ihres Vaters, der als Elektriker tätig war: *»Mein Vater hatte auch nur ein kleines Einkommen gehabt, aber es hat gereicht, auch mal in den Urlaub, zwar nur nach Belgien oder Holland, aber wir konnten Urlaub machen und es hat gereicht, dass, wenn einer 50 wurde, dann war schon Geld da, mal Essen zu gehen.«* Es wird deutlich, dass sie die Mittelschicht, der sie ihre Herkunftsfamilie zurechnet, mit Leistung und Bescheidenheit verbindet. Die väterliche Arbeit reicht für kleine Annehmlichkeiten (Urlaub, Restaurantbesuche), womit Lange die Möglichkeit der Teilhabe impliziert. Sie wird in diesem Umfeld sozialisiert und ist von Vorstellungen geprägt, die dies als Normalität bzw. erstrebenswert erachten. Dies korrespondiert damit, dass bis in die 1990er Jahre eine breite Mittelschicht bestand (Alderson/Beckfield/Nielsen 2005).

Im Gegensatz zur »Mittelstandsgesellschaft« gelingt dem Gegenwartskapitalismus diese Integration von Arbeiter*innen nicht mehr. »Arbeit zu haben bietet nicht mehr die Gewähr einer gesicherten Zugehörigkeit zur Mittelschicht, die insgesamt als vom Abstieg bedroht gesehen wird« (Hirseland 2016, 369). Nun sei es so, dass das *»Einkommen aus 40 Stunden Arbeit nicht mehr reicht für eine Familie oder mich selber. Das Einkommen aus Rente nach 40, 45 Jahren Arbeit reicht nicht«* (Sigrun Lange). Die Folgen dieser Veränderung sieht sie deutlich: *»Das zerreißt die Gesellschaft und muss ganz dringend geändert werden. Seit den 70er, 80er Jahren war es so [...], uns gings einfach gut, es gab nicht wirklich echte Probleme. Jeder konnte ein Haus haben mit normalen Einkommen. Das gibt es heute nicht mehr.«* Der Niedergang der Mittelschicht bedeute den Verlust von Entfaltungsmöglichkeiten breiter Bevölkerungsgruppen. Was für ihre Elterngeneration Normalität dargestellt hat (*»Urlaub«*, *»Haus«*), ist für Lange nicht mehr erreichbar. Sie beschreibt diesen Prozess als kollektiven Verlust mit sozialer Sprengkraft (*»zerreißt die Gesellschaft«*).

Daraus deutet sich an, warum sich die Befragten überhaupt mit dem Niedergang der Mittelschicht beschäftigen. Ein Aspekt liegt in der wahrgenommenen Zunahme sozialer Spaltung. Ihr Blick ist davon geprägt, dass nicht mehr nur Marginalisierte von Armut und Ausgrenzung betroffen sind, sondern auch die Mittelschicht. Gustav Quassel berichtet ausführlich davon, dass diese Phänomene *»mehr und mehr in den Mittelstand rein[reichen].«* Er beobachtet dies in der Notunterkunft, in der er lebt.

> *»Da kommen auch immer mehr Menschen aus der Mittelklasse hier her. Einer meiner Kumpels hier war bei der Telekom, der ist durch die Sauferei abgestürzt. Da gehöre ich auch dazu gewissermaßen, gar nicht so untypisch. [...] Das ist gehäuft der Fall, dass Leute hier aus der Mittelschicht kommen. Drüben im Fernsehraum sitzt 'ne Frau, die ist in der Unternehmensberatung tätig gewesen, ein Kumpel von mir ist Rechtsanwalt gewesen, der ist dann pleite gegangen und flog aus seiner Wohnung raus. [...] Ich sag es mal so: Der Penner von heute ist der Mercedesfahrer von gestern. Es ist ein bisschen markant, aber sie verstehen mich schon. Meine Sozialarbeiterin sagt das auch. Es kann mittlerweile echt jeden treffen ohne weiteres.«*

Diese Ausführlichkeit macht die große Bedeutung der Thematik sichtbar, was vor dem Hintergrund seiner Biografie verständlich wird. Quassel wächst wie Sigrun Lange in stabilen Verhältnissen auf und durchläuft zunächst eine *»klassische Mittelschichtskarriere.«* Als »gefallener« Marginalisierter dient ihm die Darstellung des (kollektiven) sozialen Abstiegs dazu, seine gegenwärtige Position zu rechtfertigen (*»gar nicht so untypisch«*). Eine Mittelschichtsherkunft biete keinen Schutz mehr vor sozialem Abstieg. Dieser hänge wie ein Damoklesschwert auch über der Mittelschicht. Diese Annahme lässt seine Position »weniger als rechtfertigungspflichtige, auf vermeintliches Fehlverhalten zurückzuführende Ausnahme-

und Außenseiterposition erscheinen, sondern als Symptom einer tiefergehenden gesellschaftlichen Entwicklung, welche die ›Mitte‹ insgesamt bedroht« (Hirseland 2016, 371). Durch die Behauptung, dass es auch *»immer mehr Menschen aus der Mittelklasse«* treffe, gelingt es Quassel leichter, seine Gegenwart als Normalität darzustellen. Der Verweis auf die »Autorität« der Sozialarbeiterin dient ihm als weitere Bestätigung.

Ein zweiter Aspekt, der die Beschäftigung der interviewten Personen mit der Mittelschicht erklärt, liegt in der Bedeutung, die sie ihr beimessen. In der Vorstellung der Befragten stellt die Existenz des *»ganz normale[n] Mittelstand[s], der eigentlich den größten Teil früher ausgemacht hat«* (Jakob Simonon), einen stabilisierenden Faktor dar. Die Mittelschicht vereint, verbindet und hilft, soziale Spannungen zu vermeiden. Angesichts der zunehmenden Polarisierung erodiere auch der soziale Zusammenhalt. *»Diese Mittelschicht, die wir mal hatten, die gibt es ja gar nicht mehr«*, konstatiert Anett Schäfer. Gegenwärtig *»fehlt [diese Mittelschicht] halt irgendwo«* (Veronica Mittermeier) und müsse als sozialer Kitt wieder *»größer werden«* (Magda Geschonke).

Unabhängig davon, ob der Niedergang der Mittelschicht ein empirischer Fakt ist oder nicht (Goffart 2019; Schöneck/Ritter 2018), die Befragten behaupten es. Der Verlust der Mittelschicht bedeutet für sie auch den Verlust des letzten Bezugspunkts zur Mehrheitsgesellschaft. Teilweise selbst aus der Mittelschicht (als »gefallene« Marginalisierte) bzw. von der Idee einer starken Mittelschicht geprägt (insbesondere ältere Befragte), stellt sie die soziale Norm und Orientierung dar. Für die Gesprächspartner*innen sind Lebenswelt und -stil der Mittelschicht gerade noch verständlich. Biografisch ist das Erreichen (oder Halten) einer mittleren Position für sie ein wesentlicher Bezugspunkt. Die Existenz einer Mittelschicht »beweist« ihnen die Möglichkeit des sozialen Ausgleichs. Diese ideologische Zugkraft bildet einen Kern der Mittelschichtsdebatten und darf in seiner Bedeutung kaum unterschätzt werden. Der Begriff dient den Befragten als Chiffre für *»harte Arbeit«* (Markus Blum), regelkonformes Verhalten und die Zugehörigkeit zum respektablen Teil der Gesellschaft, der von sich behaupten kann, die Norm darzustellen. Das (Ver-)Schwinden der Mittelschicht bedeutet hingegen, dass Möglichkeiten eines solchen Lebens erschwert werden. Aus den Aussagen zur Schrumpfung der Mittelschicht spricht die Hoffnungslosigkeit der Befragten. Ohne die Existenz der Mittelschicht bleibt für sie nur, »ganz unten« oder »ganz draußen« zu sein.

Existenzielle Bedrohungen fortschreitender Polarisierung

Mit dem Verlust der Mittelschicht geht eine zunehmende soziale Polarisierung einher. Die Gesprächspartner*innen teilen das Bewusstsein, dass dies keinesfalls ein augenblickliches Phänomen darstellt, sondern nehmen ihre Prozesshaftigkeit wahr:

> *»Na ja, das sieht man daran, dass es wirklich reiche Leute gibt. Alleine wenn ich jetzt manchmal am Bahnhof Flaschensammler sehe [2sec], ok, die gabs schon immer, aber die werden immer mehr. Das ist wirklich krass und du siehst Leute, Flaschensammler, [...] die dann da anfangen, im Papierkorb rumzuleuchten. Die machen das bestimmt nicht aus Spaß. Ich finde, das nimmt schon immer mehr zu«* (Jakob Simonon).

Sprechen die Befragten über soziale Spaltung, wird eine Besonderheit deutlich: Als Marginalisierte wissen sie um ihre existenzielle Bedrohung. Während einige Menschen so viel Geld haben, *»dass sie es nicht ausgeben können«*, müssen *»andere arbeiten und haben so wenig, dass sie aufstocken müssen«*, so die Frührentnerin Judith Kreuz, die selbst ihre Erfahrung als *»Aufstockerin«* beschrieben hat. *»Heute sind aber die Armen so arm, dass sie Pfandflaschen sammeln und zur Tafel gehen«* müssen, so Sigrun Lange und Friedrich Linke ergänzt: *»Weil du siehst, dass immer weniger Leute mit ihrem Geld klarkommen, weil man immer mehr Obdachlose sieht, immer mehr Not. Es gibt immer mehr Kunden bei den Tafeln und immer mehr Suppenküchen [4sec]. Es klafft immer weiter auseinander.«* Noch eindrücklicher wird diese Bedrohung bei Helma Keitel sichtbar. Blickt sie auf die Gesellschaft, sieht sie, wie *»die Schlangen der Hungernden immer länger [werden]. Das kann man nicht übersehen.«* Von ihrem Standpunkt als Obdachlose, die täglich Notunterkünfte und Suppenküchen aufsucht, ist dies sicher richtig. Es ist jedoch nahezu ausgeschlossen, dass die *»Superreichen«* (Jakob Simonon und Judith Kreuz) diese Wahrnehmung auch nur annähernd teilen: *»Da sind erst Mal die Superreichen, das sind nicht so viele, dann die Reichen, dann so Mittelstand und dann gibts so einen richtigen Riss. Und dann kommen die da ganz unten«* (Judith Kreuz). Wenig überraschend positioniert sich Kreuz selbst *»ganz unten.«* Die Rede vom *»Riss«* verdeutlicht, dass die beiden Gruppen zwar einer Gesellschaft angehören, jedoch in unterschiedlichen Welten leben: *»Ich finde, die Gesellschaft ist sehr kalt geworden. So Ellbogengesellschaften. Es ist schon gar keine Ellenbogengesellschaft mehr, es ist teilweise schon eine Faustgesellschaft.«* In einer Gesellschaft, in der die »Faust« regiert, herrscht das Recht des Stärkeren. Die Schilderungen der Befragten machen ihre existenzielle Involviertheit deutlich. Die soziale Spaltung wird konkret und nicht als realitätsferner Diskurs erfahren.

10.1.2 Ungerechtigkeitsbewusstsein

Menschen nehmen soziale Ungleichheit meist nicht einfach hin. Bisherige Forschung konnte zeigen, dass gerade in unteren Klassen eine kritische Sicht auf Ungleichheit vorherrscht und ein Interesse an einer umverteilenden Politik und der Begrenzung von Ungleichheit besteht (Svallfors 2006). Dahingehend spricht Axel Honneth vom »Unrechtsempfinden der Unterklassen« (1981), dass einerseits aus dem Bewusstsein der eigenen Benachteiligung und andererseits aus sozialen Erfahrungen der Missachtung intuitiv gegebener Gerechtigkeitsvorstellungen bzw.

der »Verletzung eines unausgesprochenen Konsenses« besteht, »der soziale Anerkennung entzieht« (2014, 267 f.). Damit meint Honneth nicht nur die Reaktion auf konkrete Situationen, sondern die Verfestigung von moralische Ansprüche verletzenden Erfahrungen in bewusster Form. Dieses Ungerechtigkeitsbewusstsein ist Ausdruck des unmittelbaren Problemdrucks der Unterklassen. Für Honneth drückt es sich jedoch nicht in der Artikulation von konsistenten Vorstellungen einer gerechten Sozialordnung aus, sondern eher in der (moralischen) Kritik an sozialer Ungerechtigkeit. Dieses Ungerechtigkeitsbewusstsein ist als

> »ein Potential an Gerechtigkeitserwartungen, Bedürfnisansprüchen und Glücksvorstellungen negativ aufbewahrt, das zwar aus sozialstrukturellen Gründen die Schwelle von Entwürfen einer gerechten Gesellschaft nicht erreicht, aber gleichwohl unausgeschöpfte Wege moralischen Fortschritts aufzuzeigen vermag« (1981, 562 f.).

Auch bei den Befragten findet sich ein Ungerechtigkeitsbewusstsein, das die zweite Ebene ihres dichotomen Gesellschaftsbildes darstellt. Befragt nach den drängendsten sozialen Problemen, antwortet die große Mehrheit der Interviewten mit »Ungerechtigkeit« und »Armut«.

Zunächst wird die Ungerechtigkeit auf formaljuristischer Ebene angesprochen. So berichtet Karim Halabi, der selbst wegen Besitzes und Verkaufs von Betäubungsmitteln im Gefängnis gesessen hat:

> *»Aber ich finde das Gesetz ist nicht auch, wie sagt man [3sec], nicht gerechtlich hundert Prozent. [...] Also so erlebt man das, so sieht man das. Da gibts kein Gleichheit. [...] Wenn man mit zwei Gramm Haschisch, man sitzt ein Jahr ein. Kommt ein Politiker mit ein paar Hundert Ecstasy, er nicht, der sitzt drei Monate [3sec]. Du siehst das, du verstehst auch.«*

An anderer Stelle hatte Halabi bereits von rassistischer Diskriminierung gesprochen, die sich hier mit der wahrgenommenen Ungleichheit des bürgerlichen Rechts und seiner Anwendung verbindet, dass er als ungerecht kritisiert. Er setzt seine Erfahrungen als Ausgangspunkt (*»so erlebt man das, so sieht man das«*), woraus sich sein Ungerechtigkeitsbewusstsein entwickelt. Trotz formeller Gleichheit existieren Ungerechtigkeiten. Auch die obdachlose Helma Keitel thematisiert die mangelnde Gerechtigkeit staatlicher Stellen. Sie kritisiert, dass *»geltendes Recht«* nicht durchgesetzt wird. Auch sie argumentiert vor dem Hintergrund ihrer persönlichen Erfahrungen: Sie habe zwar *»einen gültigen Hartz-IV-Bescheid«*, würde als Obdachlose (ohne Meldeadresse) jedoch *»keine Bezüge«* erhalten. Weiter schildert sie Auseinandersetzungen mit Mitarbeiter*innen des Jobcenters und ihre *»Versuche, 'ne seriöse Sachbearbeitung durchzusetzen«*. Keitel nimmt staatliche Stellen als ihr feindlich gegenüberstehende Institutionen wahr, denen sie ausgeliefert ist und die das, *»was im Grundgesetz oder auch was im Sozialgesetzbuch steht«* nicht durchsetzen, sondern *»gesetzwidrig«* handeln. Den zweiten Aspekt des Ungerechtigkeitsbewusstseins stellt das Postulat eines Anerkennungsdefizits der eigenen Leistung dar. So betonen etwa Veronica Mittermeier und Magda Geschonke (als Mütter) ihre gesamte Lebensleistung und stellen diese ihren Ausgrenzungserfahrungen auf dem Arbeitsmarkt gegenüber. Sie kritisieren den Fokus auf die Lohnarbeit als ungerecht. Beide sprechen ausführlich darüber, wie sie Lohn- und Sorgearbeit verbunden haben. Bei ihnen als Erwerbslose bzw. als Rentnerin würde diese Leistung nun jedoch nicht angemessen anerkannt. Mittermeier berichtet von einer negativen Erfahrung im Jobcenter:

> *»So was kann man sich dann nach so viel Jahren eigenes Haus, Kinder großziehen und und und anhören. Da wird man halt so in fünf Minuten beurteilt und das war es dann. Wenn dann so eine jüngere Person so etwas zu einem sagt, wo man ja schon was geleistet hat oder Kindererziehung gar nicht anerkannt wird.«*

Sie verspricht sich als Mutter auch Anerkennung im Arbeitsmarkt und stellt ihre gesamte Lebensleistung der ungerechten Beurteilung *»in fünf Minuten«* gegenüber. Während sie immer tätig war, spricht sie der *»jüngeren Person«* diese Lebenserfahrung ab. Auch Magda Geschonke betont ihre Lebensleistung, um sich von den »anderen Armen« abzugrenzen:

> *»Ich finde das 'ne große Frechheit, ich hab immer gearbeitet, sind fünf Kinder da, die auch Steuern zahlen und ich werde genauso abgespeist wie der, der nie gearbeitet hat, der sich auf die faule Haut gelegt hat und gesagt hat: ›Was soll ich arbeiten?‹ Das finde ich ganz ungerecht. Es müsste etwas geben, wo die Lebensleistung bewertetet wird.«*

Abschließend drückt sich das Ungerechtigkeitsbewusstsein in einer lebensweltlich begründeten aber meist abstrakten Eliten- und Systemkritik aus. Dies zeigt sich bei Markus Nordkreuz, der von seiner inferioren Stellung gegenüber *»denen da oben«* ausgeht, deren Lebensstil er kritisiert (*»Schicki-Mickis, die sich für 1500 oder 2000 Euro am Tag mal 'n bisschen was gönnen«*). Für den 47-Jährigen teilt sich Gesellschaft in *»scheiß Geldsäcke [lacht] und arme Menschen«*. Dieser ökonomisch grundierte Gegensatz bildet sein universelles Deutungsschema. Differenzierende Ansichten finden kaum Platz. Die Oben-Unten-Dichotomie geht auch mit einer Beziehung von Macht und Ohnmacht einher und manifestiert sich in einer moralischen Kritik an den *»Arbeitgebern«* und *»der Politik«*, die zusammen die *»Eliten«* bilden. Nordkreuz kritisiert deren Egoismus: *»Arbeitgeber zum Beispiel sollten [3sec] nicht nur auf ihren scheiß Profit achten, sondern dafür, dass die Menschen, die für sie arbeiten, in Würde leben können.«* Er fordert eine soziale Verantwortung. Durch die Nichterfüllung sieht er moralische Gerechtigkeitsansprüche als verletzt an. Begründet wird dies jedoch nicht mit sozialen Verhältnissen, sondern durch persönliches Verhalten. Schuld an der Ungerechtigkeit sei die Unmoral der *»da oben«*. Solche Sichtweisen finden sich in zahlreichen Gesprächen und gehen mit einer stark affektiven Sicht der Befragten einher. Diese Kritik an der Machtelite mag durch Anwesenheit eines als »kritisch« wahrgenommenen Wissenschaftlers verstärkt worden sein. Auch die Interviewten haben Erwartungen daran, was von ihnen erwartet wird.

Ist das Ungerechtigkeitsbewusstsein somit bloßes Ressentiment? Die Befragten haben zwar keine konsistent ausformulierte Vorstellung einer gerechten Gesellschaft, befürworten jedoch ihre gerechtere Ausgestaltung. So fordern sie etwa eine Erhöhung der Grundsicherung, eine bessere Unterstützung armer Menschen und stehen einer Umverteilungspolitik positiv gegenüber: *»Ick finde, dass alle Leute, die so ein Riesenvermögen haben, geschröpft werden sollten auf jeden das gleiche. Jeder sollte so viel Geld haben, damit er vernünftig leben kann, nicht reich wird, aber leben kann als Mensch«* (Markus Nordkreuz). An anderer Stelle fordert er von der Politik die Erhöhung der Grundsicherung: *»Das sollten sie aufstocken, auf, auf, auf, auf ziemlich hoch.«* Unterstützt wird er von Judith Kreuz. *»Das Geld ist nicht gerecht verteilt. Einige haben so viel, dass sie es nicht ausgeben können und andere arbeiten und haben so wenig, dass sie aufstocken müssen. Das kann nicht sein.«* Diese Aussagen verweisen auf Ansprüche, die ich im Anschluss an Edward P. Thompson (1980) als moralische Ökonomie der Marginalisierten bezeichnen möchte, die sich auf das Recht auf Existenz bezieht. Als moralisches Urteil bleibt sie zwar häufig unbestimmt, bildet jedoch soziale Leitlinien, vor deren Hintergrund als ungerecht erachtete Verhältnisse bewertet werden. Dieses moralische Bewusstsein ist kein Ausdruck einer politischen Überzeugung, sondern der sozialen Position. Es ist prinzipiell offen, ob und wie es sich politisch ausdrückt. So stellt sich etwa Markus Nordkreuz im Gespräch an mehreren Stellen gegen »linke« Inhalte (Enteignung, umfassende Gleichheit etc.) und spricht an mehreren Stellen von seiner Vergangenheit als organisierter und militanter Neonazi.

Diese Widersprüchlichkeit zeigt sich auch in Bezug auf staatliche Politik. Bei den Befragten findet sich einerseits eine ausgeprägte Staatsorientierung. Der Staat soll politische und ökonomische Ungerechtigkeiten eindämmen oder beseitigen. Die Gesprächspartner*innen fordern eine stärkere Intervention in ökonomische Prozesse. Der Abbau sozialer Ungerechtigkeit und die Verwirklichung sozialer Gerechtigkeit hat für sie große Bedeutung. Sie fokussieren sich auf die Verteidigung und Durchsetzung bestehender rechtlicher Rahmen und weniger auf deren Reform. Die häufig geteilte Sorge vor Verschlechterungen antizipiert auch die Möglichkeit des Angriffes auf grundlegende Elemente sozialer Sicherheit. Idealtypisch wird dem Staat viel zugetraut, andererseits wird seine konkrete Politik jedoch in Frage gestellt. Die Befragten problematisieren übereinstimmend die Überformung des Politischen durch die Ökonomie. Vorstellungen vom großen Einfluss »der« Wirtschaft auf politische Entscheidungen finden sich in nahezu allen Gesprächen. So stellt etwa Magda Geschonke dem Ideal demokratischer Mitbestimmung die praktische Totalität ökonomischer Interessen entgegen: *»Eigentlich soll die Macht vom Volk ausgehen von uns allen. [...] Die Wirtschaft, die hat Macht und die dominiert auch alles. Der Kommerz. Das ist* *erschreckend, weil die sich immer alles so hinbiegen, wie sie wollen, [...] dieses korrupte Gesocks.«* Die Befragten teilen die Sichtweise, der Einfluss von »*Großkonzernen und Industrie*« (Jakob Simonon) sei so groß, dass demokratisch legitimierte Politik sich nur passiv verhalten könne. Finn Johansen bringt dies mit folgender Metapher auf den Punkt: »*Wirtschaft und Industrie beeinflussen [...] die Politik, [...] unsere Politiker sind nichts anderes als Werkzeuge.*« Durch die Betonung wird deutlich, dass er Politiker*innen lediglich als ausführendes Organ ökonomischer Interessen versteht. Demokratische Politik habe selbst keine Handlungsfähigkeit und wird auf die Rolle eines Instruments reduziert.

Bei Markus Blum zeigt sich, wie diese Sichtweise in Verschwörungsideologie umschlagen kann: »*Es gibt die, die im Hintergrund die Strippen ziehen, die entscheiden dann wirklich mit dem ganzen Lobbyscheißdreck. [...] Wenn man dann auch dauernd von den Bilderberger-Treffen hört. Der Steinmeier war ja mal da, wurde eingeladen, danach wurde er Bundespräsident, das ist schon alles ein bisschen seltsam.*« Anhand seiner Aussagen wird deutlich, dass kritische Aussagen nicht *per se* emanzipatorisch sind. Viel eher kann man bei ihm von einer regressiven Protesthaltung sprechen, die durch (antisemitisch konnotierte) Personalisierungen Orientierung zu finden sucht. Im Gegensatz zum »Antikapitalismus« als praktische Haltung bleiben die (häufig diffusen) kapitalismuskritischen Aussagen der Befragten bloße Theorie (da sie mit der persönlichen Handlungsunfähigkeit korrelieren) sowie auf die Erscheinung der kapitalistischen Produktionsweise (Banken, Konzerne etc.) beschränkt.

Die Befragten teilen die Sicht, dass es von Seiten der Politik überhaupt kein Interesse gibt, ihre Forderungen umzusetzen. Markus Nordkreuz glaubt nicht daran, dass »*die Politik*« bestehende Ungerechtigkeiten beheben könne oder wolle. Als er während des Gespräches auf Bundestagsabgeordnete zu sprechen kommt, ist seine Beurteilung klar. Sie seien »*die Idioten da oben*«, die »*sich die Taschen vollhaun und die da unten werden immer ärmer, du. Hauptsache det da oben stimmt. Wenn sie ihre Diäten kriegen, dann sind sie in fünf Minuten einig, wenns um Hartz IV geht, da brauchen sie zwei Jahre um das zu bereden, ne.*« Aus diesen Aussagen spricht Unmut und der Unglaube daran, dass politische Instanzen die eigenen Nöte verstehen wollen. Vielmehr kritisiert er das abgehobene Treiben des parlamentarischen Betriebes, der sich lediglich um die eigenen Belange sorge: »*Weil Politiker sind für mich alles nur Quatschköppe. Schau sie dir an, labern, labern irgendwelchen Müll, kriegen sowieso nichts zustande.*« Während der Egoismus der ökonomische Ausdruck seines Ungerechtigkeitsbewusstseins ist, stellt das Repräsentationsdefizit den politischen Aspekt dar. Nordkreuz erwartet nichts (mehr) von »*denen da oben*« und steht ihren Motiven grundsätzlich mit Misstrauen gegenüber. Gleichzeitig glaubt er auch nicht daran, selbst etwas an seiner Situation ändern zu können. Ungerechtigkeiten »*gibts halt und man muss damit leben*«.

Die Befragten treten durchaus als Gesellschaftskritiker*innen auf. Ihre Mehrheit formuliert auf Basis eines dichotomen Gesellschaftsbildes eine scharfe Kritik und problematisiert sowohl Verteilungsungerechtigkeiten als auch Anerkennungsdefizite. Gleichzeitig gehen sie jedoch nicht von einer Veränderungsmöglichkeit aus und es kommt zu keiner grundsätzlichen Hinterfragung der Gesellschaft – ganz zu schweigen von ausformulierten Alternativen. Auch konnten in den Gesprächen keine Hinweise darauf gefunden werden, dass das kritische Gesellschaftsbild zu kollektivem Engagement motiviert. Die permanente Auseinandersetzung mit den Mangellagen der Marginalisierung versuchen sie individuell zu bewältigen.

10.2 Gespaltenes Klassenbewusstsein und die Schwelle der Respektabilität

Die zweite Bewusstseinsform bezeichne ich als Klassenbewusstsein. Während sich das Gesellschaftsbild auf die Gesamtgesellschaft bezieht, zeichnet sich das Klassenbewusstsein dadurch aus, dass es Vorstellungen über Nähe und Ferne zur eigenen Position im sozialen Raum ausdrückt. Es geht hierbei um die kollektive Selbstpositionierung der Befragten, um Abgrenzungen zu anderen sozialen Gruppen sowie um Zuschreibungen, denen sie ausgesetzt sind und die sie – ablehnend oder internalisierend – verarbeiten.

Mit Edward P. Thompson gehe ich davon aus, dass sich das Klassenbewusstsein nicht nur aus der ökonomischen Lage ableitet, sondern es sich als Wahrnehmung einer lebensweltlichen »Interessensidentität« (1987, 912) der Klassenmitglieder ausdrückt, die über klassenspezifische Praktiken, Werte etc. vermittelt wird. Für Thompson ist das Klassenbewusstsein mehr als die traditionell in der Ungleichheits- und Bewusstseinsforschung dominante Oben-Unten-Dichotomie (s.a. Giesen 1987), sondern eine Form der Praxis, die aus den sozialen (und nicht nur ökonomischen) Erfahrungen der Akteure entsteht, die über ihre soziale Lage nachdenken, Klassenstrukturen erkennen und somit soziale Räume erschaffen, in denen sich Klassen konstituieren und gegen andere Klassen in Stellung bringen (ebd., 208).

Um sich dem Klassenbewusstsein der Marginalisierten zu nähern, reicht es somit nicht aus, sie nach Herrschafts- und Ausbeutungsverhältnissen zu befragen. Dadurch erfasst man zwar Vorstellungen über das Gesellschaftsbild sowie die allgemeine Deutung sozialer Ungleichheit, jedoch weniger die (Re-)Produktion sozialer Ungleichheit in der Unmittelbarkeit konkreter, kollektiver Praxis, die sich in tatsächlichen Handlungen und Haltungen niederschlagen. Somit fungieren die Akteure in allen Situationen selbst als Produzent*innen des Klassenbewusstseins, das eben nicht eine Kategorie darstellt, die (vorab) lediglich auf der Ebene von Parteien, Bewegungen oder Wissenschaft zu bestimmen sei.

Zunächst scheint es auf der empirischen Grundlage kaum gerechtfertigt, vom »Klassenbewusstsein« der Befragten zu sprechen. Ihre Selbstpositionierung »ganz unten« oder »ganz draußen« gilt zunächst nur für sie als Individuen und hat auf den ersten Blick keine kollektive Bedeutung. Dafür spricht, dass die Frage nach einer Gruppenzugehörigkeit (»Ordnen Sie sich selbst einer sozialen Gruppe zu?«) den interviewten Personen große Probleme bereitet hat. Die Mehrheit beantwortet sie negativ. In den Gesprächen finden sich zahlreiche ähnliche Antworten auf diese Frage: *»Nä. Nicht wirklich«* (Sabrina Jung), *»Ne, würde ich nicht sagen«* (Sigrun Lange) oder *»Ne, kann ich so nicht sagen«* (Timothy Maier). Bemerkenswert ist, dass diese Antworten häufig von den gleichen Personen stammen, die keine Probleme hatten, sich selbst sozial zu verorten und das dichotome Gesellschaftsbild teilen. Dieses Wissen um die eigene subalterne Position führt nicht dazu, sich als Teil eines Kollektivs zu verstehen, sondern vielmehr dazu, sich individuell als sozialer *»Rest«* (Friedrich Linke) zu bezeichnen bzw. *»nirgendwo«* (Markus Blum) so recht dazuzugehören. Die Grundlage für dieses »negative« Klassenbewusstsein bilden die erlebten und individuell inkorporierten Marginalisierungserfahrungen. Einerseits zeigen sie sich in der starken Fragmentierung der marginalisierten Klasse, die faktisch nur schwache Realität besitzt (kaum soziales Kapital, wenig stabile Beziehungen oder gemeinsame politische Aktivität etc.). Die Selbstwahrnehmung als Marginalisierte erscheint mehr als soziale Isolierung, denn als Kollektividentität. Andererseits werden die Befragten (kollektiv) vom Rest der Gesellschaft deklassiert. Neben die materiellen Folgen sozialer Marginalisierung tritt, dass auch ihre soziale Respektabilität bedroht ist, was eine positive Selbst- und Weltwahrnehmung erschwert und sich auf ihr Bewusstsein auswirkt (Simmel 1992[1906], 555). Sie sind dauerhaft mit Prozessen »negativer Klassifikationen« konfrontiert. Die Befragten wissen davon, dass sie nicht als vollwertige Gesellschaftsmitglieder akzeptiert werden.

Doch es wäre falsch, die Frage nach dem Klassenbewusstsein vorschnell negativ zu beantworten. Bei der Frage, mit welchen Kategorien sie ihre soziale Welt wahrnehmen, spielt Klasse weiterhin eine (implizite) Rolle (Geißler / Weber-Menges 2014, 107; 126). Das Klassenbewusstsein entsteht auch in alltäglichen Abgrenzungen dazu, als was sich die Befragten *nicht* definieren. Sie grenzen sich deutlich von Tätigkeiten, Inhalten und Werten anderer Klassen ab und positionieren sich somit im sozialen Raum. Während es der Mehrheit der interviewten Personen schwerfällt, sich selbst einem Kollektiv zuzuordnen, leugnen sie keineswegs deren Existenz. Grenzziehungen zu anderen Klassen gelingen den Befragten problemlos: Zunächst findet sich fallübergreifend eine Abgrenzung nach »oben«. Differenzierter verhält es sich mit der Abgrenzung nach »unten«.

10.2.1 Weit entfernt und unmoralisch: »Die da oben«

Den Befragten fällt es nicht schwer, soziale Gruppen über sich zu bestimmen. Zunächst fällt deren schiere Quantität auf. Da sie sich selbst als marginalisiert bezeichnen, sind alle anderen sozial weiter oben angesiedelt. *»Es gibt viele über mir [...] ganz, ganz viel«* (Veronica Mittermeier). Noch deutlicher werden weitere interviewte Personen. *»Es sind ja nahezu alle über mir [lacht]«*, so Jakob Simonon und Greta Sanft betont: *»Alle sind über mir, unter mir gibts gar nix mehr.«* Diese Gesellschaftsanalyse mag auf den ersten Blick vage erscheinen. Wie werden diese Gruppen inhaltlich gefüllt? Zunächst bedienen sich die Befragten ökonomischer Kategorien, um sich von »denen da oben« abzugrenzen. Sie werden als *»Besserverdienende«* (Anett Schäfer) oder als *»Schicht, die ganz viel haben und die mit Geld um sich schmeißen«* (Magda Geschonke) bezeichnet. Deren Reichtum stehen die eigenen materiellen Probleme gegenüber, was Anett Schäfer beschreibt, die selbst von ALG II lebt:

> *»Zeig mir mal jemand, der mit 432 Euro im Monat hinkommt. Wo du 150 Euro für Lebensmittel hast. Wie soll das gehen? Die schreiben dir das zwar vor, aber keiner sagt dir, wie das funktionieren kann. Weil egal, wie du es machst, es geht nicht. Da sag ich dir: ›Da oben macht sich da keiner Gedanken drum. Kein Einziger.‹ Die sollten mal einen Monat mit dem Geld auskommen, was wir haben, dann wäre das Geschrei groß.«*

Aufgrund ökonomischer Unterschiede können (und wollen) sich »die da oben« marginalisierte Lebensrealitäten überhaupt nicht vorstellen. Schäfer kritisiert das Desinteresse für die Sorgen und Nöte, die bei ihr Alltag bedeuten. Während sich der Lebensstil der oberen Klassen an Sicherheit (oder gar Expressivität) orientiert, ist ihr Alltag von Mangel und Notwendigkeit geprägt. Diesen Unterschied verdeutlicht Friedrich Linke, als er über die Klasse spricht, die sozial über ihm liegt und die man als kleinbürgerlich-proletarisch beschreiben könnte:

> *»[Die haben] einen gesicherten Wohnraum [3sec], ein Arbeitsverhältnis [2sec] und [4sec] ein besser ausgebautes soziales Netzwerk. Also eine gesunde soziale Umgebung; Nachbarn, Freunde, Arbeitskollegen. Die sind Mitglied in irgendwelchen Sportvereinen oder sonstige Sachen. Haben den Luxus, sich ehrenamtlich zu engagieren, weil sie das nicht wegen des Gelds tun müssen.«*

Aus dieser Zusammenstellung wird deutlich, dass Linke diese Klasse sowohl mit ökonomischer Sicherheit als auch mit kulturellen und Sozialkapital und der Möglichkeit eines selbstbestimmten Lebens assoziiert. Die Lebensrealität der oberen Klassen steht in glatter Opposition zu seinen Erfahrungen als »dauerhaft Marginalisierter«: Er lebt ohne gesicherten Wohnraum, hat kein Arbeitsverhältnis, kein soziales Netzwerk und ist nicht in Vereinen aktiv.

Neben ökonomischen Unterschieden finden sich auch Abgrenzungen, die auf zugeschriebenen moralischen Mängeln beruhen. Mitglieder höherer Klassen seien *»Ignoranten«* (Achim Ganz), *»herablassend, einfach arrogant [und] [s]ehr unsozial, sehr auf sich selbst bezogen«* (Detlef Oerde). Für Sabrina Jung stünden sie nur im *»Scheinwerferlicht«* und hätten *»nur Schönheit im Kopf [...] und keine inneren Werte«* (Veronica Mittermeier). Sie sind schlicht *»totale Vollidioten«* (Markus Blum). Aus diesen Zitaten geht hervor, dass die interviewten Personen die fehlende Sozialität und Oberflächlichkeit der Oberklassen kritisieren. Deren Reichtum führe dazu, dass sie sich nur um sich selbst sorgen. Darüber hinaus wird insbesondere die »Ignoranz« der Oberklassen kritisiert. Dort sei jeder nur auf den *»eigenen Vorteil«* (Magda Geschonke) aus. Diesem Egoismus wird die eigene Moral gegenübergestellt: *»Leute, die weiter unten sind, sind meistens sozialer, also mit denen kann man besser reden, und Leute, die viel Geld haben und ganz oben in der Gesellschaft, mit denen kann man meist gar nicht mehr reden, manche haben die Nase zu weit oben. [...]. Wer Geld hat, der denkt, er ist was Besseres«* (Hilde Unseld). Die Klassenposition wirkt sich auf das Verhalten der Menschen aus. Judy Frei, die auf der Straße bettelt, ergänzt dahingehend:

> *»Man trifft ja oft Leute, die es oft selber nicht leicht haben, oft solche Leute, [unverständlich] die aus eigener Erfahrung wissen, was für 'ne Scheiße das ist, mit ziemlich wenig Kohle auskommen zu müssen, oder Leute [...] die in der Manageretage rumschwirren, die mal gerne so von oben herab gucken [...], die dann so demonstrativ mit dem Kleingeld in der Tasche vor meiner Nase rumklimpern [...], von wegen ich hab's ja und du nicht. Machen die auch liebend gerne und gucken nicht einmal richtig hin und überlegen, wie kommt das, dass diejenige da sitzt. Das machen aber oft Leute, die selber wenig haben, die auch mal fragen: ›Wie ist das denn passiert, dass du da sitzt?‹«*

Markus Nordkreuz erwähnt noch die vermeintliche Faulheit der Oberklassen als Gegenbild zu seinem »arbeiterlichen« Habitus. Während er – und sei es prekär oder informell – gearbeitet hat, hätten *»die da oben [...] selber nie gearbeitet, sondern haben sich irgendwo eingeheiratet, damit sie Geld haben und dann aber meckern auf die Kleinen da unten.«* Die Oberklasse wird nicht nur als oberflächlich bewertet, sondern auch als faul.

An keiner Stelle kommt es in den Interviews zu einer Identifikation der Befragten mit sozialen Klassen über ihnen. Es herrscht eine negative Bewertung und deutliche Abgrenzung vor.

Eigene Fähigkeiten der Befragten und symbolische Grenzziehungen

Abgrenzungen geschehen vermittelt über Fähigkeiten, die sich die Befragten selbst bzw. anderen zu- oder absprechen. Kompetenzen und Fähigkeiten vermitteln ein positives Selbstbild und tragen (habituell inkorporiert) zur Identitätskonstruktion bei.

Die meisten Befragten verneinen die Frage nach besonderen Fähigkeiten. So antwortet Anett Schäfer auf die Frage, welche besonderen Fähigkeiten sie hat, prompt: »*Gar keine*« und wiederholt so frühe biografische Erfahrungen. In ihrer Familie seien ihr auch keine Fähigkeiten vermittelt worden. Für Achim Ganz scheint bereits die Frage danach überfordernd zu sein: »*Ja [4sec], welche hab ich eigentlich?*« Ähnliche Aussagen sind zahlreich.

Doch finden sich Fähigkeiten, durch die die Befragten ein positives Selbstbild konstruieren wollen. Während die Mittel- und Oberklassen auf Aspekte wie Leistung, Karriere, Hochkultur oder Kultiviertheit (ökonomisches und kulturelles Kapital) sowie auf stabile Wohn- oder Familienverhältnisse (soziales Kapital) zurückgreifen können (Sachweh 2013, 20), fehlt es den Gesprächspartner*innen hierfür an Kapital. Dies gilt insbesondere für bereits stigmatisierte Gruppen (z. B. Drogennutzer*innen). Unter solchen Voraussetzungen versuchen Akteure, sich durch eine Änderung des Kategoriensystems von anderen Gruppen abzugrenzen. Sie neigen dann dazu, positive Eigenschaften der Eigengruppe zu betonen (Crocker / Major 1989). So kann sich der Drogennutzer beispielsweise als solidarischer Freund im Gegensatz zum egoistischen Millionär profilieren. Solche Strategien finden sich auch im empirischen Material. Die daraus entstehenden Klassifizierungen sind Ausdruck symbolischer Grenzziehungen (Lamont 1992; 1996). Damit sind Unterscheidungen von Menschen oder Gruppen gemeint, die auf tatsächlichen oder zugeschriebenen Merkmalen gründen und die dazu führen, Eigen- und Fremdgruppe als Identität zu konstruieren und voneinander abzugrenzen (Lamont / Molnár 2002). Michèle Lamont (1996, 20 ff.) unterscheidet drei Arten von Grenzziehungen. Neben sozioökonomischen Grenzziehungen, die auf finanzieller Stellung und sozialer Macht beruhen, finden sich moralische (persönliche Integrität, Werte und Charaktereigenschaften) und kulturelle Grenzziehungen (ästhetische Kultiviertheit und Vorstellungen von Selbstverwirklichung). Mit dieser Differenzierung wird es empirisch möglich, die Klassifizierungsprozesse, auf den die Grenzziehungen beruhen, zu erforschen (Rössel / Pape 2010, 58). Auch in den Gesprächen finden sich solche Grenzziehungen:

Zunächst betonen Befragte, wie sie (ökonomisch) mit ihrer marginalisierten Klassenposition umgehen müssen. Direkt beschreiben dies etwa Veronica Mittermeier und Greta Sanft. Bei ihnen folgt auf die Trennung von ihrem Ehemann ein Leben in Armut: Ihre Umgangsweise damit verstehen sie als subjektive Fähigkeit in Reaktion auf dieses Ereignis. So berichtet Veronica Mittermeier zunächst »*keine besonderen Fähigkeiten*« zu haben, ergänzt nach kurzem Zögern jedoch noch »*Resilienzentwicklung [lacht]. Gezwungenermaßen.*« Mit dem Hinweis auf die Resilienz verweist sie auf den langjährigen und kräftezehrenden Unterhaltsstreit mit ihrem Ex-Mann, der zum Verlust ihrer Wohnung und ihrer Arbeitsstelle geführt hat. Ebenso beschreibt Greta Sanft ihre Fähigkeit sei »*in kargen Zeiten durchzuhalten [lacht]. Also mit Wasser und Brot durchzukommen [lacht].«* Sowohl Mittermeier als auch Sanft betonen Durchhaltewillen und Genügsamkeit. Der notgedrungene Realismus wird zu einem positiven Bezugspunkt umgedeutet.

Ein zweiter Bereich, in dem sich die Befragten als anerkennungswürdig darzustellen versuchen, sind ihre zwischenmenschlichen Fähigkeiten (moralische Grenzziehungen). Mehrere Befragte sprechen davon, wie offen, kommunikativ und hilfsbereit sie sind und dass sie *»relativ gut zuhören«* (Judith Kreuz) können. Friedrich Linke bezeichnet sich selbst als *»offen, ehrlich, authentisch, echt.«* Besonders betont er noch seine *»ausgeprägte[n] soziale[n] Kompetenzen.«* Die interviewten Personen legen Wert auf ihre eigene Sozialität. Es finden sich viele Aussagen wie: *»Ich kann mich gut in Leute reinversetzen. Kommunikation mit anderen kann ich auch, würde ich sagen«* (Timothy Maier). Sabrina Jung betont gleichlautend: *»Hm [4sec], ich kann gut zuhören. Ich verstehe viele Probleme von Menschen. Ich [4sec] kann Menschen dann auch gut helfen [...] und ich kann mich gut in andere hineinversetzen.«*

Der dritte Aspekt (kulturelle Grenzziehungen) ist weniger deutlich ausgeprägt, zeigt sich aber bei wenigen Befragten in der Betonung der eigenen Bildung. Dabei handelt es sich nicht um eine Orientierung an Abschlüssen, sondern um einen Bezug auf ein Bildungs*ideal*. So verbinden Karim Halabi, Karol Schestag und Sigrun Lange mit Bildung Selbstbestimmung. Sie stellen sich selbst als bildungswillig dar, beziehen dies jedoch nicht auf das Bildungssystem, sondern entwickeln ihre Vorstellungen in Abgrenzung dazu. Am deutlichsten bringt Helma Keitel den Widerspruch zwischen objektiven Bildungsabschlüssen und subjektiven -vorstellungen auf den Punkt. Sie interessiert sich früh für *»Geschichte, Politik, Philosophie.«* Dieses Interesse grenzt sie jedoch direkt von ihrer Schulbildung ab und betont: *»Bildung hab ich nicht in der Schule [...] erfahren.«* Vielmehr legt sie Wert darauf, selbst für ihre Bildung gesorgt zu haben. *»[Ich hab] einfach alles gelesen was ich in die Finger gekriecht hab und hab meine Allgemeinbildung dadurch, glaub ich, ganz gut verbessert.«* Diese Beflissenheit und die Fähigkeit eines *»analytischen, klaren Verstandes«* benennt Keitel als *»gebildet sein«* und grenzt dies davon ab, *»gebildet zu heißen«*, worunter sie offizielle Abschlüsse versteht. Durch diese Unterscheidung gelingt ihr eine Grenzziehung auf Grundlage kultureller Kriterien, die dazu führt, sich trotz absoluter Armut und Obdachlosigkeit als respektabel zu positionieren.

Diese Grenzziehungen sind »ein Instrument der Ohnmächtigen. [...] Es gilt, die eigene Unterlegenheit in Überlegenheit zu verwandeln« (Heitmeyer 2016, 41). Die Befragten betonen eigene Kompetenzen dort, wo sie glauben, andere Gruppen seien (imaginiert) schwach und *vice versa*. Auf kulturelle Grenzziehungen greifen nur Befragte zurück, die einen stabilen Primärhabitus und einen Bildungshabitus des arbeitsames Strebens entwickelt haben. Andere gründen ihr Selbstbild auf Kategorien wie Freundschaftlichkeit, Kommunikation und Zwischenmenschlichkeit, die kein besonderes Kapital voraussetzen. Sie folgen in den drei Bereichen einem alternativen Klassifizierungsschema. Das eigene System gipfelt bei

Veronica Mittermeier in den Aussagen, dass sie *»total andere Einstellungen«* besitze als der Rest der Gesellschaft und sie sich ihre *»eigenen Werte aufgestellt«* habe.

Das eigene Selbst wird in Abgrenzung zu anderen definiert, woraus Identität entsteht (Sachweh 2013, 10). Dies hat einen doppelten Effekt. Zum einen führen die Grenzziehungen zum Versuch der Eigenkonstruktion als *deserving poor*. Sie wissen zwar über ihre soziale Position, versuchen sich jedoch nichtsdestotrotz als anständige Arme darzustellen. Für sie geht es darum, die am wenigsten ungünstige Version ihrer Klassenposition zu betonen (Bourdieu 2011, 138). Zum anderen zeigt die Betonung von Werten und Fähigkeiten wie *»Aufrichtigkeit«* (Herbert Kieserling) oder *»Gerechtigkeitssinn«* (Finn Johansen) jedoch auch das »Fehlen« von Fähigkeiten, die in kapitalistischen Gesellschaften Anerkennung bringen (objektiv sind dies etwa Bildungsabschlüsse und subjektiv Selbstbewusstsein, Durchsetzungskraft etc.). Die von den Befragten betonten Fähigkeiten reichen nicht aus. Vielmehr bestärken sie die Akzeptanz ihres sozialen Orts.

10.2.2 Nah und doch ungleich: Andere Marginalisierte

Die Abgrenzung der Gesprächspartner*innen nach »unten« fällt ihnen schwer, was vor dem Hintergrund ihrer eigenen marginalisierten Position auch wenig verwunderlich erscheint. Die Selbstpositionierung »ganz unten« macht eine Grenzziehung nach »unten« auf den ersten Blick unmöglich. Daher können viele Befragte mit der Frage, ob es soziale Gruppen unter ihnen gibt, auch wenig anfangen. So antwortet Anett Schäfer erstaunt über die Frage: *»Ich glaube nicht, dass es unter mir jemand gibt.«* Auch Achim Ganz hat Schwierigkeiten, diese Frage zu beantworten: *»Die unter mir? Hm, das ist schwer zu sagen.«*

Trotzdem finden sich in den Gesprächen solche Grenzziehungen nach »unten«. Ebenso finden sich Abgrenzungen zu anderen Marginalisierten, die auf horizontalen Unterschieden basieren. In den Gesprächen finden sich drei Formen der Grenzziehung nach »unten« und zu anderen Marginalisierten: Mitgefühl, Abgrenzung sowie Abwertung der »anderen« Armen.

Mitgefühl

Die Befragten der ersten Gruppe nehmen zwar eine Unterscheidung zu anderen Marginalisierten vor, fühlen mit ihnen allerdings mit. So schildert etwa die Rentnerin Greta Sanft, wie sie alltäglich die Armut und Ausgrenzung anderer Menschen wahrnimmt. Für Sanft, die sich selbst »ganz unten« positioniert, gibt es noch eine Klasse von Menschen unter ihr, *»die kein Dach überm Kopf haben oder die so schwer erkrankt sind, dass sie sich nicht zurecht finden in der Welt.«* Sanft verzichtet im gesamten Gespräch darauf, das Verhalten dieser Menschen zu bewerten oder als ursächlich für ihre Lage zu verstehen. Zwar grenzt sie sich von diesen Menschen ab, spricht jedoch verständnisvoll über sie. Insbesondere *»diese vielen jungen Menschen, die ziellos und obdachlos betteln«* sind für sie ein *»sehr erschreckendes Phänomen.«* Sanft kritisiert nicht nur, dass ihnen Teilhabe verwehrt, sondern auch, dass ihnen aufgrund ihrer Position ihre *»Menschenwürde«* abgesprochen wird. Ihr ist bewusst, dass es Menschen gibt, die unter der Schwelle der Respektabilität leben müssen. Ähnliche Beobachtungen macht Jakob Simonon. Auch er nimmt im Alltag *»gerade ältere Leute«* wahr, die *»nicht klarkommen und da rumsitzen oder betteln müssen oder Flaschen sammeln.«* Er ergänzt: *»Das geht nicht, das find ich schlimm. Ich denk nicht: ›Das ist mir wurscht.‹ Ich find das traurig oder wenn man in der U-Bahn sitzt, und jede zweite U-Bahn kommen Bettler durch oder was. Ich find das schon krass.«* Für ihn sind diese Menschen aus der Gesellschaft exkludiert und es ist ihnen kaum möglich, sich (wieder) eine respektable Existenz aufzubauen.

Darüber hinaus findet sich bei Clara Lichtenstein und Friedrich Linke eine explizite Kritik am sozialen Prozess der Entwürdigung. Lichtenstein, die selbst auf die Hilfe von Tafeln angewiesen ist, wählt dieses Beispiel, um ihre Kritik zu illustrieren:

> *»Den Zustand einer Gesellschaft erkennt man daran, wie sie mit ihren Schwachen umgeht und hier wird nicht besonders gut mit den schwachen Menschen umgegangen, definitiv nicht. Gerade auch jetzt mit Obdachlosen. Es müsste keine Obdachlosigkeit geben und es brächte auch keine Tafeln. Es wäre Aufgabe des Staates […], sie soweit zu unterstützen, dass sie tatsächlich leben können, dass die Tafeln nicht nötig wären.«*

Deutlich wird, dass Lichtenstein Armut und Obdachlosigkeit als sozial hergestellt – und damit veränderbar – betrachtet. Friedrich Linke ist der einzige Befragte der hierzu konkrete politische Handlungen anspricht. Auch er nimmt eine Trennung zu wohnungslosen und geflüchteten Menschen vor, die er (selbst ehemals obdachlos) sozial unter sich verortet. Er legt Wert darauf, nicht von der *»Schuld«* dieser Menschen zu sprechen, sondern die Verhältnisse zu kritisieren.

In dieser Untergruppe finden sich keine Hinweise auf eine Korrelation mit ihren habituellen Dispositionen. Von Greta Sanft mit dem Bildungshabitus des »arbeitsamen Strebens« bis hin zu Clara Lichtenstein mit prekärem Primärhabitus und dem sekundären Habitus der »Bildungsfremdheit« finden sich hier alle Habitusgruppen. Die Gesprächspartner*innen dieser Untergruppe eint jedoch eine politische Vorstellung, die stark von Mitmenschlichkeit und Solidarität geprägt ist. Greta Sanft leitet dies aus ihrem christlichen Menschenbild ab, Jakob Simonon beschreibt, wie er sich (ohne Parteimitglied zu sein) für die SPD engagiert hat und Friedrich Linke und Clara Lichtenstein beschreiben beide außerparlamentarische Aktivitäten. Tendenziell handelt es sich hierbei um Befragte, die sich politisch als links verortet haben. Ihre Haltungen stehen im Gegensatz zu den Vorurteilen, die auf der Unterscheidung zwischen *deserving* und *undeserving poor* beruhen und denen sie nicht folgen.

In der zweiten Untergruppe kommt es zu einer Abgrenzung zu anderen Marginalisierten. Trotz ihrer eigenen marginalisierten Position konstruieren die Befragten eine regelrechte Kluft zu anderen Klassenmitgliedern (Rehbein / Souza 2014, 201). Um diese zu verdeutlichen, ziehen die interviewten Personen vor allem das Leben ohne festen Wohnraum als Abgrenzung heran. So bilden wohnungs- und obdachlose Menschen aus dem Blickwinkel dieser Gesprächspartner*innen die »anderen« Armen, mit denen sie (trotz unmittelbarer Nähe im sozialen Raum) nichts gemein haben wollen. So positioniert etwa die erwerbslose Sigrun Lange, die *»Penner aufm Marktplatz, die gar nix mehr haben«* und die *»in dieser Gesellschaft keine Chance [haben], wieder auf zu Füße zu fallen«* sozial unter sich. Für die erwerbslose Jenny Kurz kommt sozial unter ihr *»[n]icht mehr viel, das sind dann schon die Wohnungslosen.«* Auch bei weiteren Befragten finden sich ähnliche Aussagen. Der Besitz sicheren Wohnraums bietet eine der wenigen Möglichkeiten, das eigene Leben als stabil darzustellen und reicht für die Befragten aus, eine Grenzziehung innerhalb der marginalisierten Klasse zu bilden.

Diese Abgrenzung geht jedoch nicht mit einer Abwertung der »anderen« Armen einher. Es kommt zwar zu einer Unterscheidung zwischen »wir« und »die«, die unterschiedlichen Lebensrealitäten innerhalb der marginalisierten Klasse entsprechen, doch nicht zu einer moralisch als falsch bewerteten Verurteilung dieser Realitäten. Auch der selbst wohnungs- und erwerbslose Filip Altmann grenzt sich von Menschen ohne festen Wohnsitz ab, die er mit Gewalt und Alkoholkonsum assoziiert. Er betont jedoch: *»Diese Leute dort, das ist schon anders, schwierig. Die […] können nix dafür, ich verstehe es, aber … Die machen das nicht von Absicht, aber das kommt von allein.«* Altmann weiß aus eigener Erfahrung, wie stark soziale Marginalisierung das Leben beeinflussen kann und ergänzt: *»Wenn ich jetzt ein oder zwei Jahre so bin wie jetzt, ich bin auch so.«* Die zitierte Passage beginnt mit einer eher distanzierten Aussage über Wohnungslose und endet mit einer Problematik, die ihn potenziell selbst betreffen kann. Damit zeigt sich, wie er versucht, sich selbst von anderen Wohnungslosen abzugrenzen, jedoch durch die Betonung der Unausweichlichkeit der Verhältnisse (*»kommt von allein«*) bereits eine Abschwächung seines zukünftigen Makels zu erreichen.

In dieser Untergruppe befinden sich vor allem Gesprächspartner*innen mit stabilem Primärhabitus und dem Bildungshabitus der Notwendigkeit. Sie sind sich ihrer marginalisierten Klassenposition komplett bewusst und versuchen, Respektabilität dadurch zu erreichen, sich horizontal von anderen Marginalisierten abzugrenzen.

Abwertung der undeserving poor

Die Befragten dieser Untergruppe werten andere marginalisierte Menschen ab. Sie übernehmen Vorurteile, die der Unterscheidung zwischen *deserving* und *undeserving poor* zugrunde liegen und sprechen den »unwürdigen« Armen ein ganzes Bündel negativer Eigenschaften zu. *»Das sind Leute, die mit dem Leben gar nicht klarkommen, die Drogen nehmen und Alkohol und vielleicht obdachlos sind«* (Judith Kreuz). Bei solchen Zuschreibungen geht es den Gesprächspartner*innen um die Bewertung der »anderen« Armen. Mehrfach distanziert sich dahingehend Herbert Kieserling, von jenen, die *»aufgegeben«* haben, deren *»schlechte[s]«* Verhalten auch die Rentnerin Magda Geschonke betont: *»Das sind die Verlorenen, die sich ganz aufgegeben haben und verloren sind und nur noch im Suff das Leben ertragen können eigentlich.«* Zu diesen »unwürdigen« Armen zählt sie auch Kriminelle und jene, die nur auf der *»faule[n] Haut«* liegen. Deren vermeintlich allgegenwärtiger Alkohol- und Betäubungsmittelkonsum wird mit Aggressivität, Gewalt und Egoismus in Verbindung gebracht. In den Schilderungen tauchen sowohl das wirkmächtige Bild des apathischen Trinkers als auch des gefährlichen Armen und des Sozialschmarotzers auf. Ihre Position wird als Folge des persönlichen Verhaltens und nicht als deren Voraussetzung angesehen: *»[I]n dieser Gruppierung sind viele selbst schuld an der Situation«* (Finn Johansen). Gustav Quassel fasst zusammen:

> *»Das sind die Knackis und die Drogenabhängigen. Die kommen noch nicht mal mit dem System, das nur geringe Anforderungen stellt, klar. Die landen draußen.«*

Bei Achim Ganz und Anett Schäfer gewinnen diese Abwertungen durchaus praktische Folgen. Der wohnungs- und erwerbslose Ganz und die ALG II-Bezieherin Schäfer fordern explizit Strafen und staatliche Maßnahmen gegen die *undeserving poor* – bis hin zu Gewalt und Freiheitsentzug. Beide positionieren sich selbst als »ganz unten«, grenzen sich aber von anderen Marginalisierten ab, die sie mit Devianz und fehlendem Arbeitsethos in Verbindung bringen. Achim Ganz äußert sich zu vermeintlich »arbeitsunwilligen« Erwerbslosen:

> *»Ein junger Spund, 20 Jahre alt, der war in seinem Leben noch nie arbeiten, kriecht Hartz IV. Also wenn ich was zu sagen hätte, der würde von mir nicht einen Cent kriegen [3sec]. Arbeiten! Und wenns nur ein Job ist für ein Euro [3sec]. Dass er erst mal das Gefühl kriecht dafür, morgens aufzustehen. [...] Da gibts ja diese Sendung ›Hartz IV-TV‹, also solche Leute gehören für mich in'n Bau. Eindeutig, weil das ist Abzocke von Deutschland. Mit solche Leute hab ich kein Mitleid [5sec]. Weil ich arbeite jahrelang und muss jetzt solange aufs Geld warten und die, die gehen zum Amt hin: ›Hier gib mal.‹ [...] Wenn ich dieses Hartz IV-TV sehe, [...] krieg ich 'nen Hass auf solche Leute. Denen müssten die das Geld streichen, aber richtig streichen.«*

> *»Immer mehr Menschen glauben, sie müssten nicht arbeiten und denken, unser Sozialstaat fängt sie auf. Meiner Meinung nach dürfte es Arbeitslosengeld II nur ein Jahr geben und nach*

diesem Jahr müssen sie freiwillig arbeiten gehen oder sie müssten dann mit Gutscheinen ernährt werden. Wenn unser Vater Staat weiter so viel Geld zahlt, dann wollen die sich in ihrer sozialen Hängematte ausruhen, ihr Leben lang nicht arbeiten und wenn ich das sehe in diesen Hartz IV-Sendungen, da sagen die noch ganz stolz: ›Ich hab noch nie in meinem Leben gearbeitet.‹ Da könnte ich reinschlagen« (Anett Schäfer).

In den Sequenzen finden sich die drei verschiedenen Umgangsweisen mit der Stigmatisierung marginalisierter Menschen (s.a. Hirseland / Ramos Lobato 2014). Erstens übernehmen Ganz und Schäfer die normative Orientierung, sich »dankbar« und »demütig« gegenüber Sozialleistungen zu verhalten, die auch nur gegen vorherige Leistung (»*ich arbeite jahrelang*«) erworben werden können. Sie identifizieren sich mit der Forderung, Erwerbslose sollten *jede* Arbeit annehmen, die sich ihnen bietet und die Verringerung – oder besser noch Vermeidung – des Anspruchs auf Sozialleitungen akzeptieren. Zweitens sehen sie ihre eigene Lage als Ausnahme. Sich selbst beschreiben Ganz und Schäfer als anständig und empören sich lautstark über die *undeserving poor*, die das System versuchen auszutricksen. Drittens machen die Äußerungen deutlich, dass Ganz und Schäfer nicht nur mit dem behördlichen Umgang mit Erwerbslosen einverstanden sind, sondern diesen sogar noch deutlich verschärfen wollen (»*kein Mitleid*«; »*richtig streichen*«; »*könnt ich reinschlagen*«). Für sie sind die *undeserving poor* kriminell und faul und vollkommen zurecht verdächtig. »*Vater Staat*« wird zum eigentlichen Opfer, mit dem sich Schäfer solidarisiert. Damit positionieren sich Ganz und Schäfer jenseits dieser zu Sündenböcken degradierten »anderen« Armen. Ganz und Schäfer kritisieren nicht die soziale Position, sondern die Attitüde, mit der die *undeserving poor* ihrer Situation begegnen. Solche Aussagen entsprechen im Kern der Unterscheidung zwischen *deserving* und *undeserving poor* und reproduzieren diese.

Diese reduktionistische Sichtweise kennt keine sozialen Zusammenhänge. Vielmehr problematisieren die Befragten den fehlenden Ansporn der »anderen« Armen. Anhand dieser Personalisierungen zeigt sich ein Prozess der Entsolidarisierung innerhalb der marginalisierten Klasse, der dazu führt, dass Arbeiter*innen gegen Erwerbslose, Obdachlose untereinander oder weitere Marginalisierte sich gegenseitig abwerten. Vom Staat wird härteres Durchgreifen, mehr Kontrolle, verschärfte Bestrafung und weniger Nachsicht erwartet. Maßnahmen sollen mit aller Härte durchgesetzt werden. Somit werden die »anderen« Armen nicht nur durch den herrschenden Diskurs, sondern auch von Teilen der Marginalisierten selbst abgewertet. Diese Unterscheidung in »würdige« und »unwürdige« Arme ist nicht nur ein Herrschaftsinstrument, sondern auch eine Praxis, die die Befragten selbst reproduzieren.

Die Befragten greifen (abgesehen von Gustav Quassel) nicht auf persönliche Begegnungen zurück, wenn sie von den »unwürdigen« Armen sprechen. Ihre Aussagen implizieren ein vermeintlich allgemeingültiges Wissen, dem legitimatorische Grundlage zugesprochen wird. Verifiziert werden die Stereotypen durch medial vermittelte Klischees der im deutschen Privatfernsehen laufenden nachmittäglichen Talkshows (»*Hartz IV-Sendungen*«), die die gesellschaftliche Teilung in *deserving* und *undeserving poor* »stützen und jenen neoliberalen Mythen Vorschub leisten, denen zufolge heute allein Leistung und individuelle Kompetenzen zählen« (Klaus / Röser 2008, 272). Diesen stereotypen Inszenierungen folgen insbesondere Ganz und Schäfer. Der Verweis auf jene in den Talkshows dargestellten Gruppen soll helfen, eine möglichst große (moralische) Distanz zu diesen herzustellen. Zudem ist es aufschlussreich, dass insbesondere die »Gefallenen« mit dem Bildungshabitus des »arbeitsamen Strebens« sowie (Früh-)Rentner*innen, die sich aufgrund ihres Alters oder ihrer Krankheit als anständige Arme darstellen, Abwertungen am stärksten vornehmen. Dies wird vor ihrem biografischen Hintergrund verständlich. Über lange Zeit lebten sie in größerer sozialräumlicher Entfernung zu den Marginalisierten, gehörten nicht dieser Klasse an und teilten daher kaum Erfahrungen und habituelle Prägungen. Auch in ihrer aktuellen Position versuchen sie, den sozialen Abstand zu anderen Marginalisierten fortlaufend herzustellen und zu erneuern.

Abgrenzungen (nach »oben«) und Abwertungen (nach »unten«) dienen dazu, die eigene Respektabilität zu betonen. Durch Grenzziehungen zu den Oberklassen und der Abwertung der *undeserving poor* als »arbeitsunwillig« oder kriminell, versprechen sich die Befragten Distinktionsvorteile für die eigene Position. Respektabilität wird somit nicht (allein) als Frage nach dem Zugang zu knappen Gütern (Bildung, Einkommen etc.) gesehen, sondern der richtigen moralischen Einstellung. Die Befragten wissen über die Stärke ihrer Marginalisierung, weswegen sie sich auch weiterhin als »ganz unten« oder »ganz draußen« positionieren. Ihre Suche nach Respektabilität ist bedingt durch die eigene Klassenposition, die als unveränderlich wahrgenommen wird. Einige betonen daher ihr respektables Leben als Gegenentwurf zu den »pöbelhaften« Armen und Reichen. Somit hat die Schwelle der Respektabilität für das Klassenbewusstsein der Marginalisierten große Bedeutung. Während die marginalisierte Klasse unter der Trennlinie liegt, versuchen einige Befragte sich selbst durch Anpassungsstrategien und Orientierung an »Anstand« oberhalb der Grenze zu positionieren. Die »anderen« Marginalisierten werden auch von diesen Befragten als »unwürdig« dargestellt.

10.3 Individuelles Bewusstsein zwischen Meritokratie und Fatalismus

Auf individueller Ebene spricht das Selbstbewusstsein von einer großen Unzufriedenheit der Befragten. Sie suchen nach Möglichkeiten, ihre eigene schamvoll erlebte Position leichter verkraften zu können. Abschließend zeigt eine Typologie, wie sich das individuelle Bewusstsein konkret darstellt.

10.3.1 Leistungsorientierung und Betonung des eigenen Scheiterns

Das individuelle Bewusstsein zeigt das Wissen um die eigene Marginalisierung. Es findet seinen grundlegenden Ausdruck in der Feststellung des Gegebenen: Erwerbslosigkeit, Armut und Entwürdigung. Einerseits legen die Befragten trotzdem Wert darauf, ihre Leistungsorientierung zu betonen, begründen ihre marginalisierte Position andererseits aber mit dem eigenen »Versagen«. Leistung und Scheitern bilden jedoch einen Scheinwiderspruch sowie ein epistemologisches Paar, dass der Inkorporierung impliziter Annahmen über das Verständnis von Gesellschaft als Leistungsgesellschaft entspricht.

Da Lohnarbeit eine zentrale Anerkennungskategorie darstellt, bezieht sich das Bedürfnis nach Respektabilität häufig darauf – auch bei den Befragten als Erwerbslose. Dies drückt Finn Johansen aus, als er von seinen weiteren Plänen spricht: *»Das heißt aber auch, ich bin dabei und ich will ja auch wieder arbeiten. Das ist ja nicht die Sache, dass ich jetzt sage: ›Ich lege mich in die soziale Hängematte.‹ Ne, ne!«* Die *»soziale Hängematte«* dient ihm als (medial vermittelter) Gegenbegriff zur eigenen Erwerbsorientierung, die er durch eine Individualisierung seiner sozialen Position bestärkt. Befragt, wer ihn bei seiner Wohnungs- und Erwerbslosigkeit unterstützen könne, antwortet er: *»Die kann nur ich lösen, niemand anders.«* An anderer Stelle sagt er:

> *»Natürlich ist es leicht zu sagen, andere sind schuld [...]. Wenn ich was wirklich ändern will, ja, und zwar wirklich will, dann kann ich auch was ändern [4sec]. Ich muss mir selber in den Hintern treten quasi, um das auch umzusetzen. [...] Ich könnte es mir sehr einfach machen und sagen: ›Ok, an dem Punkt, wo ich jetzt bin, gehöre ich zu der Gruppe, die entweder obdachlos sind oder nicht arbeiten wollen oder was auch immer.‹ Aber wenn ich das so verinnerlichen würde, dann gibts nur noch Stillstand. Ich würde mich sozusagen in mein Schicksal ergeben und das will ich ja gar nicht.«*

Johansen zeigt durch die Betonung seines Wollens, dass er sich als selbstverantwortlich versteht und daran glaubt, seine Position verändern zu können. Wichtig ist ihm, weiterhin aktiv zu sein und sich dadurch von »anderen« Marginalisierten abzugrenzen.

Die Betonung der eigenen Motivation sowie die Individualisierung sozialer Phänomene sind Aspekte, die sich in zahlreichen Zitaten finden lassen: Die Gesprächspartner*innen haben kaum Vorstellungen davon, die *eigene* Position als Effekt einer kollektiven sozialen Lage zu begreifen. Vielmehr herrscht das Bewusstsein vor, soziale Ungleichheit als Resultat individueller Entscheidungen zu verstehen: *»Ich bin immer noch der Meinung: ›Jeder ist für sich selbst verantwortlich‹«*, so der erwerbslose Jakob Simonon, der ergänzt, allen, die wollen werde *»die Möglichkeit geboten, was zu machen und wenn du es halt nichts machst, musste halt damit leben.«* Übersetzt heißt dies: Wer sich genügend anstrengt, findet auch Arbeit und

Anerkennung. Offenkundig ist der Diskurs um »Eigenverantwortung« auch bei den Marginalisierten höchst wirkmächtig. Gleichzeitig wäre es verkürzt, diese Äußerungen ausschließlich als leere Floskeln zu verstehen. Vielmehr bieten Sätze wie *»Wenn man arbeiten will, findet man Arbeit. Man muss nur wollen«* (Filip Altmann) oder *»So lange ick mich da nicht ändere, wird sich das nicht ändern«* (Stefan Blaumann) die Möglichkeit, sich als *deserving poor* darzustellen. Aus ihnen spricht der Glaube an die eigene Wirkmächtigkeit.

Die Orientierung am Leistungsprinzip tritt mit der fallübergreifenden Erwerbslosigkeit in Konflikt. Auch wenn man nicht den Fehler begehen darf, das Bewusstsein als unabhängige psychische Instanz zu verstehen, zeigt es (als Melange aus persönlichen Erfahrungen, rationaler Kenntnis und ideologischer Beeinflussung) eine relative Trägheit. Durch biografische Veränderungen wird das Bewusstsein von neuen Erfahrungen verändert, ohne dass vorherige Formen keine Rolle mehr spielen würden. Eine solche Überlagerung des Bewusstseins zeigt sich darin, dass sich viele Befragte theoretisch noch auf den ersten Arbeitsmarkt ausrichten. Gleichzeitig wissen sie jedoch um die praktische Unmöglichkeit dieser Orientierung. Sie versuchen den Widerspruch zwischen habitualisierter Leistungsorientierung und gegenwärtiger marginalisierter Position durch die Betonung des individuellen »Versagens« aufzulösen. Marginalisierung wird (sowohl in der herrschenden Meinung als auch bei den Betroffenen selbst) als selbstverschuldet angesehen. So betont Markus Nordkreuz vehement seine eigene Verantwortung für seine Situation: *»Ich selber. Kann ich kein'm die Schuld geben, ick war sehr faul in meinem Leben, das muss ich ehrlich so sagen, ja. Aber wenn ick mal [2sec] Lust und Drang auf Arbeit hatte, dann hab ichs auch getan. Aber ick bin halt keiner, der es immer sehr lange aushält.«* Ähnlich dazu sind die Schilderungen von Achim Ganz, als er über sein Leben spricht: *»Ja für mich ist erst mal wichtig, dass ich mein Leben [...] in den Griff kriege, [...] mein verkacktes Leben, wie ich es mir selbst verkacke. Da kann keiner was dafür, da bin ich selber dran schuld. Da geb ich niemanden anderen die Schuld. Ja und selbst mit den Sozialpädagogen. Also selbst die, mit denen, die schaffen das nicht, ja.«* Diese Aussagen sind insbesondere vor dem Hintergrund der Biografien erstaunlich: beide Befragte wurden als Kind missbraucht, beide schildern Gefängnisaufenthalte und Gewalterfahrungen, beide berichten von Alkohol- und Betäubungsmittelsucht sowie von Berufs- und Wohnungsverlusten. Sowohl Nordkreuz als auch Ganz sind »dauerhaft marginalisiert.« Gleichzeitig begründen sie ihre Position mit ›Tugendschwäche‹. Markus Nordkreuz, der mehrfach seine eigene *»Faulheit«* (als Gegenbegriff zum Leistungsparadigma) betont, ergänzt: *»Wenn ick mich ein bisschen mehr bemühen würde, dann [...] hätte ich auch ein Mittelklasse-Leben. Aber ick bin wirklich ein fauler Hund.«* Durch diese Betonung eines Eigenanteils gelingt es ihm, seine Position zum Resultat einer von ihm selbst getroffenen Entscheidung zu erklären.

Das individuelle Leistungsbewusstsein und die Betonung der Eigenverantwortlichkeit erfüllen eine wichtige Funktion: sie geben den Befragten ein

Interpretationsschema an die Hand, dass sie vor Zuschreibungen entlastet. Zunächst stellt das Leistungsbewusstsein einen Schutz vor den allgegenwärtigen Bedrohungen der Infragestellung der eigenen Respektabilität dar. Daher versuchen die Befragten (auf kommunizierter Ebene) stets aktiv zu erscheinen. Sie müssen sich notgedrungen vorherrschenden Kategorien unterwerfen, um Anerkennung zu erfahren. Ihnen bleibt nichts anderes übrig, als sich *»eine Art Selbstdisziplin zurechtzulegen, eine Taktik, Aufgaben, [...], um weiter an Zielen zu arbeiten«*, wie Friedrich Linke zusammenfasst. Die Gesprächspartner*innen nehmen die Gesellschaft als Arbeits-, Wettbewerbs- und Leistungsgesellschaft wahr, in der sie sich behaupten müssen. Da sie sich nicht als passive Opfer verstehen wollen, betonen sie ihren Willen, Arbeit um jeden Preis anzunehmen.

Zudem entlasten sich die Befragten von ihrem Wissen über die soziale Dichotomie und die Ausweglosigkeit ihrer Position. Zumindest theoretisch eröffnet sich durch die Betonung der Eigenverantwortung die Möglichkeit, an der Position etwas zu verändern. Wenn man an seiner Lage selbst schuld ist, kann man diese durch Fleiß überwinden. Wie eine Klassenposition zustanden gekommen ist, wird als Effekt des persönlichen Verhaltens verstanden. Auf der Ebene konkreter Handlungen verstehen sich die Befragten nicht als Teil des »Spiels« sozialer Ungleichheit. Das individuelle Bewusstsein und das dichotome Gesellschaftsbewusstsein werden nicht miteinander in Beziehung gesetzt. Von einem einheitlichen Bewusstsein kann nicht die Rede sein. Während die individuelle Bewusstseinsform die eigene Position auf individuelle Unzulänglichkeiten zurückführt, spricht das dichotome Gesellschaftsbewusstsein soziale Ungleichheit an. Es scheint jedoch so zu sein, dass diese Bewusstseinsform nicht handlungsrelevant ist. Das Leistungsbewusstsein hat gegenüber dem Gesellschaftsbild eine relative Autonomie. Unmittelbare und verständliche Gründe (Faulheit, Versagen) scheinen für die Befragten leichter fassbar zu sein. Somit müssen sie nicht die Abstraktheit sozialer Ungleichheit adressieren und diese für ihre Position verantwortlich machen, der man ohnehin ohnmächtig gegenübersteht.

Die Befragten erstreben eine Position oberhalb der Schwelle der Respektabilität. Ihre Versuche dahingehend sind Assimilierungsmaßnahmen. Sie streben eine Verbesserung ihrer Lage auf der Basis der Bedingungen der Marginalisierung an und nicht auf Grundlage eines Systemwandels. Den Marginalisierten fehlen die Mittel, Gegenentwürfe zu entwickeln und über die gegenwärtigen Klassen- und Klassifizierungssysteme hinauszugelangen. Die fehlende Vermittlung der verschiedenen Bewusstseinsformen, die häufig widersprüchlich nebeneinanderstehen, mag auch darauf zurückzuführen sein, dass Institutionen (Parteien, Gewerkschaften etc.) so weit von der Lebensrealität marginalisierter Menschen entfernt sind, dass sie keine Orientierungshilfen bieten können oder wollen. Somit gibt es für die Marginalisierten keine Schemata, anhand derer sie ihr soziales und individuelles Bewusstsein synchronisieren könnten.

10.3.2 Typologie des individuellen Bewusstseins

Nach der allgemeinen Orientierung am Leistungsprinzip werden nun die konkreten Formen des individuellen Bewusstseins dargestellt. Die Typen unterscheiden sich vom (theoretischen) Leistungsbewusstsein durch ihren engen Bezug zu konkreten Erfahrungen und können anhand von zwei Dimensionen (Anerkennungs- und Handlungsdimension) gruppiert werden, sodass eine viergliedrige Typologie entsteht. Die Kriterien dafür wurden im Verlauf der empirischen Analyse konkretisiert, sind jedoch nicht rein induktiv, da sie auch auf theoretischen Voranannahmen beruhen.

Anerkennungsdimension

Der Kampf um Respektabilität bestimmt die Handlungen der Befragten (s.a. Gurr 2018; Knabe / Fischer / Klärner 2018). Sie sind alltäglich Zuschreibungen ausgesetzt, die Auswirkungen auf ihr Selbstbewusstsein haben. Um ihr Spektrum darstellen zu können, habe ich auf das Verfahren der maximalen Unterschiede zurückgegriffen. Die Interviewanalyse hat gezeigt, dass die Spannbreite von der Inkorporierung der Entwürdigung bis hin zu Versuchen reicht, sich dagegen zu wehren: Befragte beschreiben sich entweder als *»Bodensatz«* und ihnen ist bewusst, dass sie *»kein Teil der Gesellschaft«* sind, oder sie betonen trotz ihrer marginalisierten Position, *»nicht weniger Wert«* zu sein und ebenso *»Respekt«* zu verdienen. Diese Unterschiede spannen als Kontraste die Achse von übernommener Entwürdigung bis zur Formulierung eines Würdeanspruchs auf. Der Kampf um Respektabilität bildet die horizontale Anerkennungsdimension.

Handlungsdimension

Die zweite Dimension erfasst das Bewusstsein der Befragten vom Einfluss ihrer Tätigkeiten (Weißmann 2016). Hierbei geht es um die Frage, wie sie ihre Handlungsfähigkeit wahrnehmen, denn »Bewusstseinsprozesse sind nicht allein durch die objektiven Lebensbedingungen bzw. die verallgemeinerten Interpretationen dieser Lebensbedingungen, sondern immer auch durch die Handlungsfähigkeit der Individuen diesen objektiven Lebensbedingungen gegenüber bestimmt« (H.-Osterkamp 1980, 17). Auch hier sind deutliche Kontraste sichtbar. Ein Teil der Befragten orientiert sich auch praktisch am Leistungsprinzip (*»Man muss immer was zu tun haben«*), für andere sind die Bedingungen der Marginalisierung so stark, dass sie sich selbst eher passiv wahrnehmen (*»Was soll da noch groß kommen?«*). Im Gegensatz zur Typologie von Dörre et al. (2013, 123 ff.), an deren Darstellungsweise ich mich im Folgenden orientiere, geht es bei der vertikalen Handlungsdimension jedoch nicht nur um die Erwerbsorientierung. Sie lässt noch keinen Rückschluss auf das Bewusstsein zu. Dafür ist es notwendig, Einflüsse des gesamten Lebenszusammenhangs zu betrachten.

Typologie

Ausgehend von diesen beiden Dimensionen konnte ich vier Grundtypen des individuellen Bewusstseins herausarbeiten. Eine solche Typenbildung bietet die Möglichkeit, die fallübergreifende Verwobenheit einzelner Aspekte aufzuzeigen, die für die zuvor rekonstruierten Einzelfälle zentral erschienen (Rosenthal 1995).

Abbildung 6: Individuelle Bewusstseinsformen

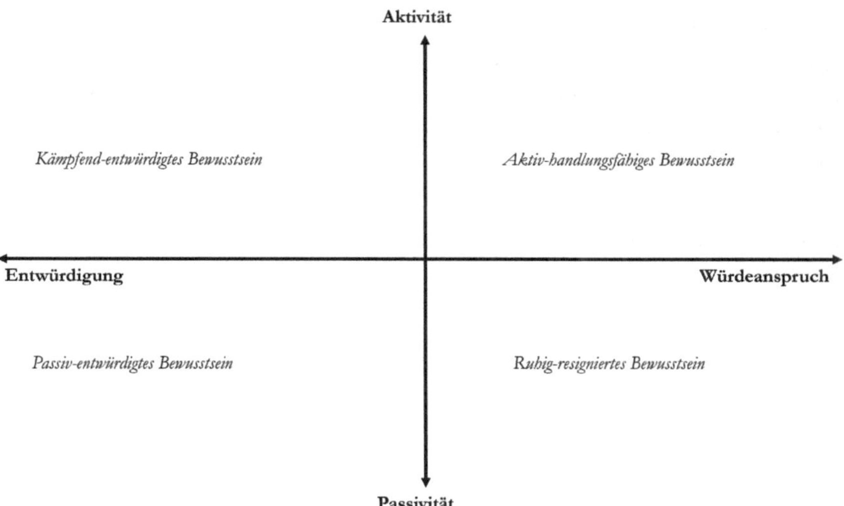

Das »aktiv-handlungsfähige Bewusstsein« (positive Handlungs- und Anerkennungsdimension) findet sich bei Gesprächspartner*innen, die sich des Einflusses ihrer eigenen Aktivitäten bewusst sind sowie ihren Kampf um Respektabilität positiv beurteilen (Würdeanspruch). Diese Befragten haben ein Bewusstsein von sich selbst als *deserving poor*. Diesem Grundtyp steht das »passiv-entwürdigte Bewusstsein« (negative Handlungs- und Anerkennungsdimension) diametral gegenüber. Diese Befragten sehen keine Möglichkeit, an ihrer Situation etwas zu ändern und sind daher von einem passiven Bewusstsein geprägt. Ebenso haben sie Entwürdigungen verinnerlicht. Sie materialisieren die Gruppe der *undeserving poor*. Zwischen diesen beiden Typen finden sich die Typen des »kämpfend-entwürdigten Bewusstseins« (positive Handlungs-, negative Anerkennungsdimension) und des »ruhig-resignierten Bewusstseins« (negative

Handlungs-, positive Anerkennungsdimension). Erstere verstehen ihr Leben als alltäglichen Kampf, in dem sie versuchen, durch eigene Aktivität ihre Position zu halten. Somit beurteilen sie ihre Handlungsfähigkeit positiv, können sich allerdings nicht von Entwürdigungen befreien. Ihre Handlungsorientierung reicht nicht aus, um die Schwelle der Respektabilität zu überschreiten. Zweitere sind nicht mehr versucht, durch Aktivität etwas zu verändern.

Während der empirischen Analyse wurde zwischen dem »kämpfend-entwürdigten« und dem »ruhig-resignierten Bewusstsein« eine Ähnlichkeit hinsichtlich der Anpassung an die Position sichtbar. Die Befragten teilen ein Bewusstsein einer langanhaltenden Gegenwart, mit der sie sich arrangieren. Durch diese Gemeinsamkeit wird es möglich, eine diagonale zeitliche Achse in die statische Typologie einzuführen, die von Hoffnungen auf Verbesserungen, bis Sorgen vor Verschlechterungen reicht. Die Analyse hat gezeigt, dass die Befragten des »passiv-entwürdigten Bewusstsein« davon ausgehen, dass sich ihre Situation eher verschlechtert. Ihnen gegenüber halten die Befragten des »aktiv-handlungsfähigen Bewusstsein« Verbesserungen für möglich und stehen ihrer Zukunft positiv gegenüber.

Abbildung 7: Individuelle Bewusstseinsformen und zeitliche Entwicklung

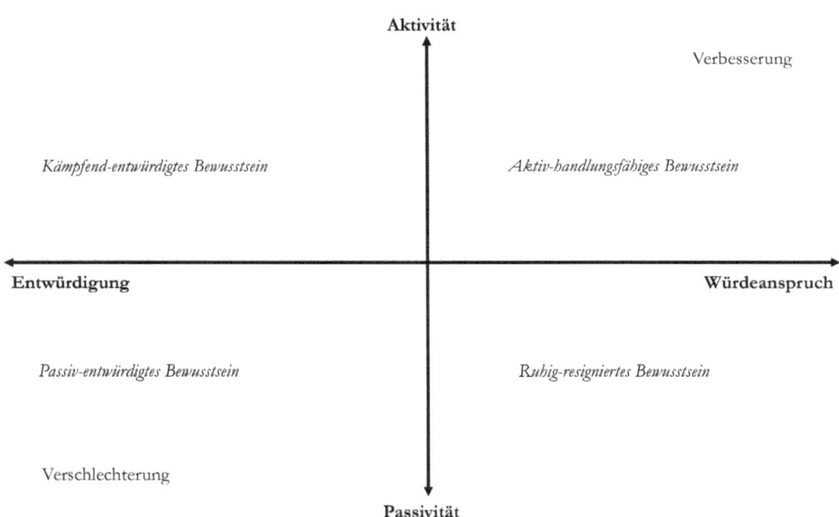

Subtypen

Aufgrund teilweise deutlicher Variationen innerhalb der Typen können drei Typen nochmals in Subtypen differenziert werden. Es handelt sich hierbei um eine induktive, aus dem empirischen Material gewonnene Unterteilung, die sich auf die diagonale zeitliche Achse bezieht. Die Befragten der Subtypen unterscheiden sich dadurch, ob sie ein Bewusstsein von einer Veränderbarkeit der Klassenposition haben oder eher von der Annahme einer Verschlechterung ihrer Situation ausgehen.

Abbildung 8: Die Typologie des individuellen Bewusstseins

Kämpfend-entwürdigtes Bewusstsein

Kämpferisch-aussichtslos — Frei, Halabi, Nordkreuz, Kurz

Akzeptierend — Braun, Simonon

- Betonung der Handlungsfähigkeit
- Übermacht der Entwürdigung

→ *Aussichtslosigkeit und Gegenwartsorientierung*

Aktiv-handlungsfähiges Bewusstsein

Diszipliniert — Quassel, Kieserling, Sanft

Individualistisch — Altmann, Johansen, Mittermeier

Solidarisch — Lichtenstein, Linke

- Betonung der Handlungsfähigkeit
- Möglichkeit der Verbesserung

→ *Ausdruck der deserving poor*

Passiv-entwürdigtes Bewusstsein

Hoffnungslos-fremdbestimmt — Schäfer, Keitel, Ganz

Illusorisch-abhängig — Kreuz, Geschonke, Blaumann, Schestag, Unseld

- Übernahme der Entwürdigung
- Glaube an Verschlimmerung der Situation

→ *Ausdruck der undeserving poor*

Ruhig-resigniertes Bewusstsein

Blum, Jung, Lange, Maier, Oerde

- Wissen um Ausweglosigkeit
- Versuch, Würdeanspruch durchzusetzen

→ *Suche nach »neuer Normalität«*

10.3.2.1 Aktiv-handlungsfähig

Dieser Typus umfasst rund ein Drittel des Samples, das sich als aktiv handelnd wahrnimmt und den Würdeanspruch behauptet. Die Befragten waren mehrheitlich über Jahre berufstätig und sind derzeit erwerbslos oder Rentner*innen. Arbeit stellt für sie eine wichtige Quelle der Bewusstseinsbildung dar. Auch schlechte Arbeitsbedingungen werden in Kauf genommen, um sich selbst als aktiv zu präsentieren. Ebenso werden informelle Beschäftigungsverhältnisse betont, die deutlich machen, dass Arbeit für die Gesprächspartner*innen nicht nur mit ökonomischen Gewinn verbunden ist, sondern ihr aktiv-handlungsfähiges Bewusstsein ausdrückt. Auch ohne Zugang zu Lohnarbeit teilen die Befragten ein positives Selbstbewusstsein, was durch die Betonung von Alltagsstrukturen, der Mutterrolle oder des politischen Engagements zum Ausdruck kommt. All diese Bereiche werden im Sinne einer Identitätsarbeit gegen Zuschreibungen in Anschlag gebracht. So wird es den Befragten möglich, sich gegen die abwertenden Pauschalisierungen zu verhalten, denen sie als Marginalisierte ausgesetzt sind. Sie befinden sind sowohl auf der Handlungs- als auch auf der Anerkennungsdimension im positiven Bereich und teilen den Glauben an die zukünftige Veränderung oder gar Verbesserung.

Der Typus teilt sich in fünf Männer und drei Frauen. Die Befragten sind nahezu alle über 50 Jahre und gehören zu den älteren Gesprächspartner*innen. Die Mehrheit hat Abitur, eine Berufsausbildung und auch mehrjährige Berufserfahrung. In dieser Gruppe finden sich vor allem Befragte mit dem Bildungshabitus des »arbeitsamen Strebens« und mit angesehenen Berufsrollen (Ingenieur, Psychologin, Kaufmann, Informatiker). Nur zwei Befragte waren länger erwerbslos.

Veronica Mittermeier: Arbeit um jeden Preis

Um den Typ des »aktiv-handlungsfähigen« Bewusstseins darzustellen, wird Veronica Mittermeier näher vorgestellt, die in einer oberbayerischen Kleinstadt lebt. Zum Zeitpunkt des Interviews ist die 50-Jährige erwerbslos und bezieht ALG I. Sich selbst bezeichnet Mittermeier als *»arm«* und verortet sich als *»[d]efinitiv ganz unten.«* Im Gespräch wurde jedoch schnell deutlich, dass sie trotz ihrer Position ein Bewusstsein ihrer Aktivität besitzt und sich nicht der Zuschreibung als *undeserving poor* beugt. Vielmehr rückt sie ihre eigene Handlungsfähigkeit in den Fokus.

Mittermeier wird als Tochter eines Fabrikarbeiters und einer Verkäuferin in ihrem aktuellen Wohnort geboren und wächst als Einzelkind mit ihren Eltern auf. Die Mutter gibt nach ihrer Geburt den Beruf auf und ist als Hausfrau tätig. Mittermeier fasst ihre Kindheit und Jugend grundsätzlich als *»unbeschwert«* zusammen. Sie fügt jedoch einschränkend hinzu, dass sich ihre Eltern *»auch erziehungsmäßig gar ned so viel Gedanken drüber gmacht«* haben, ihr besondere Fähigkeiten zu vermitteln. Als Kind verbringt sie viel Zeit im Garten der Großeltern und erwähnt ihr beginnendes Interesse an Tieren und Pflanzen. Mittermeier besucht die örtliche Grund- und Hauptschule, die sie erfolgreich abschließt. Besondere Bedeutung misst sie der Schule nicht bei, was sich während ihrer Ausbildung zur Floristin ändert. Diese begründet sie mit frühen Naturerfahrungen. *»Da hab ich so das haptische herkriegt, wo ich auch meinen Beruf draus gwählt hab. [...] Ja, i glaub, des ist schon eben diese Prägung. Viel in der Natur gwesen, im Garten, Lust auf Form und Farbe, etwas gestalten.«* Für ihre Ausbildung zieht sie in eine weiter entfernte Großstadt: *»Das hat mir gutgetan, endlich mal raus vom Land in die Stadt. Das braucht man als Junger ja auch mal, so diesen Tapetenwechsel. Viele san jedes Wochenende heimgfahren. Ich nicht. [...] Ich habs genossen die Zeit.«* Sie beschreibt ihre Unabhängigkeit, spricht konkrete Tätigkeiten an und legt Wert darauf, ihren großen Freundeskreis während der Ausbildung zu betonen. Anschließend zieht sie zurück und sucht aktiv nach Stellen: *»Eigenständig gsucht. Direkt zum Arbeitgeber hingegangen«*, so Mittermeier. Über mehrere Jahre ist sie fortan als Floristin tätig und entwickelt einen »arbeiterlichen« Habitus.

Währenddessen lernt sie ihren späteren Ehemann kennen, heiratet und bekommt im Alter von 28 bzw. 30 Jahren ihre beiden Kinder, womit auch ihre Lohnarbeit endet. Ebenso wie ihre Mutter ist sie fortan als Hausfrau tätig und kümmert sich um die Kindererziehung. Somit führt die Geburt der Kinder zu einer Retraditionalisierung der Geschlechterrollen und ihr »arbeiterlicher« Habitus gerät mit traditionellen Vorstellungen der geschlechterspezifischen Arbeitsteilung in Konflikt. Zwar kritisiert Mittermeier dies, richtet sich jedoch in ihrer Rolle als Hausfrau und Mutter ein. Ohne besondere Intensität beschreibt sie die Kindererziehung oder das Dekorieren der Wohnung. All dies ist für sie *»nix großartiges eigentlich.«*

Nach 17 Jahren kommt es zur Trennung von ihrem Mann. Dieses biografische Ereignis macht Mittermeier für ihre gegenwärtige Position verantwortlich. Zunächst schildert sie ausführlich die andauernden Auseinandersetzungen um Unterhaltszahlungen sowie die Auswirkungen auf sie und ihre Kinder: *»Finanziell war er [ihr Mann] nicht gerade zahlungswillig, er hat immer noch Unterhaltsschulden bei meinem Sohn [...]. Horrorkapitel, jahrelang.«* In Folge der Trennung muss sie aus der gemeinsamen Wohnung ausziehen und kommt kurzfristig wieder bei ihren Eltern unter. Den Verlust der eigenen Wohnung empfindet sie als Statusverlust: *»Ich bin wirklich bei Null gstanden.«* Sie lebt nun in einer kleinen Mietwohnung, die Kinder sind erwachsen und ausgezogen.

Aus dem Gespräch wird deutlich, wie stark die Zuschreibungen als *undeserving poor* auf Mittermeier wirken. Armut und Erwerbslosigkeit schränken ihre sozialen Beziehungen deutlich ein. Es scheint so zu sein, als dass sie nicht durch andere auf ihre Erwerbslosigkeit angesprochen, der soziale Druck offenbar so groß, dass sie nicht mit ihrer Armut konfrontiert werden will. Sie ist trotzdem weiterhin bemüht, sich als respektabel zu präsentieren; das heißt, einen aktiven Umgang nachzuweisen, um sich gegen das Stigma zu wehren, faul zu sein. Dies zeigt sich vor allem an ihrem Umgang mit dem Jobcenter.

Sie berichtet, wie sie im Zuge ihrer Erwerbslosigkeit erstmalig mit dem Jobcenter in Kontakt kommt. Sie muss an einer Maßnahme teilnehmen und nimmt die erste Gelegenheit wahr: Die vermittelte Arbeit als Gartenarbeiterin beginnt sie direkt nach einer Operation an der Gebärmutter und trotz einer nicht verheilten Wunde. Dies begründet sie damit, sich nicht den Vorurteilen des Jobcenters (die Unterstellung von Faulheit) beugen zu wollen, die von Mittermeier als Kränkung angesehen werden. Sie will sich nicht weiter *»vom Jobcenter anhören«* müssen: *»›Du bist ja vielleicht nicht arbeitswillig.‹«* Sie beschreibt sich als aktiv handelnd. Dieses Selbstbewusstsein ist so stark, dass sie sogar gesundheitliche Folgen in Kauf nimmt. In der Maßnahme arbeitet sie körperlich hart, ohne zu wissen, *»ob die Naht [der Operationswunde] aufgeht oder ned.«* Mittermeier will sich nicht von den Folgen der Operation bestimmen lassen und deutet sich selbst als zielstrebig und kämpferisch – Eigenschaften, die sie den Zuschreibungen des Jobcenters entgegensetzt. Sie schildert am Ende dieser Episode den existenziellen Charakter dieser

Situation: *»Es hätte schief gehen können und ich hätte verbluten können.«* Mittermeier deutet dieses Ereignis als einen zentralen biografischen Moment. Sie ist sich sicher, hätte sie dieses Angebot nicht angenommen, würde sie nun *»unter der Brücke schlafen.«* Deutlich spricht daraus die Übernahme der Vorstellung, es sei eine moralisch begründete Pflicht der Einzelnen, *jede* Arbeit anzunehmen – auch wenn sie potenziell lebensgefährlich ist.

Sie sieht Arbeit als Kampf um Selbstständigkeit an. Dies zeigt sich im Stolz auf die eigene (Arbeits-)Leistung und darin, sich gegen die Krankheit *»behauptet«* zu haben. *»Ich hab des Glück, dass ich eben nach meiner Gebärmutter-OP wieder gearbeitet hab, sonst hätt ich jetzt nix. [...] Da bin ich auch stolz drauf, dass ich es geschafft hab.«*

Am Beispiel von Veronica Mittermeier zeigt sich, wie durch den herrschenden Diskurs »nützliche« Subjekte geformt werden und wie sie alles dafür tut, dem Aktivierungsgedanken zu entsprechen und ein Selbstbewusstsein als »würdige« Arme aufrechtzuerhalten und so auch selbst die Trennlinie zwischen *deserving* und *undeserving poor* reproduziert.

Strategien des Würdeanspruchs

Die Gesprächspartner*innen sehen sich zwar mit den Zuschreibungen als *undeserving poor* konfrontiert, entwickeln jedoch Strategien dagegen. So berichtet der ehemalige wohnungs- und obdachlose Friedrich Linke davon, ständig das *»Vorverurteilende wegen der Obdachlosigkeit«* erfahren zu haben, dem er seinen eigenen Würdeanspruch gegenüberstellt. Insbesondere während seiner Zeit ohne festen Wohnraum achtet Linke auf ein sauberes Erscheinungsbild, wodurch es ihm gelingt, sich als anständig darzustellen und Zuschreibungen nicht ungebrochen zu internalisieren:

> *»Ich will auch nicht nur als bemitleidenswerter Obdachloser gesehen werden [...]. So hab ich mich nie präsentiert und auch nicht selber gesehen. War eher so, dass ich von vielen Menschen, die ohne Wohnung sind, zu den wenigen gehöre, die bei dem Wunsch, dass sich was verändert, ganz vorne mitgelaufen bin.«*

Linke betont Aktivitäten, um seinen Würdeanspruch zu verteidigen. Ebenso weiß Clara Lichtenstein, dass Marginalisierte ständig *»damit zu kämpfen haben, dass wir letztendlich dafür verantwortlich gemacht werden, dass wir in der Situation sind.«*

Neben dem Bewusstsein von sozialen Ungerechtigkeiten stellt für die befragten Frauen des Typus die Mutterrolle eine Möglichkeit dar, ein positives Selbstbewusstsein zu entwickeln. Durch die Kindererziehung können sie sich als respektabel darstellen. Davon berichten übereinstimmend alle Frauen dieser Gruppe. Clara Lichtenstein macht auf die besonderen Bedingungen sozialer Marginalisierung aufmerksam. Sie, deren Biografie maßgeblich von Alkohol- und Betäubungsmittelkonsum geprägt war, berichtet: *»Ja, weil es hätte alles noch viel schlimmer* *kommen können. Ich hätte psychisch noch viel kranker werden können. Ich habs immerhin geschafft, eine gute Mutter zu werden. Da bin ich stolz drauf.«* Sie betont, selbst unter negativen Bedingungen eine gute Mutter zu sein. Es geht ihr vor allem um die Vermittlung von Werten und Anstand, die als respektabel geltende Vorstellungen spiegeln: Sie will ihren Kindern *»vermitteln, dass wenn da ein obdachloser Mensch sitzt, das halt ein Mensch ist, der Hilfe braucht und das man dann auch mit dem spricht und dem auch Geld gibt oder in einer anderen Form unterstützt, so. Dass sie selbstbewusst sind, ihnen Stärke zu geben, ja genau.«*

Aktive Orientierung

Die Befragten nehmen auch auf der Handlungsdimension eine aktive Orientierung ein. Typisch dafür sind Sätze wie: *»Ich geb nicht auf, ich steh wieder auf«* (Herbert Kieserling), *»Aber ich krieg das schon hin«* (Gustav Quassel) oder *»Aber ich schaff das schon«* (Filip Altmann).

Ein erster Ausdruck dieser aktiven Grundhaltung findet sich in festen Alltagsstrukturen, die viele Gesprächspartner*innen betonen. Nahezu wortgleich stellen Herbert Kieserling und Greta Sanft ihre eigene Aktivität ins Zentrum: *»Montags, Dienstags, Mittwochs kann ich arbeiten, ich lese relativ viel gerade. Donnerstags ist Tafel und Freitag ist Haushaltstag, da putze ich [...], so dass ich dann da alles wieder auf Vordermann hab und am Wochenende ein bisschen Ruhe ist«* (Herbert Kieserling). Greta Sanft: *»Einen Tag zur Tafel, dann [...] mal zur Seniorengruppe, dann mal spazieren gehen, dann mal in der Bibliothek.«* Deutlich wird, dass es sich um Tätigkeiten unter Bedingungen der Marginalisierung handelt, aber auch, dass sie sich als handlungsfähig präsentieren.

Zweitens stehen die Befragten dieses Typs auch Problemen aktiv gegenüber. So berichtet der Rentner Herbert Kieserling: *»Man darf nicht aufgeben. [...] Wenn man sich aufgibt, dann wird man entsorgt. Man muss immer wieder aufstehen und was machen und was tun und sich selber treu bleiben. Wenn man das nicht mehr kann, dann wird man zu einem sozialen Pflegefall.«* Er legt (trotz seines Alters) großen Wert auf seine Aktivität. Deutlich wird jedoch auch, dass dies unter Bedingungen sozialer Marginalisierung geschieht: Als Gegenbild zur Aktivität erscheint direkt Müll (*»wird man entsorgt«*). Wer als Marginalisierter nicht bis über die Rente hinaus aktiv ist, ist nicht nur faul, vielmehr drohen existenzielle Konsequenzen (*»sozialer Pflegefall«*).

Drittens zeigt sich die Aktivität in den Zukunftsvorstellungen. Alle Befragten blicken optimistisch in die Zukunft, die ihnen als gestaltbar erscheint. So betont Filip Altmann, dass seine *»Chancen«*, auf einen neuen Job *»gutstehen.«* Auch Herbert Kieserling hat in der Zukunft *»schon noch Ideen, die ich umsetzen will.«* Der Rentner *»will schon noch daran glauben, dass es wieder anders wird.«*

Subtypen

Die Subtypen unterscheiden sich anhand ihres Veränderungswillens. Während die Befragten des ersten Subtyps (»diszipliniertes Bewusstsein«) Bescheidenheit, Disziplin und Verzicht betonen, zeichnen sie die des zweiten Typs dadurch aus, dass sie das Gelingen ihres eigenen, individuellen Projektes vor Augen haben. Sie orientieren sich stark an meritokratischen Vorstellungen. Deutlich unterschieden ist der dritte Subtyp des »solidarischen« Bewusstseins. Auch dort herrscht Veränderungswille vor, den die Befragten durch solidarisches Verhalten bedingt sehen. Während sich ihr Bewusstsein anhand kollektiver Vorstellungen von Verbesserung ihrer Lage ausdrückt, fokussieren sich die beiden ersten Subtypen auf ihre eigene Aktivität.

a) Diszipliniert. Die Befragten dieses Subtyps betonen ihre Disziplin. Ihr Bewusstsein zeigt sich darin, dass sie davon ausgehen, durch persönliches Verhalten ihren Würdeanspruch zu verteidigen. Hier finden sich ausschließlich Befragte mit Abitur und einer Hochschulausbildung, die in stabilen beruflichen Positionen tätig waren. Eine weitere Gemeinsamkeit besteht darin, dass alle über 60 Jahre alt und Rentner*innen sind. Die Gesprächspartner*innen haben ihre Vorstellungen von Bescheidenheit, Disziplin und Verzicht – die sich unter anderem in festen alltäglichen Strukturen, der Orientierung am Leistungsprinzip und der Vermeidung unnötiger Kosten oder Nebensächlichkeiten ausdrücken (»*Halt nur so, nur Spaß haben, das kann ich nicht gut eigentlich [lacht]. Ich weiß wohl gar nicht, was Spaß eigentlich ist*«, so Greta Sanft) – biografisch bereits während ihrer Berufslaufbahn ausgebildet und diese unter Bedingungen der Rente neu justiert.

Die 69-jährige Greta Sanft berichtet im gesamten Gespräch, mit wenig Ressourcen gut auszukommen. Darauf greift sie vor dem Hintergrund ihrer »*Altersarmut*« (ein Begriff, den sie selbst verwendet hat) zurück. Sie legt Wert darauf, trotzdem zufrieden zu sein. Darüber hinaus beschreibt sie eine Infrastruktur, um mit ihren Einschränkungen umgehen zu können. Sie berichtet von der Möglichkeit, verbilligte Lebensmittel in der Kirchengemeinde zu erwerben, die sie regelmäßig besucht. Ebenso geht sie wöchentlich zur Tafel und erwähnt die »*Möglichkeit, zurückzugehen und zu sehen: ›Wie haben sich den früher Menschen ernährt?‹ Also von Wildkräutern oder solchen Sachen eben. Das ist eine Herausforderung, die stelle ich mir.*« Ihre sparsame Lebensführung drückt sich in einer strukturieren Organisation aus, im Vorbereiten und »*Einfrieren*« von Lebensmitteln, im »*Vorräte verarbeiten und fermentieren*« und in der Verarbeitung von Lebensmitteln, die ohnehin nicht viel Geld kosten. Ihre Lebensführung ist Ausdruck eines Bewusstsein der eigenen Handlungsfähigkeit und beruht auf Bescheidenheit. Auf die Frage, ob sie zielstrebig ist, antwortet Greta Sanft: »*Ja, das bin ich. […] Ich versuche immer Ziele zu formulieren und nicht so vor mich hin zu dümpeln und mich zu beklagen, sondern in aller Dankbarkeit das wahrzunehmen, was da ist.*« Die Zukunftsvorstellungen der Befragten sind von ihrem aktiven Bewusstsein geprägt und positiv.

b) Individualistisch. Der zweite Subtyp zeichnet sich dadurch aus, meritokratische Vorstellungen zu übernehmen. Neben Veronica Mittermeier gehören Filip Altmann und Finn Johansen zum Subtyp. Johansen ist sich seiner Position *»ganz unten«* bewusst, nimmt sich allerdings als jemand wahr, *»der wieder aufstehen will.«* Auch Altmann befindet sich nach Eigenaussage in einem *»tiefe[n] Loch.«* Der Umgang damit wird zu einer Frage der persönlichen Eigenschaften: *»wenn sie etwas charakterlich draufhaben, macht ihnen das wenig aus«*, so Johansen, *»weil man hat schon das Vertrauen dazu, da wieder rauzukommen, aber ist 'ne lange Ecke, eben scheiße schwierig.«* Sein sozialer Aufstieg wird zur *»Frage der Zeit und des Durchhaltevermögens.«* Er vertraut auf seine eigenen Fähigkeiten: *»Ich will die Sache ja ändern, aber das kostet Zeit und Kraft.«* Gegen den Prozess der Entwürdigung, der im *»Stillstand«* endet, stellt Johansen seine eigene Aktivität. Er ist sich den Stigmatisierungen bewusst und versucht, diesen gegenüber seine Handlungsfähigkeit zu betonen. Dies prägt auch seine positiven Zukunftsvorstellung und seinen Veränderungswillen. Würde er *»daran nicht glaube[n]«*, hätte er sich *»aufgegeben.«*

c) Solidarisch. Friedrich Linke und Clara Lichtenstein, die beiden Befragten des dritten Subtypus, unterscheiden sich deutlich von den weiteren Befragten dieses Typus. Beide kommen aus marginalisierten Herkunftsfamilien und haben einen prekären Primärhabitus ausgebildet. Sie haben keine Berufsausbildung und langjährige Erfahrungen mit Erwerbslosigkeit, Betäubungsmittelkonsum sowie Obdachlosigkeit. Ihnen ist bewusst, dass ihre Chancen auf dem Arbeitsmarkt äußerst gering sind. Gleichzeitig ist ihnen bewusst, dass Veränderungen nur mit anderen entstehen können (Solidarität und Gemeinschaft).

Friedrich Linke berichtet über seine Zeit der Wohnung- und Obdachlosigkeit mehrfach von gegenseitiger Hilfe und Unterstützung. Er nimmt eine Neudefinition dieser Tätigkeiten *als* Arbeit vor. Den Ertrag versteht er jedoch nicht monetär, sondern in der Möglichkeit der Veränderung:

> *»Geld zu haben ist nicht wichtig. Mir ist wichtig, mit Menschen einfach Kontakt zu haben, viel neue Menschen kennenzulernen [...], andere Strukturen, Netzwerke, Projekte im sozialen Bereich.«*

Durch seine Haltung will er Wertschätzung für andere Marginalisierte herstellen. Er selbst berichtet davon, seine *»Kontakte auf der Straße«* stets als *»eine Bereicherung«* wahrgenommen zu haben. Er bezieht sein aktives Bewusstsein auch auf politische Veränderung und betreibt Aufklärungsarbeit über Wohnungs- und Obdachlosigkeit. Er kommt zum Schluss, es sei wichtig,

> *»sich [zu] trauen, auch mal wieder mehr Solidarität zu leben und nicht nur davon zu reden. Einfach zulassen, dass man mit offenen Augen durch die Welt läuft und nicht Menschen in Schubladen steckt und Vorurteile hat und [...] keinen Kontakt zu diesen Menschen haben möchte. Wohnungslose, Obdachlose oder Geflüchtete oder was auch immer. Da [3sec] brauchts 'ne Veränderung.«*

Auch die 54-jährige Clara Lichtenstein betont, *»dass wir alle soziale Wesen sind und zusammenhalten sollten.«* Dies drückt sich in ihrem sozialen Engagement aus. Sie betreut zwei Menschen mit Behinderung, was ihr eine klare Struktur gibt sowie die Möglichkeit bietet, ihren Würdeanspruch aufrechtzuerhalten. Sie beschreibt ihr Engagement als Arbeit, die ihre Woche strukturiert. Dabei gelingt es ihr, ein aktives Bewusstsein auszubilden. Aufgrund ihrer Erwerbsunfähigkeit hat sie auf dem (ersten) Arbeitsmarkt keine Chance mehr. Sie stellt daher ihr Engagement gegen die Erwerbslosigkeit und produziert dadurch Sinn. Sie vergleicht diese Pflege- mit Lohnarbeit: *»Aber ich sehe das mit der Betreuen schon auch als Arbeit an.«* Ihre freiwillige und nicht marktvermittelte Tätigkeit stellt eine gesellschaftlich wertvolle Arbeit dar. Sie bekommt keinen Lohn und fordert auch keinen. Es geht ihr darum, ihren Würdeanspruch zu verteidigen.

Auch bei Lichtenstein drückt sich das Bewusstsein in politischen Begriffen aus. Ihr ist wichtig, *für ihre »Freunde [...] und Familie«* da zu sein. Zudem betont sie auch die Notwendigkeit, *»den Leuten zu vermitteln, dass Rassismus total blöd ist [...]. Wichtig ist mir [2sec], aufmerksam gegenüber anderen Menschen zu sein und [3sec] nicht gleichgültig.«* In dieser Sequenz erstreckt sich ihr Veränderungswille nicht nur auf ihr Nahumfeld, sondern weitet sich auf eine unbestimmte Allgemeinheit (*»den Leuten«*) aus. Darin zeigt sich, dass ihr Bewusstsein nicht nur auf konkrete Handlungen bezogen ist (Mutterrolle, Pflege), sondern sich als eine allgemein(-politische) Haltung ausdrückt: Sie erwähnt auch Aktivitäten im Umfeld der Partei Die Linke.

10.3.2.2 Kämpfend-entwürdigt

Dem zweiten Typus wurden sechs Gesprächspartner*innen zugeordnet, die mit durchschnittlich 42 Jahren zu den jüngeren Befragten gehören, die meist mittlere oder höhere Bildungsabschlüsse haben. Allerdings ist Jenny Kurz die einzige Befragte, die eine Berufsausbildung abgeschlossen hat und daran anschließend auch in diesem Beruf tätig war. Die restlichen Gesprächspartner*innen haben entweder nie eine Ausbildung begonnen oder diese abgebrochen. Daran anschließend waren sie nie oder nur kurzfristig beschäftigt. Somit haben sie weder Einkommen noch Erfahrungen in einem Beruf gesammelt. Sie haben in ihrem Leben vielfach Krisen durchlebt. Bis auf Jenny Kurz haben alle Befragten Erfahrungen mit Leben ohne festen Wohnraum. Dazu ist auffallend, dass sie alle negative Erfahrungen mit Institutionen wie dem Jobcenter gemacht haben. Sie nehmen diese als wenig hilfreich in Bezug auf ihre Sorgen wahr und empfinden die Angebote häufig als Gängelung. Ihr Ziel besteht darin, »durchzuhalten«, zum Beispiel bis zur Rente. Die vier Männer und zwei Frauen zeichnen sich durch eine aktive Handlungsorientierung aus, die sich auf Bereiche jenseits der Lohnarbeit bezieht. Sie können sich dadurch allerdings nicht von Stigmatisierungen lösen, die weiterhin große Bedeutung für sie haben (Passivität der Anerkennungsdimension).

Für sie stellt der Alltag einen Kampf dar, in dem sie sich behaupten müssen. Es geht den Befragten darum, ihre Position zu verteidigen. In diesem »Stellungskrieg« ist der Zeithorizont kurzfristig; Zukunftsplanung findet sich nicht. Ihre Handlungsorientierungen reichen nicht aus, um die Schwelle der Respektabilität dauerhaft zu überschreiten, was ihre Enttäuschung erklärt. Der Alltagskampf erscheint als zur Tugend erhobene Not. Gleichzeitig wissen sie um ihre Aussichtslosigkeit. Mit Paul Virilio könnte man vom »rasenden Stillstand« sprechen, der das Bewusstsein dieses Typs illustriert.

Karim Halabi: Ausweglose Aktivität

Als Beispiel wird Karim Halabi vorgestellt. Der 26-Jährige wächst als Sohn eines Angestellten und einer Hausfrau in einer marokkanischen Großstadt auf. Er beschreibt seine Kindheit als stabil und strukturiert: Seine Erziehung resümiert er als *»streng«*, seine Schulzeit als *»gut«*. Er strengt er sich an und betont die Bedeutung von Bildung innerhalb der Familie: *»Ich komme, Gott sei Dank, aus eine Familie, die ist ein bisschen gebildet, deswegen.«* Als Jugendlicher entwickelt er positive Zukunftsvorstellungen. Er möchte *»die Welt entdecken.«* Daher überlegt er, in Deutschland zu studieren, wo er bereits *»immer«* hinwollte:

> *»Also ich hab Visa beantragt, ich hab ein Deutsch-Zertifikat B1 also bestanden auch. Also ich konnte Deutsch in Marokko, also mit dem Abi. Und mit diesem Einschreiben von Universität kann man Visum beantragen mit einem Kontoauszug. So in der Summe von Konto von acht bis 9000 Euro. Ich bin, ich bin 2013 gekommen. Als ich hergekommen bin, also, ich hatte einen Studienplatz, aber die haben gesagt, das Abi von Marokko zählt nicht hier. Also die Abi wiederholt. Das habe ich gemacht. Das heißt Studienkolleg. Bestanden. Eingeschrieben in den Uni.«*

Deutlich wird Halabis Aktivität. Er lässt sich auch von Rückschlägen nicht entmutigen und hält an seinem Ziel, in Deutschland zu studieren, fest. Darüber hinaus drückt sich die Stabilität seiner Familie auch in der finanziellen Unterstützung aus. Bis hierhin erscheint seine vielversprechende Lebensgeschichte als »erfolgreich«.

Doch gelingt Halabi der Einstieg ins Studium nicht, das er mit Anfang 20 in einer westdeutschen Großstadt beginnt und bei dem er *»abkackt.«* Er besucht keine Veranstaltungen und seine Situation verschlechtert sich. Halabi beginnt regelmäßig Alkohol zu trinken. Nachdem die finanziellen Reserven aufgebraucht sind, sieht er sich mit neuen Herausforderungen konfrontiert. Es folgt eine Phase der Wohnungs- und Obdachlosigkeit, in der er eine Betäubungsmittelsucht entwickelt. Er lebt auf der Straße oder *»in der U-Bahn«*, was er als *»ziemlich schlimm«* zusammenfasst. Ihm ist bewusst, dass ihm als *»Fremder [und] Illegaler«* kaum anerkannte Tätigkeiten möglich sind: *»Ohne Arbeitserlaubnis, [...] ohne Job, ohne nix. Also muss man ja andere Sachen finden.«* Halabi beginnt daher mit dem Verkauf von Betäubungsmitteln. Er wird schnell von der Polizei aufgegriffen und kommt kurz in Haft. Im Zuge dessen verliert er seinen Studienplatz und verlässt aufgrund der *»Gefahr für Abschiebung«* die Bundesrepublik und zieht nach Dänemark, wo er 11 Monate informell tätig ist. Beim Versuch, wieder nach Deutschland einzureisen, kann sich nicht ausweisen, was zu einem erneuten Gefängnisaufenthalt führt. Ihm wird die Abschiebung angedroht. Mithilfe eines Anwaltes, der ihm über seine damalige Lebenspartnerin vermittelt wird, kommt er jedoch nach drei Monaten frei und lebt seitdem in einer deutschen Großstadt. Er dealt wieder und ist in verschiedenen informellen Bereichen tätig: *»Wie ich dir gesagt habe [4sec]: links, rechts, Kombination, muss man was machen. Also, ich sag dir, auch mit Drogen.«* Erneut wird Halabi gefasst und tritt mit 23 Jahren seine längste Haftstrafe von knapp zwei Jahren an. Nach der Entlassung lebt er aktuell in der Wohnung seiner neuen Lebenspartnerin, hat jedoch keinen eigenen Wohnraum. Die Stabilität seiner Vergangenheit (in Marokko) ist der Kontingenz der Gegenwart gewichen. Es geht ihm darum, *»nochmal mein Leben in die Reihe zu kriegen«*; nun soll *»alles anders«* werden: *»Also nochmal also Legalität.«* Mit *»viel Geduld und Hoffnung«* möchte er eine Arbeitsstelle finden. Seine Lebenspartnerin und Bekannte will er *»nach Hilfe«* fragen. Er versucht durch die Betonung von *»Arbeit«*, *»Freunden«* und *»Hilfe«* Aspekte, wie Leistung und Sozialität in den Vordergrund zu stellen, die sozialen Normvorstellungen entsprechen. Es zeigt sich jedoch, dass seine Hoffnung unbestimmt bleibt und er keinen konkreten Plan hat, wie er dies umsetzen kann. Zwar versucht er, seine Gegenwart so gut es geht zu meistern und ist *»hin und her«* aktiv, doch bleibt seine Anpassungsleistung theoretisch. Direkt an die Äußerung, dass er wieder legal tätig sein will, folgt die Aussage, dass er wieder *»ein bisschen was illegales«* macht, *»um zu überleben.«* Er betont, dass er dieser Tätigkeit unfreiwillig nachgeht und schildert die Ausweglosigkeit seiner Position:

> *»Nein, ich komme nicht klar. Weil ich gezwungen bin richtig, weil wenn ich was brauche, das zu machen. Wie sagt man: man ist am Arsch. [...] Aber ich muss was tun. Aber wenn du nix machst, dann hast du aufgegeben [4sec]. Aber prinziplich, die Leute wird getan, wird gezwungen, das zu tun.«*

Zunächst zeigt sich, wie sein Leben von permanenten Sorgen geprägt ist. Zudem wird die Kombination aus Handlungsorientierung (*»ich muss was tun«*) und fehlender Anerkennung und Erfolg (*»ich komme nicht klar«*) deutlich. Halabi hat ein aktives Bewusstsein und stellt seine Tätigkeiten in den Fokus. Gleichzeitig gelingt es ihm durch ihre Art (informell oder illegalisiert) nicht, sich als *deserving poor* zu präsentieren. Die ständige Wiederkehr illegalisierter Tätigkeiten ist folglich nicht als Neigung zur Kriminalität zu verstehen, sondern als Versuch, sein Überleben zu sichern. Trotz seiner dauernden Aktivität wird ihm nur ein Platz unter der Trennlinie der Respektabilität zugebilligt.

Bezogen auf die Zukunft zeigt sich bei ihm, dass er diese nicht als gestaltbar begreift, sondern sie eine Verlängerung der Gegenwart darstellt. Sein Bewusstsein zeigt noch Reste von Selbstvertrauen oder Zielorientierung und seine Gegenwartsorientierung ist aktiv (*»Ich gebe mir viel Mühe«*), doch werden Begrenzungen deutlich sichtbar.

Entwürdigung

Den Befragten ist ihre Deklassierung bewusst. Trotz Orientierung am Leistungsprinzip wissen sie, dass sie ein (erwerbs-)konformes Leben kaum erreichen können. Subjektiv erfahrene Kränkungen setzen sich im Bewusstsein der Entwürdigung fest, was durch Jenny Kurz deutlich wird. Die 49-Jährige ist erwerbslos und alleinerziehende Mutter eines 14-jährigen Sohnes. Seit dessen Geburt ist die gelernte Erzieherin als Hausfrau tätig. Durch ihre Mutterrolle versucht sie Anschluss an eine als respektabel geltende Lebenswelt zu halten und betont ihre Aktivitäten, die sich vor allem in einem strukturierten Alltag ausdrücken, worin sich Parallelen zum »aktiv-handlungsfähigen« Bewusstsein finden. *»Da bin ich um halb sechs aufgestanden, hab Frühstück gemacht, hab ihn um sechs geweckt, um zwanzig vor sieben musste er zum Bus. Ich hab Besorgungen gemacht, was man halt als Hausfrau macht: Putzen, Einkaufen, Arztbesuche, Bügeln, Mittagessen.«* Kurz nimmt sich als handelnde Person wahr. Dies wird dadurch bekräftigt, dass sie den Wunsch äußert, *»wieder einen gescheiten Job«* zu kriegen, *»von acht bis um drei, wo ich arbeiten kann und auch rechtzeitig wieder zu Hause bin, dass ich mit ihm [dem Sohn] noch lernen kann.«* Daraus leitet sich ein Selbstbild ab, das sich an anerkannten Bereichen orientiert: Ihr Ziel ist, die (respektabel geltenden) Bereiche Mutterschaft und Lohnarbeit zu verbinden.

Deutlich wird jedoch die Stärke der erfahrenen Deklassierung in einer Sequenz, in der sie den Konflikt zwischen Orientierung am Leistungsprinzip und dem Bewusstsein des Nicht-Mithalten-Könnens an einem Schulbeispiel ausdrückt. Nachdem sie von Auseinandersetzungen über Unterstützung im Zuge der COVID-19-Pandemie spricht, folgen diese Sätze:

> *»Ich muss heut zur Apotheke für zwei Medikamente, zehn Euro sind wieder weg vom Wochenbudget. Zehn Euro hören sich nicht viel an, aber für uns ist das ein Haufen Geld. Es ist auch ungerecht, dass es so viele Lernplattformen gibt, die auch kostenpflichtig sind. Ich sag mal, normale Eltern können sich das leisten und können dann auch Spaß haben beim Lernen, mein Kind kann das halt nicht. Ich weiß nicht, wie das jetzt weitergeht.«*

Kurz beschreibt die materiellen Grundlagen ihrer marginalisierten Position, die ihre unmittelbare Lebenssituation betreffen. Dies führt dazu, dass sie sich selbst von *»normalen Eltern«* abgrenzt, die sich dadurch auszeichnen, dass sie sich Nachhilfe leisten und ihre Kinder unterstützen können. Zwar orientiert sie sich weiterhin an Einstellungen, die sie biografisch verinnerlicht hat, kann sie aber nicht mehr erfüllen. Aufgrund der zugefügten Entwürdigung entwickelt sie eine Form der Selbstverachtung. Dazu passt auch, dass sie sich an einer anderen Stelle nach »*Normalität*« sehnt, die bei ihr samstägliche Besuche in der »*Stammkneipe [...] beim Fußballgucken*« oder »*[a]b und zu [...] auch einfach mal so ins Kino*« gehen bedeutet, was ihr aber nicht mehr möglich ist.

Aktive (Gegenwarts-)Orientierung

Neben der erfahrenen Entwürdigung teilen die Befragten das Bewusstsein ihrer Aktivität. Dies soll helfen, ihre virulente Angst vor dem sozialen Abstieg zu vermeiden. Gleichzeitig wissen sie über die Einschränkungen ihrer Klassenposition Bescheid. Ihre dauerhafte Aktivität gerät in Konflikt mit existenziellen Problemen. Darunter fallen so unterschiedliche Bereiche wie Erwerbslosigkeit, Flucht, Krankheit oder Scheidung.

Die aktive Orientierung zeigt sich paradigmatisch bei Markus Nordkreuz. In marginalisierten Verhältnissen aufgewachsen, wird bei ihm die Abhängigkeit von Betäubungsmitteln zu einem zentralen biografischen Punkt. Nordkreuz, der zum Zeitpunkt des Interviews 47 Jahre alt ist, lebt in einer Großstadt, wo ich ihn an einer Essens- und Klamottenausgaben getroffen habe. Früh kommt er als Jugendlicher mit Alkohol und Betäubungsmitteln in Berührung. 1990 verliert der Ostdeutsche seinen Ausbildungsplatz und lebt fortan mehrere Jahre ohne festen Wohnraum: Betäubungsmittelkonsum prägt seinen Alltag. Es folgen Gefängnisaufenthalte, die sich zu insgesamt 11 Jahren addieren. Auch seine Gegenwart ist weiterhin vom Betäubungsmittelkonsum bestimmt, da er sich in einem Substitutionsprogramm für Heroinkranke befindet.

Die Folgen seiner Abhängigkeit führen dazu, dass er seine Gegenwart als gleichbleibende Seinsweise erlebt, von der er sich keine Verbesserung verspricht. Gleichzeitig betont er seine aktive Haltung. Im Gespräch erscheinen seine Handlungen als Ausdruck eines alltäglichen Kampfs gegen die Entwürdigungen und um das pure Überleben. Nordkreuz betont insbesondere während seiner Obdachlosigkeit auf sein Äußeres geachtet zu haben, was dem Kampf gegen die Entwürdigung entspricht. Ebenso berichtet er von zahllosen (informellen) Beschäftigungen:

> »*Aufm Bau hab ich viel gearbeitet, ja. Als Hooker, also wirklich alles. Ich [...] bin ja handwerklich ganz gut begabt, ick kann Fließen legen, ick kann Wände hochziehen und ick kann einiges, malern, tapezieren. Ja im Laufe der Jahre hab ick mir des alles beigebracht, aufm Bau, zugeguckt und gelernt. Und auch Elektroinstallation liegt mir gut.*«

Da das Geld trotz dieser Vielzahl an Aktivitäten nicht reicht, verkauft er Mittel aus seinem Substitutionsprogramm: »*Also dann muss ich halt noch was nebenbei machen, ne. Ja, und ich bin ja im Methadon-Programm und hab mich ein bisschen runter dosiert und verkauf das, das ist so ein wöchentlicher Zusatz von so 40 Euro.«*

Gleichzeitig sehnt er sich nach einer neuen Form der Normalität. Besonderer Ausdruck dessen ist seine Wohnung, die er als Wohngemeinschaft bewohnt und die im Gespräch eine prominente Rolle spielt. Sie stellt Stabilität dar und drückt Sicherheit aus:

> *»Und meine Wohnung, weil ich hab immer auf der Straße gelebt, immer! […] Aber das ist hier meine erste Wohnung, die ick habe. Das hab ick mir so schön gemacht zu Hause. […] Also ich hab wirklich 'ne schöne Wohnung, muss ich mir echt lassen, ja. Und das lass ich mir nicht mehr nehmen, die Wohnung lass ich mir nicht mehr nehmen.«*

Die eigene Wohnung stellt für Nordkreuz biografisch eine Neuerung dar und verrät deutlich seine Sehnsucht nach Normalität. All seine Aktivitäten sind darauf gerichtet, diese Position zu verteidigen, deren deutlichster Ausdruck die Wohnung ist. Gleichzeitig wirken Entwürdigungen noch so stark (er berichtet davon, wenn er von seinen Aufenthalten in Notunterkünften spricht oder vom Umgang des Jobcenters), dass er trotz allem nicht davon ausgeht, dass er auf sein Leben grundlegend Einfluss hätte. Als *deserving poor* kann er sich nicht wahrnehmen. Trotz der vielfältigen Aktivitäten wird sein Fokus auf die Gegenwart deutlich. Er macht sich keine Gedanken über die Zukunft.

Das Bewusstsein der Befragten drückt sich in einer pessimistischen Haltung aus. Sie glauben nicht an eine Veränderung ihrer Lage. Dem alltäglichen Kampf zum Trotz findet sich bei ihnen eine »akzeptierende« Haltung, was der 60-jährige Jakob Simonon verdeutlicht. Er beschreibt seine Jugend als Phase, in der er sich ausprobieren konnte und (noch) verschiedene Möglichkeiten denkbar und subjektiv gestaltbar erschienen. Der Abbruch seines Studiums und die folgenden (prekären oder informellen) Beschäftigungen stellen eine Einengung dieser Offenheit dar. Simonon passt das für ihn Denk- und Wünschbare an. Aktuell drückt sich sein Bewusstsein dadurch aus, seine Situation zu akzeptieren. *»Gegenwärtig«*, so beschreibt er seinen Alltag, ist sein Leben *»vor allem von der [Einrichtung] bestimmt, dass ich da halt in der Maßnahme bin. Man hat da ja so eine Zielvereinbarung, wann man verpflichtend da sein muss.«* Simonon denkt (seine) Welt von den Verhältnissen her, in die er eingebunden ist. Er betont seine Handlungsfähigkeit im Rahmen der Maßnahme: *»Ich hab ja auch eine Mailadresse und so 'ne Sachen. Deshalb bin ich ja fast jeden Tag da. Es werden ja auch interessante Angebote gemacht.«* Grundsätzlich akzeptiert er jedoch seine Situation. Die Anpassung an die Verhältnisse zeigt sich auch in seinen Zukunftsvorstellungen, die eher einem abstrakten Wunsch als einem wirklichen Plan entsprechen: *»Bisschen jobben und so weitermachen, solange die Gesundheit das zulässt.«* Simonon hofft, weiterhin gesund zu bleiben, glaubt aber (ähnlich wie an den zukünftigen *»Job«*) nicht wirklich daran. Setzt er sich konkret mit seiner Zukunft auseinander, werden seine Vorstellungen realitätsnäher. Eine

Veränderung seiner Lage erscheint ihm unrealistisch. Nachdem er in den 1980er Jahren *»ein bisschen geerbt«* und *»kurz gut gelebt«* hat, blickt so in die Zukunft:

> *»Also noch eine Erbschaft wird nicht kommen, aber ich spiel ja ab und zu mal Lotto. Aber realistisch werde ich wahrscheinlich nicht mehr so viel Geld haben, um mir noch mal so ein Leben zu leisten, wie ich das so einige Jahre mal geführt habe. Bei mir geht das von nicht besonders gut bezahlten Job, beziehungsweise Hartz IV, direkt in die Rente über. Da kommt nix anderes mehr.«*

Neben der illusorischen Hoffnung auf einen Lottogewinn, akzeptiert er seine Lage, die sich in seinem Bewusstsein unverändert in die Zukunft erstreckt.

10.3.2.3 Ruhig-resigniert

Dieser Typ stellt die kleinste Untergruppe dar (drei Männer und zwei Frauen). Sie unterscheiden sich deutlich anhand ihrer Bildungs- und Berufskarrieren voneinander. Die Spannbreite reicht von Sabrina Jung, die die Realschule ohne Abschluss verlässt und nie eine Berufsausbildung begonnen hat bis zu Timothy Meier, der nach dem Abitur mehrere Jahre als Informatiker arbeitet. Eine Gemeinsamkeit liegt im Alter der befragten Personen. Sie bilden die jüngste Gruppe. Ebenso teilen sie massive Marginalisierungserfahrungen: Sie alle haben Phasen mehrjähriger Erwerbslosigkeit, (existenziell bedrohlichen) Alkohol- und Betäubungsmittelkonsum oder Wohnungs- oder Obdachlosigkeit und Gewalt erlebt. Bei Sigrun Lange kommen die Folgen ihrer Trennung und eine Erkrankung hinzu. Alle haben diese Erfahrungen so sehr beeinflusst, dass ihr individuelles Bewusstsein von Fremdbestimmung und Resignation geprägt ist. Ihnen ist bewusst, dass sie durch eigene Tätigkeiten kaum etwas bewirken können. Somit haben sie sich von früheren Aktivitäten abgekehrt und stehen ihrer Gegenwart ruhig, aber passiv gegenüber. Die Bedingungen der Marginalisierung haben sie individuell akzeptiert, kollektives Handeln findet sich nicht. Dieser Bewusstseinswandel ist verbunden mit dem Wandel der Lebenssituationen. Die Befragten teilen die Wahrnehmung, sich aktuell in einer neuen Phase zu befinden. Während drei Befragte (nach Wohnungslosigkeit) aktuell in einer betreuten Wohnung leben, sucht Timothy Maier aktiv danach. Ebenso werden Alkoholkonsum oder Gewalt als vergangene Phänomene betrachtet.

Alle Gesprächspartner*innen betonen die Wichtigkeit des subjektiven Würdeanspruches. Die Respektabilität, die sie für sich einfordern, erscheint als »neue Normalität«, die sich dadurch ausdrückt, dass sich die Befragten zurückziehen und persönliche Ruhe betonen. Ihre Gegenwart erscheint gleich einer Atempause ihrer Marginalisierung. Ähnlich dem Bewusstseinstyp des »kämpfend-entwürdigten« Bewusstseins geht es ihnen um eine Gegenwartsorientierung. Im Gegensatz zu diesen ist es den Befragten dieser Untergruppe jedoch gelungen (vor allem durch Hilfe von Institutionen) ihren Würdeanspruch aufrechtzuerhalten bzw. zu erneuern.

Markus Blum: Rückzug und Isolation

Markus Blum wird 1984 in einer DDR-Großstadt geboren, seine Eltern reisen 1986 mit ihm und seinen älteren drei Geschwistern in die BRD aus und siedeln sich in einer baden-württembergischen Kreisstadt an. Die Eltern trennen sich und Blum wächst bei seiner Mutter auf, die noch drei weitere Kinder bekommt und die Familie mit prekären Aushilfsjobs über Wasser hält. Blum schildert frühe Erfahrungen materieller Armut. Die Familie dürfte in der kleinstädtischen Hierarchie wohl weit unten angesiedelt gewesen sein. Eine alleinerziehende Geflüchtete mit unsicheren Beschäftigungen kann sozial als marginalisiert angesehen werden. Dazu tragen sicherlich auch die Kinderzahl sowie die wechselnden Lebenspartner der Mutter bei. Blum beschreibt seine Kindheit als instabile Phase:

> *»Wir sind sieben Kinder gewesen, da war immer ein großes Durcheinander, es waren auch immer [3sec] energetische, berauschende Stoffe mit intus und es war sehr hektisch, laut und oft auch gewalttätig. Natürlich hat sich das dann auch unter den Kindern ausgebreitet, weil die das nicht anders vorgelebt bekommen haben. Das war recht anstrengend.«*

Eine Erziehung gibt es faktisch nicht. Blum erwähnt die komplette Destrukturierung seines kindlichen Alltages, die sich in Betäubungsmittelkonsum, Gewalt und Hektik ausdrückt. *»Während andere Kinder im Kindergarten waren oder so, bin ich auf der Straße rumgezogen.«* Er kommt bereits als Kind mit Alkohol in Berührung: *»Mit fünf, sechs bin ich dann dauerhaft in den SPAR gerannt und hab Most geholt und Alkohol für die älteren Personen, die nicht mehr laufen konnten dank ihres Alkoholkonsums [3sec]. Vorschulzeit gab es eigentlich so in der Form nicht, ja.«* Der gesellschaftlichen Norm (*»Kindergarten«*) stellt Blum sein Leben auf der Straße gegenüber, das weitere Entfaltungsmöglichkeiten einschränkt. *»Zu Hause erinnere ich mich immer nur an den Stress.«* Diesem versucht Blum aus dem Weg zu gehen und wünscht sich bereits als Kind, dass seine Familienmitglieder alle *»die Fresse halten und sich benehmen [lacht]. Das war so mein größter Wunsch in dem Alter. Der hat sich dann auch durchgezogen.«* Blum bildet einen prekären Primärhabitus aus. Die Folgen dessen zeigen sich in der Positionierung im unteren Bereich der Gesellschaft und sind auch Ausdruck symbolischer Gewalt, die es ihm verunmöglichen, wesentliche habituelle Dispositionen überhaupt auszubilden, die für den Zugang zu den sozialen Feldern (Bildung, Arbeitsmarkt etc.) notwendig wären. Die Prekarität des Primärhabitus deklassiert Blum bereits in früher Kindheit und legt die Grundlage für seine spätere Marginalisierung.

Auch in der Schule entwickelt er keine Selbstständigkeit. Vielmehr beschreibt er sie als *»von Anfang bis Ende nur beschissen.«* Aufgrund der familiären Vernachlässigung lernt er erst spät lesen und schreiben und beschreibt zahlreiche Konflikte (bis hin zu gewalttätigen Auseinandersetzungen) mit Mitschüler*innen. Die Schule schließt er nur unter großen Mühen ab und beginnt eine Ausbildung in einer Chemiefabrik, die er schnell abbricht. Er ist kurz auf Minijobbasis angestellt und schließt auch eine weitere (vom Jobcenter vorgeschlagene) Friseurausbildung nicht ab. Selbst die Integration in den unteren Bereichen des Arbeitsmarkts gelingt ihm nicht. Blum, der bereits als Jugendlicher Betäubungsmittel konsumiert hat, berichtet, dass er vollständig *»ins Drogenmilieu [...] abgerutscht«* ist. Nach einer ersten Drogentherapie folgt ein Rückfall sowie Wohnungslosigkeit und eine Haftstrafe. *»Seitdem, mit 20, 21 bekomme ich Hartz IV, die letzten 15, 16 Jahre durchgehend. Seitdem lebe ich fast komplett von der Hilfe anderer; auf oder unter dem Existenzminimum.«* Blum betont einerseits die Abhängigkeit als zentralen Aspekt seiner Armut: Er verneint, über sein Leben selbst bestimmen zu können: *»Nein, nein, nein. Das Gefühl hab ich nicht. Das ist irgendwie, da ist kein Fortschritt zu sehen, [...] es ändert sich halt einfach gar nix. Ich hab da keinen Einfluss drauf.«* Deutlich wird, wie er resigniert und sich der Fremdbestimmung bewusst ist. Andererseits entwickelt er keine Vorstellungen von Aktivität und Handlungsfähigkeit. Da jede Lebensphase scheitert und alles mit diesem Makel behaftet ist, nimmt er seine Lage als aussichtslos wahr, was zur Resignation führt. *»Ich bin leider schon so ein kaputter Sozialfall.«* Zwar hofft er theoretisch, *»irgendwann vielleicht auch wieder auf eigenen Beinen«* stehen zu können, glaubt aber eigentlich nicht daran: *»Meistens ging es schief.«*

Seine Gegenwart beschreibt Blum in Abgrenzung zur marginalisierten Vergangenheit. Aktuell lebt er in einer Unterkunft für suchtkranke und wohnungslose Menschen. Es gelingt ihm erstmalig, einen routinierten Alltag zu gestalten und seine Sucht zu bekämpfen. Sein Versuch, einen eigenen Würdeanspruch zu entwickeln, besteht im sozialen Rückzug. Sein resigniertes, aber ruhiges Bewusstsein drückt seine Suche nach einer »neuen Normalität« aus. Blum berichtet von seinem Alltag: *»Ich bin auch gut eingestellt mit meinen Medikamenten und halt mich eigentlich von allem fern. [...] Ansonsten bin ich allein und mach für mich meine Dinge.«* Die »schlechten« Beziehungen seiner Vergangenheit versucht er durch die Aufgabe von Beziehungen allgemein zu kompensieren:

> *»Ich hab mich da von so Menschen einfach ein bisschen distanziert [...]. [Ich habe mich] komplett abgekapselt. Ich hab vorher mich mit diesen ganzen Leuten getroffen, getrunken et cetera. Jetzt bin ich eher für mich und mach meinen Alltag.«*

»Diesen Leuten« der Vergangenheit stellt er die Gegenwart gegenüber, die er allein verbringt. Das Bild der Kapsel zeigt, wie sehr er die Isolation als Schutzhülle ansieht, in die er sich zurückzieht. Somit bewertet er auch den Lockdown im März 2020 positiv: *»Ich [...] genieße Ruhe. Ich bin auch froh, dass es gerade ist wie es ist. Abstand halten hab ich vorher schon gemacht. Ich geh nicht so gern raus. Das gute Leben ist Ruhe.«* Sein subjektiver Versuch, sich als anständig darzustellen, besteht darin,

innerhalb der Einrichtung eine »neue Normalität« herzustellen, die für ihn Ruhe bedeutet. Seine Selbstisolation erscheint als Schutz vor den Einflüssen der Marginalisierung.

Auch auf der zeitlichen Dimension zeigt sich, dass Blum nicht von einer gestaltbaren Zukunft mit verschiedenen Möglichkeiten spricht. Vielmehr fokussiert er sich auf die Gegenwart. Wo Vertrauen in sich und einen stabilen sozialen Hintergrund fehlt und wo biografische Veränderungen (neue Partner der Mutter, Umzug, neue Freundschaften etc.) nichts Gutes bedeuten, verfestigt sich ein Bewusstsein ohne Selbstvertrauen oder Zielorientierung.

Strategien des Würdeanspruchs

Für die Befragten hat die Auseinandersetzung mit dem Würdeanspruch einen hohen Stellenwert. So stellt sich die 56-jährige Sigrun Lange als *deserving poor* dar. Lange, die nach einer Ausbildung zur Rechtsanwaltsangestellten in diesem Beruf sowie danach selbstständig tätig war, macht die Trennung von ihrem Mann für ihre Lage verantwortlich: Erwerbslosigkeit und alleinige Sorge um die drei Kinder bedeuten für sie Armut. Eine nicht näher bestimmte Krankheit führt dazu, dass sie sich keine Chancen mehr auf eine Arbeitsmarktintegration ausrechnet. Diese Gründe, die ihr ›angetan‹ wurden, ermöglichen ihr, ihren Würdeanspruch aufrechtzuerhalten. Sie betont, *»unverschuldet in diese Situation«* gekommen zu sein und legt dadurch Wert darauf, sich als anständig darzustellen.

Bei den restlichen Befragten wird deutlich, dass ihnen der Würdeanspruch lange verwehrt wurde. Bereits seit früher Kindheit hatten sie mit Vorurteilen zu kämpfen. Alle Befragten dieses Typs haben früh Gewalt- oder Exklusionserfahren gemacht, die sich biografisch verfestigten. Sie ziehen sich wie ein roter Faden durch ihr Leben: *»Ich bin schon immer da ... Also ich bin das ja gewohnt. [...] Ich war schon immer so [2sec] ganz unten mit dabei«* (Markus Blum). Gleichzeitig gelingt es den Befragten durch die »Abkehr« von ihrer Vergangenheit, ihren Würdeanspruch zu erneuern. Biografisch meist weit entfernt von Lohnarbeit, stellt diese für sie keine realistische Option dar, weswegen sie versuchen, sich woanders als respektabel darzustellen. Diese Umdeutung vollzieht sich vor allem durch Rückzug und Beendigung bisheriger Sozialkontakte. Für Timothy Maier, dem bewusst ist, *»schon wirklich abgerutscht«* zu sein und *»so viel Gewalt in den letzten Monaten [...] auf der Straße«* erlebt zu haben, ist es nun wichtig, *»einfach nur für sich [zu] sein«* und sich um einen festen Wohnraum zu kümmern. Die Befragten arrangieren sich mit ihrer Isolation und deuten sie positiv um. Für Sabrina Jung, die in einer betreuten Wohnung lebt, bildet diese den Ausdruck eines anständigen Lebens: *»Das ist der erste Träger, wo ich [...] angekommen [bin] jetzt so in 'nem normalen Leben, so ein bisschen [3sec]. Das war ja vorher nicht so.«* Im Gegensatz zur Vergangenheit lebt sie nun erstmals unter »normalen« Bedingungen. Die Beschreibung *»angekommen zu* *sein«* verdeutlicht den Ruhe-Aspekt. Sie will sich um sich selbst kümmern und ihr *»Leben auf die Reihe kriegen.«*

Passive Orientierung

Während die Befragten darum bemüht sind, ihren Würdeanspruch zu verteidigen, findet sich in ihren Haltungen und Handlungen eine passive Orientierung, die aus den Erfahrungen des wiederholten Scheiterns resultiert. Der sich verfestigende Glaube, durch Aktivität nichts ändern zu können, führt in der Konsequenz dazu, dass sie von einem passiven Bewusstsein geprägt sind. Während sie in der Vergangenheit Strategien des *muddling through* angewendet haben, betonen sie für ihre Gegenwart die Ruhe, um die zugrunde liegende Passivität in einem positiven Licht erscheinen zu lassen. So beschreibt Detlef Oerde, der nach längerer Zeit in Obdachlosigkeit nun in einer Notunterkunft lebt, was ihm wichtig ist: *»Ruhig [sein], ich verschaff mir viel Ruhe. Ich bin so in einer Erholungsphase. Ich hab viel gelitten die letzten Jahre. Das ging dann an die Substanz und die versuch ich mir wieder zu holen.«* Seine Vergangenheit (Trennung, Job- und Wohnungsverlust und Krankheit) hat viel Kraft gekostet und war mit zahlreichen Aktivitäten verbunden, wovon seine verschiedenen Tätigkeiten und Wohnorte sprechen. Rückblickend deutet er seine aktive Haltung jedoch als sinnlos und wünscht sich für seine Gegenwart *»Stabilität.«* Damit assoziiert er auch die Unterkunft, in der er lebt. Er betont nicht seine Handlungsfähigkeit, sondern begibt sich (freiwillig) in deren Abhängigkeit.

Die Passivität zeigt sich im Alltag. Die einzige »Regelmäßigkeit« bei Sabrina Jung ist Ausdruck ihrer marginalisierten Position: *»Ich geh zu meiner Betreuerin einmal die Woche, ich geh zu mei'm Arzt zweimal die Woche, meine Medikamente, mein Substitut, also Polamidon, abzuholen [3sec] und sonst mach ich grad gar nix.«* Sie versteht sich nicht als Akteur ihres Lebens. Bei Timothy Maier heißt es: *»Ich weiß aber nicht, wo es mit meinem Leben hingeht.«* Die Befragten versuchen nicht, etwas zu verändern. Vielmehr zeigt sich ihr Bewusstsein in Form einer Anpassung an die Gegebenheiten, mit denen sie sich arrangiert haben. Damit wird die »Neigung zum Verharren im Sosein« (Bourdieu 1993, 117) angesprochen. Die Resignation und gleichzeitige Ruhe im Wissen um die Ausweglosigkeit ihrer Situation zeigt sich in der Antwort von Sigrun Lange auf die Frage, wo sie sich in den nächsten Jahren sieht:

> *»Genau da, wo ich jetzt auch bin, da kommt nix mehr. Ja is so, hört sich zwar depressiv an, aber was soll da noch passieren. Wenn sie arbeitslos sind, 56, 20 Jahre nicht in ihrem Beruf gearbeitet haben und gesundheitliche Einschränkungen haben. Was soll da jetzt noch passieren? […], dass ich aus eigener Kraft noch irgendeine Auskunft oder Arbeit krieg und aus eigener Kraft aus dieser Situation rauskomme, wird nicht passieren.«*

Veränderungen erscheinen unmöglich oder als Gefahr. Dies ist vor dem Hintergrund des Alters der Befragten interessant. Auch wenn sie zu den Jüngsten des Samples gehören, sind ihre Marginalisierungserfahrungen offensichtlich so stark, dass sie sich keine (gestaltbare und positive) Zukunft mehr vorstellen können.

> *»Das Einzige, was ich hoffe, is halt, dass ich keinen Rückfall hab. Das ist so, das was ich mir wünsche. [...] Ich hoffe halt nur, dass es bis dahin so clean weitergeht oder stabil weitergeht. [...] Aber halt nicht, nicht abstürzen wieder«* (Sabrina Jung).

Die einzige Hoffnung besteht darin, nicht wieder in den *status quo ante* zu verfallen, sondern an der Gegenwart festzuhalten. Jung nimmt sich als abhängig von abstrakt bleibenden Entwicklungen wahr, auf die sie nicht einwirken kann. Bei ihr folgt daraus, es solle *»einfach so weitergehen wie jetzt. Also passieren dürfte nicht zu viel [2sec]. Also ich bin jetzt nicht so instabil oder so, aber wenn jetzt so ganz schlimme Sachen passieren, wie das Kind wird mir weggenommen ... .«*

Zwar versuchen die Befragten dieses Typus ihren Würdeanspruch zu betonen, jedoch bleibt dies prekär. Da sie sich selbst nicht als aktiv verstehen, ist ihr Festhalten an herrschenden Vorstellungen gebrochen und auch der Würdeanspruch unsicher. Jede kleine Änderung birgt die Gefahr, wieder unter die Schwelle der Respektabilität zu rutschen.

10.3.2.4 Passiv-entwürdigt

Acht Befragte befinden sich auf der Anerkennungs- und der Handlungsdimension im negativen Bereich. Weder können sie ihren Würdeanspruch verteidigen, noch gelingt ihnen, sich als aktiv darzustellen. Ihr Bewusstsein ist von Entwürdigung und Passivität bestimmt.

Die Untergruppe teilt sich in drei Männer und fünf Frauen und zeichnet sich durch eine große Heterogenität aus. Bei der Schulbildung reicht die Spanne von Sonderschule (Achim Ganz) bis Abitur (Karol Schestag). Bis auf Hilde Unseld haben alle interviewten Personen dieses Typs eine Ausbildung abgeschlossen und daran anschließend auch in diesem Beruf gearbeitet. Zwar teilen alle Befragten dieser Gruppe die Erfahrung langjähriger Erwerbslosigkeit, jedoch finden sich mit Achim Ganz, Judith Kreuz und Magda Geschonke auch Gesprächspartner*innen, die auf eine längere Berufskarriere zurückblicken können. Innerhalb des Typs finden sich neben alleinerziehenden Müttern, prekär Beschäftigte, chronisch Kranke sowie Befragte mit (langjähriger) Erfahrung der Wohnungs- und Obdachlosigkeit. Das Eintreten dieser Phänomene wird von ihnen als existenzieller Bruch beschrieben, den sie jeweils als übermächtig darstellen. Eine weitere gemeinsame Erfahrung stellt ihre extreme Armut dar. Der Alltag unter dem Diktum der Not birgt stets die Gefahr des weiteren Verlusts, der Verschuldung, der Wohnungs- oder Obdachlosigkeit. Vor dem Hintergrund dieser als erdrückend erfahrenen Phänomene stellen sie sich darauf ein, weiterhin in ihrer marginalisierten Position zu verharren. Es gelingt ihnen nicht, sich selbst als handlungsfähig und respektabel darzustellen. Die Befragten haben Zuschreibungen internalisiert und nehmen sich selbst als *undeserving poor* wahr. Hier finden sich Fälle von Apathie, Verwahrlosung und Fatalismus.

Die Befragten haben kaum Alternativrollen anhand derer sie ein aktives Bewusstsein ausbilden könnten. So gelingt es auch den befragten Eltern des Typs nicht, durch ihre Elternrolle Respektabilität herzustellen, da sich hier instrumentelle oder zerstörte Familienbeziehungen finden. Ebenso können sich die Befragten eine Existenz jenseits ihrer Marginalisierung schlicht nicht (mehr) vorstellen. Bei ihnen findet sich keine Hoffnung auf Verbesserung ihrer Situation. Sie rechnen sich keine Chancen aus und wissen um die eigene Überflüssigkeit. Dahingehend bewerten sie auch ihre Zukunftsaussichten als negativ und erwarten lediglich Verschlechterungen.

Achim Ganz: Vollständige Resignation

Bei Achim Ganz zeigt sich die Übernahme sozialer Entwürdigung und der fehlende Glaube an die eigene Handlungsfähigkeit. Der 49-Jährige lebt in einer Notunterkunft in einer norddeutschen Großstadt. Nach negativen Erfahrungen als Kind und Jugendlicher (Missbrauch, Kinderheim und -psychiatrie, Gefängnisaufenthalt) gelingt es ihm, als Berufssoldat und später als LKW-Fahrer Stabilität und Sicherheit zu erreichen. Er heiratet und lebt mit seiner Frau und vier Kindern in einem proletarischen Umfeld. In seinen Schilderungen verschmilzt Lohnarbeit mit der Familie zu einer positiven Erfahrung.

> *»Du stehst morgens auf, gehst zur Arbeit, du weißt, du hast ein Haus zur Miete, du hast alles. Ja, das reicht. Und das war schön, Kinder, Frau, ja. Was fehlt da? Nix! Du hast deine Familie, du hast deine Arbeit, du weißt, für was du aufstehst und ja, das bestimmt dein Leben, aber das ist ja das Leben, was ich wollte.«*

Dahingehend bezeichnet Ganz seine *»Frau, Kinder, Gesundheit, Haus«* als *»größtes Glück.«* Durch seine Lohnarbeit und seine Familie hat sich die erwünschte »Normalität« eingestellt. Gleichzeitig entwickelt er eine Alkoholsucht, wofür er die Krebserkrankung seiner Frau verantwortlich macht, da ihn die Pflege überfordert. Zwar wird seine Frau wieder gesund, er wird jedoch aufgrund seiner Sucht entlassen, was seinen Konsum verstärkt. Wenige Monate vor dem Interview kommen seine Ehefrau und zwei seiner Kinder bei einem Verkehrsunfall ums Leben, was für ihn *die* zentrale Erfahrung darstellt. Er trinkt weiter, zahlt keine Miete mehr und verliert seine Wohnung. Seitdem lebt er ohne Einkünfte oder Ersparnisse in der Notunterkunft. Die Reaktion auf seine Situation drückt sich in Resignation und Apathie aus. Sein Leben ist ausschließlich von der Alkoholsucht bestimmt, von sonstigen Aktivitäten spricht er nicht. *»Hier bin ich da und saufe«* und ergänzt auf die Frage nach seinem Alltag:

> *»Gegenwärtig? Ja, isn Scheißtag, ne. Gegenwärtig isses ja so: man steht morgens auf, man macht sich zwar frisch, man isst nix mehr morgens und greift morgens zur Flasche, zum Bier. Da hat man dann halt ebend dieses scheiß Billigbier. Dann trinkt man bis zum Abend irgendwann und dann legt man sich hin, schläft wieder. Steht man morgens wieder auf.«*

In dieser Darstellung drückt Ganz seine Hoffnungslosigkeit aus. Interessant hierbei ist seine Perspektive: Hatte er bereits seine Kindheit als fremdbestimmt wahrgenommen, zeigt sich dies nun bis in die Grammatik. Er spricht nicht in der Ich-Perspektive, sondern verwendet ausschließlich ein unpersönliches *»man«*, was die heteronome Selbstwahrnehmung verdeutlicht. Sich selbst nimmt er nicht als Subjekt wahr. Damit einher geht eine Aussichtslosigkeit, an seiner Situation etwas zu verändern: *»Weil das ist verdammt schwer, einfach jetzt sagen: ›Alkohol weg kippen und nix mehr trinken.‹ Das geht nicht, weil die Menge, die ich trinke, das sind ja 20 Bier, 25 Bier täglich.«* Er beschreibt die Sucht als übermächtig. Gleichzeitig identifiziert er sich nicht mit der Figur des Trinkers: *»Man ist nicht mehr das, was man ist.«* Ganz spricht davon, wie der Alkohol seine Identität verändert und er dadurch *»ein anderer«* wird. Apathie ist bei ihm die nahezu logische Reaktion darauf, alles verloren zu haben. Neben Trauer mischt sich bei ihm Verbitterung, Scham und Resignation.

Ganz kann sich aufgrund seiner Alkoholsucht, Erwerbslosigkeit und Wohnungslosigkeit nur als *undeserving poor* wahrnehmen. Während etwa Markus Blum versucht, dieser Stigmatisierung durch individuellen Rückzug zu begegnen, ist Ganz dieser ausgesetzt. Die Selbstwahrnehmung drückt sich zum einen in der fehlenden Privatheit in der Notunterkunft aus. Derzeit muss er sein *»Zimmer mit zwei anderen«* teilen. In seiner Beschreibung stellt er den Verlust seiner Wohnung ins Zentrum. Er misst seine aktuelle Situation am »normalen« Wohnstandard, den er sich erarbeitet hat: Nach seiner Kindheit im Heim lebt er als Erwachsener in einer eigenen Wohnung. Vor diesem Hintergrund wird die Unterbringung als Erniedrigung und als Erinnerung an seine frühere Biografie erfahren. Zum anderen zeigt sich seine Selbstwahrnehmung als *undeserving poor* auch anhand der Zuschreibungen, denen er ausgesetzt ist. Ganz bringt das Verhältnis zwischen Zuschreibungen und Selbstwahrnehmung auf den Punkt: *»Also da merkt man schon richtig, du bist nicht nur dritte Klasse, wirst du behandelt, sondern echt unten.«* Er betont, wie ihm Respekt abgesprochen wird: *»aber wenn ich mich jetzt sehe und viele andere Leute, die jetzte so in der Lage sind so wie ich in [Einrichtung], dann müssten die Leute, die hier arbeiten uns gegenüber mehr mit Respekt behandeln.«* Er internalisiert die Entwürdigung, was eine Verachtung seiner eigenen Person mit sich bringt und zum Verlust des Selbstwertgefühls führt. Sein Leben als Erwerbsloser, Armer, Alkoholkranker und Wohnungsloser bildet faktisch den

Ausschluss von einer als »normal« anerkannten Lebensweise. An seinem Beispiel zeigt sich die existenzielle Bedrohung der marginalisierten Position. Ganz hat Suizidgedanken:

> *»Manchma, da frag ich mich, was hat das Leben für einen Sinn. Zu leben, ja. Wiederrum sag ich, na logisch hat mein Leben 'nen Sinn. Ich hab Kinder ich hab Enkelkinder. Ich hab fünf Enkelkinder, 'ne und ich möchte eigentlich dafür stark sein und das, was ich zurzeit aber nicht bin. Ich bin nicht stark. Ich bin [2sec] abgebrannt, ausgelaugt.«*

Ihm ist klar, dass er an seiner Position nichts ändern kann. Hoffnungen hat er keine mehr: *»Weil jetzt planen, das bringt nix. Also wenn ich jetzt plane, was nützt mir das.«*

Entwürdigung

Die Gesprächspartner*innen dieses Typs haben den Kampf um Respektabilität verloren. Ihnen ist bewusst, dass sie weder den Anforderungen der Erwerbswelt gerecht werden noch ein »normales« Leben führen können. Prekäre Beschäftigungen, Wohnungs- und Obdachlosigkeit oder (Alters-)Armut verhindern, dass sie als respektabele Mitglieder der Gesellschaft gelten. Der Anerkennungsverweigerung folgt die Inkorporierung der Entwürdigung und des defizitären Status, ohne sich damit zu identifizieren. Auf der Anerkennungsdimension zeigt sich ihr Bewusstsein als »soziale Scham« (Neckel 1991). Es fehlt ihnen an Ressourcen, sich gegen Entwürdigungen zu wehren. Sie können keine alltägliche Praxis von Würde und Anerkennung entwickeln. Dies zeigt sich an Helma Keitel, wenn sie von ihrem Alltag spricht: *»Ich bin obdachlos, hallo! Ich hungere. Ich kann mir nicht mal 'ne Zigarette leisten, ich muss nachher noch Kippen sammeln gehn. Ich denke, ich habe keinen Grund, auf irgendwas stolz zu sein, ich habe nichts erreicht.«* Die Folge verweigerter Anerkennung zeigt sich darin, dass sie sich ausschließlich als Marginalisierte und sonst nichts wahrnehmen können. Dieses Selbstbild verhindert Selbstvertrauen oder Autonomie.

Passive Orientierung

Auf der Handlungsdimension zeigt sich ein Bewusstsein der Unveränderbarkeit. Dies wird etwa deutlich, wenn Stefan Blaumann von seinem Alltag erzählt: *»Ick geh spazieren, wenn das Wetter es zulässt, viel spazieren, guck Fernsehen, bleib erst Mal morgens zu Hause. Guck Fernsehen viel, auch abends. Unter der Woche geh ich abends selten weg.«* Auch Karol Schestag berichtet: *»Ich wandere zwischen verschiedene Platzen. Das ist mein Tag.«* Daraus drückt sich ein Bewusstsein aus, dass nicht von einer Veränderung der Umstände ausgeht. Der Alltag der Befragten wird zur leeren Zeit. Daraus resultiert die Passivität und Resignation des Bewusstseins, die Anett Schäfer auf den Punkt bringt, als sie nach sozialen Veränderungen befragt wird: »*Wo ich immer sage, da kannst du eh nichts verändern. Was willst du denn machen?*«

Maßgebliches Merkmal für diesen Typus ist eine fatalistische Haltung. Die Befragten teilen ein Bewusstsein der Aussichtslosigkeit und Verzagtheit. Sie begreifen Gesellschaft als unveränderbar; Handeln bleibt aussichtlos. So verbinden sich (vor dem Hintergrund konkreter Marginalisierungserfahrungen) realistische mit fatalistischen Vorstellungen und führen dazu, dass sie ihr eigenes Leben und die Gesellschaft als unhinterfragte und unhinterfragbare Tatsachen wahrnehmen. Das Bewusstsein erscheint als passiv, hoffnungslos und abhängig.

Auch auf der zeitlichen Dimension zeigen die Gespräche, dass die Befragten nicht davon ausgehen, dass sich ihre Lage verbessern wird. Im Gegenteil fürchten sie sich vor Verschlechterungen. So berichtet Anett Schäfer, dass sie keine Ziele mehr hat:

> »*Ne, das hab ich mit der Krankheit aufgehört. Wenn man sich Ziele setzt, die man aber dann nicht erreichen kann, das schmeißt einen zurück, also hab ich damit aufgehört. Ich lebe in den Tag und freue mich, dass ich jeden Tag noch meine Augen aufmache. Ich muss täglich 17 Medikamente nehmen, da freut man sich aber manchmal auch nicht, dass man die Augen noch aufmacht.*«

An die Stelle von positiven Zukunftsvorstellungen tritt ein Bewusstsein von Abhängigkeit; Planungs- und Handlungshorizonte schrumpfen auf ein Minimum zusammen. Schäfers Zukunft ist von ihrer Krankheit bestimmt, was bei ihr dazu führt, dass sich ihre passive Orientierung als partielle Lebensmüdigkeit ausdrückt.

Subtypen

Innerhalb des Grundtypus lassen sich die beiden Subtypen des »hoffnungslos-fremdbestimmten« und des »illusorisch-abhängigen« Bewusstseins unterscheiden. Während die erste Untergruppe nahezu ungebrochen die Zuschreibungen als *undeserving poor* übernommen hat, zeigt sich in der zweiten Gruppe ein aktiver Anteil. Die Befragten betonen die (illusorische) Möglichkeit der Verbesserung ihrer Position. Die Veränderung, die sie erhoffen, muss jedoch von außen an sie herangetragen werden.

a) Hoffnungslos-fremdbestimmt. Hier finden sich Befragte, die aufgrund der Intensität ihrer Marginalisierungserfahrungen keine Wünsche hinsichtlich ihrer Zukunft haben. Ihnen ist ebenso bewusst, von externen Faktoren (Krankheit, Armut, Erwerbslosigkeit etc.) bestimmt zu sein. Für sie ist die Gestaltung der Gegenwart von Bedeutung. Doch selbst dies stellt bereits eine große Herausforderung dar. Zwar haben sie sich mit ihrer Position abgefunden, leiden aber unter ihr. Ihnen ist die Prekarität ihrer Existenz bewusst; je länger diese Bedingungen andauern, desto mehr gleicht ihr Leben einem Überleben.

Die 53-jährige Anett Schäfer absolviert nach der Hauptschule zwei Ausbildungen zur Bäckereifachverkäuferin und zur Einzelhandelskauffrau. Anschließend arbeitet sie in verschiedenen Betrieben im Verkauf. Mit 42 Jahren wird bei ihr Krebs diagnostiziert, den sie die nächsten Jahre zwar erfolgreich bekämpft, der aber (in Kombination mit einer anschließenden Diabeteserkrankung und einer Niereninsuffizienz) dazu führt, dass sie seit einigen Jahren *»an den Rollator gefesselt«* ist. Ihre Lohnarbeit musste sie bereits davor beenden und bezieht seitdem Grundsicherung. Die Frage, ob sie ihr Leben selbst bestimmen kann, verneint sie und ergänzt: *»Die Krankheit und die Armut bestimmen mein Leben und nicht andersrum.«* Diese Fremdbestimmung ist so umfassend, dass ihr nur Fatalismus bleibt: *»Man muss es hinnehmen, wie es ist.«* Zwar weiß sie, dass sie aufgrund ihrer Erkrankung keine eigene Verantwortung für ihre Position trägt, gleichzeitig sind die Exklusionserfahrungen so stark, dass es ihr nicht gelingt, Respektabilität aufrechtzuerhalten. Sie selbst bezeichnet sich als *»ganz kleines Licht«* und sieht keine Handlungsoptionen. Besorgungen sowie die Sorge um die Wohnung werden vom einzigen Menschen, den sie regelmäßig sieht, übernommen: die *»Haushaltshilfe«*, die *»dreimal die Woche kommt.«* Schäfer steht prototypisch für das Bewusstsein der kompletten Abhängigkeit sowie Hoffnungslosigkeit.

Wie existenziell die Bedingungen wirken, macht Helma Keitel deutlich. Sie ist seit 2013 wohnungs- und seit vier Jahren obdachlos. Es geht ihr ausschließlich darum, weiterhin *»zu überleben.«* Ihr Selbstbild, zu den »Ausgestoßenen« der Gesellschaft zu gehören, drückt aus, dass sie sich nur als *undeserving poor* wahrnehmen kann.

b) Illusorisch-abhängig. Der zweite Subtyp besteht aus zwei Männern und zwei Frauen, die hinsichtlich des Alters (37 bis 73 Jahre) und der Schulbildung (Hauptschule bis Studium) große Unterschiede aufweisen. Sie teilen jedoch ihre Erwerbsorientierung und verfügen alle über längere Arbeitserfahrung. Die Erwerbsorientierung wird durch die Marginalisierungserfahrungen herausgefordert. Die subjektive Lösung dieses Konflikts scheint darin zu bestehen, illusorische Hoffnungen anzuführen. Vom Subtypus des »hoffnungslos-fremdbestimmten« Bewusstseins unterscheiden sich die Befragten auf der zeitlichen Dimension und hoffen auf Veränderungen. Sie äußern zumindest die Hoffnung auf illusorische Verbesserungen. Die Unerfüllbarkeit wird durch das Bewusstsein der Abhängigkeit und der praktischen Resignation bestärkt. So ist sich Karol Schestag bewusst, dass er *»nicht ohne Hilfe die Situation verändern [kann] [8sec]. Aber ich habe eine Hoffnung, dass verändert sich, aber ich befürchte, dass nicht.«* Zwar spricht daraus die vage Hoffnung, dass sich an seiner Wohnungs- und Erwerbslosigkeit etwas ändert, wirklich daran glaubt er aber nicht. Vielmehr zeigt sich daran der illusorische Charakter des Subtypus. Darin wird die ambivalente Haltung deutlich zwischen theoretischer Erwartung partieller Verbesserungen und der Einsicht, dass sich trotz aller Hoffnung nichts ändert (praktische Resignation).

Ein weiteres Beispiel ist der 50-jährige Stefan Blaumann. Er ist auf Minijobbasis als Gärtner tätig. Diese Beschäftigung versteht er als *»Glückslos in der Lotterie«*. Er schätzt seine Situation auf dem Arbeitsmarkt realistisch ein: seine Ersetzbarkeit ist ihm bewusst, was auch daran deutlich wird, dass er seine berufliche *»Unfähigkeit«* mehrfach betont – ein Ausdruck der Inkorporierung sozialer Entwürdigung. Blaumann betont die Abhängigkeit von anderen, die sein gesamtes Leben begleitet hat. Seine Schule und Ausbildung machen ihm keinen Spaß, auch die Jobsuche beschreibt er als katastrophal: *»Ick wollte über mich keine Verantwortung übernehmen. Ick habe immer in meiner Familie die Verantwortung über mich von anderen übernehmen lassen. Aus Bequemlichkeit oder Unselbständigkeit haben andere mir quasi die wichtigsten Entscheidungen abgenommen.«* Gleichzeitig findet sich bei ihm eine aktive Orientierung, die sich in *»Weiterbildungen und Coachings«* ausdrückt, an denen er teilnimmt. Darin ist der Ansatz erkennbar, dass Blaumann nicht allem, was ihm passiert, tatenlos zusehen will. Er hofft, in der Konkurrenz mit anderen prekär Beschäftigten durch Zusatzqualifikationen besser gestellt zu sein. In dieser instrumentellen Sicht zeigt sich der Glaube, dass ihm allein der Besitz formaler Qualifikationen etwas nutzen würde. Er nimmt solche Angebote bereitwillig in Anspruch, da sie für ihn die einzige Möglichkeit darstellen. Gleichzeitig ist ihm aber ohnehin die Hoffnungslosigkeit seines Unterfangens bewusst:

> *»Ick hab Coachings hinter mir. Das hat alles nichts gebracht. [...] Aber ick habe keine anderen Hoffnung als in der Zukunft wieder irgendwelche Coachings oder Therapie machen zu wollen. [...] Ick selber kann mir nicht selber helfen. Ick brauch Leute, die mir die bessere Perspektive vermitteln, die ick selber nicht sehe.«*

Paradoxerweise verstärkt seine »Aktivität« seine Abhängigkeit. Er selbst kann kein Zukunftsbild zeichnen und ist gleichzeitig enttäuscht, dass dies auch niemand anderes für ihn tut. Somit reproduziert sich sein Scheitern. Einen Ausweg aus dem Konflikt zwischen Theorie (Wille nach Veränderung) und Praxis (Abhängigkeit) bietet ihm die Ausrichtung an illusorischen Wünschen, die jedoch weit von einer tatsächlichen Erfüllung entfernt liegen. Eine Perspektive, in der die Unmöglichkeit der Erfüllung direkt enthalten ist, bildet Auswandern:

> *»›Ick will mich verändern‹ könnt das ja auch heißen: auswandern. Gut, wohin auswandern? Wüsste nicht wo. Ausland geht schlecht, ich kann keene Fremdsprachen. Es war mal ein fixer Gedanke, wohin zu gehen, wo auch Deutsch gesprochen wird, Schweiz oder Österreich oder keine Ahnung. [...] Aber ick hab mich nie drauf eingelassen. Immer in [Stadt]. Nirgends anders Fuß fassen wollen. Ick müsste mehr Mut und Motivation haben zum Auswandern, wohin, wo es mir besser gehen soll. Aber ick weiß nicht wohin.«*

Während Blaumann zunächst abstrakt über das Auswandern spricht, gewinnen im Verlauf der Anekdote die konkreten Beschränkungen mehr Raum. Am Ende bleibt von der »*fixen Idee*« ins Ausland zu gehen nichts übrig. Seine Vorstellungen scheitern und verstärken seine Passivität.

10.4 Bewusstsein als widersprüchliche Prozesskategorie

Bei den Gesprächspartner*innen finden sich verschiedene Bewusstseinsformen. Zunächst konnte die starke Präsenz eines dichotomen Gesellschaftsbildes aufgezeigt werden. Die Gesprächspartner*innen verorten sich sozial als »ganz unten« oder »ganz draußen«. Während sich insbesondere das Gesellschaftsbild auf allgemeine Vorstellungen in Auseinandersetzungen auf der »Makroebene« bildet, drückt das Klassenbewusstsein der Gesprächspartner*innen (auf der »Mesoebene«) zudem aus, dass sie sich kollektiver Zuschreibungen bewusst sind, die sie zu einer »unwürdigen« Masse reduzieren. Daraus entsteht jedoch kein Gemeinschaftsgefühl. Die Befragten teilen zwar ein Klassenbewusstsein, das jedoch negativ erscheint und einen Mangel (an Arbeit, Anerkennung etc.) ausdrückt. Abschließend hat die Typologie des individuellen Bewusstseins (»Mikroebene«) verdeutlicht, wie unterschiedlich alltägliche Erfahrungen bearbeitet werden. Die Vielfalt der Bewusstseinsformen lässt sich jedoch in einem zentralen Aspekt verbinden: die Auseinandersetzung mit der Trennlinie der Respektabilität. So gut es geht, versuchen sich die Gesprächspartner*innen als aktiv zu präsentieren. Es geht ihnen (als Erwerbsorientierung) nicht nur darum, wahlweise einen gutbezahlten Beruf oder ein finanziell abgesichertes Leben in den Mittelpunkt zu stellen, sondern darum, die eigene Respektabilität zu betonen. Es ist daher notwendig, das Bewusstsein der Marginalisierten vor allem anhand der Frage nach Respektabilität zu definieren. Dadurch, dass die Gesprächspartner*innen Konflikte, Widersprüche und Ansprüche eher im Spannungsfeld zwischen Anerkennung oder Entwürdigung beschreiben, »gelingt« es ihnen leichter, subjektive Missachtung auf den Begriff zu bekommen, ohne abstrakte Strukturen sozialer Ungleichheit adressieren zu müssen, denen sie ohnehin ohnmächtig gegenüberstehen.

In diesem Zusammenhang erscheint das dichotome Gesellschaftsbild fast wie ein archaisches Relikt, das zwar keineswegs verschwunden ist, aber auch nicht die bestimmende Bewusstseinsform darstellt. Sie wird ergänzt und teilweise relativiert durch Aussagen der Gesprächspartner*innen, in denen sie ihre Selbstverantwortung betonen. So erkennen die Gesprächspartner*innen zwar einerseits Strukturen sozialer Ungleichheit als (abstrakt) gültig an, befinden sich selbst jedoch »aus dem Spiel.« Über das individuelle Bewusstsein scheint das Gesellschaftsbild der Gesprächspartner*innen keine Macht zu haben. Die eigene Position wird nicht als Ausdruck einer kollektiven Lage verstanden, sondern in der Beurteilung der Gesprächspartner*innen selbst als Effekt vielfältiger persönlicher Entscheidungen (Mangel an Schulbildung und beruflicher Qualifizierung etc.). Die eigene Handlungsfähigkeit scheint unberührt von strukturellen Einschränkungen zu sein: Klassengegensätze werden überlagert durch subjektive Nuancierungen und Akzentverschiebungen. Kaum gelangen die Gesprächspartner*innen zu einem Bewusstsein dessen, dass ›objektive‹ Hindernisse auch durch soziale Strukturen begründet sein könnten, die in der kapitalistischen Produktionsweise und in ihren Macht- und Herrschaftsverhältnissen begründet liegen. Die Probleme der Klassenposition werden daher als individuell begriffen, woraus auch individuelle Strategien folgen.

Ebenso hat die Typologie des individuellen Bewusstseins verdeutlicht, dass es zahlreichen Befragten nicht erspart bleibt, einen Platz unterhalb der Schwelle der Respektabilität einzunehmen. Insbesondere anhand der Gruppen des »ruhig-resignierten« und »passiv-entwürdigten« Bewusstseins zeigt sich, dass diese Befragten keine Chance sehen, einen respektablen Ort einzunehmen. Die Stärke der Marginalisierungserfahrungen zeigt sich auch darin, dass bei diesen Gesprächspartner*innen Aktivitäten zurückgehen, ihre Antriebskräfte schwinden und sie ihre Zukunft negativ beurteilen.

Das Bewusstsein der Gesprächspartner*innen bewegt sich zwischen Affirmation und Gesellschaftskritik, zwischen Vertrauen in die eigene Handlungsfähigkeit und Unsicherheit gegenüber der Zukunft, zwischen dem Festhalten am Erreichten und der angenommenen Verschlimmerung der eigenen Lage. Ein einheitliches Bewusstsein im Sinne einer eindeutigen Vorstellung der Gesellschaft oder einer klar umrissenen gesellschaftspolitischen Orientierung lässt sich nicht nachweisen. Ute H.-Osterkamp hat in Bezug auf das Arbeiterbewusstsein deutlich gemacht:

> »Die verschiedenen Bewußtseinsformen und Orientierungen – individuelle versus kollektive, konkurrenzbestimmte versus solidarische, Freiheit versus Abhängigkeit etc. – stehen nicht – als unmittelbarer Niederschlag der objektiven Verhältnisse oder gesellschaftlichen Ideologien im Individuum – im unverbindlichen Nebeneinander, sondern sind Ausdruck der individuellen Zerrissenheit als Folge der Undurchschaubarkeit der Verhältnisse und der Unabsehbarkeit der Folgen des eigenen Handelns und der daraus resultierenden Gefahr, sich ständig selbst zum Feinde zu werden« (1980, 21).

Auch bei den Gesprächspartner*innen sieht man, dass die Bewusstseinsformen »unverbindlich nebeneinander« stehen. Dies darf jedoch nicht mit einer Unfähigkeit verwechselt werden, die Realität wahrzunehmen. Vielmehr ist dies Ausdruck der erlebten Marginalisierung, der Prekarität, Destrukturierung und Heteronomie der alltäglichen Erfahrungen. Der Alltag erscheint den Befragten nicht als Einheit und wird daher auch im Bewusstsein nicht einheitlich bearbeitet. Vielmehr ist der Alltag fremdbestimmt und ein andauernder Kampf um das Überleben – andererseits aber auch eine Auseinandersetzung um Aneignung und Anerkennung.

In ihrem Bewusstsein spiegelt sich diese Vielfältigkeit und erhält auf dieser Grundlage seine komplizierte Struktur. Die Heterogenität der Marginalisierungserfahrungen korreliert mit den unterschiedlichen Bewusstseinsformen. Es reicht also nicht, ihr Bewusstsein als widersprüchlich zu kennzeichnen, vielmehr geht es darum, diese Widersprüchlichkeit als eigenständigen Teil der Bewusstseinsforschung anzuerkennen. Es wäre daher falsch, den Maßstab in der Beurteilung der Bewusstseinsformen von außen an diese heranzutragen, in dem man eine Theorie entlehnt, die vorgibt, das richtige oder falsche Bewusstsein ausschließlich aus der Formbestimmung des kapitalistischen Produktionsprozesses einfach ableiten zu können. Gleichzeitig wäre es ebenso falsch, soziale Verhältnisse bei der Bewusstseinsbildung zu vernachlässigen. Die frühe historisch-materialistische Bewusstseinsforschung eines Karl Marx oder Lew Wygotskis nahm diese Dialektik bereits deutlich wahr. Dahingehend verstand Marx das Bewusstsein bereits 1844 als »bewusstes Sein« (MEW 1, 346) über die sozialen Verhältnisse. So verstanden bildet die Widersprüchlichkeit menschlicher Praxis die Grundlage für die (ebenso vieldeutige) Bewusstseinsentwicklung, die »von vornherein den Fluch an sich [hat], mit der Materie ›behaftet‹ zu sein« (MEW 3, 30) und nicht ausschließlich psychologisch oder abstrakt bestimmt werden kann (Voß 1984, 437). Die Grundlage des Bewusstseins bilden die materiellen und alltäglichen Tätigkeiten der Menschen (MEW 3, 26). Damit ist Bewusstsein bereits *a priori* ein »gesellschaftliches Produkt« (ebd., 31) und drückt eine Subjekt-Objekt-Beziehung aus. Es ist daher entscheidend, das Bewusstsein aus der Vermittlung zwischen subjektiven Praktiken und den sozialen Verhältnissen zu bestimmen. Eine solche Erkenntnisweise geht davon aus, dass »was im Bewusstsein als Denken geschieht, weniger als Ergebnis psychischer Prozesse, denn als Ausdruck sozialer Prozesse« (Knoblauch 2005, 66) verstanden wird.

Die Gesellschaftlichkeit des Bewusstseins bildet auch beim sowjetischen Psychologen Lew Wygotski einen zentralen Punkt, der nach Marx die Bewusstseinsforschung im ersten Drittel des 20. Jahrhunderts entscheidend weiterentwickelt hat. Auch Wygotski stellt die Frage nach dem Verhältnis des Denkens der Menschen und der sozialen Verhältnisse ins Zentrum und versteht bereits das individuelle Bewusstsein als soziales Verhältnis (Wygotski 2003, 304 f.). Vermittelt werden verschiedene Bewusstseinsinhalte über »praktische Tätigkeiten« (Arbeit) und über die Sprache (1977). Wygotskis Ziel besteht in »einer konsequent materialistisch begründeten Psychologie des gesellschaftlichen Menschen« (Keiler 1999, 153) und somit in einer »Soziologisierung des gesamten Bewußtseins« (Wygotski 2003, 305). Die »Anerkennung dessen, daß dem sozialen Moment im Bewußtsein die zeitliche und die faktische Priorität zukommt« (ebd.), bedeutet, dass das »individuelle Moment […] als abgeleitetes, sekundäres, auf der Basis des sozialen« (ebd.) entsteht. Das heißt, »daß der Mechanismus des Bewußtseins und der des sozialen Kontakts identisch sind und das Bewußtsein ein sozialer Kontakt mit sich selbst ist« (ebd., 306).

Mit Marx und Wygotski wird ein offenerer Zugang zum Bewusstseinsbegriff ermöglicht, der die widersprüchliche Konkretheit gesellschaftlicher Verhältnisse bedenkt. Einerseits geht es darum, den Bewusstseinsbegriff von seinen abstrakten Wurzeln zu befreien, ihn jedoch andererseits auch gegen die vereinfachte Lesart eines (materialistischen) Monismus zu verteidigen. Insbesondere Wygotski betont die Dynamik des Bewusstseins, dessen »Werden«. Daran anschließend zeigt sich auch anhand der Befragten eine relative Eigenständigkeit des Bewusstseins. Dies kann weder deterministisch aus der gesellschaftlichen Position abgeleitet werden, noch entwickelt es sich unabhängig vom materiellen Lebensprozess der Akteure. Eine Klassenposition führt nicht automatisch zu einem bestimmten Bewusstsein. Der Zusammenhang ist folglich »kein einseitiger, sondern ein in bestimmter Weise wechselseitiger, nämlich dialektischer« (Tjaden-Steinhauer 1975, 137). Will man den Anspruch nicht aufgeben, etwas zum Konstitutionsprozess des Bewusstseins (Thomssen 1982) zu sagen, ist ein empirischer Blick notwendig. Nicht um in einer soziologischen Nabelschau, »das Bewusstsein« in verschiedene Unterkategorien oder Ebenen aufzulösen und Fragen nach dem Bewusstsein künstlich zu verkomplizieren, sondern um ein genaues Verständnis für marginalisierte Menschen und ihre Selbstwahrnehmung zu erreichen.

Die Widersprüchlichkeit des Bewusstseins der Marginalisierten hat verdeutlicht, dass dessen Bestimmung zwar eng mit den materiellen Verhältnissen ihrer Marginalisierung zusammenhängt, sich jedoch keineswegs in der These erschöpft, das »Sein bestimme das Bewusstsein«. Es wäre falsch, dem Marxschen Diktum in Form eines Automatismus zu folgen, der »die Rolle der kollektiven Erfahrungen und der tätigen Einsicht in die eigene Klassenlage zum passiven Reflex herunterbrächte« (Kadritze 1982, 234). Das Bewusstsein ist keine »Essenz«, »die sich [...] in gleichsam chemischer Reaktion mit der Wirklichkeit mehr oder minder tief einfärbte. Vielmehr entstehen aus Traditionen und praktischer Erfahrung kollektive Bewusstseinslagen, die sich festigen« (ebd.). Zwar ist das Bewusstsein, Gesellschaft zu verstehen, gesellschaftlich geprägt, geht aber nicht im Sozialen auf. Das Bewusstsein drückt sich in verschiedenen Praxisformen wie Handlungen oder Sprache aus und formt den subjektiven Sinn. Der Bewusstseinsbegriff ist »nicht angemessen zu verstehen, wenn man ihn auf das passive ›Haben‹ von Vorstellungen reduziert, die eine ›Widerspiegelung‹ oder ein ›Reflex‹ der erfahrenen Außenwelt seien« (Voß 1984, 397).

Das Bewusstsein ist keine abgeleitete und mechanische Größe, sondern ein vielfach gebrochener, aktiver Prozess, der sich vor dem biografischen Hintergrund entwickelt. Dieser ist nicht immer reflexiv, sondern auch bedingt durch Sozialisation und habituelle Dispositionen, die das Bewusstsein ebenfalls prägen. Dabei besitzt das individuelle Bewusstsein einen Überschuss, einen nichtableitbaren Rest. Das Bewusstsein ist Ausdruck von Erfahrungen und Tätigkeiten.

XI Zwischen Entwürdigung und Handlungsmacht

Das vorliegende Buch hat die Mechanismen sozialer Marginalisierung im biografischen Verlauf herausgearbeitet und zunächst die sozialen Verhältnisse, unter denen diese entstehen, in den Blick genommen. Danach wurden subjektive Ausprägungen, Umgangsweisen und Bewusstseinsformen von Mitgliedern der marginalisierten Klasse dargestellt. Anhand von Einzelfällen wurde verdeutlicht, wie sich die marginalisierte Klassenposition in der Arbeitssituation, dem Alltag, den Beziehungen und im Bewusstsein der Befragten ausdrückt und wie sie diese strukturiert. Der Bogen wurde von den Herkunftsfamilien über die Kindheit und Jugend bis zur Gegenwart und auch stärker auf die Zukunft gerichtete Fragen gespannt. Soziale Klasse wurde mithilfe von Karl Marx, Pierre Bourdieu und Edward P. Thompson gleichzeitig als Kapitalbesitz und gelebte Kultur verstanden. Der empirische Zugang über Interviewzitate hat eine Innenperspektive ermöglicht, um Auswirkungen der Klassenposition auf der Ebene konkreter Akteure in ihrem alltäglichen Vollzug sichtbar zu machen. Durch die rekonstruktive Forschung konnten sowohl vielfältige Praktiken als auch habituelle Dispositionen in den Blick genommen und Fragen nach impliziten Sinnstrukturen beantwortet werden. Welche Schlüsse daraus für eine politische Handlungsmacht der Befragten gezogen werden können und wie soziale Marginalisierung politisiert werden kann, bildet nun den Abschluss der Auseinandersetzung.

11.1 Soziale Herkunft, Zusammensetzung und Gegenwart der Marginalisierten

Pierre Bourdieu hat immer wieder auf die Bedeutung der sozialen Herkunft für die eigene Klassenposition hingewiesen. Er ging von der These der Reproduktion sozialer Ordnung aus. Individuen entwickeln vermittelt über ihre Klassenposition habituelle Dispositionen, die es wahrscheinlicher machen, dass sie sich später in einer ähnlichen sozialen Position wiederfinden.

Betrachtet man die Herkunftsfamilien der Befragten, findet sich dies in vielen Fällen. Die »dauerhaft Marginalisierten« stammen aus bereits marginalisierten Familien, die von Armut, Erwerbslosigkeit, fehlender Erziehung oder Gewalt geprägt waren. Erfahrungen und Erwartungen, die sie früh entwickelt haben, bilden die Grundlage für die aktuelle Haltung zur Welt, die den objektiven Chancen angepasst ist und sich in habituellen Dispositionen ausdrückt. Bei ihnen folgt auf destrukturierte Familien, Schulabbruch und Erwerbslosigkeit die eigene transgenerationale Marginalisierung. Dies führt dazu, dass sie ein entsprechendes Selbstbild entwickeln und davon ausgehen, an ihrem sozialen Ort genau richtig zu sein. Daher finden sich vor allem akzeptierende oder resignative Bewusstseinsformen, die das Leben bestimmen, dass meist auf die Gegenwart ausgerichtet ist und keine Zukunft kennt. Es darf jedoch nicht vergessen werden, dass diese formale Homogenität auch durch die Auswahl der Befragten beeinflusst ist.

Doch wurde im empirischen Material schnell eine zentrale Trennlinie deutlich. Neben der Gruppe der »dauerhaft Marginalisierten« verweisen die »Gefallenen« auf einen zweiten Weg in soziale Marginalisierung, der einem Abwärtsprozess entspricht. Bei den »Gefallenen« ist die aktuelle Position Folge einer Verengung von Möglichkeitsräumen. Ihre Ausgangslage und ihre Kapitalzusammenstellung unterscheiden sich erheblich von den »dauerhaft Marginalisierten«. Ausgehend von relativ sicheren Familien mit vergleichsweise großer Kapitalausstattung kommen sie durch Brüche erst im biografischen Verlauf in diese Lage. Sie erfahren zwar aktuell die gleiche Marginalisierung, allerdings sind sie oft durch kritische Lebensereignisse wie Krankheiten »abgestiegen«, weshalb es durchaus möglich ist, dass sie aufgrund ihrer habituellen Verfassung und eventueller Kapitalien, die die »dauerhaft Marginalisierten« nicht haben, die Schwelle der Respektabilität wieder überschreiten können. Dies wird dadurch verstärkt, dass sie sich in jedem Fall als »aktiver« auszeichnen (im hegemonialen Sinne): Sie haben noch einen Zeithorizont für die eigenen Lebenspläne, Hoffnungen auf Arbeit und Erwartungen (an sich oder an ihr soziales Umfeld).

Letztlich dreht sich die Unterscheidung in der Subjektivität der beiden Gruppen um die Hoffnung oder Hoffnungslosigkeit auf ein Leben oberhalb der Trennlinie sozialer Respektabilität. Auch der Einfluss der sozialen Herkunft wird in den beiden Gruppen unterschiedlich erlebt: Wahlweise als Selbstverständlichkeit oder als Positionsverlust. Insbesondere die »Gefallenen« versuchen, ihr Leben in entsprechende Bahnen zu lenken, dass ihnen der soziale Wiederaufstieg gelingt. Gleichzeitig wissen sie um die Stärke der Bedingungen, die es ihnen erschweren, ihre Ansprüche zu realisieren. Hinzu kommt, dass ihnen ihre bisherigen Dispositionen und Anspruchslogiken in ihrer gegenwärtigen Position wenig nutzen, da sie nicht die passende Orientierung bieten. Daher erfahren die »Gefallenen« ihre Position auch so stark, da sie sich in ihrer Umwelt als »fremd« und »unpassend« wahrnehmen. Inwieweit sie zu dauerhaften Mitgliedern der marginalisierten Klasse gerechnet werden können oder ob es für sie eine Phase darstellt, müsste durch eine genauere Analyse des eigenen Umfelds (Geschwister, Kinder, Freund*innen etc.) geklärt werden. Kontakte zu Mitgliedern anderer sozialer Klassen würden die Zugehörigkeit zur marginalisierten Klasse zumindest in Frage stellen. Das weitgehende Fehlen solcher Kontakte sowie die Stärke der

Marginalisierungserfahrungen deuten jedoch darauf hin, dass sie nicht nur den Einstieg, sondern die Verfestigung dieser Position bedeuten.

Die Befragten sind umfänglich, aber von unterschiedlichen Marginalisierungserfahrungen betroffen. Sie zeigt sich zunächst an der Arbeitssituation. Die meisten Befragten sprechen im »besten Fall« von schlechten Stellen oder geringfügiger Beschäftigung. Viele changieren zwischen Prekarität, illegalisierter Arbeit und Erwerbslosigkeit. Nur eine Minderheit berichtet von stabilen Lohnarbeitsphasen. Gegenwärtig sind fast alle erwerbslos, viele über lange Zeit. Gleichzeitig besitzt Lohnarbeit ideell als Anerkennungsmodus noch einen hohen Stellenwert. Für sich selbst zu sorgen und produktiv zu sein, ist ein Wert, an dem sich die Befragten auch dann noch orientieren, wenn er biografisch keine Rolle mehr spielt. Ein weiterer Marginalisierungsaspekt stellt die Armut dar. Die Befragten haben kein Einkommen bzw. leben von staatlichen Leistungen, die Armut nicht verhindern. In vielen Fällen kann dies existenzbedrohende Ausmaße annehmen. Die Existenz der Marginalisierten kann nur so verstanden werden, wie sie sie auch selbst schildern: als existenzieller Mangel und Notwendigkeit sowie als alltäglicher Überlebenskampf. Dadurch rückt Marginalisierung in die Nähe des »nackten Lebens«, womit Giorgio Agamben (2019) die Reduzierung des Menschen auf seine pure Existenz meint.

Damit ist nicht nur Armut gemeint, sondern die Marginalisierung in allen sozialen Bereichen und im Alltagsleben. Oder um der 69-jährigen Rentnerin Greta Sanft das Wort zu geben: »*Mein Leben ist am ehesten dadurch bestimmt gewesen, dass ich eine Frau bin und natürlich ist es jetzt davon bestimmt, dass ich Frau und arm und alt bin. Aber ich bin auch Akademikern. Wie soll ich sagen, auch noch ein Mensch.*« Die Heterogenität verschiedener Herrschafts- und Unterdrückungsverhältnisse (in ihrer Verwobenheit), denen die Befragten ausgesetzt sind, führt auch zu ihrer Heterogenität selbst: alleinerziehende Mütter und Menschen in Altersarmut ebenso wie Langzeiterwerbslose, Menschen in Einrichtungen sowie Wohnungs- und Obdachlose. Hinzu kommen regionale, nationale, geschlechtliche sowie Alters- und Lebensstilunterschiede. Marginalisierung bildet keine Gesamtheit von zeitlosen (zugeschriebenen) Eigenschaften, sondern entsteht in konkreten Beziehungsweisen. Die Zusammenhänge sind vorab keineswegs klar. Dies bedeutet, dass es »die Marginalisierung« nicht gibt. Vielmehr ist sie ein soziales Verhältnis, das auf Seiten der Akteure die fallspezifische Aufschichtung verschiedener Marginalisierungsrisiken bedeutet und auf Seiten soziologischer Forschung die Erkenntnis, dass nicht alle Marginalisierten gleich betroffen sind. Marginalisierung ist eine im Subjekt verankerte, differenzierte, prozesshafte und zum Teil auch widersprüchliche Erfahrung in konkreten sozialen Verhältnissen. Was Marginalisierung für Akteure bedeutet, ergibt sich erst aus der Analyse der verschiedenen Bereiche.

11.2 Die Beständigkeit des Kampfs um Respektabilität

Moderne Gesellschaften sind ohne Marginalisierung nicht denkbar. Die Trennlinie zwischen »würdiger« und »unwürdiger« Armut stellt eine historisch stabile Klassifikation dar, die die marginalisierte Klasse durchzieht (Foucault 1978; 1979). Auf der einen Seite finden sich die *deserving poor* als unverschuldet Arme (Kranke, Alte etc.). Auf der anderen Seite bilden die *undeserving poor* eine Sozialfigur, die durch ihr vermeintlich deviantes Verhalten eine soziale Gefahr darstellen würde. Während den »würdigen« Armen (wenn auch meist nur geringe) Fürsorgeleistungen zuerkannt wurden, blieben diese der zweiten Gruppe lange verwehrt. Von Staat und Gesellschaft werden sie als »Kostenverursacher« angesehen, die selbst für ihre Position verantwortlich seien.

Dadurch verfestigt sich ein Diskurs, der unterschiedliche Respektabilität, die Menschen zuteilwird, als gerecht anerkennt, was zur kollektiven Entwürdigung und »Verachtung [führt], die die ganze Gesellschaft in veränderlichem Grad für ihre Entwürdigten reserviert« (Rehbein / Souza 2014, 201). Auch die Befragten haben von der großen Bedeutung des Kampfes um Respektabilität berichtet. Ihnen ist bewusst, dass sie einseitig dargestellt und bewertet werden. Sie alle sind davon betroffen, als *undeserving poor* zu erscheinen. Dies liegt unter anderem daran, dass ihnen als Erwerbslosen die Anerkennung der Arbeitsgesellschaft verweigert wird. Doch auch in anderen Bereichen (von Körper bis Beziehungen) werden sie entwürdigt. Die Befragten versprechen sich, vor allem durch Betonung der eigenen Aktivität, die Trennlinie der Respektabilität zu überschreiten. Dafür beziehen sie sich auf die (vergangene) Lohnarbeit und berichten von zahlreichen anderen Tätigkeiten, um so ihre Leistungsfähigkeit und -willigkeit unter Beweis zu stellen. Diese Versuche entsprechen meist herrschenden Kategorien (Anstand, Leistung etc.). Gleichwohl ist ihnen bewusst, dass sie den Bedingungen sozialer Marginalisierung kaum etwas entgegensetzen können, da ihnen dafür Raum, Zeit und Kapitalausstattung fehlen. Häufig ohne Möglichkeit des Rückgriffs auf anerkannte Bereiche (Abschlüsse, Lohnarbeit etc.) können sie ihre Marginalisierung nicht kompensieren oder durch Erfolge in anderen Bereichen »unsichtbar« machen. Trotz ihrer Versuche, sich aktiv zu präsentieren, ist ihnen ihre soziale Position bewusst. Sie fühlen sich an den Rand gedrängt, bewertet, entwürdigt und durch Mitmenschen, Jobcenter oder den Staat nicht *als Menschen* anerkannt. Ihr Klassenkampf als Kampf gegen die Klassifizierungen und die Zuschreibung als *undeserving poor* geht weitgehend verloren.

Dies drückt sich auch in der Selbstwahrnehmung aus, die von der Auseinandersetzung mit Entwürdigungen geprägt ist. Zuschreibungen führen zu Scham- und Minderwertigkeitsgefühlen. Auch wenn ihnen formell gleiche Rechte zustehen (Migrant*innen ausgenommen), fällt es ihnen schwer, als »Vollbürger« ihre Rechte einzufordern. Diese fehlende Anspruchshaltung ist Resultat einer Anerkennungsverweigerung, durch die die Gleichwertigkeit der Marginalisierten hinterfragt und ihnen lediglich der Status als »unwürdige« Arme zugewiesen wird. Die inkorporierte Entwürdigung stellt ein mächtiges Instrument der Festigung sozialer Ordnung dar. Die dauerhaft präsente Auseinandersetzung um Respektabilität erzeugt eine

> »virulente Spaltung innerhalb dieser Klasse, wodurch jede Form von interner Solidarität besonders schwierig wird. [...] Die herrschende Wertehierarchie der ›Würde‹ [...] schiebt nicht nur die Schuld für die ›Unwürdigkeit‹ aller auf jeden einzelnen, sondern spaltet und trennt auch die Klasse als Ganze und in ihr jede Familie, jede Nachbarschaft und im Extremen jedes Individuum in zwei unversöhnliche Feinde« (ebd.).

Das ›Scheitern‹ der Marginalisierten wird nicht als Effekt der sozialen Position verstanden, sondern den Akteuren als pathologische Eigenschaft zugeschrieben. Auch bei den Marginalisierten selbst findet sich diese Denkweise. Dadurch legitimieren und stabilisieren sie die soziale Ordnung, der sie unterworfen sind. Mit James Scott (1985) kann man vom *»ideological support«* der Marginalisierten sprechen. Da auch sie die Logik übernommen haben, Betroffene als Schuldige (»Fauler Arbeitsloser«; Erwerbslose als Sozialschmarotzer etc.) zu verstehen, wird Marginalisierung zu einer Frage von Fleiß oder Faulheit, Ehrlichkeit oder Unehrlichkeit, Disziplin oder Sichgehenlassen. Indem die

> »Beherrschten auf das sie Beherrschende die Schemata anwenden, die Produkt der Herrschaft sind oder [...], wenn ihre Gedanken und ihre Wahrnehmungen die gleiche Struktur haben, wie die ihnen aufgezwungenen Herrschaftsbeziehungen, können ihre Erkenntnisakte nur Verkennungs- und Unterwerfungsakte sein« (Bourdieu 2005, 27 f.).

Aus dieser (unfreiwilligen) Anerkennung der herrschenden Ordnung erklärt sich die »höchst erstaunliche Leichtigkeit, mit der die Herrschenden ihre Herrschaft« (Bourdieu 1998, 119) umsetzen können. Die zugewiesene Position der Scham und der Entwürdigung wird häufig bruchlos übernommen. Die Ambivalenz des Bewusstseins ist somit dezidiert auch eine Politische: Als Beschämte und Entwürdigte äußern sie zwar eine (theoretische) Kritik, zeigen sich jedoch meist weder widerständig noch entwickeln sie Formen des kollektiven Aufbegehrens. Zwar gibt es klare Vorstellungen von Ungerechtigkeit, Herrschaft und sozialen Ungleichheiten mit Bezug auf die »da oben«, zugleich nehmen sich die Marginalisierten trotz ihrer Zahl als machtlos wahr. Der Weg zur Anerkennung läuft einerseits ausschließlich über die hegemoniale Vorstellung von Respektabilität (Leistung) und ein Reklamieren unsichtbar gebliebener Aktivitäten als anerkennungswürdige »Leistung«. Andererseits verläuft er über die Abgrenzung von »den anderen Marginalisierten«, von jenen, die gesellschaftlich als *underserving poor* und damit von den Marginalisierten nicht zur eigenen Gruppe gehörend klassifiziert werden.

All dies soll weder der Legitimierung der Ordnung dienen noch der Entlastung der Herrschenden. Die Marginalisierten haben in einer auf Herrschaft und Ausbeutung gründenden Welt kaum eigenen Spielraum. Das Perfide in der Übernahme der herrschenden Klassifikationsformen liegt darin, dass sie als Marginalisierte am meisten von dieser Ordnung betroffen sind, dieser jedoch folgen und sie bestärken. Durch den Fokus auf Eigenverantwortung werden Verteilungskämpfe und Fragen nach Ausschlüssen gar nicht erst thematisiert bzw. die zugrundeliegenden Strukturen der kapitalistischen Produktionsweise als unveränderbar angesehen. Auch wird dadurch die Rolle des Staates (und von Parteien und Gewerkschaften) nicht betrachtet und deren Verantwortung nicht gesehen. Da die Marginalisierten selbst für ihre Lage verantwortlich seien, müsse sich der Staat nicht um sie kümmern. Die Fokussierung auf das individuelle Verhalten verhindert Solidarität und rechtfertigt Kontrolle, Macht und Herrschaft gegen »die da unten« und trägt so zur Reproduktion von Klassen- und Herrschaftsverhältnissen bei.

11.3 Politische Handlungsmacht der Marginalisierten

Die Ambivalenz des Bewusstseins sowie die faktisch schwache Realität der Klasse führen dazu, dass die Befragten nicht »automatisch« einen gefestigten Standpunkt ausbilden. Generell führt eine soziale Lage oder Erfahrung ohnehin nicht zu einem einheitlichen politischen Bewusstsein. Man muss sich davor hüten, zu glauben, die stärkste Form der Marginalisierung führe zum größten Bewusstsein der Marginalisierung und zur schärfsten Aktion dagegen. Im Gegenteil bildet das Wissen über die eigene Position keine hinreichende Grundlage, soziale Veränderungen anzustreben. Vielmehr kann es sogar so sein, dass die Kluft zwischen der Erkenntnis der Verhältnisse und deren subjektiver Bearbeitung unüberbrückbar erscheint. Veränderungswille und politische Handlungsmacht entstehen nicht naturwüchsig aus einer marginalisierten Position. Vielmehr ist es »eben nicht so, daß Armut und Elend allein schon zu einen bewußten, überlegten aktiven Protest führen müßten« (Hess / Mechler 1973, 184).

Die Befragten haben, auch wenn sie wenig besitzen, doch viel zu verlieren. Jeder Euro weniger und jede kleine negative Veränderung können unmittelbar bedeutsam werden. Somit wird Veränderungswille nachhaltig gehemmt. Die Frage der politischen Praxis ist differenzierter.

Erscheinungsformen politischer Ohnmacht

Die Befragten verstehen die Gesellschaft als durchzogen von Klassengegensätzen. Doch führen weder ihr dichotomes Gesellschaftsbild noch ihre Abgrenzung zu »denen da oben« zu einer Organisierung oder schlagen sich in Aktivismus nieder. Zwar sind sie sich sozialer Ungerechtigkeit bewusst, dennoch erlangt ihr Unrechtsempfinden keine Handlungswirksamkeit. Erfahrungen der Abhängigkeit, Überflüssigkeit und Machtlosigkeit führen dazu, dass sich die meisten Marginalisierten ausschließlich als Objekt wahrnehmen.

Dieser Gedanke wurde (auch auf Seiten der politischen Linken und kritischer Soziologie) aufgenommen und um die Behauptung der *allgemein* fehlenden Handlungsmacht der Marginalisierten ergänzt. Der Anomie-Vorwurf geht häufig mit einer allgemeinen Abwertung der »Unterklassen« als nicht organisier- und politikfähig einher. Die Vorstellung einer »arbeiterlichen« Identität in Abgrenzung zu einem zweifelhaften »Lumpenproletariat« durchzieht die gesamte Geschichte selbst progressiver Politik (Wimmer 2021, 55 ff.). Es dominiert dabei ein eingeschränkter und eindimensionaler Blick auf politisches Handeln, der häufig nur Organisationen wie Verbände, Gewerkschaften oder Parteien sieht. Solche organisationalen Vereinigungen bilden, zumindest nach vorherrschender Meinung, die Struktur, in der Engagement und Politik stattfinden.

Folgt man dieser Vorstellung, ist niemand der Befragten engagiert oder politisch aktiv. Unter ihnen finden sich keine Vereins- oder Parteimitglieder. Erfahrungen politischer Kollektivität gibt es kaum. Viel eher zeigt sich eine Tendenz zur (partei-)politischen Resignation bzw. Frust über die herrschende Politik. Sie wird als abgehobene Sphäre beschrieben. Die Befragten zweifeln grundsätzlich an der Möglichkeit sozialer Veränderung. Ihnen ist bewusst, dass die »Eliten« überhaupt kein Interesse an einer Hebung und Verbesserung ihrer Lebensverhältnisse haben. Beklagt wird darüber hinaus der Verlust einer verbindenden Sprache. Für die Befragten erscheint das politische Vokabular als fremd, phrasenhaft und bedeutungslos. In den Gesprächen habe ich ein deutliches Misstrauen, wenn nicht gar Feindseligkeit gegenüber den Institutionen und politischen Machtinstanzen gespürt. Dies könnte Ausgangspunkt für eine Protestbewegung sein, korrespondiert jedoch mit der Vorstellung einer allgemein geteilten Position der Machtlosigkeit. So antwortet Achim Ganz auf die Frage, ob die Gesellschaft verändert werden kann: *»Ob sich da was ändern tut? Ich glaub eher, da wird sich nix ändern. Weil was soll sich da ändern in der Gesellschaft heut.«* Neben seine biografische Hoffnungslosigkeit tritt ein sozialer Fatalismus. Die Mehrheit der Befragten glaubt weder an die Möglichkeit sozialen Wandels noch (in größerem Ausmaß) daran, selbst Anteil daran zu haben. *»Ja ich finde das, ich habe keine Einfluss auf Politik, muss ich schon sagen«*, so Karol Schestag. Die politische Machtlosigkeit schlägt teilweise in Apathie um. *»Ick lass die Parteien machen, was sie wollen. Ick bin ein Nichtwähler«*, so Stefan Blaumann. Die (politische) Ohnmacht der Befragten scheint vollkommen. Die Folgen der marginalisierten Klassenposition (Vereinzelung, Kommunikationsverlust und politische Lethargie) erschweren die Möglichkeit einer kollektiven Handlungsmacht – vielmehr stehen sie der »Entwicklung aktiver Solidarität feindlich« (Hess / Mechler 1973, 184) gegenüber.

Was als politische Ohnmacht erscheint, ist nicht gleichbedeutend mit politischer Inaktivität. Zahlreiche Studien haben darauf hingewiesen, wie arme oder marginalisierte Menschen ihr Leben gestalten (Marquardsen 2012; Rein 2017; Rein/Scherer 1993; Voigtländer 2015; Weißmann 2016). So berichten auch zahlreiche Befragte, dass sie tagespolitische Themen regelmäßig verfolgen und sich informieren.

Es gibt keine einheitliche politische Stoßrichtung. Aus der breit geteilten Gesellschaftskritik leiten sich unterschiedliche Überzeugungen ab. Während einzelne Befragte autoritäre Ansichten vertreten und als tendenziell Konservative Sicherheit in Autorität und Hierarchien suchen, teilen Andere progressive Überzeugungen und wünschen sich soziale und politische Partizipation. Die politischen Überzeugungen der Befragten reichen von der Selbstpositionierung als *»linksradikal«* (Friedrich Linke) bis hin zu Sympathien für nationalistische Parteien wie DSU oder AfD (Enrico Braun) sowie Aktivitäten im militanten Nazismus (Markus Nordkreuz). Ebenso finden sich individualistische Vorstellungen (Anett Schäfer) neben kollektiven und solidarischen Ansätzen (Clara Lichtenstein). Es gibt keine Tendenz für bestimmte politische Ideen. Es ist daher wichtig, Politik neben der Klassenposition als relativ autonome Sphäre zu betrachten (Vester 2006, 15).

Das Politikverständnis der Befragten zeigt sich größtenteils individuell. Darin spiegelt sich zweifellos das breit geteilte Bewusstsein der Leistungsorientierung. Deutlich wird dies etwa an Anett Schäfer. Befragt nach sozialem Wandel beschreibt sie diesen als grundsätzlich *»sehr wünschenswert [lacht]. Aber da müsste jeder bei sich selber anfangen. Jeder muss sich bilden so gut er kann und nicht nur RTL II gucken.«* Der Idealvorstellung wird die Realität der »ungebildeten Fernsehzuschauer« gegenübergestellt. Für sie ist der politische Unwille der »anderen« Erwerbslosen Grundlage dafür, dass es zu keinen Verbesserungen kommt. Veronica Mittermeier ergänzt auf die Frage, ob Veränderung möglich sei: *»Wenn jeder seinen Teil dazu beiträgt, ja. Jeder kann seinen kleinen Teil dazu beitragen.«* Auch bei ihr wird Politik als Effekt des persönlichen Verhaltens verstanden. In dieser Vorstellung gerät kollektive Macht jedoch aus dem Blick.

Es finden sich (wenn überhaupt) individuelle Widerstandspraktiken. Dieser »stumme Protest« (Piven/Cloward 1986) in Form eines alltäglichen und häufig unorthodoxen Querstellens ermöglicht bestenfalls kurzfristige Verbesserungen, was Markus Nordkreuz veranschaulicht. Er soll (ohne Arbeitsvertrag) für einen privaten Subunternehmer Renovierungsarbeiten durchführen. Seine Kollegen und er werden aber nicht bezahlt: *»Kein Mensch hat Geld gesehen [3sec]. Der Auftraggeber hat meinem Auftraggeber das Geld bezahlt und der ist weg.«* Drastisch will sich Nordkreuz dagegen wehren:

»Aber [2sec], ick sag mir immer, man sieht sich immer zweimal wieder [lacht]. Jetzt hab ich meinem Arbeitgeber, der mir das Geld weggenommen hat, hab ick 'ne SMS geschrieben und hab gesagt [...], wenn du uns nicht bis dann und dann das Geld zahlst, dann [klopft auf Tisch] werden wir dich anzeigen. Mal gucken, ob er einlenkt. Er hat jetzt Zeit bis zum 15. und dann werden wir sehen. Wenn nicht, weiß ich auch, wo er wohnt. Er hat ein fettes Auto, dann hat er halt jeden Tag vier kaputte Reifen und das wird teuer. Aber soweit denken die Leute nicht, aber ick schon [klopft sich auf die Brust]. Ick steh jeden Morgen auf, ick fahr da hin, ick mach ihm die Autoreifen kaputt, das ist kein Problem für mich. Weil ick lass mir das nicht gefallen.«

Deutlich wird, dass Nordkreuz die Ungerechtigkeit aus einer Logik der Affektivität heraus beschreibt. Seine Empörung richtet sich gegen die *»Gier«* seines Auftraggebers. Solche Aussagen verweisen auf eine aufscheinende Quelle radikaler Sozialkritik, bleiben jedoch individualistisch. Ziel ist die Einschüchterung, nicht die ökonomische Organisation, die auf (Über-)Ausbeutung beruht und die vollständig umzuwandeln wäre. Seine Vorstellungen gleiten direkt in Kriminalität ab. Unumwunden legt er dar, seine Ansprüche auch in Eigenjustiz durchzusetzen. Bedrohung und Sachbeschädigung erscheinen ihm geeignete Mittel zu sein und bilden Elemente einer eigenen Vorstellungswelt. Ohnehin in der *»Schwarzarbeit«* scheint es für ihn problemlos möglich zu sein, in der Illegalität zu verbleiben und darüber Gerechtigkeit zu erlangen. Die Vorstellung, seinen nicht ausbezahlten Lohn mit der Hilfe von Anwälten oder Gewerkschaften einzufordern, ist ihm fremd, die *»kaputten Reifen«* seines Auftraggebers erscheinen als geeignetere Maßnahme. Daraus resultiert ein seiner Situation angepasster Realismus, der seine Aktion nachvollziehbar werden lässt. Sie kann als Versuch verstanden werden, aus einer »Opfer-Rolle« herauszutreten. Gleichzeitig fördert diese Widerstandspraxis Vereinzelung. Selbst seine auch um den Lohn geprellten Kollegen kommen in seiner Erzählung nicht mehr vor, was kollektive Absicherung erschwert. Solche Aktionen bleiben »einsame Widerstandsversuche« ohne kollektive Macht (Scott 1985).

Informelle Solidarität und »moralische Ökonomie«

Finden sich jenseits solcher Versuche Formen gemeinschaftlichen Handelns? Einige Befragte sind durchaus unterschiedlich aktiv. Sie lassen sich ungeachtet ihrer Marginalisierung nicht auf die Zuschreibung der Passivität festlegen. Genannt wurden Protestmobilisierungen, gegenseitige Beratung, konkrete Unterstützung, Gespräche mit Abgeordneten oder die Suche nach Hilfe durch Nichtregierungsorganisationen. Dazu gehört auch karitatives Engagement in Kirchengemeinden oder die Unterstützung anderer Marginalisierter (in der Diakonie, in Unterkünften etc.). Diese Politikformen sind für Außenstehende häufig unsichtbar und nicht so eindeutig wie etwa Vereinsarbeit oder eine Gewerkschaftsmitgliedschaft. So betonen Clara Lichtenstein, Friedrich Linke und Sabrina Jung die Bedeutung von solidarischem Handeln, Aufklärungsarbeit sowie von Verständnis und gegenseitiger Hilfe – unabhängig von Institutionen oder formellen Mitgliedschaften. Bei Linke und Jung werden in diesem Zusammenhang explizit besetzte Häuser, Wagenburgen und autonome Zentren angesprochen, in denen sie sich mit anderen Menschen austauschen können sowie konkrete Unterstützung erfahren. Solche Politikformen können bedeuten, Einfluss zu nehmen und eine Gegenmacht von unten zu entfalten. Die Praktiken orientieren sich an den Formen der Erwerbsloseninitiativen und -organisationen, die sich vor allem ab den 1970er Jahren gegründet haben und zwischen politischer Interessenvertretung und Selbstorganisation, fachlicher Beratungs- und Sozialarbeit und der Bereitstellung von Begegnungs-, Informations- und Vermittlungsmöglichkeiten changieren und sich in ihrem Professionalisierungsgrad deutlich unterscheiden (Rein/Scherer 1993). Harald Rein (2017) und Friedhelm Wolski-Prenger (1993) haben diese Bewegung ausführlich beschrieben.

Kann dies ein Ansatzpunkt für Politisierungsprozesse der Marginalisierten sein? Eine Möglichkeit, einen sozialen Ort der kollektiven Bearbeitung ihrer Marginalisierung zu schaffen, scheint mir darin zu bestehen, von einem Begriff von sozialen Auseinandersetzungen und Klassenkämpfen auszugehen, der »von moralischen Unrechtsempfindungen seinen Ausgang« (Honneth 2014, 259) und die »normativen Voraussetzungen des Konfliktverhaltens sozialer Unterschichten breiter und angemessener in den Blick« (ebd., 266) nimmt. Der soziale Konflikt bedeutet für die Marginalisierten die Verletzung impliziter Regeln sowie die Aberkennung ihrer Respektabilität. Ihr politisches Handeln basiert auch auf normativen Vorstellungen. Anschließend an Edward P. Thompson kann die *moral economy* als Grundlage für die Beweggründe der unteren Klassen überhaupt zu kämpfen, verstanden werden. Diese umfasst egalitäre Wertvorstellungen der breiten Bevölkerungsmehrheit. Bei Thompson fallen darunter Ideen von angemessenen Preisen für Grundnahrungsmittel, traditionelle Moral-, Sittlichkeits- und »Legitimationsvorstellungen« (Thompson 1980, 69) sowie überlieferte Bräuche und Rechte der Bevölkerung. Die »moralische Ökonomie« kann als ein aus der Erinnerung geschöpfter Konsens der Bevölkerungsmehrheit im 18./19. Jahrhundert verstanden werden, die ihr »Recht auf Existenz« (Meyer 1985, 20) gegen die neue, auf Warenbeziehungen beruhende Ordnung verteidigen wollte, die nicht nur als falsch, sondern auch als moralisch illegitim betrachtet wurde. Es ging daher auch nicht in erster Linie um mehr Geld (innerhalb der Lohnarbeit), sondern um Würde und Gerechtigkeit sowie um die Möglichkeit, das Leben jenseits der »Ökonomie des Lohns und vom kapitalistischen Arbeitszwang unabhängig« (Meyer 1999, 206) zu gestalten. So gewinnt die »moralische Ökonomie« auch für aktuelle Auseinandersetzungen (Sachweh/Hilmar 2020) sowie für die Befragten an Bedeutung. Fragen nach der Existenzsicherung bzw. der Anerkennung von Respektabilität sind auch für sie zentral. Auch die moralischen Vorstellungen der Befragten gründen auf breit geteilten Gerechtigkeitsvorstellungen und müssen eingebettet in einem Horizont gemeinsamer Normen und Werte verstanden werden.

Die historische »moralische Ökonomie« nahm eine Zwischenstellung zwischen der zünftischen Struktur und der neuen privatwirtschaftlichen Form ein. Zwar stand sie »antagonistisch zum kapitalistischen Akkumulations- und Verwertungsprozeß« (Meyer 1999, 205), jedoch bezogen sich Aktionen, die auf ihr gründeten (z. B. Preisfestsetzungen), legitimatorisch auf die »moralische Solidarität« vergangener Gesellschaftsformationen. Diese Zwischenstellung mag sich in der politisch widersprüchlichen Stoßrichtung der Gesprächspartner*innen spiegeln. Genau darin besteht aber der Erkenntnisgewinn der »moralischen Ökonomie« und die Möglichkeit der Politisierung. Bereits der »Kommunismus« im Vormärz war »keine Utopie und auch kein rückwärtsgewandtes Ideal [...]. Kommunismus hieß die revolutionäre Forderung nach Existenzgarantien« (ebd., 211) und somit notwendigerweise die Zerstörung der kapitalistischen Gesellschaft (ders. 1985, 20). Auch die »moralische Ökonomie« der Befragten setzt an ihren konkreten Bedürfnissen an. Der Vorteil der Beschäftigung mit ihr besteht »vornehmlich darin, dass Ungleichheit nicht als abstrakter und quantitativer Verteilungsstandard gesehen wird, sondern [, dass] man sich den normativen Aufladungen des Feldes knapper aber begehrter Güter und Positionen zuwendet« (Mau 2004, 179). Will man Menschen motivieren, sich zu engagieren, ist es wichtig, von ihren konkreten Erfahrungen auszugehen und diese ernst zu nehmen. Von diesem Punkt besteht die sozialtheoretische Bedeutung und politische Möglichkeit der »moralischen Ökonomie« darin, gegen kapitalistische *doxa* (Meritokratie, Anstand, Arbeitszwang etc.) Alternativen aufzuzeigen, die neue soziale Lebens- und Wissensformen (jenseits der Lohnarbeit) beinhalten. Die Rationalität der kapitalistischen Ökonomie steht der Rationalität der »moralischen Ökonomie« diametral entgegen. Sie gehorchen unterschiedlichen Logiken: Während im Kapitalismus die schranken- und endlose Profitsteigerung Ausgangspunkt und Ziel allen Handelns darstellt, gründet die »moralische Ökonomie« auf den menschlichen Lebensbedingungen. Sie erinnert daran, dass es unbedingte Anrechte von Menschen gibt, die weder von Herkunft oder Klassenposition noch von Verhaltensweisen abhängig gemacht werden dürfen. Es ist daher auch mehr als ein Wortspiel, die »moralische Ökonomie« der »politischen Ökonomie« gegenüberzustellen, die seit der Aufklärung mit dem Anspruch angetreten ist, die Gesellschaft »rational« zu gestalten.

Es wäre falsch zu behaupten, »Moral« stehe allen Gesellschaftsmitgliedern gleichsam zur Verfügung und könne als alleinige Orientierung dienen. Die Erinnerung an die *moral economy* bedeutet nicht, dass alle »ökonomischen Akteure sich vorweg als Mitglieder einer kooperativen Gemeinschaft anerkannt haben müssen« (Honneth 2011, 349). Angesichts massiver sozialer Ungleichheit bleibt dies eine rein philosophische Position und ein unbestimmter Anspruch. Eine solche wechselseitige Anerkennung setzt einen Rahmen voraus, der »gerechte

Ansprüche« für alle ermöglichen würde. Der Kampf um Respektabilität stellt jedoch genau diesen Rahmen in Frage und fordert seine Neujustierung oder -etablierung. Der Bezug auf die »moralische Ökonomie« darf nicht dazu führen, das Kind mit dem Bade auszuschütten, also die kapitalistische Produktionsweise zu vergessen. Vielmehr geht es um die Erkenntnis der Bedingungen der Möglichkeit von Aktivität der Marginalisierten.

Marginalisierung kann zu »moralischer Empörung«, zu Solidarität, zu Protest oder zu individuellen Gegenreaktionen führen – wenn auch selten. Bei den politisch aktiven Befragten handelt es sich um eine Minderheit. Jedoch könnte die Politisierung mit Bezug auf die »moralische Ökonomie« dazu führen, dass sich alternative Bewusstseinsstrukturen ausbilden, die es ermöglichen, Gesellschaft eben nicht bereits in Kategorien der Herrschaft zu verstehen, sondern diese zunächst zu hinterfragen und dann auch praktisch herauszufordern. Als Vermittlung können politische Leitlinien und intellektuelle Bezugssysteme dienen, anhand derer die sozialen Verhältnisse interpretiert und verarbeitet werden.

Es darf nicht darum gehen, Marginalisierte für eine Sache einzubinden, sondern von ihren Auseinandersetzungen auszugehen und sich an ihnen zu beteiligen. Emanzipatorische Klassenpolitik für und mit der marginalisierten Klasse bedeutet demnach zunächst, Deutungsangebote zu erarbeiten, anhand derer Marginalisierte als bewusst handelnde Klassensubjekte in soziale Konflikte eingreifen können. Das kann ein weites Spektrum an mehr oder minder zielgerichteten Aktivitäten beinhalten. Das bedeutet zudem auch, keine Angst vor Widersprüchen zu haben. Es wurde deutlich, dass, wenn in der marginalisierten Klasse (subtil oder offen) Widerstand gegen die soziale Ordnung artikuliert wurde, es sich nicht um eine saubere Angelegenheit handelt.

All dies macht es für eine Politik, die die Bedingungen sozialer Marginalisierung aufheben möchte, nicht leicht. Die »Herausforderung für herrschaftskritische Praxis« (Bescherer 2018, 16) besteht darin, »Wege der Ansprache und Mobilisierung zu finden, die die Erfahrung dieser sozialen Lagen nicht verunglimpft, ihr aber auch nicht unkritisch begegnet« (ebd.). Es gilt, an demokratische Potenziale kritischer Einstellungen anzuknüpfen und sie in eine emanzipatorische Kritik zu transformieren. Es geht vor allem darum, diese Kritik einer personalisierenden oder nationalistischen (und potenziell antisemitisch konnotierten) Interpretation zu entziehen.

Es gilt daran zu erinnern, dass mit der Kritik der kapitalistischen Klassengesellschaft die Möglichkeit einer Gesellschaft der Freien und Gleichen verbunden ist. Jedes Reden von Klasse bedarf der Affirmation der klassenlosen Gesellschaft. Da Klassenverhältnisse Gewaltverhältnisse sind, bedeutet dies schlussendlich, dass die Aufhebung sozialer Marginalisierung die Aufhebung der kapitalistischen Verhältnisse mitsamt ihrer ökonomischen und symbolischen Gewalt selbst voraussetzen würde.

Literatur

Achatz, Juliane (2008): Die Integration von Frauen in Arbeitsmärkten und Organisationen. In: Sylvia Marlene Wilz (Hg.): Geschlechterdifferenzen – Geschlechterdifferenzierungen. Wiesbaden, 105–138.

Achinger, Hans; Archinal, Siegrid; Bangert, Wilhelm (1952): Reicht der Lohn für die Kinder. Frankfurt/M.

Adorno, Theodor W. (1979): Reflexionen zur Klassentheorie. In: Ders.: Soziologische Schriften I. Frankfurt/M., 373–391.

Agamben, Giorgio (2019): Homo sacer. Die souveräne Macht und das nackte Leben. Frankfurt/M.

Alderson, Arthur S.; Beckfield, Jason; Nielsen, François (2005): Exactly How Has Income Inequality Changed? In: International Journal of Comparative Sociology 46(5-6), 405–423.

Alheit, Peter; Dausien, Bettina (1985): Arbeitsleben. Eine qualitative Untersuchung von Arbeiterlebensgeschichten. Frankfurt/M.

Alleweldt, Erika (2016): Sozialstrukturierung von Freundschaft und soziale Ungleichheit. In: Janosch Schobin et al. (Hg.): Freundschaft heute. Bielefeld, 107–116.

Alleweldt, Erika; Leuschner, Vincenz (2004): Freundschaften auf der Straße. Marginalisierung, Ausgrenzung und Freundschaftsbeziehungen bei jungen Menschen mit Lebensmittelpunkt Straße. In: Berliner Journal für Soziologie 14(3), 339–356.

Allex, Anne; Kalkan, Dietrich (Hg.) (2009): Ausgesteuert – ausgegrenzt ... angeblich asozial. Neu-Ulm.

Altreiter, Carina (2019): Woher man kommt, wohin man geht. Über die Zugkraft der Klassenherkunft am Beispiel junger IndustriearbeiterInnen. Frankfurt/M.

Altvater, Elmar; Mahnkopf, Birgit (2002): Globalisierung der Unsicherheit. Arbeit im Schatten, schmutziges Geld und informelle Politik. Münster.

Andreß, Hans Jürgen; Krüger, Anne; Sedlacek, Bronia Katharina (2004): Armut und Lebensstandard. Zur Entwicklung des notwendigen Lebensstandards der Bevölkerung 1996–2003. Köln.

Ariès, Philippe (2014): Geschichte der Kindheit. München.

Aulenbacher, Brigitte; Meuser, Michael; Riegraf, Birgit (2012): Soziologische Geschlechterforschung. Eine Einführung. Wiesbaden.

Aulenbacher, Brigitte et al. (Hg.) (2017): Leistung und Gerechtigkeit. Das umstrittene Versprechen des Kapitalismus. Weinheim.

Auletta, Ken (1982): The Underclass. New York.

Ayaß, Wolfgang (1992): Das Arbeitshaus Breitenau. Bettler, Landstreicher, Prostituierte, Zuhälter und Fürsorgeempfänger in der Korrektions- und Landarmenanstalt Breitenau (1874–1949). Kassel.

Bahnmüller, Reinhard (1981): Die ohnmächtige Wut. Soziale Lage und gesellschaftliches Bewußtsein von männlichen Arbeitslosen mit qualifizierten Berufsabschluß. Frankfurt/M.

Balsen, Werner et al. (1984): Die neue Armut. Ausgrenzung von Arbeitslosen aus der Arbeitslosenunterstützung. Köln.

Barlösius, Eva; Ludwig-Mayerhofer, Wolfgang (Hg.) (2001): Die Armut der Gesellschaft. Opladen.

Bataille, Georges (2007): La part maudite. Paris.

Bauman, Zygmunt (2009): Leben als Konsum. Hamburg.

Bauman, Zygmunt (2015): Verworfenes Leben. Die Ausgegrenzten der Moderne. Hamburg.

Baumann, Ulrich (1979): Handlungsperspektiven und politische Einstellungen arbeitsloser Jugendlicher. Frankfurt/M.

Baxandall, Phineas (2000): The Communist Taboo against Unemployment. Ideology, Soft-budget Constraints, or the Politics of De-stalinization? In: East European Politics and Societies 14(3), 597–635.

Beck, Ulrich (1986): Risikogesellschaft. Auf dem Weg in eine andere Moderne. Frankfurt/M.

Becker-Schmidt, Regina (1982): Lebenserfahrung und Fabrikarbeit: psychosoziale Bedeutungsdimensionen industrieller Tätigkeit. In: Kölner Zeitschrift für Soziologie und Sozialpsychologie (Sonderheft 24), 297–312.

Becker-Schmidt, Regina (1983): Arbeitsleben – Lebensarbeit. Konflikte und Erfahrungen von Fabrikarbeiterinnen. Bonn.

Becker-Schmidt, Regina; Knapp, Gudrun-Axeli (Hg.) (1995): Das Geschlechterverhältnis als Gegenstand der Sozialwissenschaften. Frankfurt/M.

Bell, Daniel (1975): Die nachindustrielle Gesellschaft. Frankfurt/M.

Benjamin, Walter (1980): Über den Begriff der Geschichte. In: Ders.: Gesammelte Schriften. Band I.2. Frankfurt/M., 691–704.

Bensaïd, Daniel (2009): Marx for our times. Adventures and misadventures of a critique. London.

Benz, Benjamin (2012): Armut im Familienkontext. In: Ernst-Ulrich Huster et al. (Hg.): Handbuch Armut und Soziale Ausgrenzung. Wiesbaden, 434–452.

Bergmann, Joachim et al. (1969): Herrschaft, Klassenverhältnis und Schichtung. In: Theodor W. Adorno (Hg.): Spätkapitalismus oder Industriegesellschaft? Stuttgart, 67–87.

Bescherer, Peter (2013): Vom Lumpenproletariat zur Unterschicht. Produktivistische Theorie und politische Praxis. Frankfurt/M.

Bescherer, Peter (2018): Deklassiert und korrumpiert: Das Lumpenproletariat als Grenzbegriff der politischen Theorie und Klassenanalyse von Marx und Engels. In: Ethik und Gesellschaft 1, 1–19.

Bien, Walter; Lange Andreas (2005): Zu wenig und die »Falschen«? Kinderlosigkeit als komplexes Bedingungsgeflecht. In: DJI Bulletin 70, 3.

Bittlingmayer, Uwe H. (2002): Transformation der Notwendigkeit. Prekarisierte Habitusformen als Kehrseite der »Wissensgesellschaft«. In: Ders. et al. (Hg.): Theorie als Kampf? Wiesbaden, 225–254.

Bundeskriminalamt (BKA) (2020): Partnerschaftsgewalt. Kriminalstatistische Auswertung – Berichtsjahr 2019. Wiesbaden.

Blasius, Joerg; Winkler, Joachim (1989): Gibt es die »feinen Unterschiede«? Eine empirische Überprüfung der Bourdieuschen Theorie. In: Kölner Zeitschrift für Soziologie und Sozialpsychologie 41(1), 72–94.

Bodenmüller, Martina (1998): Die Szene wird zur Ersatzfamilie. Wohnungslosigkeit von Mädchen und jungen Frauen. In: SOZIALEXTRA 9, 5–7.

Bodenmüller, Martina (2020): Wohnungslosigkeit von Frauen – auch ein Armutsphänomen. In: Regina-Maria Dackweiler, Alexandra Rau und Reinhild Schäfer (Hg.): Frauen und Armut. Opladen, 361–381.

Böhnke, Petra (2006): Marginalisierung und Verunsicherung. Ein empirischer Beitrag zur Exklusionsdebatte. In: Heinz Bude und Andreas Willisch (Hg.): Das Problem der Exklusion. Hamburg, 97–120.

Böhnke, Petra (2006a): Am Rande der Gesellschaft. Opladen.

Bohnsack, Ralf (1997): »Orientierungsmuster«. Ein Grundbegriff qualitativer Sozialforschung. In: Folker Schmidt (Hg.): Methodische Probleme der empirischen Erziehungswissenschaft. Baltmannsweiler, 49–61.

Bohnsack, Ralf (2007): Rekonstruktive Sozialforschung. Einführung in Methodologie und Praxis qualitativer Forschung. Opladen.

Bohnsack, Ralf; Nentwig-Gesemann, Iris; Nohl, Arnd-Michael (Hg.) (2007): Die dokumentarische Methode und ihre Forschungspraxis. Grundlagen qualitativer Sozialforschung. Wiesbaden.

Bohnsack, Ralf; Nentwig-Gesemann, Iris; Hoffmann, Nora Friederike (2019): Typenbildung und Dokumentarische Methode. In: Jahrbuch Dokumentarische Methode 1(1), 17–50.

Bourdieu, Pierre (1974): Zur Soziologie der symbolischen Formen. Frankfurt/M.
Bourdieu, Pierre (1979): Entwurf einer Theorie der Praxis. Auf der ethnologischen Grundlage der kabylischen Gesellschaft. Frankfurt/M.
Bourdieu, Pierre (1981): Titel und Stelle. Über die Reproduktion sozialer Macht. Frankfurt/M.
Bourdieu, Pierre (1983): Ökonomisches Kapital, kulturelles Kapital, soziales Kapital. In: Soziale Ungleichheiten. Soziale Welt (Sonderband 2), 183–198.
Bourdieu, Pierre (1985): Sozialer Raum und »Klassen«. Leçon sur la leçon. Frankfurt/M.
Bourdieu, Pierre (1987): Die feinen Unterschiede. Kritik der gesellschaftlichen Urteilskraft. Frankfurt/M.
Bourdieu, Pierre (1989): Satz und Gegensatz. Über die Verantwortung des Intellektuellen. Berlin.
Bourdieu, Pierre (1989a): Antworten auf einige Einwände. In: Klaus Eder (Hg.): Klassenlage, Lebensstil und kulturelle Praxis. Frankfurt/M., 395–410.
Bourdieu, Pierre (1990): Die biographische Illusion. In: BIOS 1, 75–81.
Bourdieu, Pierre (1992): Rede und Antwort. Frankfurt/M.
Bourdieu, Pierre (1993): Sozialer Sinn. Kritik der theoretischen Vernunft. Frankfurt/M.
Bourdieu,Pierre (1997): Die männliche Herrschaft. In: Irene Dölling und Beate Krais (Hg.): Ein alltägliches Spiel. Frankfurt/M., 153–217.
Bourdieu, Pierre (1997a): Pierre Bourdieu im Gespräch. Die feinen Unterschiede. In: Franzjörg Baumgart (Hg.) Theorien der Sozialisation. Bad Heilbrunn, 206–216.
Bourdieu, Pierre (1998): Praktische Vernunft. Zur Theorie des Handelns. Frankfurt/M.
Bourdieu, Pierre (1998a): Wortmeldungen im Dienste des Widerstands gegen die neoliberale Invasion. Konstanz.
Bourdieu, Pierre (2000): Die zwei Gesichter der Arbeit. Interdependenzen von Zeit- und Wirtschaftsstrukturen am Beispiel einer Ethnologie der algerischen Übergangsgesellschaft. Konstanz.
Bourdieu, Pierre (2004): Der Staatsadel. Konstanz.
Bourdieu, Pierre (2005): Die männliche Herrschaft. Frankfurt/M.
Bourdieu, Pierre (2011): Der Tote packt den Lebenden. Hamburg.
Bourdieu, Pierre (2016): Die Regeln der Kunst. Genese und Struktur des literarischen Feldes. Frankfurt/M.
Bourdieu, Pierre; Wacquant, Loïc (1996): Reflexive Anthropologie. Frankfurt/M.
Bourdieu, Pierre et al. (1997): Das Elend der Welt. Zeugnisse und Diagnosen alltäglichen Leidens an der Gesellschaft. Konstanz.
Bourguignon, Francois (2001): Crime as a Social Cost of Poverty and Inequality: A Review Focusing on Developing Countries. In: Revista Desarrollo y Sociedad 44, 61–99.
Braverman, Harry (1977): Die Arbeit im modernen Produktionsprozeß. Frankfurt/M.
Brecht, Bertolt (1982): Das Verhör des Lukullus. In: Ders.: Gesammelte Werke. Band 4. Frankfurt/M., 1445–1486.
Bremer, Peter; Gestring, Norbert (1997): Urban Underclass – neue Formen der Ausgrenzung auch in deutschen Städten? In: PROKLA. Zeitschrift für kritische Sozialwissenschaft 27(106), 55–76.
Bretherton, Joanne (2017): Reconsidering Gender in Homelessness. In: European Journal of Homelessness 11(1), 1–21.
Brinkmann, Ulrich et al. (2006): Prekäre Arbeit. Ursachen, Ausmaß, soziale Folgen und subjektive Verarbeitungsformen unsicherer Beschäftigungsverhältnisse. http://library.fes.de/pdf-files/asfo/03514.pdf.
Brock, Ditmar (Hg.) (1989): Subjektivität im gesellschaftlichen Wandel. Umbrüche im beruflichen Sozialisationsprozeß. Weinheim.
Brock, Dimtar; Vetter, Hans-Rolf (1982): Alltägliche Arbeiterexistenzen. Soziologische Rekonstruktionen des Zusammenhangs von Lohnarbeit und Biographie. Frankfurt/M.
Brooks, Rachel (2009): Transitions from education to work. New perspectives from Europe and beyond. Basingstoke.

Büchner, Peter; Brake, Anna (Hg.) (2007): Bildungsort Familie. Transmission von Bildung und Kultur im Alltag von Mehrgenerationenfamilien. Wiesbaden.

Bude, Heinz (1998): Die Überflüssigen als transversale Kategorie. In: Peter A. Berger und Michael Vester (Hg.): Alte Ungleichheiten. Neue Spaltungen. Opladen, 363–382.

Bude, Heinz (2004): Das Phänomen der Exklusion. Der Widerstreit zwischen gesellschaftlicher Erfahrung und soziologischer Rekonstruktion. In: Mittelweg 36 13(4), 3–15.

Bude, Heinz (2008): Die Ausgeschlossenen. Das Ende vom Traum einer gerechten Gesellschaft. München.

Bude, Heinz (2014): Gesellschaft der Angst, Bonn.

Bude, Heinz; Willisch, Andreas (Hg.) (2006): Das Problem der Exklusion. Ausgegrenzte, Entbehrliche, Überflüssige. Hamburg.

Bundesarbeitsgemeinschaft Wohnungslosenhilfe (BAG W) (2019): Wohnungslosigkeit: Kein Ende in Sicht. BAG Wohnungslosenhilfe stellt aktuelle Schätzung für das Jahr 2018 vor. www.bagw.de/fileadmin/bagw/media/Doc/PRM/PRM_2019_11_11_Schaetzung_Zahl_der_Wohnungslosen.pdf.

Bundesarbeitsgemeinschaft Wohnungslosenhilfe (BAG W) (2020): Statistikbericht. Zur Lebenssituation von Menschen in den Einrichtungen und Diensten der Hilfen in Wohnungsnotfällen in Deutschland. www.bagw.de/fileadmin/bagw/media/Doc/STA/STA_Statistikbericht_2018.pdf.

Bundesministerium für Arbeit und Soziales (BMAS) (2021): Sechster Armuts- und Reichtumsbericht der Bundesregierung. www.armuts-und-reichtumsbericht.de/DE/Startseite/start.html

Burawoy, Michael (1985): The Politics of Production. London.

Busch, Anne (2013): Die Geschlechtersegregation beim Berufseinstieg – Berufswerte und ihr Erklärungsbeitrag für die geschlechtstypische Berufswahl. In: Berliner Journal für Soziologie 23(2), 145–179.

Bussard, Robert L. (1987): The ›dangerous class‹ of Marx and Engels: The rise of the idea of the Lumpenproletariat. In: History of European Ideas 8(6), 675–692.

Butterwegge, Christoph (2014): Krise und Zukunft des Sozialstaates. Wiesbaden.

Butterwegge, Christoph (2016): Armut in einem reichen Land. Wie das Problem verharmlost und verdrängt wird. Frankfurt/M.

Butterwegge, Christoph (2020): Die zerrissene Republik. Wirtschaftliche, soziale und politische Ungleichheit in Deutschland. Weinheim.

Butterwegge, Christoph (2021): Ungleichheit in der Klassengesellschaft. Köln.

Cardoso, Fernando Henrique (1970): Participacion social y desarrollo. La clase obrera y los »grupos marginales«. In: Boletin de La Escuela Latinoamericana de Sociologica 6, 50–61.

Castel, Robert (2000): Die Metamorphosen der sozialen Frage. Eine Chronik der Lohnarbeit. Konstanz.

Castel, Robert (2001): Die neue soziale Frage. In: Frankfurter Rundschau vom 3.9.2001.

Castel, Robert (2011): Die Krise der Arbeit. Neue Unsicherheiten und die Zukunft des Individuums. Hamburg.

Chassé, Karl August (2010): Unterschichten in Deutschland. Materialien zu einer kritischen Debatte. Wiesbaden.

Chen, Martha Alter (2005): Rethinking the informal economy: linkages with the formal economy and the formal regulatory environment. www.wider.unu.edu/publications/working-papers/research-papers/2005/en_GB/rp2005-10/.

Chen, Martha Alter; Carré, Françoise J. (Hg.) (2020): The informal economy revisited. Examining the past, envisioning the future. New York.

Clark, Terry Nichols; Lipset, Seymour Martin (1991): Are Social Classes Dying? In: International Sociology 6(4), 397–410.

Connell, Raewyn (2015): Der gemachte Mann. Konstruktion und Krise von Männlichkeiten. Wiesbaden.

Cowling, Mark (2002): Marx's Lumpenproletariat and Murray's Underclass. Concepts Best Abandoned? In: James Martin und Mark Cowling (Hg.): Marx's Eighteenth Brumaire. London: Pluto, 228–242.

Davis, Mike (2011): Planet der Slums. Berlin.

Declerck, Patrick (2006): On the necessary suffering of the homeless. In: Richard Scholar (Hg.): Divided cities. Oxford, 161–176.

Deppe, Frank (1971): Das Bewußtsein der Arbeiter. Studien zur politischen Soziologie des Arbeiterbewußtseins. Köln.

Detje, Richard et al. (2011): Krise ohne Konflikt? Interessen- und Handlungsorientierungen im Betrieb. Hamburg.

Deutscher Paritätischer Wohlfahrtsverband (2020): Gegen Armut hilft Geld. Der Paritätische Armutsbericht 2020. www.der-paritaetische.de/fileadmin/user_upload/Publikationen/doc/broschuere_armutsbericht-2020_web.pdf.

Diakonie (2014): Gewährleistung von Wohnraum als Teil eines menschenwürdigen Existenzminimums. www.diakonie.de/fileadmin/user_upload/Diakonie/PDFs/Diakonie-Texte_PDF/Texte-04_2014__Gewaehrleistung-von-Wohnraum.pdf.

Diewald, Martin (1991): Soziale Beziehungen: Verlust oder Liberalisierung? Soziale Unterstützung in informellen Netzwerken. Berlin.

Doering-Manteuffel, Anselm; Raphael, Lutz (2008): Nach dem Boom. Perspektiven auf die Zeitgeschichte seit 1970. Göttingen.

Domínguez, Silvia; Watkins, Celeste (2003): Creating networks for survival and mobility. Social capital among African-American and Latin-American low-income mothers. In: Social Problems 50(1), 111–135.

Dörre, Klaus (2007): Prekarisierung und Geschlecht. Ein Versuch über unsichere Beschäftigung und männliche Herrschaft in nachfordistischen Arbeitsgesellschaften. In: Brigitte Aulenbacher et al. (Hg.) Arbeit und Geschlecht im Umbruch der modernen Gesellschaft. Wiesbaden, 285–302.

Dörre, Klaus (2008): Armut, Abstieg, Unsicherheit. Die soziale Frage am Beginn des 21. Jahrhunderts. In: Aus Politik und Zeitgeschichte 33/34, 3–6.

Dörre, Klaus (2009): »Bringing (Anti-)Capitalism back in!«. Neue Landnahme und ökosozialer New Deal. In: spw. Zeitschrift für sozialistische Politik und Wirtschaft 5, 34–45.

Dörre, Klaus (2011): Landnahme und soziale Klassen. Zur Relevanz sekundärer Ausbeutung. In: Hans-Günter Thien (Hg.): Klassen im Postfordismus. Münster, 113–151.

Dörre, Klaus (2013): Hartz und Hoeneß. Warum Reichtum Armut bedingt und was dagegen zu tun ist. In: Neue Gesellschaft/Frankfurter Hefte 6, 30–33.

Dörre, Klaus (2014): Stigma Hartz IV. Für- und Selbstsorge an der Schwelle gesellschaftlicher Respektabilität. In: Brigitte Aulenbacher und Maria Dammayr (Hg.): Für sich und andere sorgen. Krise und Zukunft von Care in der modernen Gesellschaft. Weinheim, 40–52.

Dörre, Klaus (2015): Unterklassen. Plädoyer für die analytische Verwendung eines zwiespältigen Begriffs. In: Julian Bank (Hg.): Oben – Mitte – Unten. Bonn, 218–231.

Dörre, Klaus (2017): Die neuen Vagabunden. Prekarität in reichen Gesellschaften. In: Uwe Bittlingmayer, Alex Demirovic und Tatjana Freytag (Hg.): Handbuch kritische Theorie. Wiesbaden, 1–23.

Dörre, Klaus (2017a): Tief unten: Klassenbildung durch Abwertung. In: Catrin Misselhorn und Hauke Behrendt (Hg.): Arbeit, Gerechtigkeit und Inklusion. Stuttgart, 77–98.

Dörre, Klaus (2018): Die Bundesrepublik – eine demobilisierte Klassengesellschaft. Neun Thesen aus dem PKJ. In: Z. Zeitschrift Marxistische Erneuerung 29(116), 40–50.

Dörre, Klaus; Happ, Anja; Matuschek, Ingo (Hg.) (2013): Das Gesellschaftsbild der LohnarbeiterInnen. Soziologische Untersuchungen in ost- und westdeutschen Industriebetrieben. Hamburg.

Dörre, Klaus et al. (2013): Bewährungsproben für die Unterschicht? Soziale Folgen aktivierender Arbeitsmarktpolitik. Frankfurt/M.

Eckert, Anna (2018): Respektabler Alltag. Eine Ethnographie von Erwerbslosigkeit. Berlin.

Eder, Klaus (1989): Klassentheorie als Gesellschaftstheorie. Bourdieus dreifache kulturtheoretische Brechung der traditionellen Klassentheorie. In: Ders. (Hg.): Klassenlage, Lebensstil und kulturelle Praxis. Frankfurt/M., 15–46.

Eder, Klaus (2013): Der Klassenhabitus in Abgrenzung zum Klassenbewusstsein bei Karl Marx. In: Alexander Lenger, Christian Schneickert und Florian Schumacher (Hg.): Pierre Bourdieus Konzeption des Habitus. Wiesbaden, 57–73.

Ehrke, Michael; Roberts, Adrienne (2015): Marginalisierung. In: Wolfgang Fritz Haug, Frigga Haug und Peter Jehle (Hg.): Historisch-kritisches Wörterbuch des Marxismus. Band 8/II. Hamburg, 1726–1742.

Engels, Dietrich (2013): Lebenslagen. In: Klaus Grunwald (Hg.): Lexikon der Sozialwirtschaft. Baden-Baden, 615–618.

Engels, Friedrich (1957[1845]): Die Lage der arbeitenden Klassen in England. In: Marx-Engels-Werke (zit. als: MEW) 2, 225–506.

Engels, Friedrich (1975[1878]): Herrn Eugen Dührings Umwälzung der Wissenschaft. In: MEW 20, 1–303.

Engels, Friedrich (1967[1890]): Brief an Conrad Schmidt vom 5. August. In: MEW 37, 435–438.

Engels, Friedrich (1967[1890]): Brief an Joseph Bloch vom 21/22. September. In: MEW 37, 462–465.

Engels, Friedrich (1967[1890]): Brief an Conrad Schmidt vom 27. Oktober. In: MEW 37, 488–495.

Engler, Wolfgang (2002): Die Ostdeutschen als Avantgarde. Berlin.

Erhard, Franz (2021): Die Erfahrung von Armut. Eine Analyse der Lebenswelt von Personen in Mangel- und Ausschlusslagen in Großbritannien. Opladen.

Eribon, Didier (2016): Rückkehr nach Reims. Berlin.

Ernaux, Annie (2020): Eine Frau. Berlin.

Falkenberg, Viola (2018): Schutz vor Kälte und Gewalt. Bundesweit sind immer mehr Frauen wohnungslos und suchen Hilfe in speziellen Einrichtungen. www.ekd.de/wohnungslose-frauen-bremen-32847.htm

Farzin, Sina (2008): Sichtbarkeit durch Unsichtbarkeit. In: Soziale Systeme 14(2), 191–209.

Filipp, Sigrun-Heide; Aymanns, Peter (2010): Kritische Lebensereignisse und Lebenskrisen. Vom Umgang mit den Schattenseiten des Lebens. Stuttgart.

Foucault, Michel (1975): Überwachen und Strafen. Die Geburt des Gefängnisses. Frankfurt/M.

Foucault, Michel (1978): Sicherheit, Territorium, Bevölkerung. Vorlesung am Collège de France, 1977–1978. Frankfurt/M.

Foucault, Michel (1979): Die Geburt der Biopolitik. Vorlesung am Collège de France, 1978–1979. Frankfurt/M.

Fourastié, Jean (1969): Die große Hoffnung des zwanzigsten Jahrhunderts. Köln.

Frank, André Gunder (1969): Kapitalismus und Unterentwicklung in Lateinamerika. Frankfurt/M.

Friedrich, Sebastian (Hg.) (2018): Neue Klassenpolitik. Linke Strategien gegen Rechtsruck und Neoliberalismus. Berlin.

Friedrichs, Julia (2021): Working Class. Warum wir Arbeit brauchen, von der wir leben können. Berlin.

Fuchs, Philipp; Gellermann, Jan; Kutzner, Stefan (2018): Die Ausbildungsverlierer? Fallstudien zu Entkopplungsprozessen von Jugendlichen beim Übergang in das Erwerbsleben. Weinheim.

Fuchs, Philipp; Gellermann, Jan; Kutzner, Stefan (2018a): »Connecting with the Disconnected«. Zur Bewältigung forschungspraktischer Herausforderungen in qualitativen Untersuchungen zu Menschen in prekären Lebenslagen. In: Sozialer Sinn 19(1), 105–142.

Fürstenberg, Friedrich (1965): Randgruppen in der modernen Gesellschaft. In: Soziale Welt 16(3), 236–245.

Gans, Herbert J. (1995): The war against the poor. The underclass and antipoverty policy. New York.

Gans, Herbert J. (1996): From ›Underclass‹ to ›Undercaste‹. Some Observations About the Future of the Post-Industrial Economy and its Major Victims. In: Enzo Mingione (Hg.): Urban poverty and the underclass. Cambridge, 141–152.

Geißler, Heiner (1976): Die Neue Soziale Frage. Freiburg.

Geißler, Rainer (1996): Kein Abschied von Klasse und Schicht. Ideologische Gefahren der deutschen Sozialstrukturanalyse. In: Kölner Zeitschrift für Soziologie und Sozialpsychologie 48(2), 319–338.

Geißler, Rainer (2014): Die Sozialstruktur Deutschlands. Wiesbaden.

Geißler, Rainer; Weber-Menges, Sonja (2014): »Natürlich gibt es heute noch Schichten!« Bilder der modernen Sozialstruktur in den Köpfen der Menschen. In: Helmut Bremer und Andrea Lange-Vester (Hg.): Soziale Milieus und Wandel der Sozialstruktur. Wiesbaden, 106–131.

Gerstung, Käthe (1980): Soziale Lage und Bewußtseinsformen arbeitsloser Mädchen. Ein Praxisbericht. In: Dorothee Roer (Hg.): Persönlichkeitstheoretische Aspekte von Frauenarbeit und Frauenarbeitslosigkeit. Köln, 137–160.

Gerull, Susanne (2015): Wohnungslosigkeit in Deutschland. In: Julian Bank (Hg.): Oben – Mitte – Unten. Bonn, 306–316.

Gerull, Susanne (2021): Obdachlosenfeindlichkeit. Von gesellschaftlicher Stigmatisierung bis zu Hasskriminalität. In: Helga Amesberger et al. (Hg.): Kontinuitäten der Stigmatisierung von ›Asozialität‹. Wiesbaden, 135–148.

Gerull, Susanne; Merckens, Manfred (2012): Erfolgskriterien in der Hilfe für Menschen mit besonderen sozialen Schwierigkeiten. Folgestudie: Aktenanalyse und Diskussion der Gesamtergebnisse. Uckerland.

Giddens, Anthony (1979): Die Klassenstruktur fortgeschrittener Gesellschaften. Frankfurt/M.

Giegel, Hans-Joachim (1989): Der Lohnarbeiter als Subjekt. In: Ditmar Brock (Hg.): Subjektivität im gesellschaftlichen Wandel. Weinheim, 100–128.

Giesen, Bernhard (1987): Natürliche Ungleichheit, soziale Ungleichheit, ideale Gleichheit. Zur Evolution von Deutungsmustern sozialer Ungleichheit. In: Ders und Hans Haferkamp (Hg.): Soziologie der sozialen Ungleichheit. Opladen, 314–345.

Gillich, Stefan; Keicher, Rolf (Hg.) (2012): Bürger oder Bettler. Soziale Rechte von Menschen in Wohnungsnot im Europäischen Jahr gegen Armut und soziale Ausgrenzung. Wiesbaden.

Gläser, Jochen; Laudel, Grit (2010): Experteninterviews und qualitative Inhaltsanalyse als Instrumente rekonstruierender Untersuchungen. Wiesbaden.

Glatzer, Wolfgang; Bös, Mathias (1997): Anomietendenzen im Transformationsprozeß. Analysen mit den Wohlfahrtssurveys. In: Wilhelm Heitmeyer (Hg.): Bundesrepublik Deutschland. Frankfurt/M., 557–585.

Göbbels, Hans (1947): Die Asozialen. Über Wesen und Begriff der Asozialität. Hamburg.

Goetze, Dieter (1976): Marginality and Marginalization as Key Concepts in a Sociolgy of Latin America. In: Sociologia Ruralis 16(1), 56–74.

Goffart, Daniel (2019): Das Ende der Mittelschicht. Abschied von einem deutschen Erfolgsmodell. Berlin.

Goffman, Erving (1963) Stigma. Über die Techniken der Bewältigung beschädigter Identität. Frankfurt/M.

Gorz, André (1989): Kritik der ökonomischen Vernunft. Berlin.

Grimm, Natalie; Hirseland, Andreas; Vogel, Berthold (2013): Die Ausweitung der Zwischenzone. Erwerbsarbeit im Zeichen der neuen Arbeitsmarktpolitik. In: Soziale Welt 64(3), 249–268.

Groh, Dieter (1980): Zur Einführung. In: Edward P. Thompson: Plebeische Kultur und moralische Ökonomie. Frankfurt/M., 5–28.

Groh-Samberg, Olaf (2009): Armut, soziale Ausgrenzung und Klassenstruktur. Zur Integration multidimensionaler und längsschnittlicher Perspektiven. Wiesbaden.

Groh-Samberg, Olaf; Voges, Wolfgang (2013): Armut und soziale Ausgrenzung. In: Steffen Mau und Nadine M. Schöneck: Handwörterbuch zur Gesellschaft Deutschlands. Wiesbaden, 58–79.

Grundmann, Matthias et al. (2016): Bildung als Privileg und Fluch. Zum Zusammenhang zwischen lebensweltlichen und institutionalisierten Bildungsprozessen. In: Rolf Becker und Wolfgang Lauterbach (Hg.): Bildung als Privileg. Wiesbaden, 57–86.

Grunow, Daniela; Schulz, Florian; Blossfeld, Hans-Peter (2007): Was erklärt die Traditionalisierungsprozesse häuslicher Arbeitsteilung im Eheverlauf: soziale Normen oder ökonomische Ressourcen? In: Zeitschrift für Soziologie 36(3), 162–181.
Gurr, Thomas (2018): Sozial disqualifiziert – Arbeitslose zwischen Abwertung, Entkoppelung und eigenen Vorurteilen. In: Wissen.Schafft.Demokratie 03, 99–107.
Gurr, Thomas; Unger, Stefanie; Jungbauer-Gans, Monika (2018): Gehen Sanktionen mit einem höheren Stigmabewusstsein bei Arbeitslosen einher? In: Zeitschrift für Sozialreform 64(2), 217–248.
H.-Osterkamp, Ute (1980): Klassenbewußtsein und Handlungsfähigkeit. In: Karl-Heinz Braun et al. (Hg.): Kapitalistische Krise, Arbeiterbewußtsein, Persönlichkeitsentwicklung. Köln, 17–24.
Hack, Lothar et al. (1979): Leistung und Herrschaft. Soziale Strukturzusammenhänge subjektiver Relevanz bei jüngeren Industriearbeitern. Frankfurt/M.
Hall, Stuart (2018): Ideologie, Kultur, Rassismus. Ausgewählte Schriften. Hamburg.
Hark, Sabine (2007): »Überflüssige«. Negative Klassifikationen. Elemente symbolischer Deligitimierung im soziologischen Diskurs? In: Cornelia Klinger et al. (Hg.): Achsen der Ungleichheit. Frankfurt, 151–162.
Hartmann, Bastian (2014): Unterhaltsansprüche und deren Wirklichkeit. Wie groß ist das Problem nicht gezahlten Kindesunterhalts? www.diw.de/documents/publikationen/73/diw_01.c.466460.de/diw_sp0660.pdf.
Haubner, Tine (2017): Die Ausbeutung der sorgenden Gemeinschaft. Laienpflege in Deutschland. Frankfurt/M.
Haug, Frigga (2013): Herrschaft als Knoten denken. www.zeitschrift-luxemburg.de/herrschaft-als-knoten-denken.
Haug, Wolfgang Fritz (2008): kapitalistische Produktionsweise. In: Ders. (Hg.): Historisch-Kritisches Wörterbuch des Marxismus. Band 7/I. Hamburg, 292–316.
Hauser, Richard et al. (1986): Armut, Niedrigeinkommen und Unterversorgung in der Bundesrepublik Deutschland. Bestandsaufnahme und sozialpolitische Perspektiven. Frankfurt/M.
Häußermann, Hartmut (2001): Marginalisierung als Folge sozialräumlichen Wandels in der Großstadt. In: Frank Gesemann (Hg.): Migration und Integration in Berlin. Wiesbaden, 63–85.
Heiden, Mathias; Jürgens, Kerstin (2013): Kräftemessen. Betriebe und Beschäftigte im Reproduktionskonflikt. Berlin.
Heil, Barbara; Kuhlmann, Martin (2016): »Die da oben, wir hier unten«. Arbeits- und Betriebsverständnis von Industriearbeitern. In: WSI-Mitteilungen 69(7), 521–529.
Heitmeyer, Wilhelm (Hg.) (2016): Deutsche Zustände. Folge 6. Frankfurt/M.
Helsper, Werner et al. (2010): Bildungshabitus und Übergangserfahrungen. In: Zeitschrift für Erziehungswissenschaft (Sonderheft 12), 126–152.
Hennig, Marina; Kohl, Steffen (2011): Rahmen und Spielräume sozialer Beziehungen. Zum Einfluss des Habitus auf die Herausbildung von Netzwerkstrukturen. Wiesbaden.
Hess, Henner; Mechler, Achim (1973): Ghetto ohne Mauern. Ein Bericht aus der Unterschicht. Frankfurt/M.
Himmelfarb, Gertrude (1984): The idea of poverty. England in the early Industrial Age. New York.
Hirseland, Andreas (2016): Gefühlte Mitte – prekäre soziale Selbstverortung von Grundsicherungsbeziehenden. In: WSI-Mitteilungen 5, 365–372.
Hirseland, Andreas; Ramos Lobato, Philipp (2014): »Die wollen ja ein bestimmtes Bild vermitteln«. Zur Neupositionierung von Hilfeempfängern im aktivierenden Sozialstaat. In: SWS-Rundschau 54(2), 181–200.
Hofmann, Michael; Rink, Dieter (2014): Vom Arbeiterstaat zur de-klassierten Gesellschaft? Ostdeutsche Arbeitermilieus zwischen Auflösung und Aufmüpfigkeit. In: Helmut Bremer und Andrea Lange-Vester (Hg.): Soziale Milieus und Wandel der Sozialstruktur. Wiesbaden, 266–288.
Hollederer, Alfons; Voigtländer, Sven (2016): Die Gesundheit von Arbeitslosen und die Effekte auf die Arbeitsmarktintegration: Ergebnisse im Panel Arbeitsmarkt und soziale Sicherung (PASS),

Erhebungswellen 3 bis 7 (2008/09–2013). In: Bundesgesundheitsblatt, Gesundheitsforschung, Gesundheitsschutz 59(5), 652–661.
Honegger, Claudia (1991): Die Ordnung der Geschlechter. Die Wissenschaften vom Menschen und das Weib. Frankfurt/M.
Honneth, Axel (1981): Moralbewußtsein und soziale Klassenherrschaft. Einige Schwierigkeiten in der Analyse normativer Handlungspotentiale. In: Leviathan. Berliner Zeitschrift für Sozialwissenschaft 9(3/4), 556–570.
Honneth, Axel (2011): Das Recht der Freiheit. Grundriss einer demokratischen Sittlichkeit. Berlin.
Honneth, Axel (2014): Kampf um Anerkennung. Zur moralischen Grammatik sozialer Konflikte. Frankfurt/M.
Horkheimer, Max (1988): Autorität und Familie. In: Ders.: Gesammelte Schriften. Band 3. Frankfurt/M., 336–420.
Hradil, Stefan (1987): Sozialstrukturanalyse in einer fortgeschrittenen Gesellschaft. Von Klassen und Schichten zu Lagen und Milieus. Opladen.
Hübgen, Sabine (2020): Armutsrisiko alleinerziehend: Die Bedeutung von sozialer Komposition und institutionellem Kontext in Deutschland: Opladen.
Institut für Marxistische Studien und Forschungen (IMSF) (1975): Klassen- und Sozialstruktur der BRD. 1950–1970. Frankfurt/M.
Jackson, Robert Max (1977): Social Structure and Process in Friendship Choice. In: Claude S. Fischer et al. (Hg.): Networks and Places. Social Relations in the Urban Setting. New York, 59–78.
Jaeck, Hans-Peter (1979): Die französische bürgerliche Revolution von 1789 im Frühwerk von Karl Marx. Berlin.
Jahoda, Marie; Lazarsfeld, Paul; Zeisel, Hans (1975): Die Arbeitslosen von Marienthal. Ein soziographischer Versuch über die Wirkungen langandauernder Arbeitslosigkeit. Frankfurt/M.
Jamin, Mathilde (1998): Fremde Heimat. Eine Geschichte der Einwanderung aus der Türkei. Essen.
Jochimsen, Maren; Knobloch, Ulrike (1997): Making the Hidden Visible: The Importance of Caring Activities and Their Principles for Any Economy. In: Ecological Economics 20(2), 107–112.
Johnson, Richard (1980): Kulturalistische Geschichtsschreibung bei Thompson u. Genovese. In: Das Argument 22(119), 39–49.
Jungbauer-Gans, Monika (2002): Ungleichheit, soziale Beziehungen und Gesundheit. Wiesbaden.
Jünke, Christoph (2014): Streifzüge durch das rote 20. Jahrhundert. Hamburg.
Jurczyk, Karin (2008): Geschlechterverhältnisse in Familie und Erwerb: Widersprüchliche Modernisierungen. In: Sylvia Marlene Wilz (Hg.): Geschlechterdifferenzen – Geschlechterdifferenzierungen. Wiesbaden, 63–104.
Jütte, Robert (2000): Arme, Bettler, Beutelschneider. Eine Sozialgeschichte der Armut in der Frühen Neuzeit. Weimar.
Kadritzke, Ulf (1982): Angestellte als Lohnarbeiter. Kritischer Nachruf auf die deutsche Kragenlinie. In: Kölner Zeitschrift für Soziologie und Sozialpsychologie (Sonderheft 24), 219–249.
Kaelble, Hartmut (2017): Mehr Reichtum, mehr Armut. Soziale Ungleichheit in Europa vom 20. Jahrhundert bis zur Gegenwart. Frankfurt/M.
Karstedt, Susanne et al. (2000): Soziale Ausschließung. Stadtreportagen aus Bielefeld. Bielefeld.
Kaßner, Jan; Kersting, Norbert (2021): Neue Beteiligung und alte Ungleichheit? Politische Partizipation marginalisierter Menschen. www.vhw.de/fileadmin/user_upload/08_publikationen/vhw-schriftenreihe-tagungsband/PDFs/vhw-Schriftenreihe_Nr._22_Politische_Partizipation_maginalisierter_Menschen.pdf.
Katz, Michael B. (2013): The undeserving poor. America's enduring confrontation with poverty. New York.
Kay, Cristóbal (1989): Latin American theories of development and underdevelopment. London.
Keck, Max (2021): Armutsgruppen. Die Ungleichheit der Armen in Deutschland. Wiesbaden.
Keiler, Peter (1999): Feuerbach, Wygotski & Co. Studien zur Grundlegung einer Psychologie des gesellschaftlichen Menschen. Hamburg.

Kern, Horst; Schumann, Michael (1970): Industriearbeit und Arbeiterbewusstsein. Hamburg.

Kersting, Norbert; Sperberg, Jaime (2000): Politische Partizipation. In: Dirk Berg-Schlosser (Hg.): Armut und Demokratie. Frankfurt/M., 215–250.

Kessl, Fabian; Klein, Alexandra, Landhäußer, Sandra (2012): Armut und Prekarisierung von AdressatInnen Sozialer Arbeit. In: Werner Thole (Hg.): Grundrisse Soziale Arbeit. Wiesbaden, 541–547.

Kickbusch, Ilona; Riedmüller, Barbara (Hg.) (1984): Die armen Frauen. Frankfurt/M.

Klaus, Elisabeth; Röser, Jutta (2008): »Unterschichtenfernsehen«. Beobachtungen zum Zusammenhang von Medienklassifikationen und sozialer Ungleichheit. In: Ulla Wischermann und Tanja Thomas (Hg.): Medien – Diversität – Ungleichheit. Wiesbaden, 263–279.

Klein, Viola; Myrdal, Alva (2013): Women's Two Roles. London.

Klinger, Corner; Knapp, Gudrun-Axeli; Sauer, Birgit (Hg.) (2007): Achsen der Ungleichheit. Zum Verhältnis von Klasse, Geschlecht und Ethnizität. Frankfurt.

Knabe, André (2022): Soziale Armut. Wahrnehmung und Bewältigung von Armut in sozialen Netzwerken. Wiesbaden.

Knabe, André; Fischer, Hagen; Klärner, Andreas (2018): Armut als relationales Konstrukt. Die (Re-)Produktion sozialer Ungleichheiten durch Stigmatisierung und Kontrollversuche in sozialen Netzwerken. In: Laura Behrmann et al. (Hg.): »Doing Inequality«. Wiesbaden, 167–190.

Knapp, Gudrun-Axeli; Wetterer, Angelika (Hg.) (2003): Achsen der Differenz. Münster.

Knoblauch, Hubert (2005): Wissenssoziologie. Konstanz.

Koch, Max (1999): Ausbeutung und Ausgrenzung. Das Konzept der »Underclass«. In: Sebastian Herkommer (Hg.): Soziale Ausgrenzungen. Hamburg, 35–59.

Kocka, Jürgen (2015): Arbeiterleben und Arbeiterkultur. Die Entstehung einer sozialen Klasse. Bonn.

Kofler, Leo (1964): Der proletarische Bürger. Zürich.

Komlosy, Andrea (2015): Arbeit. Eine globalhistorische Perspektive. Wien.

Konietzka, Dirk; Kreyenfeld, Michaela (2007): Ein Leben ohne Kinder. Kinderlosigkeit in Deutschland. Wiesbaden.

Köppen, Ruth (1985): Die Armut ist weiblich. Berlin.

Köster, Jakob; Lütten, John (2018): Die Sekundäranalyse von Gesellschaftsbildern. Vorgehen, Herausforderungen und erste Ergebnisse eines qualitativen arbeitssoziologischen Forschungsprojekts. In: AIS-Studien 11(1), 91–103.

Kowalski, Reinhold (1994): Die deutsche Wirtschaft Anfang 1994. Bilanz und Prognosen. In: Blätter für deutsche und internationale Politik 39(2), 229–233.

Krais, Beate (2011): Die männlicheHerrschaft: ein somatisiertes Herrschaftsverhältnis. In: Österreichische Zeitschrift für Soziologie 36, 33–50.

Krämer, Walter (2000): Armut in der Bundesrepublik. Zur Theorie und Praxis eines überforderten Begriffs. Frankfurt/M.

Kramer, Rolf-Torsten; Helsper, Werner (2011): Kulturelle Passung und Bildungsungleichheit – Potenziale einer an Bourdieu orientierten Analyse der Bildungsungleichheit. In: Heinz-Hermann Krüger et al. (Hg.): Bildungsungleichheit revisited. Wiesbaden, 103–125.

Kramer, Rolf-Torsten et al. (2009): Selektion und Schulkarriere. Kindliche Orientierungsrahmen beim Übergang in die Sekundarstufe I. Wiesbaden.

Kretzschmar, Albrecht (1992): Arbeitslosigkeit – Resultat und Ferment sozialen Wandels in Ostdeutschland. In: Thomas Kieselbach, Peter Voigt und Regine Hildebrandt (Hg.): Systemumbruch, Arbeitslosigkeit und individuelle Bewältigung in der Ex-DDR. Weinheim, 138–151.

Kronauer, Martin (1997): »Soziale Ausgrenzung« und »Underclass«. Über neue Formen der gesellschaftlichen Spaltung. In: Leviathan. Berliner Zeitschrift für Sozialwissenschaft 25(1), 28–49.

Kronauer, Martin (1999): Die Innen-Außen-Spaltung der Gesellschaft. Eine Verteidigung des Exklusionsbegriffs gegen seinen mystifizierenden Gebrauch. https://sofi.uni-goettingen.de/fileadmin/Publikationen/SOFI-Mitteilungen_27_kronauer.pdf

Kronauer, Martin (2002): Exklusion. Die Gefährdung des Sozialen im hoch entwickelten Kapitalismus. Frankfurt/M.

Kronauer, Martin (2002a): Die neue soziale Frage. Armut und Ausgrenzung in der Großstadt heute. In: Uwe-Jens Walther (Hg.): Soziale Stadt – Zwischenbilanzen. Wiesbaden, 45–56.

Kronauer, Martin (2006): »Exklusion« als Kategorie einer kritischen Gesellschaftsanalyse. Vorschläge für eine anstehende Debatte. In: Heinz Bude und Andreas Willisch (Hg.): Das Problem der Exklusion. Hamburg, 27–45.

Kronauer, Martin; Vogel, Berthold (1998): Spaltet Arbeitslosigkeit die Gesellschaft? In: Peter A. Berger und Michael Vester (Hg.): Alte Ungleichheiten. Neue Spaltungen. Opladen, 333–350.

Kudera, Werner et al. (1979): Gesellschaftliches und politisches Bewußtsein von Arbeitern. Frankfurt/M.

Kühhirt, Michael (2012): Childbirth and the Long-Term Division of Labour within Couples. In: European Sociological Review 28(5), 565–582.

Kull, Silke; Oschmiansky, Frank; Schmid, Günther (2003): Faule Arbeitslose. Politische Konjunkturen und Strukturprobleme der Missbrauchsdebatte. In: Leviathan. Berliner Zeitschrift für Sozialwissenschaft 1, 3–31.

Laclau, Ernesto; Mouffe, Chantal (1985): Hegemony and socialist strategy. London.

Lamont, Michèle (1992): Money, Morals, and Manners: The Culture of the French and the American Upper-Middle Class. Chicago.

Lamont, Michèle (1996): Das Wesen der Tugend. Symbolische Grenzen in der französischen und amerikanischen oberen Mittelklasse. In: Berliner Journal für Soziologie 6(1), 15–31.

Lamont, Michèle; Molnár, Virág (2002): The Study of Boundaries in the Social Sciences. In: Annual Review of Sociology 28, 167–195.

Lefebvre, Henri (1987): Kritik des Alltagslebens. Grundrisse einer Soziologie der Alltäglichkeit, Frankfurt/M.

Lehmkuhl, Kirsten; Schmidt, Guido; Schöler, Cornelia (2013): ›Ihr seid nicht dumm, ihr seid nur faul.‹ Über die wunderliche Leistung, Ausgrenzung als selbstverschuldet erleben zu lassen. In: Maja S. Maier und Thomas Vogel (Hg.): Übergänge in eine neue Arbeitswelt? Wiesbaden, 115–130.

Leibfried, Stephan et al. (1995): Zeit der Armut. Lebensläufe im Sozialstaat. Frankfurt/M.

Leinhos, Patrick (2019): Qualitative Skype-Interviews. Ein Forschungszugang zu hochmobilen transnationalen Jugendlichen. In: Zeitschrift für Qualitative Forschung 1, 27–42.

Leisering, Lutz; Buhr, Petra (2012): Dynamik von Armut. In: Ernst-Ulrich Huster et al. (Hg.): Handbuch Armut und Soziale Ausgrenzung. Wiesbaden, 147–163.

Leisewitz, André (1977): Klassen in der Bundesrepublik Deutschland heute. Frankfurt/M.

Lempert, Wolfgang; Thomssen, Wilke (1974): Berufliche Erfahrung und gesellschaftliches Bewußtsein. Stuttgart.

Lessenich, Stephan (2013): Die Neuerfindung des Sozialen. Der Sozialstaat im flexiblen Kapitalismus. Bielefeld.

Lessenich, Stephan; Nullmeier, Frank (Hg.) (2006): Deutschland – eine gespaltene Gesellschaft. Frankfurt/M.

Lewis, Oscar (1966): The Culture of Poverty. In: Scientific American 215(4), 19–25.

Lindenberger, Thomas (2005): »Asoziale Lebensweise«. Herrschaftslegitimation, Sozialdisziplinierung und die Konstruktion eines »negativen Milieus« in der SED-Diktatur. In: Geschichte und Gesellschaft 31(2), 224–254.

Lindner, Rolf; Musner, Lutz (Hg.) (2008): Unterschicht. Kulturwissenschaftliche Erkundungen der »Armen« in Geschichte und Gegenwart. Freiburg.

Lompe, Klaus (1987): Die Realität der neuen Armut. Analysen der Beziehungen zwischen Arbeitslosigkeit und Armut in einer Problemregion. Dortmund.

Lorke, Christoph (2015): Armut im geteilten Deutschland. Die Wahrnehmung sozialer Randlagen in der Bundesrepublik Deutschland und der DDR. Frankfurt/M.

Lorke, Christoph (2015a): »Unten« im geteilten Deutschland. Diskursive Konstruktionen und symbolische Anordnungen in Bundesrepublik und DDR. In: Aus Politik und Zeitgeschichte 10, 11–17.

Lüdtke, Alf (2015): Eigen-Sinn. Fabrikalltag, Arbeitererfahrungen und Politik vom Kaiserreich bis in den Faschismus. Münster.
Ludwig-Mayerhofer, Wolfgang (Hg.) (2000): Soziale Ungleichheit, Kriminalität und Kriminalisierung. Wiesbaden.
Ludwig-Mayerhofer, Wolfgang (2009): Exklusion als soziologisches Konzept. In: Sozialer Sinn 10(1), 3–28.
MacDonald, Robert (1997): Youth, the ›underclass‹ and social exclusion. London.
Mannheim, Karl (1952): Wissenssoziologie. In: Ders.: Ideologie und Utopie. Frankfurt/M., 227–267.
Mannheim, Karl (1964): Das Problem der Generationen. In: Ders: Wissenssoziologie. Berlin, 509–565.
Marchart, Oliver (Hg.) (2014): Facetten der Prekarisierungsgesellschaft. Bielefeld.
Marquardsen, Kai (2012): Aktivierung und soziale Netzwerke. Die Dynamik sozialer Beziehungen unter dem Druck der Erwerbslosigkeit. Wiesbaden.
Marquardsen, Kai; Röbenack, Silke (2010): »...der Freundeskreis, der Bekanntenkreis hat sich total verändert«. Rekonstruktionen von sozialen Beziehungskontexten bei Arbeitslosengeld-II-EmpfängerInnen. In: Christian Stegbauer (Hg.): Netzwerkanalyse und Netzwerktheorie. Wiesbaden, 479–489.
Marx, Karl (1981[1842]): Debatten über das Holzdiebstahlsgesetz. In: Marx-Engels-Werke (zit. als: MEW) 1, 109–147.
Marx, Karl (1981[1843]): Kritik der Hegelschen Rechtsphilosophie. In: Ebd., 203–333.
Marx, Karl (1981[1844]): Briefen aus den Deutsch-Französischen Jahrbüchern. In: Ebd., 337–346.
Marx, Karl [1981[1844]: Zur Kritik der Hegelschen Rechtsphilosophie. Einleitung. In: Ebd., 378–391.
Marx, Karl (1969[1845]): Thesen über Feuerbach. In: MEW 3, 5–7.
Marx, Karl (1977[1847]): Das Elend der Philosophie. Antwort auf Proudhons »Philosophie des Elends«. In: MEW 4, 63–182.
Marx, Karl (1977[1847]): Die moralisierende Kritik und die kritisierende Moral. Beitrag zur Deutschen Kulturgeschichte. In: Ebd., 331–360.
Marx, Karl (1959[1848]): Sieg der Konterrevolution zu Wien. In: MEW 5, 455–457.
Marx, Karl (1959[1849]): Die revolutionäre Bewegung. In: MEW 6, 148–150.
Marx, Karl (1960[1850]): Die Klassenkämpfe in Frankreich 1848 bis 1850. In: MEW 7, 9–107.
Marx, Karl (1960[1852]): Der achtzehnte Brumaire des Louis Bonaparte. In: MEW 8, 111–207.
Marx, Karl (1961[1859]): Zur Kritik der Politischen Ökonomie. In: MEW 13, 3–160.
Marx, Karl (1962[1867]): Das Kapital. Kritik der politischen Ökonomie. Erster Band. In: MEW 23.
Marx, Karl (1963[1893]): Das Kapital. Kritik der politischen Ökonomie. Zweiter Band. In: MEW 24.
Marx, Karl (1964[1894]):Das Kapital. Kritik der politischen Ökonomie. Dritter Band. In: MEW 25.
Marx, Karl (1967[1862/63]): Theorien über den Mehrwert. Zweiter Teil. In: MEW 26.2
Marx, Karl (1963[1852]): Brief an Joseph Weydemeyer vom 5. März. In: MEW 28, 503–509.
Marx, Karl (1983[1857/58]): Ökonomische Manuskripte 1857/1858. In: MEW 42.
Marx, Karl/Engels, Friedrich (1978[1845/46]): Die deutsche Ideologie. In: MEW 3, 8–530
Marx, Karl/Engels, Friedrich (1977[1848]): Manifest der kommunistischen Partei: In: MEW 4, 459–493.
Mau, Steffen (2004): Moralökonomie: Eine konzeptionelle Bestimmung aus ungleichheitssoziologischer Sicht. In: Peter A. Berger und Volker H. Schmidt (Hg.): Welche Gleichheit, welche Ungleichheit? Wiesbaden, 165–190.
Mauke, Michael (1970): Die Klassentheorie von Marx und Engels. Hamburg.
Mayer-Ahuja, Nicole (2018): Klasse. Vom Elefant im Raum zum Schlüssel politischer Mobilisierung? In: Z. Zeitschrift Marxistische Erneuerung 29(116), 15–25.
Mayer-Ahuja, Nicole; Nachtwey, Oliver (Hg.) (2021): Verkannte Leistungsträger:innen. Berichte aus der Klassengesellschaft. Frankfurt/M.
Metz, Markus; Seeßlen, Georg (2016): Blödmaschinen. Die Fabrikation der Stupidität. Berlin.

Mewes, Jan (2010): Ungleiche Netzwerke – Vernetzte Ungleichheit. Persönliche Beziehungen im Kontext von Bildung und Status. Wiesbaden.

Meyer, Ahlrich (1985): Massenarmut und Existenzrecht. Geschichte der sozialen Bewegungen 1789–1848. In: Autonomie. Materialien gegen die Fabrikgesellschaft. Neue Folge 14, 15–145.

Meyer, Ahlrich (1999): Die Logik der Revolten. Studien zur Sozialgeschichte 1789–1848. Berlin.

Mies, Maria (2014): Patriarchy and accumulation on a world scale. Women in the international division of labour. London.

Miliband, Ralph (1975): Der Staat in der kapitalistischen Gesellschaft. Frankfurt / M.

Murray, Charles A. (1984): Losing ground. American social policy, 1950–1980. New York.

Müller, Ursula; Schröttle, Monika (2012): Gewalt gegen Frauen und Gewalt im Geschlechterverhältnis. In: Günter Albrecht und Axel Groenemayer (Hg.): Handbuch soziale Probleme. Wiesbaden, 668–691.

Myrdal, Gunnar (1963): Challenge to Affluence. New York.

Nachtwey, Oliver (2016): Die Abstiegsgesellschaft. Über das Aufbegehren in der regressiven Moderne. Berlin.

Neckel, Sighard (1991): Status und Scham. Zur symbolischen Reproduktion sozialer Ungleichheit. Frankfurt / M.

Neckel, Sighard (2008): Die gefühlte Unterschicht. Vom Wandel der sozialen Selbsteinschätzung. In: Rolf Lindner und Lutz Musner (Hg.): Unterschicht. Freiburg, 19–40.

Neckel, Sighard; Sutterlüty, Ferdinand (2005): Negative Klassifikationen. Konflikte um die symbolische Ordnung sozialer Ungleichheit. In: Wilhelm Heitmeyer und Peter Imbusch (Hg.): Integrationspotenziale einer modernen Gesellschaft. Wiesbaden, 409–428.

Nickel, Hildegard Maria (1993): »Mitgestalterin des Sozialismus« – Frauenarbeit in der DDR. In: Gisela Helwig und Hildegard Maria Nickel (Hg.): Frauen in Deutschland. 1945–1992. Bonn, 223–256.

Niestradt, Fabian; Ricken, Norbert (2014): Bildung als Habitus – Überlegungen zum Konzept eines Bildungshabitus. In: Rolf-Torsten Kramer, Sven Thiersch und Werner Helsper (Hg.): Schülerhabitus. Theoretische und empirische Analysen zum Bourdieuschen Theorem der kulturellen Passung. Wiesbaden, 99–124.

Niethammer, Lutz (1985): Lebenserfahrung und kollektives Gedächtnis. Die Praxis der Oral History. Frankfurt / M.

Nohl, Arnd-Michael (2005): Dokumentarische Interpretation narrativer Interviews. In: Bildungsforschung 2, 1–19.

Nohl, Arnd-Michael (2017): Interview und Dokumentarische Methode. Anleitungen für die Forschungspraxis. Wiesbaden.

Nohl, Arnd-Michael; Radvan, Heike (2020): Experteninterviews in dokumentarischer Interpretation. Zur Evaluation impliziter Wissens- und Handlungsstrukturen in der außerschulischen Jugendpädagogik. In: Ralf Bohnsack und Iris Nentwig-Gesemann (Hg.): Dokumentarische Evaluationsforschung. Opladen, 163–184.

Nölke, Eberhard (1994): Lebensgeschichte und Marginalisierung. Hermeneutische Fallrekonstruktionen gescheiterter Sozialisationsverläufe von Jugendlichen. Wiesbaden.

Noll, Heinz-Herbert (Hg.) (1997): Sozialberichterstattung in Deutschland. Konzepte, Methoden und Ergebnisse für Lebensbereiche und Bevölkerungsgruppen. Weinheim.

Nolte, Paul (2004): Generation Reform. München.

Nullmeier, Frank (2019): Begründungen des Wohlfahrtsstaates. In: Herbert Obinger und Manfred G. Schmidt (Hg.): Handbuch Sozialpolitik. Wiesbaden, 57–75.

Nuss, Sabine (2019): Keine Enteignung ist auch keine Lösung. Die große Wiederaneignung und das vergiftete Versprechen des Privateigentums. Berlin.

Oevermann, Ulrich (1999): Die Krise der Arbeitsgesellschaft und das Bewährungsproblem des modernen Subjekts. https://user.uni-frankfurt.de/~hermeneu/Arbeit-Bewaehrung.pdf.

Oevermann, Ulrich et al. (1979): Die Methodologie einer ›objektiven Hermeneutik‹ und ihre allgemeine forschungslogische Bedeutung in den Sozialwissenschaften. In: Hans-Georg Soeffner (Hg.): Interpretative Verfahren in den Sozial- und Textwissenschaften. Stuttgart, 352–434.
Offe, Claus (1996): Moderne ›Barbarei: Der Naturzustand im Kleinformat? In: Max Miller und Hans-Georg Soeffner (Hg.): Modernität und Barbarei. Frankfurt/M., 258–305.
Orshansky, Mollie (1969): How Poverty Is Measured. In: Monthly Labor Review 2(92), 37–41.
Oxfam (2022): Gewaltige Ungleichheit. Warum unser Wirtschaftssystem von struktureller Gewalt geprägt ist und wie wir es gerechter gestalten können. www.oxfam.de/ueber-uns/aktuelles/corona-pandemie-ungleichheit-10-reichste-maenner-verdoppeln-vermoegen
Pakulski, Jan; Waters, Malcolm (1996): The death of class. London.
Park, Robert E. (1928): Human Migration and the Marginal Man. In: American Journal of Sociology 33(6), 881–893.
Patrick, Mary (2018): Gift exchange or quid pro quo? Temporality, ambiguity, and stigma in interactions between pedestrians and service-providing panhandlers. In: Theory and Society 47(4), 487–509.
Pfaff, Anita (1992): Feminisierung der Armut durch den Sozialstaat. In: Kölner Zeitschrift für Soziologie und Sozialpsychologie (Sonderheft 32), 421–445.
Pfau-Effinger, Birgit (2000): Kultur und Frauenerwerbstätigkeit in Europa. Theorie und Empirie des internationalen Vergleichs. Opladen.
Pfeil, Elisabeth (1961): Die Berufstätigkeit von Müttern. eine empirisch-soziologische Erhebung an 900 Müttern aus vollständigen Familien. Tübingen.
Pierenkemper, Toni (2006): Vierzig Jahre vergebliches Mühen – die Beschäftigungs- und Arbeitsmarktpolitik. In: André Steiner (Hg.): Überholen ohne einzuholen. Berlin, 45–66.
Piketty, Thomas (2018): Das Kapital im 21. Jahrhundert. München.
Pirker, Theo et al. (1955): Arbeiter, Management, Mitbestimmung. Stuttgart.
Piven, Frances Fox; Cloward, Richard A. (1986): Aufstand der Armen. Frankfurt/M.
Pollard, Sidney (1996): Eine grundlegende Geschichte der Arbeiter und Arbeiterbewegung in Deutschland. In: Jahrbuch für Wirtschaftsgeschichte 37(2), 225–234.
Popitz, Heinrich et al. (1957): Das Gesellschaftsbild des Arbeiters. Soziologische Untersuchungen in der Hüttenindustrie. Tübingen.
Portes, Alejandro (1998): Social capital. Its origins and applications in modern sociology. In: Annual Review of Sociology 24, 1–24.
Portes, Alejandro; Castells, Manuel; Benton, Lauren A. (Hg.) (1989): The informal economy. Studies in advanced and less developed countries. Baltimore.
Poulantzas, Nicolas (1975): Politische Macht und gesellschaftliche Klassen. Frankfurt/M.
Priller, Eckhard; Zimmer, Annette (2017): Hochgeschätzte Beschäftigung in Nonprofit-Organisationen: Wie lange noch? In: Markus Gmür, Dorothea Greiling und René Andeßner (Hg.): Nonprofit-Organisationen und Nachhaltigkeit. Wiesbaden, 387–400.
Projekt Klassenanalyse (PKA) (1973/74): Materialien zur Klassenstruktur der BRD. 2 Bände. Berlin.
Prokop, Ulrike (1976): Weiblicher Lebenszusammenhang. Von der Beschränktheit der Strategie und der Unangemessenheit der Wünsche. Frankfurt/M.
Przyborski, Aglaja; Wohlrab-Sahr, Monika (2014): Qualitative Sozialforschung. München.
Reckwitz, Andreas (2017): Die Gesellschaft der Singularitäten. Zum Strukturwandel der Moderne. Berlin.
Reckwitz, Andreas (2019): Das Ende der Illusionen. Politik, Ökonomie und Kultur in der Spätmoderne. Berlin.
Rehbein, Boike (2006): Die Soziologie Pierre Bourdieus. Konstanz.
Rehbein, Boike (2009): Verstehen in den Sozialwissenschaften. In: Ders. und Gernot Saalmann (Hg.): Verstehen. Konstanz, 43–60.
Rehbein, Boike; Schneickert, Christian; Weiß, Anja (2009): Klasse (classe). In: Gerhard Fröhlich und Boike Rehbein (Hg.): Bourdieu-Handbuch. Stuttgart, 134–147.

Rehbein, Boike; Souza, Jessé (2014): Ungleichheit in kapitalistischen Gesellschaften. Weinheim.
Rehbein, Boike et al. (2015): Reproduktion sozialer Ungleichheit in Deutschland. Konstanz.
Reichertz, Jo (2021): Die coronabedingte Krise der qualitativen Sozialforschung. In: Soziologie 50(3), 313–335.
Rein, Harald (2017): Wenn arme Leute sich nicht mehr fügen ...! Bemerkungen über den Zusammenhang von Alltag und Protest. Neu-Ulm.
Rein, Harald; Scherer, Wolfgang (1993): Erwerbslosigkeit und politischer Protest. Frankfurt/M.
Rinn, Moritz (2009): Die Wiederentdeckung der gefährlichen Klassen. Strategische Politiken der »Arbeitslosigkeit«, Armut und Kriminalisierung. In: Dirk Lange und Mike Retz (Hg.): Armut und gesellschaftliche Ausgrenzung im »Aufschwung«. Oldenburg, 79–99.
Ritsert, Jürgen (1998): Soziale Klassen. Münster.
Rommelspacher, Thomas (1989): Kultur – Subkultur – Kultur der Armut? In: Ingrid Breckner et al. (Hg.): Armut im Reichtum, Bochum, 93–110.
Rosenthal, Gabriele (1995): Erlebte und erzählte Lebensgeschichte. Gestalt und Struktur biographischer Selbstbeschreibungen. Frankfurt/M.
Rosenthal, Gabriele (2010): Die erlebte und erzählte Lebensgeschichte. Zur Wechselwirkung zwischen Erleben, Erinnern und Erzählen. In: Birgit Griese (Hg.): Subjekt – Identität – Person? Wiesbaden, 197–218.
Roth, Karl Heinz (Hg.) (1994): Die Wiederkehr der Proletarität. Dokumentation der Debatte. Köln.
Rössel, Jörg; Pape, Simone (2010): Was ist ein typischer Arbeiter? Stereotype über soziale Schichten. In: Gruppendynamik & Organisationsberatung 41, 57–71.
Sachweh, Patrick (2013): Symbolische Grenzziehungen und subjektorientierte Sozialstrukturanalyse. In: Zeitschrift für Soziologie 42(1), 7–27.
Sachweh, Patrick; Hilmar, Till (2020): Moral economy: moral forces in economic activity. In: Milan Zafirovski (Hg.): A modern guide to economic sociology. Cheltenham, 166–185.
Sackmann, Reinhold; Wingens, Matthias (2001): Strukturen des Lebenslaufs. Übergang, Sequenz, Verlauf. Weinheim.
Sammet, Kornelia (2014): Anomie und Fatalismus. Rekonstruktive Analysen der Weltsichten von Arbeitslosengeld-II-Empfängern. In: Zeitschrift für Soziologie 43(1), 70–86.
Sandring, Sabine (2013): Schulversagen und Anerkennung. Scheiternde Schulkarrieren im Spiegel der Anerkennungsbedürfnisse Jugendlicher. Wiesbaden.
Savage, Mike (2016): The Fall and Rise of Class Analysis in British Sociology, 1950–2016. In: Tempo Social 2, 57–72.
Schäfers, Bernhard (2012): Sozialstruktur und sozialer Wandel in Deutschland. Konstanz.
Schelsky, Helmut (1979): Auf der Suche nach Wirklichkeit. Gesammelte Aufsätze zur Soziologie der Bundesrepublik. München.
Schildt, Axel (2007): Die Sozialgeschichte der Bundesrepublik Deutschland bis 1989/90. München.
Schmiede, Rudi (Hg.) (1988): Arbeit und Subjektivität. Bonn.
Schmincke, Imke (2009): Gefährliche Körper an gefährlichen Orten. Eine Studie zum Verhältnis von Körper, Raum und Marginalisierung. Bielefeld.
Schöll-Schwinghammer, Ilona; Lappe, Lothar (1978): Arbeitsbedingungen und Arbeitsbewußtsein erwerbstätiger Frauen. Frankfurt/M.
Schöneck, Nadine M.; Ritter, Sabine (Hg.) (2018): Die Mitte als Kampfzone. Wertorientierungen und Abgrenzungspraktiken der Mittelschichten. Bielefeld.
Schubert, Herbert (1990): Mitglieder der erweiterten Familie in persönlichen Hilfenetzen. Ergebnisse einer egozentrierten Netzwerkanalyse. In: Zeitschrift für Familienforschung 2(3), 176–210.
Schultheis, Franz; Schulz, Kristina (Hg.) (2005): Gesellschaft mit begrenzter Haftung. Zumutungen und Leiden im deutschen Alltag. Konstanz.
Scott, James C. (1985): Weapons of the Weak. Everyday Forms of Peasant Resistance. Yale.
Sellach, Brigitte (2008): Armut: Ist Armut weiblich? In: Ruth Becker und Beate Kortendiek (Hg.): Handbuch Frauen- und Geschlechterforschung. Wiesbaden, 463–471.

Selke, Stefan; Maar, Katja (Hg.) (2011): Transformation der Tafeln in Deutschland: Aktuelle Diskussionsbeiträge aus Theorie und Praxis der Tafelbewegung. Wiesbaden.
Sennett, Richard (2002): Respekt im Zeitalter der Ungleichheit. Berlin.
Shelden, Randall G. (2008): Controlling the dangerous classes. A history of criminal justice in America. Boston.
Simmel, Georg (1992[1906]): Der Arme. In: Ders.: Soziologie. Untersuchungen über die Formen der Vergesellschaftung. Frankfurt/M., 512–555.
Simon, Titus (2001): Wem gehört der öffentliche Raum. Zum Umgang mit Armen und Randgruppen in Deutschlands Städten. Wiesbaden.
Solga, Heike (1995): Die Etablierung einer Klassengesellschaft in der DDR. Anspruch und Wirklichkeit des Postulats sozialer Gleichheit. In: Johannes Huinink et al. (Hg.): Kollektiv und Eigensinn. Berlin, 45–88.
Solga, Heike (2006): Ausbildungslose und die Radikalisierung ihrer sozialen Ausgrenzung. In: Heinz Bude und Andreas Willisch (Hg.): Das Problem der Exklusion. Hamburg, 121–146.
Souza, Jessé (2008): Die Naturalisierung der Ungleichheit. Ein neues Paradigma zum Verständnis peripherer Gesellschaften. Wiesbaden.
Souza, Jessé (2011): Jenseits von Zentrum und Peripherie. In: Berliner Journal für Soziologie 21(1), 23–38.
Statistisches Bundesamt (2020): Armutsgefährdungsquote in Deutschland nach Geschlecht im Jahr 2019. https://de.statista.com/statistik/daten/studie/436178/umfrage/armutsgefaehrdungsquote-in-deutschland-nach-geschlecht/.
Stein, Gerd (Hg.) (1985): Lumpenproletarier – Bonze – Held der Arbeit. Verrat und Solidarität. Kulturfiguren und Sozialcharaktere des 19. und 20. Jahrhunderts. Frankfurt/M.
Stonequist, Everett V. (1937): The marginal Man. A Study in Personality and Culture Conflict. New York.
Svallfors, Stefan (2006): The moral economy of class. Class and attitudes in comparative perspective. Stanford.
Tafel Deutschland e.V. (2019): Kundinnen und Kunden. www.tafel.de/fileadmin/media/Presse/Hintergrundinformationen/2019-11-05_Faktenblaetter_gesamt.pdf.
Tafel Deutschland e.V. (2021): Hintergrundinformation. www.tafel.de/fileadmin/media/2021-01-25_Zahlen_und_Fakten.docx.pdf.
Tennstedt, Florian (1981): Sozialgeschichte der Sozialpolitik in Deutschland. Vom 18. Jahrhundert bis zum Ersten Weltkrieg. Göttingen.
Thien, Hans-Günter (2018): Die verlorene Klasse. ArbeiterInnen in Deutschland. Münster.
Thompson, Edward P. (1980): Plebeische Kultur und moralische Ökonomie. Aufsätze zur englischen Sozialgeschichte des 18. und 19. Jahrhunderts. Frankfurt/M.
Thompson, Edward P. (1980a): Das Elend der Theorie. Zur Produktion geschichtlicher Erfahrung. Frankfurt/M.
Thompson, Edward P. (1987): Die Entstehung der englischen Arbeiterklasse. Frankfurt/M.
Thomssen, Wilke (1982): Die Konstitution des Klassenbewußtseins. Vom Altern eines wissenschaftlichen Anspruchs. In: Kölner Zeitschrift für Soziologie und Sozialpsychologie (Sonderheft 24), 313–328.
Thuswald, Marion (2008): Betteln als Beruf? Wissensaneignung und Kompetenzerwerb von Bettlerinnen in Wien. https://bettellobbywien.files.wordpress.com/2011/01/diplomarbeit-thuswald-marion.pdf.
Tjaden-Steinhauer, Margarete (1975): Das Gesellschaftsbewußtsein der Arbeiter. Umrisse einer theoretischen Bestimmung. Köln.
Tjaden-Steinhauer, Margarete (1985): Die verwaltete Armut. Pauperismus in der Bundesrepublik. Hamburg.
Vester, Michael (1980): Edward Thompson und die ›Krise des Marxismus‹. In: Edward Palmer Thompson: Das Elend der Theorie. Frankfurt/M., 13–38.

Vester, Michael (2001): Milieus und soziale Gerechtigkeit. In: Karl-Rudolf Korte und Werner Weidenfeld (Hg.): Deutschland-TrendBuch. Fakten und Orientierungen. Wiesbaden, 136–183.

Vester, Michael (2006): Soziale Milieus und Gesellschaftspolitik. In: Aus Politik und Zeitgeschichte 44–45, 10–17.

Vester, Michael (2007): Weder materialistisch noch idealistisch. Für eine praxeologische Bewegungsanalyse. In: Forschungsjournal NSB 1, 22–33.

Vester, Michael (2008): Klasse an sich/für sich. In: Wolfgang Fritz Haug, Frigga Haug und Peter Jehle (Hg.): Historisch-kritisches Wörterbuch des Marxismus. Band 7/I. Hamburg, 735–775.

Vester, Michael (2009): Die Klassenkonzepte von Marx und Bourdieu. www.gesellschaft-und-visionen.de/PDF/Vortragsangtebote/Die%20Klassenkonzepte.pdf.

Vester, Michael (2013): Zwischen Marx und Weber. Praxeologische Klassenanalyse mit Bourdieu. In: Anna Brake, Helmut Bremer und Andrea Lange-Vester (Hg.): Empirisch Arbeiten mit Bourdieu. Weinheim, 130–195.

Vester, Michael et al. (2001): Soziale Milieus im gesellschaftlichen Strukturwandel. Zwischen Integration und Ausgrenzung. Frankfurt/M.

Voigtländer, Leiv Eirik (2015): Armut und Engagement. Zur zivilgesellschaftlichen Partizipation von Menschen in prekären Lebenslagen. Bielefeld.

Voß, Andreas (1992): Betteln und Spenden. Eine soziologische Studie über Rituale freiwilliger Armenunterstützung, ihre historischen und aktuellen Formen sowie ihre sozialen Leistungen. Berlin.

Voß, G. Günter (1984): Bewusstsein ohne Subjekt? Eine Kritik der industriesoziologischen Bewusstseinsbegriffs. Grosshesselohe.

Wacquant, Loïc (2009): Bestrafen der Armen. Zur neoliberalen Regierung der sozialen Unsicherheit. Opladen.

Weißmann, Marliese (2016): Dazugehören. Handlungsstrategien von Arbeitslosen. Konstanz.

Weißmann, Marliese (2018): Allein oder gemeinsam? In: Sozialer Sinn 19(1), 77–104.

Wetterer, Angelika (2002): Arbeitsteilung und Geschlechterkonstruktion. ›Gender at Work‹ in theoretischer und historischer Perspektive. Konstanz.

Widder, Roman (2020): Pöbel, Poet und Publikum. Figuren arbeitender Armut in der Frühen Neuzeit. Konstanz.

Wiese, Leopold (1953): Über die Armut. In: Kölner Zeitschrift für Soziologie und Sozialpsychologie 6(3-4), 42–62.

Willing, Matthias (2005): Fürsorge. In: Günther Schulz (Hg.): 1949–1957, Bundesrepublik Deutschland. Bewältigung der Kriegsfolgen, Rückkehr zur sozialpolitischen Normalität. Baden-Baden, 559–596.

Willis, Paul E. (2013): Spaß am Widerstand. Learning to labour. Hamburg.

Wimmer, Christopher (2020): Gesellschaftsformation und historisches Milieu. In: PROKLA. Zeitschrift für kritische Sozialwissenschaft 50(201), 727–745.

Wimmer, Christopher (2020a): Die Trennlinie der Würde. Zur historischen Kontinuität der Klasse der Ausgeschlossenen. In: Marcus Hawel et al. (Hg.): Work in Progress. Work on Progress. Hamburg, 151–165.

Wimmer, Christopher (2021): Lumpenproletariat. Die Unterklassen zwischen Diffamierung und revolutionärer Handlungsmacht. Stuttgart.

Wimmer Christopher (2022): Zwischen gesellschaftlicher Spaltung und individuellem »Versagen«. Verschiedene Bewusstseinsformen marginalisierter Menschen. In: SWS-Rundschau 62(1), 24–63.

Wimmer, Christopher (2022a): Zwischen Aktivität und Resignation. Wie arme Menschen mit gesellschaftlichen Zuschreibungen umgehen. In: Berliner Debatte Initial 33(4), 105–116.

Wimmer, Christopher (2022b): Existenzielle Bedrohung und Entwürdigung. Armut, Gewalt und Wohnungslosigkeit im Alltag marginalisierter Frauen. In: femina politica. Zeitschrift für feministische Politikwissenschaft 31(1), 63–77.

Wimmer, Christopher (2023): Die Verwundbarkeit des Körpers. Krankheiten, Konsum und Gewalt in der marginalisierten Klasse. In: Sozialer Fortschritt 72(3), 275–295.

Windolf, Paul (Hg.) (2005): Finanzmarkt-Kapitalismus. Analysen zum Wandel von Produktionsregimen. Opladen.

Wolski-Prenger, Friedhelm (1993): »Niemandem wird es schlechter gehen ...«. Armut, Arbeitslosigkeit und Erwerbslosenbewegung in Deutschland. Köln.

Wood, Ellen Meiksins (1982): The Politics of Theory and the Concept of Class: E. P. Thompson and His Critics. In: Studies in Political Economy 9(1), 45–75.

Wright, Erik Olin (1985): Classes. London.

WSI GenderDaten Portal (2020): Erwerbstätigenquoten und Erwerbsquoten 1991–2019. www.wsi.de/de/erwerbsarbeit-14617-erwerbstaetigenquoten-und-erwerbsquoten-14877.htm.

Wygotski, Lew Semjonowitsch (1977): Denken und Sprechen. Frankfurt/M.

Wygotski, Lew Semjonowitsch (2003): Ausgewählte Schriften. Band 1. Berlin.

Young, Iris Marion (1996): Fünf Formen der Unterdrückung. In: Herta Nagl-Docekal und Herlinde Pauer-Studer (Hg.): Politische Theorie. Frankfurt/M., 99–139.

Zatz, Noah D. (2012): Poverty unmodified? Critical reflections on the deserving/undeserving distinction. In: UCLA Law Review 550(59), 550–597.

Zimmermann, Bénédicte (2006): Arbeitslosigkeit in Deutschland. Zur Entstehung einer sozialen Kategorie. Frankfurt/M.

Robert Wunsch | Irmgard Monecke
Pädagogischer Populismus
2022, 276 Seiten, broschiert
ISBN: 978-3-7799-6869-6
Auch als E-BOOK erhältlich

Die Behauptung, dass wir alle verdummen und daran unser Bildungssystem schuld sei, ruft als Reaktionen hervor: Resignierte Zustimmung derjenigen, die lange genug gekämpft haben und nicht Schuld sein wollen, Empörung derjenigen, die noch kämpfen – aber keine öffentlich wirksame Reaktion der Erziehungswissenschaft?
Der vorliegende Band begibt sich auf Spurensuche im pädagogischen Alltag einer Disziplin, in der lärmende Misstöne von den Theoretikern ignoriert oder ironisiert und von den Praktikern erlitten oder sogar begrüßt werden. Unsere Warnung: Populismus braucht geduldige, fachkundige Antworten, wenn er nicht weiter zur Grundlage politischen Handelns aufsteigen soll.